本书获南京工业大学人文社科与管理学科群出版基金和甘肃省行政管理学会重点课题研究资助

中国公民社会组织发展研究

张勤 著

人民出版社

责任编辑:陈寒节
责任校对:湖 催

图书在版编目(CIP)数据

中国公民社会组织发展研究/张勤 著.
-北京:人民出版社,2008.12
ISBN 978－7－01－007564－8

Ⅰ.中… Ⅱ.张… Ⅲ.社会组织管理-研究-中国
Ⅳ.C916

中国版本图书馆 CIP 数据核字(2008)第 198334 号

中国公民社会组织发展研究
ZHONGGUO GONGMIN SHEHUI ZUZHI FAZHAN YANJIU

张 勤 著

人民出版社 出版发行
(100706　北京朝阳门内大街 166 号)

北京新魏印刷厂印刷　新华书店经销

2008 年 12 月第 1 版　2009 年 9 月北京第 2 次印刷
开本:710 毫米×1000 毫米　1/16　印张:21.75
字数:331 千字　印数:3,001－6,000 册

ISBN 978－7－01－007564－8　定价:39.50 元

邮购地址 100706　北京朝阳门内大街 166 号
人民东方图书销售中心　电话 (010)65250042　65289539

目　录

前　　言

改革开放以来,中国的经济、社会发生了翻天覆地的变化。人民的生活水平大幅提高,社会体制改革和社会建设方面也取得了显著的成就。然而,随着我国经济体制改革的不断深入,一些新的社会问题不断涌现,如贫富分化严重、就业压力增大、教育公平与教育质量问题依然突出、公共服务供给不足以及社会矛盾不断增多等,社会组织迅速发展,但其社会功能仍然有限,基层社区建设不断加强,但居民自治程度依然有限,这些问题直接关系到未来改革、发展和稳定的大局。同时,随着人民物质生活水平的不断提高,城市居民所关注的问题更多地集中在一些与生活质量有关的方面,如社会福利、政府治理以及社会环境等。因此,在新的形势下,政府的工作重心要相应地转向满足人们对生活质量的需要。从提高生活水平到提高生活质量的转变是社会发展的一个质的飞跃,也是各级政府未来面临的最重要的挑战。简单来说,生活水平的提高主要依靠发展经济来解决,但生活质量的提高则是与社会管理和公共服务的完善、健全密切相关,即政府必须实施有效的社会管理,通过有效的制度安排协调政府、社会组织、私人部门的相互关系,实现社会和谐,为公众提供充足的和高质量的公共服务。

一

加强经济建设、政治建设、文化建设、社会建设是中国社会主义现代化的总体布局。推进经济体制、政治体制、文化体制、社会管理体制四位一体的改革是中国今后一个时期改革的基本任务。经济体制、政治体制、文化体制、社会管理体制改革相互关联、相互制约,缺一不可,需要整体推进,同时每一项改革都包含着丰富的内容,需要分别认真研究。但必须承认,尽管社会管理问题提上议事日程,实际上中国对社会管理的研究还不是很多,对社会管理的研究至少要比对社会政策研究薄弱得多。随着我国改革开放和社会主义现代化建设事业的发展,社会建设作为一个整体系统的价值和地位越来越突出。社会作为一个有机整体有其自身的运动规律和特点,既不能把它作为经济、政治、文化的简单相加,也不能仅仅看作经济、政治、文化运动的外部条件,它本身就应当成为社会主义现代化建设的重要目标。正是基于这种对中国特色社会主义经济、政治、文化、社会建设认识的不断深化,我们党逐步把社会建设问题提到了议事日程。党的十六大报告在阐述全面建设小康社会的目标时,第一次把社会更加和谐作为我们党要为之奋斗的一个重要目标提出来。党的十六届四中全会进一步提出构建社会主义和谐社会的任务。党的十六届六中全会对构建社会主义和谐社会进行了全面部署,通过的《中共中央关于构建社会主义和谐社会若干重大问题的决定》,对当前和今后一个时期构建社会主义和谐社会做出了总体部署,并把社会主义现代化建设的目标扩充为建设富强民主文明和谐的社会主义现代化国家,从而丰富和发展了党的基本路线和基本纲领。这表明,随着我国经济社会的不断发展,中国特色社会主义事业的总体布局,更加明确地由社会主义经济建设、政治建设、文化建设三位一体发展为社会主义经济建设、政治建设、文化建设、社会建设四位一体。这一过程,反映了我们党对共产党执政规律、社会主义建设规律、人类社会发展规律认识的深化。党的十七大报告指出,社会主义社会是全面发展、全面进步的社会。中国特色社会主义事业的总体布局是由经济建设、政治建设、文化建设和社会建设构成的。在中国特色社会主义建设中,经济是基础,只有坚定不移地以经济建设为中心,大力发展社会生产力,才能为政治、文化、社会建设提供坚实的物质基础。政治是经济的集中体现,对于经济、文化和社会建设有着重要的保证作用。只有积极发展社会主义民主政治,建设社会主义政治文明,才能为社会主义经济、文化和社会建设提供坚强的政治保障。文化是政治和经济的反映,又对经济和政治有着重要的影响作用。只有大力发展社会主义先进文化与和谐文化,才能为经济、政治、社会建设提供精神支撑。社会建设是经济、政治、文化建设在社会领域的综合体现。只有大力加强社会建设,构建社会主义和谐社会,才能为经济、政治、文化建设创造良好的社会条件。

目前,我国社会主义市场经济的基本框架已经初步建立,与之相适应的经济政策和宏观调控机制也已经基本建立,并在现代化建设的实践中逐步完善。但是,我国构建社会主义和谐社会所要求的社会建设和社会管理的基本制度框架还不完善,亟待建立。随着我国经济持续快速发展,综合国力不断提高,我国已经具备推进全面社会建设和社会管理的基本条件。构建社会主义和谐社会的重大举措标志着我国的发展进入一个新的历史阶段。发展社会事业、促进社会公正、加强社会管理、完善社会体制是新的历史阶段社会建设的主要内容。构建社会主义和谐社会对社会管理提出的要求是:探索社会主义初级阶段社会管理的基本特点;制定社会管理的基本方针、法律法规和政策;明确社会管理的主体。在这样的背景下,提出社会管理对于推动具有中国特色社会主义的实践具有重大理论意义和现实意义。

加强社会管理是为中国特色社会主义事业发展提供有利社会环境和条件的基本路径。社会建设的目标是构建社会主义和谐社会,重点是解决人民最关心、最直接、最现实的利益问题,使经济发展成果更多体现到改善民生上。关注和改善民生,已经成为我们党治国理政的新理念和实际行动。

显而易见,构建社会主义和谐社会的提出,对公民社会组织建设提出了新的发展思路,公民社会组织存在和发展的必要性和必然性在于,它既能在一定程度上弥补政府失灵,又能在一定范围内弥补市场失灵;既能减少政府成为社会矛盾焦点的概率,又能较好处理市场不能或无力处理的问题和矛盾。相对于政府行政运行,社会组织的运行方式能够降低社会管理的成本;相对于市场调节,社会组织的调节方式能够更好地保证社会公益的目标,从而也有利于把社会公平正义落到实处,让广大人民群众共享发展成果,更好地弥合分歧、化解矛盾、控制冲突、降低风险、增加安全、增进团结。在这个意义上,培育和发展公民社会组织的过程,正如整个社会建设过程一样,是一个制度创新的过程。

公民社会组织存在和发展的必要性和必然性还在于,在当前社会日益分化多样和流动速度加快的过程中,迫切需要有多种形式对社会成员和社会群体进行有效整合,以理性、合法的方式,反映并满足他们在经济、政治、文化、社会生活多方面的需求,实现社会需要的组织化。社会组织就是在这种客观要求中应运而生的,它在构建社会主义和谐社会中具有不可替代的作用和独特优势。

公民社会组织所以能起到这样的社会作用,是因为它在总体社会结构中具有独特的地位和组织属性。公民社会组织作为社会的第三部门,相对于第一部门政府组织来说,是非政府组织;相对于第二部门市场组织来说,是非营利组织。因而,民间性、公益性、自治性成为社会组织的基本组织属性和特点。这样的社会作用,正是这些基本属性在其实际运作过程中正确展开和发挥作用的结果。从这里可以进一步理解,党的十七大报告提出"重视社会组织建设和管理",把培育和发展社会组织纳入社会建设和社会管理的重要内容,对推进我国社会的制度创新、政策创新,对公民社会组织的健康发展,都是至关重要的。

二

传统观念认为,微观经济领域应由私营企业承担,而公共服务应由政府垄断。然而,由于政府本身存在着垄断性、官僚组织的自利性、信息不完全和政府能力有限等约束条件,政府并不能像理想中的那样通过"有形的手"将资源配置达到帕累托最优,往往伴随着公共物品提供不足或提供过度的问题出现,导致公共服务低效率。公共物品全部由政府组织或公营部门提供、生产或管制,并非是唯一或最有效的途径。于是,在政府公共服务中引入市场机制,用市场的优势去改善政府的功能,把竞争注入到政府服务工作中,实现公共服务供给多中心的制度安排,已成为公共服务的必由之路,这也是新公共管理理论和治理理论所极力主张的。政府组织可以借助市场组织和社会组织的优势与能力来生产某些公共物品,且关键是公共服务须打破垄断,竞争共存。三种组织可以凭借各自的优势,通过竞争提供不同的公共服务。

鉴于政府与市场都存在着固有的缺陷,二者并不是零和关系,这就使我们有时不可避免地陷入两难困境。于是,人们又欲寻求"第三只手"即公民社会来协助调节,以其弥补二者的缺陷,在二者之间建立一种缓冲力量,通过政府、市场与公民社会三者之间的有效互动,逐步形成三足鼎立的局面。公民社会,常常又被称为民间社会和市民社会,在这里我们把它当作国家或政府之外的所有民间组织,包括非政府组织、公民的志愿性社团、协会、社会组织、利益团体等,又被称为"第三部门"。我国的公民社会组织包括各种利益团体、民间组织和基层社区组织等。对公民社会的关注已经成为治理方面文献的一个共同主题,世界银行最近立场的最有新意的部分就是关注公民社会对于发展的意义。自20世纪70年代末80年代初以来,东西方一些国家政府治理变革的基本理念和价值取向就是,试图改变战后几十年政府形成的职能活动范围和运行机制,力图在政府与市场之间寻求更为有效地提高公民普遍福利及提升国家生产力、竞争力的制度安排和创新性组织,以达"善治"。"善治实际上是国家权力向社会的回归,善治的过程就是一个还政于民的过程,表示政府与社会之间的友好合作,它有赖于公民自愿的合作和对权威的自觉认同,要求公民的积极参与,其基础就是公民社会"①。

治理与"善治"理论的出现是与公共管理方式的转变分不开的。人们把公共管理的出现与行政改革运动联系在一起,把它看作是20世纪80年代以来一场全球性的行政改革运动(也可理解为我们所提及的"政府职能转变")的结果;在政治学领域,人们在民主与参与等工具性的层面和政治文明等价值层面上来认识公共管理所实现的政治发展;在社会学的视野中,公共管理是社会组织形式、社会治理结构变革带来的以社会自治为基本内容的新型社会治理方式;从哲学的视角中看,人类历史从农业社会走向工业社会再到后工业社会的历史必然性要求有一种全新的社会治理模式与之相适应,而公共管理就是一种新型的社会治理模式②。

在公民社会发展的今天,政府不再是唯一的公共管理组织和部门,政府也不再是唯一执掌公共权力的组织和部门,它对公共权力的垄断将随之成为历

---

① 俞可平:《引论:治理和善治》,俞可平主编:《治理与善治》,社会科学文献出版社2000年版。
② 张康之:《公共管理:社会治理中的一场革命》,《北京行政学院学报》2004年第1期。

史,公共权力随着公共管理的社会化而社会化,众多的公民社会组织成为公共权力的执掌者。全球治理委员会在1995年发表了一份题为《我们的全球伙伴关系》的研究报告,对治理(governance)做出了如下的界定:治理是各种公共的或私人的个人和机构管理其共同事务的诸多方式的总和。他是使相互冲突的或不同的利益得以调和并且采取联合行动的持续过程。这既包括有权迫使人们服从的正式制度和规则,也包括各种人们同意或以为符合其利益的非正式的制度安排。它有四个特征:治理不是一整套规则,也不是一种活动,而是一个过程;治理过程的基础不是控制,而是协调;治理既涉及公共部门,也包括私人部门;治理不是一种正式的制度,而是持续的互动①。可见,治理是政治国家与公民社会的合作、政府和非政府的合作、公共机构与私人机构的合作、强制与自愿的合作;有效的治理必须建立在国家和市场的基础上,它是对国家和市场手段的补充。

而善治(govd governance)就是使公共利益最大化的社会管理过程。善治的本质特征就在于它是政府与公民对公共生活的合作管理,是政治国家与公民社会的一种新颖关系,是两者的最佳状态。善治的基本要素有以下六个②:

(一)合法性(legitimacy)。它指的是社会秩序和权威被自觉认可和服从的性质和状态。只有那些被一定范围内的人们内心所认同的权威和秩序,才具有政治学中所说的合法性。合法性越大,善治的程度就越高。取得和增大合法性的主要途径是尽可能增加公民的共识和政治认同感。

(二)透明性(transparency)。它指的是政府信息的公开性,每一个公民都有权获得与自己的利益相关的政府政策消息,包括立法活动、政策制定、法律条款、政策实施、行政预算、公共开支以及其他有关的政治信息。透明程度越高,善治的程度也越高。

(三)责任性(accountability)。它指的是人们应当对自己的行为负责。在公共管理中,它特别地指与某一特定职位或机构相连的义务。公众尤其是政

---

① 俞可平:《治理和善治引论》《马克思主义与现实》1999年第5期。
② 俞可平:《治理和善治引论》《马克思主义与现实》1999年第5期。

府部门的公职人员和管理机构的责任越大,表明善治的程度越高。

（四）法治（rule of law）。法治的要义是,法律是公共管理的最高准则,任何政府官员和公民都必须依法办事,并在法律面前人人平等。法治的直接目标是规范公民的行为,管理社会事务,维持正常的社会生活秩序,但最终的目的是保护和维护公民的自由、平等及其他基本政治权利。法治是善治的基本要求,没有健全的法制,没有对法律的充分尊重,没有建立在法律之上的社会秩序,就没有善治。

（五）回应（responsibility）。公共管理人员和管理机构必须对公民的要求做出及时地和负责的反应,不得无故拖延或没有下文。在必要时还应当定期地、主动地向公民征询意见、解释政策和回答问题。回应性越大、善治的程度也就越高。

（六）有效（effectiveness）。这里主要指的是管理的效率要高。它有两方面的基本意义:一是管理机构设置要合理,管理程序科学,管理活动灵活;二是最大限度地降低管理的成本,提高管理的效率。管理的效率越高,善治的程度也就越高。

可见,善治就是政府与公民社会对公共事务的合作治理与互动的过程。公民社会发展是事关社会转型和政府职能转变的一个重要条件。在经济转轨和社会转型的过程中,政府的角色也要相应地从计划经济时期的全能型政府向市场经济下的"有限政府"转变,我们经常听到有关政府应该在哪些问题上管,哪些问题上放权的讨论。但事实上,政府都必须管,只是如何管的问题。换言之,政府职能转变并不是职能发生了变化,或者说,原来管的事情现在不管了,而是行使职能的手段和方法发生了变化。政府转型必须与经济社会转型的进程同步协调推进,而且政府转型中对经济管理的作用绝对不是用简单的"削弱"两个字可以概括,很多方面是大大强化了,要求更高、难度更大。加强社会建设和管理,首先要实现政府职能转变,加快建设现代公共服务型政府,必须按照市场经济的发展要求,对现代政府的职能有一个科学的定位。为此,要理顺政府与市场、政府与企业、政府与社会的关系,把政府的职责和功能限定在有所为、有所不为的合理边界。因此,社会的转型和政府职能转变是一个问题的两个方面。或者说,政府职能转变和社会组织的培育是互相依存的,二者应当同时共进。

有效政府不仅意味着要明确政府应该做什么和不应该做什么,还意味着政府要有能力履行其分内的职能。而当今,公共问题的复杂性、动荡性和多元性,加之政府官员的自利倾向及传统官僚体制本身的弊端等,导致了政府的不可治理性,使政府的存在充满了合法性危机。所以,为了摆脱政府的合法性危机,并有效推动政府、建立公民社会这一互动网络非常迫切,发展、完善和提升政府能力便成了关键的问题。于是,世界各国都纷纷进行政府治理模式的变革,各种新理论、新流派、新观点也随之而出。所谓"政府职能转变",就是加快体制机制创新,大力建设现代公共服务型政府,这是适应经济转型和社会转型的需要,更是贯彻落实科学发展观、全面正确地履行政府职能的必然要求。传统政府向现代政府转型的过程,就是一个对原先政府失范行为的否定过程,更是对现代市场经济和现代民主政治发展的不断调整、适应和重构的过程。在市场化进程不断加快、政治体制日趋完善、多元文化共同繁荣、价值体系渐趋整合的今天,传统意义上的地方政府已经越来越显示出明显的不适应性,暴露出许多新的问题、矛盾和冲突。政府改革能否到位,能否建立公共服务型的现代政府,事关一个地方改革、发展、稳定的大局。党的十七大报告指出,要加快行政管理体制改革,建设服务型政府。行政管理体制改革在我国改革开放和现代化建设中居于重要的战略地位,它是全面深化改革开放的关键因素和重要环节。公共服务型政府的职能定位,就是党的十六届三中全会明确提出的十六字要求,即"经济调节、市场监管、社会管理、公共服务"。具体而论,在市场经济条件下,地方政府应扮演经济发展的调控者、改革开放的推动者、有效制度的制定者、市场秩序的监管者、公共产品的提供者、和谐社会的保障者等"社会人"角色。

实现职能转变和角色转换,需要坚持以人为本的管理思想,把从政为民、服务社会的价值追求,内化为一种稳定的制度功能,并在改革的推进过程中牢固树立现代市场经济和现代民主政治的理念,做到"两个依靠、两个还权",即依靠并运用市场的力量来发展经济,提高市场的开放度,还权于市场,使经济资源由市场配置，政府宏观调控；依靠并调动群众的力量来管理社会，提高群众的参与度，还权于人民，使政治资源由人民配置，执政党宏观调控。

加快政府职能转变，必须完善政府的社会公共管理职能，着眼于理顺政府与市场、政府与企业、政府与社会的关系，把政府的职责和功能限定在有所为、有所不为的合理边界。长期以来，我国偏重于经济发展，忽视社会发展，使经济与社会发展不协调，一条腿长，一条腿短。当经济高度发达以后，就应该适时转变一个国家、一个区域或一个城市的发展目标导向，即确立社会目标优先于经济目标的原则，依靠现有经济基础和能力，反哺社会发展，以促进经济与社会协调发展。要顺应全球社会公共管理新趋势，加快传统的"经济管理为主"向"社会管理为主"转变，不断完善政府的社会管理职能，从实施全面管理的全能政府变为实施公共管理的有限政府。特别是在社会发展领域，要按照市场经济体制的要求，彻底改变政府集社会管理和兴办社会事业于一身的格局，鼓励社会组织及个人参与兴办社会事业的积极性，强化社会参与和自我管理能力。政府主要承担提供公共产品、公共服务和弥补市场缺陷的角色，改变政府以往介入市场过多的"越位"和在提供社会公共服务方面的"缺位"，使自身公共管理职能得以强化。

加快政府职能转变，按照十七大提出的"加大机构整合力度，探索实行职能有机统一的大部门体制，健全部门间协调配合机制"，加强对行政权力实现有效的监督。可以说，这是中央在新的经济、社会条件下对行政体制改革的一种新思考和新思路，具有重要的现实意义。现代社会的一个重要特征，就是社会分工越来越细，出现的新领域亟待政府加强管理。如伴随网络的出现，有了网络犯罪、网络经济、网络传播媒体等，这些对社会影响不管是正面的，还是负面的，都非同小可，都需要政府进行必要的管理。过去政府没有这方面的管理功能，现在政府就要配备专业人才，进行管理和引导。所以"小政府，大社会"和实现大部制改革是两个不同的含义，二者都有其特定的范围，不应该简单地等同或者对立。退后一步说，即使在"小政府"内部，也不可能是"一锅粥"，而是要设置必要的部门，各司其职，对社会进行管理或提供服务。这就是说，即使政府规模较小，内部也需要科学分工。而大部制适应了市场经济发展和科学设置部门的管理需求。就是在政府的部门设置中,将那些职能相近、业务范围雷同的事项,相对集中,由一个部门统一进行管理,最大限度地避免了政府职能交叉、政出多门、多头管理,从而达到提高行政效率,降低行政成本的目标。大部制是国外市场化程度比较高的国家普遍实行的一种政府管理模式,比如"大交通"、"大农业"等,并在公共管理变革中有了新的发展,如决策权与执行权的分离。简言之,大部制改革,是实现政府职能转型的需要,是加强政府决策的需要,也是节约行政成本的需要。究其根本,大部制改革是深化行政体制改革的重要组成部分,是优化政府结构、减少部门间协调成本的必要举措。尽管组建新的金融部委、新的运输部门以及能源部门等,都还在讨论当中,但从这些涉及到的相关机构情况来看,大部制改革是实现政府职能转变和完善政府社会管理职能的有效举措。

三

随着中国传统性权威的消失,倡导以民为本,构建和谐社会政策的出台以及来自普通公民的维权意识和公共参与愿望的提高,越来越多的人们似乎已经不再满足于只是依赖政府或者求助精英,也不再将自己的行动只是局限在对自身利益的诉求上,他们将通过一系列的社会自治组织和自我组织在乡村教育、环境保护、社会健康、助学、助困、助医、救灾、安老扶幼乃至农民权益等各个方面开展着广泛而丰富的志愿服务。公民通过有序组织起来,将与政府和企业一起,进行互动和合作,来寻求民间的自助或者互助,谋求公共利益的实现。这些现象不但活跃在各大城市,也活跃在偏僻遥远的乡村,分布在祖国的四面八方。参与的人群不再只是以往的公共知识分子,而且包括政府官员、记者、教师,学生和职员甚至外来打工者。正是这样广泛的行动和话语展示出建设和谐社会的民间力量,也暗示着在中国建设公民社会的可能性。因此,公民社会作为国家和市场之外所有民间组织和民间关系的总和,作为政治领域和经济领域之外的民间公共领域。其组成要素是各种非政府和非企业的公民组织。现实经验表明,公民社会组织是志愿精神的组织载体和放大器,扶持和培育公民社会组织可以为志愿精神在全社会的弘扬和持续奠定坚实的组织基础。改革开放到今天,社会成员的存在状态和社会结构发生了深刻变化,我国公民社会发展的诉求和意愿非常强烈。在此形势下,建议党和政府采取扶持培育与规范管理并举、放手发展民间组织的战略,尽快推动我国的公民社会组织发展迈上一个新台阶。

中华民族历来就有扶贫济困、助人为乐的传统美德。志愿服务一经在中国倡导和实施,就赢得了社会各界的广泛赞同和积极响应。中国的现代化事业和构建社会主义和谐社会需要志愿精神和志愿服务。发扬志愿精神,参与志愿服务,是实现社会主义核心价值的重要途径。中国传统文化中"先公后私"、"公而忘私",无一例外地成为我国志愿者行动的文化底蕴。同时这是由我国公民社会组织的宗旨和使命的公益性所决定的。首先,我国各类公民社会组织都有明确的、并为成员接受和认同的组织章程,在组织章程中规定了公益性的宗旨和使命。如中华慈善总会的宗旨和使命是发扬人道主义精神,弘扬中华民族扶贫济困的传统美德,帮助社会上不幸的个人和困难群体,开展多种形式的社会救助工作;中国青少年发展基金会的宗旨和使命是通过资助服务、利益表达和社会倡导,帮助青少年提高能力,改善青少年的成长环境等等。从我国公民社会组织的这些章程中,我们可以看出,它们成立组织或开展活动的目是不是为了谋取利润,而是为了服务社会大众。因而,从这个意义上来说,它具有鲜明和突出的公益性。其次,我国公民社会组织所关注的对象主要是被主流社会所不顾及或难以顾及的贫困、医疗卫生、人道主义救援等一些重大的社会问题,它所服务的对象大多是被主流社会所忽视或排斥的社会弱势群体。我国民间组织让这些在社会地位、财富分配、政治权力行使、法律权利享受等方面处于相对不利地位以及在发展方面潜力相对匮乏的弱势群体,能够机会均等地参与社会的发展并公平地分享社会发展的成果,从而使他们达到物质和精神上富有的生活境地,这是公民社会组织孜孜追求的价值目标,也是民间组织的活动宗旨和使命。

2008年5月四川汶川的大震大灾把志愿者行动的传统美德推向了一个新的高度,并赋予它以时代内涵。志愿者行动的最高理念在于自觉自愿。志愿者行动重在参与,依靠传统文化的再生力,凭借道德教化的感召力,志愿者行动在抗震救灾中重新解读和展现中华民族的传统美德。在抗震救灾的过程中，除了政府组织的应急救援行动外，出现了规模较大、数量可观、源源不断的各类社会组织及公民个人自发的救援行动。这种现象令国人感到新奇和惊讶，也使国外舆论颇感意外。规模空前的志愿者行动及其体现出的志愿精神，感动着我们每一个人。可以说，这是一种传统文化与现代意识交织、历史发展与现实因素推动而形成的综合性社会现象。改革开放30年来，私人生活空间的快速拓展，为这次志愿精神的大喷发提供了社会心理基础。30多年来，我国社会成员个体存在状态发生显著变化，人们摆脱了原有体制的束缚，转而以意志自由和行为自主的社会能动主体状态存在，而这恰恰是志愿者行动和志愿精神的坚实基础。随着我国社会实现了由温饱向小康的跨越，社会成员的基本物质需求得到满足，更高层次的精神需求呈现增长态势，而志愿者行动很好地满足了人们对归属感、爱、自尊、自我实现的精神需求。而这些精神需求正是此次抗震救灾过程中志愿者行动大量出现的重要动因。同样在2008年北京奥运会来弘扬志愿精神和奥林匹克精神，对于塑造和弘扬我国公民的文化价值体系具有极其重要的意义。全球化的今天，一个国家要想在竞争中领先，需要各种实力的壮大，其中，"软实力"居于重要地位；从一个国家自身的发展来看，重视"软实力"的发展对于其政治、经济、文化等都将产生积极的推动作用。通过奥运志愿服务，将推动公众对于志愿者的深刻和广泛了解，有效激励全社会的广泛参与。有些国家，把参加社区志愿者活动作为考核政治家的一项标准和公民的义务，并有相应的社会认可，这样大大鼓励了全社会对志愿者活动的支持和参与。通过奥运志愿者的奉献和展示，社会的认同和沟通会空前实现。

当今，经济改革和政治改革导致政府职能的重大转变，在经济领域和社会领域留下了广阔的管理和服务真空，这种真空对公民社会产生了强烈的需求。公民社会由于其非官方性、独立性和自愿性的特点，在社会管理工作中以其独特的优势发挥着重要的作用，特别是在不为报酬和收入而参与推动人类发展、促进社会进步和完善社区工作的志愿服务以及牵涉到贯彻道德准则和个人行为职责的任务方面则是更胜一筹，并作为公众参与社会生活的一种非常重要的方式,在一些国家,志愿精神是公民社会组织的精髓。"最重要的是,他们推动社会资本积累的良性循环"①,由此形成的稠密的信任网络"为稳定和成功的经济增长提供了一个平台"②。另外,公民社会"还能有效地同企业相结合以推进社会计划"③。可以说公民社会一方面维护了竞争性的市场经济体制,在一定程度上克服了盲目性和无效竞争,并在一定程度上抑制了市场的外部负效应;另一方面又补充了政府的不足,满足了某些社会需求,从而在一定程度上避免了政府为满足这些需求可能产生的供给失效。发展公民社会是弥补市场缺陷和政府缺陷的重要途径。从国内需求来看,我国民间组织作用发挥日益凸显。改革开放以来,伴随着政府职能的转变和企业社会职能的剥离,大量"单位人"向"社会人"特别是"社区人"转变,大量与公民相关的社会公共事务要由社会各种组织来承担。但由于我国社会组织还不健全,社会功能还不完善,许多公民的各种公益性的需求还不能得到全面满足。为此要发挥社团、行业组织和社会中介组织提供服务、反映诉求、规范行为的作用。公民社会组织深深植根于民间是其优势所在,它能够借助这一特点合理调动分散的社会资源,并不断予以优化、整合,从而解决社会问题,维护社会稳定,增加社会福利,完善我国的社会事业服务体系。在公共物品和公共服务上,由于政府和市场"失灵"而使社会公众得不到满足,于是,我国公民社会组织便从社会中产生出来,志愿性地满足社会公众对公共物品和公共服务的公益需求。而且,民间组织在为社会提供大量有效服务的同时,扩大了社会参与,培育和提高了社会的自我管理能力和社会的自我组织程度,有利于进一步完善社会主义民主与法治。此外,健康发展的公民社会组织也是合作价值、关爱、文化生活和智力创新等的聚集场所。它既为人们提供了奉献社会、追求自身价值的渠道,又为弱势群体提供了良好的社会适应机制,使其感受到社会的温暖,

---

① [英]安东尼·吉登斯:《第三条道路及其批评》,孙相东译,中共中央党校出版社2002年版,第83页。

② [英]安东尼·吉登斯:《第三条道路及其批评》,孙相东译,中共中央党校出版社2002年版,第80页。

③ [英]安东尼·吉登斯:《第三条道路及其批评》,孙相东译,中共中央党校出版社2002年版,第84页。

有效地满足不同层次人们的需要,促进社会精神文明的整体提升,增强社会凝聚力和国家凝聚力。

四

公民社会的概念源自于西方,但却并不同于西方。它在现代社会中极富包容性和开放性,并随着历史变迁和文化不同而不断变化其内涵。从根本上来说,它与政治社会相区分,强调国家和市场之外的社会自我组织、强调社会自身的相对独立和自治。西方版本的公民社会或者表现为NGO组织或者是新社会运动和以大众传媒为主的公共领域的讨论。随着20世纪90年代以来的全球社团革命,政府、市场和公民社会正形成支撑西方文明的三大部门。并且经由全球化的作用,公民社会组织及其运动已成为全球治理中不可忽视的重要力量。因此,这个概念虽然来自西方,但是随着一些全球性社团,如联合国发展署、世界银行这样的国际发展组织进入中国,这一概念也来到中国,并已对中国社会发展的实践和话语都将产生深远和现实的影响。

不过中国的公民社会组织的发展和行动方式不同于西方公民社会中的以NGO的独立和对抗为主的表现形式,它更多地表现为群众基层组织和社区自治组织,公共话题的非正式讨论、民间集体的公益行动以及NGO与政府和企业的合作互动等。简单地说中国的公民社会主要表现为众多非政府性质也非营利性质的各类民间组织及其集体行动,并能深深植根于中国自身的文化土壤中。随着构建社会主义和谐社会的提出和社会重心的下移,使社区建设或者说和谐社区建设成为全国范围的实践。这对我国公民社会组织的发展具有基础性的意义。可喜的是,这一过程在城市与农村取得了实质性的进展,充分发挥了城乡基层自治组织协调利益、化解矛盾、排忧解难的作用。随着村民自治制度的实行,亿万农民直接行使管理自治事务的权利,极大地调动了农民当家作主的积极性。但由于历史和现实的因素,农村中各种利益纷争也不断出现,成为影响农村安定的重要因素。因此,在村民自治的过程中,村民委员会要通过民主议事、民主恳谈等形式,做好村民之间协调利益、化解矛盾等工作,使之成为保障人民群众安居乐业的重要载体。随着我国城市社区的迅速发展,一些城市在全面发展社区服务、社区文化、社区教育和社区互助等社区工作中,探索建立了以服务群众为重点的网络化的社会管理机制,把为民服务的工作渗透到社区各个领域。随着现代化建设进程加快,社区建设要适应现代化的要求,要满足多层次、多样化的社会需求,使之成为党和政府同人民群众保持血肉联系的纽带,确保一方平安和社会稳定的第一道防线。

当前,随着科学发展观的贯彻实施与和谐社会战略的提出,公民社会组织的作用正在日益凸显,并在社会的各个层面形成一种新的力量来推动和谐社会的建构。从更深层次来看,将推动自市场经济改革以来新的社会结构的转型。毫无疑问,这将是从市场经济改革以来中国的第二次改革开放——社会改革开放的必然结果。而这一次社会的改革开放,相信将会进一步促使和深化改革开放的进程。

中国公民社会作为一个新生事物,存在着许多问题和困难。在审批、登记、资助、管理、人才、参与、信任等方面,都存在着种种的问题和困难。但在研究中我感到中国公民社会最重要的困难,是来自于制度环境。一些党政官员对民间组织至今仍缺乏正确认识:有些人脱离改革开放后社会发展的实际,还没有看到一个相对独立的公民社会正在中国迅速崛起,有些人认为公民社会是西方的"舶来品",还有些人则把民间组织看成是抵制或对抗政府的异己力量,甚至对倡导和研究公民社会的学者另眼相看,有些人看到民间组织在苏东剧变和东欧"颜色革命"中的反政府作用而感到十分害怕,有些人把民间组织简单地当作是政府部门的附属单位。一些官员对公民社会的最大误区,就是过分夸大了公民社会对中国的社会主义现代化建设和民主政治建设,特别是对加强中国共产党的执政能力的消极作用。他们认为,公民社会组织的发展壮大,势必会削弱党对社会的领导能力和管理能力,而目前中国公民社会在发展过程中暴露出来的种种问题,加上民间组织在东欧地区的"颜色革命"中扮演的反政府角色,似乎正好证明了他们的这种判断。这些看法不仅是错误的、片面的,而且对中国公民社会组织的健康发展是相当不利的。毫无疑问,中国的公民社会组织确实存在着许多问题。然而,必须承认的一个事实是,尽管它存在着这样那样的问题,但就其主体而言,它们对于中国的现代化事业和民主政治建设是一支健康的和积极的力量,大多数民间组织都有着与党和政府合作的强烈愿望。因此,公民社会的制度环境急需改善,正如俞可平教授所说:目前的许多制度与其说是鼓励和培育一个健康的公民社会,还不如说是限制和防范公民社会。例如,作为三分天下有其一的公民社会,至今我们还没有一部正式的《社团法》,只有一些法规;政府对民间组织的投入极少,而准入门槛则极高。公民社会对于政府来说是一把双刃剑,处理得好就成为政府的合作伙伴,处理得不好就成为政府的强大对手。① 因此,政府要采取积极培育、正确引导、合理规范、依法管理的基本策略。既不敌视,也不忽视;既不惧怕,也不溺爱;既不放任,也不封堵。既要看到公民社会兴起的必然性及其积极作用,也要清醒地看到它对国家治理和建设和谐社会所带来的挑战与问题。

中国目前的社会转型,其实是体制变革与治理能力建设两方面共同进行的。显然,体制变革的任务显得更为重要,要先于治理能力建设。因此,我们在面对政府、市场、社会三大部门共同发展的同时,更应强调公民社会与国家的二元界定。换言之,有限政府、法治国家的确立,是中国公民社会发展、发挥公共治理作用的前提;同时,市场经济制度的完善,仍然是我们面对的重要任务。公民社会是市场经济和民主政治的必然产物,中国推行社会主义市场经济和民主政治,就必然导致一个具有中国特色的公民社会。公民社会的产生归根结底取决于市场经济和民主政治的发展。中国的公民社会要发展,需要有自己的创新战略,使得既能够体现民间自主和自治,又与现有的政治经济环境相吻合,并能深深植根于中国自身的文化土壤中。正是在这样的一种谋求创新的情境下,中国的公民社会正与国家的和谐社会战略结合起来,开始迈向新的社会改革开放。

本书将以一种全新的学术视角来检视公民社会组织的形成与发展的学理基础及时代命题,通过对公民社会组织发展的环境、对政治体制改革和民主政治建设中发挥的积极作用、与政府行政体制改革转型的互动、与市场经济改革

---

① 俞可平:《中国特色公民社会的兴起——天意:学习型社会领航者》2007 - 01 - 14 参见:http://www.tecn.cn/data/detail.php? id = 12802

的合作联动、大力推进现代社区建设和村民自治组织的建设与发展等内容的剖析,坚持以理论研究的方法、比较研究的方法、统计分析的方法等紧密结合的原则,力争在研究中按照国际惯例进行比较研究和分析,并使用了世界银行、联合国开发署、国家统计局等机构的统计指标与数据,总括性、系统性地对中国公民社会组织的发展进行了深入探索,结合实际探讨当代中国公民社会与政治文明、公民社会与宪政的关系等人们广为关注的具有现实意义的重要问题,力求理论阐释精微得当,深入浅出,紧密结合现实问题。本书既是一本有特色的学术著作,亦适合研究生或本科生在教学中参考,还可作为本专业学术研究的有益读物。

总之,我国公民社会组织发展目前还处于初期阶段,其研究也处于引进和起步阶段,可供借鉴的资料不多。作为一名学者,针对中国公民社会组织发展这一重大课题进行研究,我深感责任重大,尤其是用于公民社会组织分析和预测的数据还不全面,某些分析结论可能存在这样或那样的问题。希望学界同仁不吝赐教。

第一章 中国公民社会组织研究兴起的背景

公民社会在当今的世界范围内普遍受到了政治家、政府官员、学者和公众的广泛关注和表现出浓厚的兴趣。在中国近代历史上,公民社会曾一度活跃,但从总体上来看,它对中国政府和学术界还依然是个新的事物。从20世纪初到改革开放的今天,公民社会的概念横空出世,其理论与模式构建正在回应时代的挑战,伴随着改革开放的背景和政府改革的运动稳步推进。

一、公民社会组织的概念

公民社会组织(civil society organizations)是相对独立于政治国家的民间公共领域,其基础和主体是各种各样的民间组织。在学术界,公民社会常常又被称为市民社会和民间社会,它们是同一个英文术语 civil society 的三个不同中文译名。虽然国内学者目前仍然交叉使用市民社会、公民社会和民间社会三个术语,但这三个不同的中文称谓事实上并不是完全同义的,它们之间存在着一些微妙的差异。市民社会是最为流行的术语,也是对 civil society 的经典译名,它来源于马克思主义经典著作的中译本。但这一术语在传统语境中或多或少带有一定的贬义,许多人事实上把它等同于资产阶级社会,而且容易把这里的市民误解为城市居民,民间社会最初多为历史学家在研究中国近代的民间组织时加以使用。这是一个中性的称谓,但在不少学者特别是在政府的概念中,它具有边缘化的色彩。公民社会是改革开放后对 civil society 的新译名,这是一个带有褒义的概念,它强调 civil society 的政治学意义,即公民的公共参与和公民对国家权力的制约,越来越多的学者乐于使用这一新的译名。

在欧洲思想史上,civil society 曾被赋予多种涵义,如与野蛮或无政府主义相对应,则可译为"文明社会";与教会组织相对应,可称为"市民社会";与国家相对应,则可称为"公民社会"①;台湾学者则译为"民间组织"。因此,"民间社会"最初主要是台湾学者对 civil society 的翻译,为大陆历史学者所接受,并在研究中国近代的民间组织时加以广泛使用。虽然对公民社会的含义存在认识上的分歧,但总体来说,在近代西方自由主义的政治观念和政治实践中,"公民社会"具有两方面的含义。首先,它意味着一种独立于与对立国家干预的社会经济生活领域;其次,它意味着国家权力的一种法律上的界限。当然,两者并不是始终吻合的。近代欧洲的城市相对于封建国家而言可称为"市民社会";而城市内部的私人领域相对于公共领域而言则又是一种"市民社会"。不过,把"市民社会"理解为国家行政权力之外的社会联系与社会生活的理论上的抽象基本上还是合适的。② 可见,公民社会理论是西方政治学与社会学理论中的一个重要内容,许多思想家都对此作了独特的贡献。黑格尔在《法哲学原理》一书中对市民社会概念做了详尽的论述,开创性地把市民社会和政治社会相区别,并且描述了市民社会和国家的辩证关系。他认为市民社会既不同于家庭,又不同于国家,是市场得以运作及其成员得以保护所必需的制度和机构,是处于家庭和国家之间的地带,是同时与自然社会(家庭)和政治社会(国家)相对应的概念,作为人类伦理生活逻辑发展中的一个阶段,是一种现代现象,是现代世界的产物。因此,他认为,"市民社会,这是各个成员作为独立的单个人的联合,因而也就是在形式普遍性中的联合,这种联合是通过成员的需要,通过保障人身和财产的法律制度,和通过维护他们特殊利益的公共利益的外部秩序而建立起来的。"③在这里他认为,市民社会是由两个原则来支配,即普遍性和特殊性。特殊性是现代社会的标志,是推动历史发展的动力,但这种特殊性又必须被超越,从而达到普遍性。黑格尔的论述,奠定了市民社会概念的前马克思主义的基础,市民社会的观念经黑格尔进入马克思的思想。在马克思看来,随着社会利益分化为私人利益与公共利益两大相对独

---

① 《国际社会科学杂志》第 9 卷,第 3 期,第 67 页。

② 唐士其:《市民社会、现代国家以及中国的国家与社会的关系》北京大学学报 1996 版,第 6 期。

③ 黑格尔:《法哲学原理》,商务印书馆 1998 年版。

立的体系,整个社会就分裂为市民社会和政治社会两个领域。前者是特殊的私人利益关系的总和,后者则是普遍的公共利益关系的总和。"市民社会包括各个个人在生产力发展的一定阶段上的一切物质交往",①因而市民社会也就是从生产和交往中发展起来的社会组织。在马克思看来,"具有个人主义伦理观的自主自治群体的创立,才是出现'市民社会'与随之而来的现代化所必要的先决条件。因此,即使是在其他方面都非常有利的情况下,如果没有这样的城市市民文化,现代化也是要失败的。葡萄牙就是符合于马克思观点的一例,尽管葡萄牙在16、17世纪获得了丰厚的经济资源,可是在那里并没有出现现代化和工业化,原因就在于它没有建立在城市基础上的'市民社会'"。②

哈贝马斯将公民社会理论大大推进了一步,认为公民社会是独立于国家的私人领域和公共领域。私人领域指以市场为核心的经济领域,公共领域指社会文化生活领域。哈贝马斯特别强调公共领域的价值,认为它正遭受商业化原则和技术政治的侵害,使得人们自主的公共生活越来越萎缩,人们变得孤独、冷漠。他主张重建非商业化、非政治化的公共领域,让人们在自主的交往中重新发现人的意义与价值。哈贝马斯的这种用法在西方产生了巨大的影响,两位美国学者柯郭和阿拉托则干脆将公民社会界定为介于经济与国家之间的一个社会领域,从而将经济领域排出了公民社会的范围。

国内学者关于公民社会或市民社会的定义,大体上可分为两类,一类是政治学意义上的,一类是社会学意义上的。两者都把公民社会的主体界定为民间组织(civil organization),但强调的重点不同。政治学意义上的公民社会概念强调"公民性",即公民社会主要有那些保护公民权利和公民政治参与的民间组织构成。社会学意义上的公民社会概念强调"中间性",即公民社会是介于国家和企业之间的中间领域。③可见,公民社会,是指具有居间性的一种特殊的社会组织。在政府与市场的传统分类中,公民社会也就是指居于政府与

---

① 马克思,恩格斯:《马克思恩格斯选集》(第一卷),人民出版社1972年版,第41页。
② 什洛莫·阿维内里:《马克思与现代化》,罗荣渠主编:《现代化:理论与历史经验的再探讨》,第11页。
③ 俞可平等著:《中国公民社会的制度环境》,北京大学出版社2006年8月版。

市场之间的，不同于政府组织与企业组织，为政府和市场提供中介服务的社会组织。结合当前各种学者提出的定义和管理实践中的使用情况，可以认为，公民社会是相对独立的自治组织，它既不隶属于政府也不隶属于企业，是一个独立的社会组织。我们可将它概括为是国家或政府领域和市场经济领域之外的所有民间组织或民间关系的总和。它是官方政治领域和市场经济领域之外的民间公共领域。政府作为国家政权的组织形式，其基本的组建原则和权力行使方式是自上而下的，形成的是大大小小的金字塔结构。公民社会则无法按照国家政权的形式自上而下构建起来，也难以自上而下地行使权力，他们依靠的是广大的公民，通过横向的网络联系与坚实的民众基础动员社会资源，形成自下而上的民间社会组织。公民社会的组成要素是各种非政府和非企业的公民组织，包括公民的维权组织、各种行业协会、民间的公益组织、社区组织、利益团体、同人团体、互助组织、兴趣组织和公民的某种自发组合等等。由于它们既不属于政府部门（第一部门），又不属于市场系统（第二部门），所以人们也把它们看作是介于政府与企业之间的第三部门（the t hird sector）。在公民社会的生活中发挥服务、沟通、监督等职能，实施具体的服务性行为、执行性行为和部分监督性行为的社会组织。

二、公民社会的兴起

从 civil society 的本源来看，它是一个完全源于西方的极富包容性和开放性而内涵不断变化的概念，在漫长的历史演变过程中被赋予了丰富的涵义，甚至可以说是不同的意蕴。它同西方文化传统中的公民权（citizenship）观念密切相关。英文中的 civil 这个词实际上源于拉丁文中表示"公民"和"公民权"的几个词，如 civis（公民）、civitas（公民权、公民社会）和 civilis（公民的）等均来自于希腊文。一般认为，最早对公民社会概念作出界定的是亚里士多德。他在《政治学》一书中首先提出了"politikekoinonin"的概念。

公民社会组织是相对独立于政治国家的民间公共领域，其基础与主体是各类民间组织。这里我们把公民社会概括为它是国家或政府领域和市场经济领域之外的所有民间组织或民间关系的总和，是介于政府部门（第一部门）与市场体系(第二部门)之间的"第三部门"。对于公民社会目前在学术界有着不同的称谓,经常看到和使用较多的有:非政府组织(NGO)、非营利组织(Non-Profit Organ-ization,简称NPO)、民间组织(Civil Organization)、中介组织(Medium Organization)、公民团体(Civil Group)、群众团体(Mass Association)、人民团体(People Association)、社会团体(Social Association)、第三部门组织(The Third Sector Organization)、志愿者组织(Voluntary Organization)等等。这些组织虽说区别不大,但严格意义上讲,他们之间还是有着不同的差距,分别从不同的角度强调了公民社会的某些方面的特征及属性。

古希腊奴隶制国家最早使用公民概念,当时是指那些征服了其他的城邦并以此为基础建立了自己的统治的征服者,即所谓自然公民,他们的后代也就先天地享有公民权,成为城邦公民。公民是一个特权阶层,垄断了城邦的统治权,城邦政治生活是公民的专利,公民之外的奴隶和自由人都被排除在政治社会之外。古希腊罗马的"公民"概念是现代公民概念的源头。"公民"的概念一经提出,就因其内含了近现代所有政治和法治文明的"基因"而在近现代以来显示出越来越重要的意义。因为"公民的本意是'属于城邦的人'或'组成城邦的人'。显然,这是一个超越血缘关系又超越王权专制的带有普遍性的法律资格的概念"。它赋予了作为一定规模的政治共同体(或城邦)的成员资格,尽管这种资格在古希腊罗马时代的特定历史条件下仅具有有限的普遍性,之所以它是"有限的",是因为在一个国家或社会中并非所有自然人都是公民;说它具有"普遍性",是因为在公民范围内,每个人都是平等的。商品是天然的平等派,它消解了早期公民概念的"有限性",将所有自然人都纳入了公民的范畴。现代意义上的公民概念伴随着资本主义的兴起而产生。

在中国这样一个有着悠久的封建传统的国家,在小农经济、自然经济的基础上只能产生家长制和行政权力支配社会的政治文化。而封建的中央集权制度,其特点之一就是公民社会组织的发展受到限制。其实,严格的来讲,公民社会雏形在中国的出现,并不是因为先有了西方的公民社会理论才有了中国的实践,而是中国公民社会雏形的出现,迫使人们去关注这一问题,否则西方的概念根本不存在传入中国的基础。公民社会在中国有着悠久的历史渊源和广泛的社会基础,如我国很早就有了行业组织,在6世纪末的隋、唐、宋朝时已经有了"行",到了清代康乾年间,已经出现了许多手工业行会组织,1918年,农商部公布《工商同业公会规则》,将同业性组织定名为"工商同业公会"。1874年即清朝同治末年,辽宁工商界成立了"公议所",是我国最早的商业组织。① 20世纪初期,清政府开始实行新政,于1908年颁布《宪法大纲》,有史以来第一次规定了"臣民于法律范围以内,所有言论、著作、出版及集会、结社等事,均准其自由",自此,民间结社得到了法律上的认可。民国时期,公民社会逐渐发展起来,并且开始在社会政治生活中发挥着日益重要的作用,相应地,公民社会的发展环境也得到了一定的改善。中华人民共和国成立以后,在经济上推行社会主义公有制和计划经济,在政治上实行一元化领导为核心内容的高度中央集权制。到了1950年,中央人民政府政务院颁布了《社会团体登记管理暂行办法》,对社会团体进行登记,依法保护社会团体的合法利益。1978年以后,中国实行对外开放,使社会生活需求多样化,群众参与社会服务和为管理的积极性日益高涨,就是使公民社会赖以生存和发展的经济、政治、法律和文化环境发生了根本性的变迁,在中国历史上又一次大规模地催生了公民社会组织的发展。随着民主政治与法制建设进程的加快,遍及全国农村和城市部分街道社区的直接选举,催生了基层人民群众的民主意识法制意识和人权意识,整个社会对公正的法制环境的要求也随着民主政治的发展而日益强烈,如自从1989年颁布行政诉讼法以来,我国各级人民法院受理的一审行政案件已经超过一百多万件。中国的政治文化正在逐步发生变化。公民社会组织得到了迅速发展,数量越来越多,规模越来越大。政府越来越重视法制和法治,公民的结社自由开始具有实质性的意义。政府的许多变革直接或间接地促成了公民社会的发展。如政府逐步向社会放权,开始转变职能,在大部分微观经济领域中,如生产、经营、文化、学术等活动中,政府不再履行直接的管理职能,而是将这些职能通过授权转交给相关的社会组织或民间组织,如一些行业协会、商会组织、同业组织等。1988年后,我国政府对民间组织进行治

① 高春欣:《中国商会的缘起》载于中国工商网。

理,将行政管理的职能交给民政部门,颁布了社会团体和基金会登记管理法规。1989 年之后,我国政府颁布了《社会团体登记管理条例》,对各种民间组织进行了重新登记和清理。1998 年 10 月国务院进行修订后又颁布了新的《社会团体登记管理条例》,同时还第一次颁布了《民办非企业单位管理条例》。这两个条例确立了目前中国政府管理民间组织的基本框架,形成了"分级登记,双重管理"的模式。1996 年,我国政府决定对民办非企业单位进行依法归口登记管理。至此,中国的民间组织概念、类型和内涵基本形成。① 由社会团体(包括基金会)和民办非企业单位共同组成的民间组织,已成为中国最具发展潜力的社会组织之一。据统计,中国民间组织自 1989 年以来,发展速度很快,数量增加异常勇猛。1989 年在民政部门登记的只有 4446 个。但随着市场经济的发展和民主政治的发展,民间组织开始了"爆发式增长"(《民间组织的勃兴折射社会生态变迁》,人民网 2004 年 12 月 18 日)。截至 2002 年底,我国共登记的民间组织已有 13.3 万个,比上年增加 3.1%。其中:全国性及跨省、自治区、直辖市的社团 1712 个,比上年增加了 25 个;省级及省内跨地(市)域活动的社团 20069 个,比上年增加了 529 个;地市及县以上活动的社团 52386 个,比上年增加了 1753 个;民办非企业单位作为一种新的社会组织形式得到了蓬勃的发展,在各项社会活动中发挥着日益重要的作用。② 到 2004 年,全国经过民政部门登记的社会团体 14.2 万多个,民办非企业单位 12.4 万多个,基金会 1200 多个,共计 26 万多个③。截至 2007 年 9 月底,中国有注册登记的"社会组织"36 万个,包括社会团体 19.5 万个,民办非企业单位 16.4 万个,基金会 1245 个。社会组织的总数量 2006 年底为 34.6 万个,2002 年至 2005 年分别为 24.5 万、26.7 万、28.9 万、31.5 万个,近 5 年来平均年增长率 9%,呈现比较平稳地较快增长趋势。但这仅仅是经过正式登记的组织。除此之外,还有由于种种原因,存在着大量未能正式登记的民间组织,比如,农村中的各种养殖协会,玉米种植协会等等,松散联盟型的一些组织,为农民提

---

① 周天勇等著:《中国政治体制改革》,中国水利水电出版社 2004 年 9 月版,第 155 页。
② 参见民政部网站。http://www.mca.gov.Cn/mztj/yuebao0503.html.
③ 参见 2004 年 3 月 19 日新华网;2004 年 12 月 11 日《北京青年报》。

供服务性质的,发育程度还不高的一些组织以及民间自发的一些组织等。不过,由于社会组织的注册登记需要政府部门作为业务主管单位作为前提,因而政府组建、为政府帮手的"政府办社会组织"仍然占有相当比例,而许多公民的志愿组织,尚难以获得法律的认可地位;横向比较来看,日本平均 400 人、美国平均不到 200 人、英国平均 100 人就拥有一个公民社会组织,而中国平均4000 人才有一个社会组织,即使将未获得法律合法性的草根组织也纳入,也平均约 2000 人一个才拥有一个组织,可见中国的公民社会组织处在快速生长,但仍相当不足的阶段。中国公民社会组织的治理能力普遍不强,自律存在的形式远远大于其实质发挥的作用。例如在机构建设比较完备的组织中,90% 以上的组织都有自律规范,以及建立诚信的努力,不过,只有极少数真正起到了效果。

　　对于中国公民社会的统计我们还需谨慎地对待,在民政部民间组织系统注册的只占总数的一部分。当然,这其中包括了大部分规模较大、组织严密的组织,但却没有包括在工商局以公司和咨询事务所名义注册的组织、尚未注册的草根组织和农村的大量组织。图表 1—1 列举了注册的社会团体的数量情况,并按民政部规定的三个类型分组。

图表 1—1:在中国正式注册的社团

年份	总数	社团	非营利	基金会
1988	4446	4446		
1989	4544	4544		
1990	10855	10855		
1991	82814	82814		
1992	154502	154502		
1993	167506	167506		
1994	174060	174060		
1995	180583	180583		
1996	184821	184821		
1997	181318	181318		

续表

年份	总数	社团	非营利	基金会
1998	165600	165600		
1999	142665	136764	5901	
2000	153322	130668	22654	
2001	210939	128805	82134	
2002	244509	133297	111212	1268
2003	266612	141167	124491	954
2004	289432	153359	135181	892
2005	319762	171150	147637	975

数据来源：www.chinanpo.gov.cn 2006 年 7 月 21 日。

　　表中数据表明，1996 年后，总数出现减少。下面将要讨论在法规方面的变化，意味着许多当时存在的组织已不再符合注册要求。表中数据也表明，21世纪初期，数量出现增加，非营利服务组织在迅速发展。

　　现代公民社会组织的发展离不开市场和政府两大现代制度的有力支持。中国改革开放实行市场导向的经济体制改革，逐渐放弃了原来的计划经济体制，推行社会主义市场经济，变过去单一的集体和国家所有制结构为国有、集体和个人的独资、合资和外资等多种所有制形式，极大地提高了劳动生产率，丰富了人民的生活水平，这一点为公民社会的蓬勃发展奠定了坚实的基础，也为公民社会组织提供了活动的资源，并给更多的组织提供了值得借鉴的运作方式，这种多元所有制成分共存的结构，导致大量的人员在不同所有制单位、不同行业之间流动，人们的交往方式、工作方式、分配方式都发生了重大变化。人们的独立性增强，在追求个体价值实现的同时又关注与民生相关的公共利益。多元的交往方式和活动方式，又使人们彼此以较为宽容的心态来看待各种价值观差异，多元、宽容的氛围在社会层面逐渐出现。在计划经济时期，国家与社会在管理方式上一体化，社会生活高度政治化，社会并无独立性可言。只有在市场经济的基础上，各独立的法人遵循着平等竞争、等价交换的规则去运作时，传统的政治文化的影响才有可能被突破，相对独立、相对自治的社会才有存在的根基。而政府为公民社会组织的发展和运作提供了制度性的支持。如国家通过立法、税收、资助等不同方式规范了公民社会组织运行，强化了其活动的基础。其中税收是最重要的制度支持。市场经济的发展不仅形成了独立的经济领域，而且为公民社会的产生提供了经济基础。

当前，我国经济社会的发展正处于关键时期，改革开放和社会主义市场经济的深入发展，使得我国经济社会生活也发生了深刻变化，社会经济成分、组织形式、就业方式、利益关系和分配方式日益多样化，社会利益关系更为复杂，出现了许多新情况、新问题。随着政府职能的转变，随着"小政府，大社会"的推行，未来的若干年内，中国公民社会组织的发展也将出现新的趋势。社会组织的数量还会继续上升，并且呈现个人社团化趋势，它的地位和作用将日益突出，一些社会组织承担了许多社会事务，日益成为社会公益事业、市场中介以及国际交流与合作的重要角色，同时，社会成员的参与意识也进一步加强，通过满足社会需要，赢得社会认可，通过政治参与寻找利益表达的渠道，从而获取生存和发展的所需资源，社会组织的国际化趋势也是不可回避的问题，在观念上，更要注重培养社会成员的平等互惠精神、参与意识以及与国际组织的接轨。

首先，在政府职能的转变中，围绕着"小政府、大社会"的目标，大量的公共管理职能从政府部门中开始转移出来，随着政府改革的深化，将会进一步触动原有单位体制的核心，一些原来由政府直接承担的职能逐步回归社会，放权于社会，走向政企分开、政事分开、政社分开的途径。地方政府创新将在总结经验的基础上继续推进，加速整个社会的民主化和多元化进程，这些分解出的资源和公共职能需要由公民社会有组织地自我管理、自我服务的体系里承接。

其次，随着市场经济的运行，企业必须成为拥有自主经营权的独立法人，在政企分开的背景下，企业应当成为自主经营、自负盈亏的主体。在这种新的经济体制下，企业的自主权大大地增加，这就为一些行业组织和同业组织的发展创造了更大的空间，让它们在很大程度上能够成为独立于政府之外的民间组织；同时，市场经济所形成的新的风险机制要求企业完全承担盈亏的责任，要求企业在市场经济体制下必须改变计划经济条件下盈亏无风险或依赖政府的状况,面临新的风险机制企业出于自身保护意识,这种形势迫使企业增强自我保护意识,建立起企业利益的风险保护机制已经迫在眉睫,正是在这种情况下,各种行业性的利益团体如雨后春笋般地迅速发展起来。

再次,随着市场经济的推行,中国的所有制结构也发生了巨大的变革,多种所有制形式并存的局面开始出现。社会改革必然出现的一些新的社会不公正,尤其是弱势群体的利益维护方面,是政府难以顾及的,需要形成新的模式来提供社会服务,促进社会公平。另外私营企业、个体企业为了寻求一个公正的竞争环境,提高市场竞争力,需要有代表自己利益的同行组织,寻求建立各种互助性的自愿组织,在行业中实行合作和互助。

第四,在经济市场化和社会多元化的进程中,公民参与的热情越来越高,公民自由、自主、自治和志愿服务的意识逐步增强和发展起来,社会各界关心、爱护和支持公民社会组织,公民参与活动的热情也在不断高涨起来。公民社会的理论研究在学术界也成为热点问题,正在朝着前所未有的研究热情在深度和广度上发展起来。这为社会走向多元化管理模式,达到社会自治奠定了理论和文化基础。

第五,随着经济全球化的加剧,面对与国际社会接轨的紧迫性,对我国政府部门带来的挑战与冲击是巨大的,传统管理体制下的自上而下的行政管理模式将难以应对来自国际社会的方方面面的冲击,这就使社会组织与多元主体的治理模式与国家利益结合起来,各种行业协会、同业组织、商会等行业组织获得了更大的发展空间,也使得政府与公民社会组织的合作将进一步加强。

三、公民社会组织的特征

正如前面我们所分析的那样,公民社会在中国的出现有特定的历史必然性,我们所说的公民社会组织,必须具备非政府性、非盈利性、自主性、志愿性等普遍特征,这是公民社会组织与其他国家相比较普遍的特征,同时,中国的公民社会组织作为联系政府与社会、政府与企业之间的桥梁和纽带,一方面,它承接由于政府职能转变而转让出来的一部分社会管理职能,起到减轻政府负担的作用。另一方面,它代表着社会中的某一层面、某一阶层或具有相同利益趋向的一部分人的利益与要求,充分反映他们的心声,表达他们的意志,并将其意愿传达给政府,促进和缓解政府与社会之间的矛盾,起到促进社会发展的和谐作用。

(一)民间性。也称社会性或非官方性,这是公民社会组织最为显著的特征。所谓民间性,是指它是根据社会发展的需要而自发产生并通过为社会服务而获得生存的空间,即来源于社会、面向社会、服务社会。其实公民社会组织的民间性表明它是一种社会自发组织,它是不带有政府行为特征的,即使它是从政府部门分离出来的,或是在政府的指导、协助下成立的。因此,这一特征是衡量其是否为真正的"中介"组织的重要尺度和标志。但是长期以来,由于我国相当一部分民间组织特别是一些行业协会组织等是在政府的一些部门中派生出来的,而协会的领导也不是其行业推选出来的,而主要是一些政府部门退居二线的领导或者已经退休的领导来担任的,带有明显的行政色彩,其工作方式还是政府的模式。

(二)官民双重性。中国公民社会组织之所以具有"官民双重性",是由中国社会转型的特点决定的,当前中国不充分的经济改革与进程缓慢的政治体制改革,依然是国家在经济、社会领域中保持着主导性的地位。另外,由于相当一部分民间组织是从政府部门分离出来或由政府创建,并由政府来主导,是国家行政改革的产物,形成的是一种"体制内生成路径"。政府对公民社会的主导是中国公民社会显著的一个特征,从"路径依赖"这个角度来看,中国公民社会必然或多或少地具有一些"官方性"。一般来讲,按照政府的规定,民间组织的经费原则上由自己来筹集,但是至今还有一些重要的非政府组织的活动经费是由政府财政来拨款,在经济上完全依赖于政府。一些重要的民间组织,如各种学术研究团体等活动经费也要部分地分享政府的资助,即或强或弱地依附于政府。

(三)非营利性。即公民社会组织是不以追求利润最大化为目的,其成立和运作的目的在于为其成员或社会提供一些公共性的服务。但非营利性并不是说公民社会组织的活动不产生收入。由于公民社会组织是在适应市场经济发展需要的过程中建立起来的,它的生存与发展是离不开市场的。公民社会组织属于第三产业,它与第一、第二产业一样,都需要按照市场经济的原则运行,发挥市场机制的作用。

(四)服务性。这是公民社会组织的基本功能。公民社会组织不是公共权力的代表,但它可以提供公共产品,即可以为政府、企业、事业单位、各社会利益集团和公民个人提供信息、技术、政策、公正、培训、咨询、法律等各种事项的服务,依靠提供服务来获得社会的认可。这种服务功能主要体现在:

1. 沟通。即在政府与社会、政府与企业、企业与企业、地区与地区之间、公民个人之间架起沟通的桥梁,使信息传递更加快捷、畅通、准确、及时、有效。

2. 协调。即协调政府与社会、政府与企业、各行业之间、各利益群体之间、公民之间、区域之间的各种关系,缓和矛盾,减少冲突,消除对抗,避免更多的摩擦,为使相互之间得以妥协,取得相互的谅解创造有利的条件,最终实现政治的稳定与社会的和谐。

3. 咨询。公民社会提供服务的主要途径是为政府、社会、个人提供相应的信息咨询、政策咨询、法律咨询以及人员的培训等。

4. 监督与规范市场。即根据国家的法律、法规和有关规章制度来规范和监督企业及市场的经营活动,以使政府从微观经济活动的干预中解脱出来,减少对市场的过分干预,维护市场经济的正常有序运行。

5. 政策监督与导向。在西方国家,公民社会组织对政府的政策与决策行为影响很大,在一定层面上,他们影响着政府政策的制定,诱导着政府政策的导向,使政府的改革和决策更有利于主要的社会阶层或利益集团,或使政府的决策更接近于现实,更符合实际,从而为政府的宏观调控创造条件。在我国,随着公民社会组织力量的壮大,也逐渐对政府的决策发生影响,促使政策的制定更符合社会各个利益阶层的要求。

(五)自愿性。公民社会组织不是政府组织,它是公民自愿组成的,所以本身不具有强制力,而且参加公民社会组织的成员都应是自愿参与而不是被强迫的。这就是说公民社会组织中各成员个人是相对独立和自由的。这一点非常重要,就是说参加的人完全是自愿的,它可以参与也可以不参与,完全是自主的。"社群不是个人的取消,而是个人的加强。当个人感到缺乏力量时,便联合成社群。在一个正常的社群中,个人应该是自由的。"①同时自愿的特征还表现在多元开放。即公民可以自由来去,因为公民社会组织是多元的,他们可以有不同的价值观念,他们关注的问题也是不同的。一般地,在一个社会里不会有单一的公民社会组织,他们总是以不同类型的组织存在和表现,可能在他们之间也有不同的看法,甚至利益有时也可能是冲突的,这就是多元开放的表现。但无论怎么样,在公民社会领域,他们所关注的问题不是私人问题,而是公共问题。当然公共问题可以分为大的公共问题和小的公共问题,但不是私人的问题。

(六)过渡性。中国公民社会与西方国家相比,还存在着不够成熟,其典型的特征如自主性、自愿性、非政府性等还不十分明显②。因为大部分民间组织成立的时间不长,基本是在上世纪 80 年代后逐步成长起来的,相对时间比较短暂,正处在发展的探索和转型时期,基本与中国整个社会目前的转型背景相似,很多功能与结构都处在初期阶段。如按照公民社会的性质及建设原则,民间组织必须与党政机关脱钩,成为独立组织机构,但另一方面政府要通过民间组织的业务主管单位来主导他们的业务活动,监管和控制重要活动。这种过渡性目前表现还较为突出。

四、公民社会组织的分类

对公民社会的分类,标准不一,至目前为止国内没有统一的标准,其分类有着多种方法。作为政府主管部门的民政部按照管理的不同分为三大类。一是社会团体,即"中国公民自愿组成,为实现会员共同意愿,按照其章程开展活动的非营利性社会组织";二是所谓的民办非企业单位,即"企业事业单位、社会团体和其他社会力量以及公民个人利用非国有资产举办的,从事非营利性社会服务活动的社会组织";三是各类公益性基金会,即"利用自然人、法人

---

① 钱满素,刘军宁:《自由与社群》,生活·读书·新知三联书店出版社 1998 年版。
② 俞可平等著:《中国公民社会的制度环境》,北京大学出版社 2006 年 8 月版,第 24 页。

或者其他组织捐赠的财产,以从事公益事业为目的"而设立的"非营利性法人"①。这三类组织都有相应的法律法规加以规范(《社会团体登记管理条例》、《基金会管理条例》和《民办非企业单位登记管理暂行条例》)。其中数量最多的是社会团体。

社会团体的概念和分类。根据《社会团体登记管理条例》,社会团体是指中国公民自愿组成,为实现会员共同意愿,按照其章程开展活动的非营利性社会组织。民政部按照不同社会团体的性质和任务又将其分为四类;即学术性、行业性、专业性和联合性四类。第一类是学术性社会团体可分为自然科学类、社会科学类以及自然科学与社会科学的交叉科学类三种,一般以学会、研究会命名。第二类是行业性团体,是指由同行业的企业组织的团体,为经济发展服务的社会团体,一般以行业协会或同业公会命名。第三类是专业性团体,是指由专业人员组成或依靠专业技术、专门资金从事某项事业而成立的社会团体,多以协会命名。第四类是联合性团体,是指人群的联合体或团体的联合体,一般以联合会、联谊会、促进会命名,如工会组织等②。按照社会团体管理的需要,还可以将其分为以下七种类型:1. 群众团体或人民团体,即中国政治特有的那些直接在中国共产党领导下的群众组织,如工会、青年团、妇联、作协、科协、文联、残联等;2. 自治团体,即公民的政治性自治组织,如村民委员会、居民委员会等;3. 行业团体,即各种同业组织和行业协会,包括具备一定管理职能的过渡性行业管理和自律组织,如中国轻工总会、中国消费者协会等;4. 学术团体,即从事自然科学、社会科学和交叉学科研究的各种协会和学会;5. 社区团体,即从事社区管理和服务的居民组织;6. 社会团体,即除上述外的其他各类民间组织;7. 公益性基金会,即旨在促进社会公益事业的各类基金组织。

基金会的概念和分类。根据《基金会管理条例》,基金会是指利用自然人、法人或者其他组织捐赠的财产,以从事公益事业为目的而成立的非盈利性法人。基金会分为面向公众捐赠的基金会(简称公募基金会)和不得面向公

① 国务院颁布:《社会团体登记管理条例》、《民办非企业单位登记管理暂行条例》、《基金会管理条例》,参见民政部官方网站文件阅览中心:http://www.mca.gov.cn/wjylzx.
② 吴忠泽主编:《社团管理工作》,中国社会出版社1996年版,第6页。

众捐募的基金会(简称非公募基金会)。两者的区别在于基金的来源:公募基金会可以向公众募集资金。公募基金会按照募捐的地域范围,分为全国性公募基金会和地方性公募基金会。

民办非企业单位的概念和分类。根据《民办非企业单位登记管理暂行条例》,民办非企业单位是指企业事业单位、社会团体和其他社会力量以及公民个人利用非国有资产举办的、从事非营利性社会服务活动的社会组织。民办非企业单位分布在教育、卫生、文化、科技、体育、劳动、民政、社会中介服务、法律服务等行(事)业:一是教育事业,如民办幼儿园与民办小学、中学、学院、大学以及各个民办培训(补习)中心或学校等。二是卫生事业,如民办医院、诊所,民办康复、保健、卫生、疗养院等。三是文化事业,如文化馆、画院、纪念馆、收藏馆、艺术研究院、民办艺术表演团体等。四是科技事业,如民办科学研究院、民办科技传播或普及中心、民办科技服务中心、民办技术评估所(站、中心)等。五是体育事业,如民办体育俱乐部,民办体育场、馆、院、社等。六是劳动事业,如民办职业培训学校或中心,民办职业介绍所等。七是民政事业,如民办福利院、敬老院、托老所、老年公寓,民办婚姻介绍所,民办社区服务中心(站)等。八是社会中介服务业,如民办评估咨询服务中心(所),民办信息咨询调查中心(所),民办人才交流中心等。九是法律服务业。十是其他。

学术界认为政府管理部门的分类比较简单,便于操作,但不利于深入分析研究,因此,对于民间组织的分类在国内尚未形成一套成熟的民间组织的分类标准之前,他们主张借用国外的标准。一般有两类借鉴的标准,其一是联合国的产业分类标准(ISIC),它将非营利组织分为 3 个大类 15 个小类。即教育类,包括小学教育、中学教育、大学教育和成人教育;医疗和社会工作类,包括医疗保健、兽医和社会工作;其他社会和个人服务类,包括环境卫生、商业和行业协会、工会、娱乐组织、图书馆、博物馆及文化、体育和休闲组织等。其二是西方国家一些专业研究机构的分类标准,如我国清华大学公共管理学院就基本上采用美国霍布金斯大学非营利组织比较研究中心制定的分类法,将中国的民间组织分为12 个大类27 个小类:文体类、教育类、卫生保健类、社会服务和救助类、生态环境和保护类、社区服务类、咨询类、公益基金及志愿服务类、国际交流及援助类、宗教类、行业类和其他①。

清华大学 NGO 研究所依照组织构成和制度特征把各类社会组织分为会员制和非会员制两类，在此基础上又按照统一标准，进行分层分类。②

第一类是会员制组织。对于会员制组织，根据它们所体现的活动宗旨，将其划分为互益性组织和公益性组织。按照互益性组织所体现的经济社会关系的性质，进一步分为经济性团体和社会性团体；按照其会员的成分，将公益性组织区分为团体会员型组织和个人会员型组织。

第二类是非会员制组织。主要是依据组织的活动类型，将非会员制组织区分为运作型组织和实体型社会服务组织。按照其运作资金的性质和类型，进一步将运作型组织又分为运作型基金会和资助型基金会；对于实体型社会服务组织，则根据其主要的资金来源或所有制，区分为民办非企业单位和国有事业单位。如图 1－2 所示：

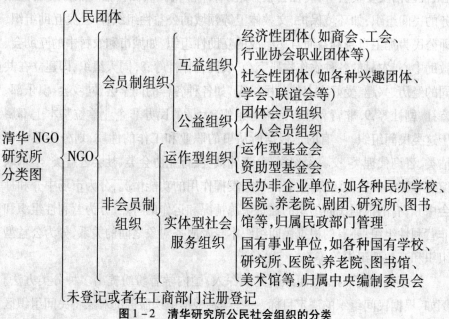

图 1－2　清华研究所公民社会组织的分类

①　邓国胜：《非营利组织评估》，社会科学文献出版社 2001 年版，第 5－6 页。
②　王名：《非营利组织管理概论》，中国人民大学出版社 2002 年版，第 8－9 页。

　　除此之外,学术界对民间组织有的是根据公民社会所在不同领域,分为政治类、经济类、文化类、社会类等;俞可平教授认为,民间组织的分类固然可以依照不同的标准,如主体的状况、职能、区域等,但最重要的应当是这些组织的本质特征。根据目前已经出现的各种社会组织的主要特征,将其分成以下几类:1.行业组织,即相同行业的专业性协会和行业管理组织,如各种行业协会;2.慈善性机构,其主要作用是社会救济和扶贫,如红十字会、慈善总会、残疾人联合会、宋庆龄基金会等;3.学术团体,即学者的同人组织,如中国物理学会、中国化学学会、中国政治学会、中国无神论研究会等;4.政治团体,即旨在维护公民政治权利的各种公民组织,如工会、青年团、妇女联合会、村民委员会、居民委员会、各种民间维权组织等;5.社区组织,其主要特征是从事社区性的管理和服务工作,如业主委员会、社区福利中心、社区老年协会、社区法律援助中心、社区治安委员会等;6.社会服务组织,即旨在提供社会福利服务和公益服务的民间组织,如环境保护、文教体卫等领域的公益性组织;7.公民互助组织,即公民为捍卫自身利益而自愿组成的互助性组织,如城市和农村中的互助会、救助中心、农村的各种农作物研究会、农民合作社等;8.同人组织,即建立在共同的经历、兴趣、爱好之上的公民组织,如各种各样的同学会、同乡会、俱乐部、诗社、剧社等;9.非营利性咨询服务组织,大量的民办非企业单位基本上都属于这类民间组织。① 有的是根据所从事的职业和工作的性质,划分为鉴证评估类、咨询代理类、交易经纪类、公正仲裁类、行业协会类、社会公益类、学术联谊类等不同的民间组织;还有的根据发挥作用的功能情况,分为市场中介和社会中介;有的根据民间组织的经费来源情况和运作的特点,分为营利性组织和非营利性组织;还有的根据民间组织本身及服务对象之间的关系,分为公益型组织和互益型组织等等。

　　近年来,随着对民间组织研究的深入,国内学者纷纷提出多种分类方法。例如,根据民间组织的法定目标,一些学者根据组织服务的对象将民间组织区分为"互益型"和"公益型"非营利组织,或依据其是否是会员制以及服务对象

---

① 俞可平:《中国公民社会:概念、分类与制度环境》,《中国社会科学》2006 年第 1 期。

的种类而将其区分为"会员互益型"、"运作型"和"中间型"非营利组织。所谓互益型组织一般是会员制的,如各种行业协会、各种学术团体,其主要服务于内部会员,代表会员的利益并促进本组织内部的沟通和利益的表达。虽然互益型组织往往表现为利益的内部性和团体性,但在社会管理中,由于其对内部成员的自律和约束功能,往往成为社会公共管理的重要组成部分,它的积极培育、健康发展和有效规范成为我国转型期行政管理体制改革的有机组成部分。公益型组织是指为公民社会组织本身以外的特殊社会群体提供公共服务的社会组织,如各种慈善组织、基金会等,这类组织的目标非常明确,主要是为社会公共事业服务,不允许为组织内部服务。其运行基础是社会公益事业和社会公共道德。这一类组织或者运用政府的经费,或者动员社会的参与,他们的活动不仅会促进社会的整体福利,而且会在很大程度上改善社会的道德环境。因此公益型社会组织将在新的社会条件下发挥很大的作用。政府对公益类的民间组织的支持将显得非常必要。其服务的主要领域是弱势群体的社会救助、社会援助以及教科文卫等人们公共需求的满足方面,这方面的社会管理功能往往能成为政府提供公共物品和公共服务的有效补充。目前社会上的弱势群体包括两种人群。一种弱势群体是自然弱势群体,例如残疾人、病人、老人等;另一种弱势群体是由于社会因素造成的弱势群体,例如失业者、民工等。弱势群体是社会福利的主要对象。民间组织介入弱势群体的服务将有助于政府节省行政开支,提高弱势群体的社会地位。但是由于弱势群体的支付能力很低,他们往往不能为他们所接受的服务提供费用,因此,为弱势群体服务的民间组织需要从政府和其他机构以及个人获得捐赠才能维持运行。

根据目前已经出现的各类民间组织的特征以及在管理实践中的内容与形式,我们认为可以将其大致划分为以下七类:

(一)行业组织。即相同行业的专业性协会和行业管理组织,其服务行为主要依据市场规则,制定行规或公约,协调本行业事务,实行同行企业自律,维护会员利益,提供社会服务,如各类行业协会,商会等。

(二)公益组织。即为公民社会组织本身以外的特殊的社会群体提供公共服务的社会组织,其服务行为具有明显的社会性、服务性和保障性。其活动虽向社会提供有偿服务,但不以营利为目的,更多地体现社会效益和社会价值,主要作用是社会救济和扶贫,如各种慈善组织、红十字会、基金会、残疾人联合会等。

(三)学术组织。即各类学术交流与研究的组织,他们运用各种专业知识,为市场主体提供智力服务,如各类专业的学会、协会、研究会等。

(四)人民团体。即为维护公民政治权利的各种公民组织,如工会、青年团、妇女联合会、居民委员会、各种民间维权组织等。

(五)国有事业单位。即依据有关法律法规或根据政府委托,在特定范围内,履行对经济、社会事务管理和监督,虽其本身不具有行政行为,但可做出类似政府机关的权威性决定,或具有社会影响的结论。服务形式主要是监督、检查、审核、认证以及对违法者进行行政处罚和制裁等,如产品检验分析机构,质量管理认证机构、公证机构、人才服务机构,人才评价中心,劳动争议仲裁机构,技术合同仲裁委员会等。

(六)社区组织。其主要特征是从事社区性的管理和服务工作,如各种社区服务中心、业主委员会、社区福利中心、社区老年协会、社区法律援助中心、社区治安管理委员会等,它是改善社区成员的生存环境并有利于他们发展活动的场所。社区建设是一个复杂的经济、政治和社会过程。在建设公共设施、开展公共活动方面,社区建设既是发展基层民主的过程,也是一个多元行为主体的互动过程,社区成员的参与是社区建设的关键。在社区建设中政府发挥着主导作用,在社会转型和体制转轨的过程中,社区组织建设服务的内容主要包括六个方面。一是社区服务,包括面向社区残疾人、老年人、优抚对象和其他社会困难群体的社会救助和社会福利服务,面向全体社区成员的便民利民服务和面向属地单位的社会化服务。二是社区卫生,包括社区的公共卫生、医疗保健和计划生育等。三是社区治安,包括社区的治安保卫、民事调解、帮教失足青少年、防火防盗和其他社会治安综合治理工作。四是社区环境,包括绿化、环境建设和环境保护等。五是社区文化,包括各种群众性的文化、体育、教育、科普活动以及其他形式的社会主义精神文明建设活动。六是社区组织,包括社区党组织、社区自治组织、社区中介组织的建设。

(七)民办非企业组织。主要是一些非营利性咨询服务组织,如婚姻介绍所,职业介绍所等。民办非企业组织主要是向社会提供公益服务,通过自身的服务活动,促进社会的进步与发展,其目的不是为了营利。这主要体现在其财务管理和财产分配体制上。企业的盈利可以在成员中分红,清算后的财产可以在成员中分配,而民办非企业单位的盈余和清算后的剩余财产则用于社会公益事业,不得在成员中分配。

另外,还有一些游离于营利性组织与政府和非营利组织之间的特殊社会组织,许多也可以认定为非营利性组织。如特殊社会团体法人、各种单位内部不需要登记的公益活动团体和以企业法人形式存在的非营利组织。当然,大量的草根组织近年来也发展迅速,成为非政府组织中不可忽视的重要力量(如图 1 – 3、1 – 4 所示)。

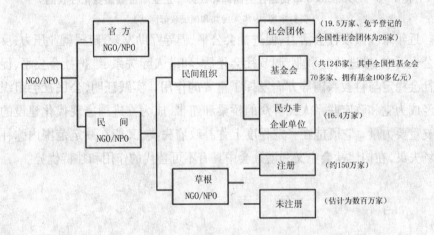

图 1 – 3　中国公民社会组织分类与数目

可以说,公民社会组织涉及社会生活的各个领域,初步形成了门类齐全、层次不同、覆盖广泛的民间组织体系。在社会的各个领域,在社会福利、社区服务、灾害救助、尊老助残、保护环境、保护妇女儿童利益等方面作了大量工

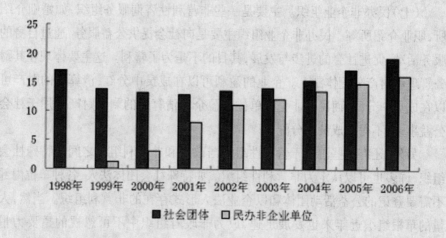

图 1—4　1998—2006 年我国社会团体和民办非企业单位数量变化柱状图①

（资料来源：中华人民共和国民政部网站）

作。近年来在激发社会活力、促进社会公平、倡导互助友爱、疏缓就业压力、反映公众诉求、推进公益事业、调节社会矛盾、和谐人际关系、维护社会公平、促进社会稳定与科教兴国等方面发挥了重要的作用。实践证明，公民社会组织已经成为党和政府联系人民群众的桥梁和纽带，成为推进国家现代化建设的一支重要力量。它既能在一定程度上弥补政府失灵，又能在一定范围内弥补市场失灵，在构建社会主义和谐社会中具有不可替代的作用和独特优势。

第二章 公民社会组织的发展环境

公民社会组织的发展环境,是指那些影响公民社会及民间组织活动的各种显现的与潜在的正式或非正式的规则。环境对公民社会的发展具有决定性的作用,适宜的发展环境能够促进公民社会的健康发展,不适宜的环境则会阻碍公民社会的健康顺利的发展,并容易导致公民社会组织与国家的相互对抗。公民社会的发展目标在于保障公民结社自由,促进公民参与公共事务,促进经济和社会发展,维护社会稳定。公民社会发展的环境从一个侧面反映了国家与社会关系及其历史变迁。

一、公民社会组织发展的基本环境

公民社会群体的出现,改变了传统的国家——社会关系结构,在社会转型过程中,公民群体所起的历史作用,充分体现在近代社会以来出现的一系列社会变革之中。特别是在改革开放以来,市场化取向的经济改革和政府职能的转变为公民社会组织的发展提供了广阔的发展空间,所有制结构的变革特别是多种经济成分的共同发展以及对外开放后跨国公司和国际非政府组织的急剧进入为公民社会组织提供了大量物质资源,中国的公民社会组织由此获得了迅速的发展。据民政部最新统计数据,我国民间组织在 1989 年登记注册的只有 4446 家,截至 2007 年 9 月底,我国共拥有各类社会团体 19.5 万个,民办非企业单位 16.4 万个,基金会 1245 个。① 有学者指出,仅仅统计已经登记注册的社会团体和民办非企业数量,将会遗漏掉大量的社团组织。根据他们的

---

① 来自民政部网站:"民政统计 2005 年第一季度数据":http://www. mca. gov. Cn/mztj/yue-bao0503. html.

统计分析,截至 2004 年,全国已注册社会团体数量为 142000 个,已注册民办非企业单位数量 124000 个,未注册社会团体 40000 个,未注册民办非企业单位 250000 个(两项未注册数据为民政部民间组织管理局官员的估计数据),工会、共青团、妇联等八大人民团体的基层组织数量为 5378424 个,中国残疾人联合会、中国计划生育协会、中国文艺界联合会等其他准政府社团基层组织数量为 1338220 个,学生社团、社区文艺团体、业主委员会、网上社团等各种草根组织数量为 758700 个,由此估计社团总数应为 8031344 个①。还有的学者主张把城乡各类群众性自治组织作为社区组织统计进来,而据民政部统计,到 2004 年底为止,全国设有居委会(社区居委会)7.8 万个,村委会 64.4 万个,合计 722000 个②。可见,改革开放的重要成果之一,就是使公民社会赖以生存和发展的经济、政治、法律和文化环境发生了根本变迁,在中国历史上第一次大规模地催生了民间组织。改革开放以来中国开始实行市场导向的经济体制改革,逐步转变了原来的计划经济体制,推行社会主义市场经济,变原来单一的集体和国家所有制结构为国有、集体和个人的独资、合资和外资等多种所有制形式,极大地提高了生产力,提高了人民的生活水平,这一点是民间组织得以蓬勃发展的最深刻的根源。

随着公共行政理论和治理理论的发展,政府对公共事务的管理和决策更加透明和科学,通过各种各样的方式将部分公共管理权力分散并赋予给民间组织特别是一些行业组织。在这方面我国进行了一些有益的改革,如根据原国家经贸委关于行业协会试点方案的规定:"试点行业协会以上职能的明确和落实要在实践中进行探索,以下四条途径可作参考:一是由试点城市政府或政府经济主管部门通过制定有关文件和政策,把以上职能明确授权给试点行业协会。二是由试点城市政府或经济主管部门用委托的办法,把以上职能委托给试点行业协会,经过一段实践后再认可。三是由政府经济主管部门或改革领导机构牵头,会同专业经济管理部门(或公司),实施试点行业协会职能

---

① 俞可平等著:《中国公民社会的制度环境》,北京大学出版社 2006 年 8 月版,第 122 页。

② 来自民政部网站:"民政部公布 2004 年民政事业发展统计报告":http://www.mca.gov.Cn/news/content/recent/2005510114517.html.

的转移和落实。四是政府专业经济管理部门（或公司）在改制过程中，把需要分解给试点行业协会的职能，报政府有关部门批准后正式移交给试点行业协会。"从政治的意义上可以说这是从国家与社会的高度一体化到逐渐分化的过程，这一过程的主体就是政府向社会放权。将经营权、决策权、人事权下放给企业，将大部分经济权力下放给社会。政府对公民社会的管理逐渐放宽，给予公民更大的自由活动空间。政府从一些管理领域撤走后，留下的真空便只能由民间组织来弥补。

从国家与社会关系的变革中，公民社会组织是两者关系的"现实物质载体"。从众多对民间组织的研究来看，公民社会组织有法律依据，有政府的支持；国家法律、政府部门的一些功能也有民间组织以社会自治的方式去落实。公民社会自治能够主动接近国家，引述国家法律，利用政府部门的符号资源和自上而下的权力体系，因为它有动力借此证明以社会自治的方式来解决社会问题的合法性，从而在活动推行和计划安排上更具有效率。政府部门对通过民间组织来恢复社会自治有一定的积极性，因为这一形式有利于维持政府负有责任的社会秩序，从而也提升了国家的合法性和对社会的控制整合能力。这两种可能对立的力量在这里取得了相互认可和合作，达到了一定程度的互惠。可以说，经济和社会从政治权力中逐渐分离出来，这是公民社会的进步，同时也是国家机器重构的胜利。在中国的国家与社会关系变革过程中，公民社会的成长是国家政治体制改革的产物，国家又是规范公民社会使其不至于放任自流的力量；反过来，公民社会的发展也是改革传统官僚体制、转变政府治理方式的推动力。尽管有的学者认为，中国的公民社会（尤其是哈贝马斯和达伦多夫所设计的公民社会）至今还没有完全形成，因为符合西方公民社会概念的"公民"才刚刚开始形成，还缺乏基本的法律保证和宪法实施，但是我们很欣慰地看到一种既非"公民社会对抗国家"又非"公民社会从属国家"的新型国家与社会关系正在形成之中。

同时，经济体制改革直接推动了社会自治领域的发展。社会拥有了更多可以利用的自由流动资源和自由活动空间，并以此为基础发展出了独立于国家之外的物质生产和交往形式。伴随着社会资源占有与控制的多元化，不但个人独立性相对扩大,而且在政府行政组织之外开始了民间社会的组织化过程,经济、社会、文化领域的公民团体和非行政化的营利性经济组织日益成为国家不能忽视的社会主体。从20世纪50年代一直到改革开放前的70年代,我国各种社团和群众组织的数量非常小,改革开放所带来的巨大的经济效益,为各种民间组织的确立和活动创造了必要的经济条件。绝大多数民间组织必须自筹资金,在经济匮乏或缺少经济自由支配权的情况下,民间组织的经费若没有政府的资助很难筹措。经济的发展既给企业带来了巨大的可支配性利润,也大大增加了个人的可支配性收入,它们都成了民间组织的主要经济来源。公民社会组织的发展既需要一定的经济基础,也需要一定的政治环境,没有一个相对宽松的政治环境,很难想象民间组织的存在与发展。改革开放以来中国政治体制也发生了巨大的变革,其中的许多变革直接或间接地促成了公民社会的发展。公民社会在我国的迅速崛起,与其所具有的发展环境有着直接的关系。我国公民社会的发展环境主要包括以下一些基本内容:国家关于公民社会组织的相关法律、法令和具有法律意义的条例、规定;掌握实际政治权力的政党组织关于公民社会组织的政策、规定和措施;政府对公民社会组织的态度,包括各级党和政府领导人对民间组织及其活动的态度;以及散布于公民及政府官员中的对待公民社会组织的政治文化和政治传统。其中,党和政府的政策文件、法律法规属于具有强制性和刚性约束的正式规则,而官方对待公民社会组织的态度以及相关的政治文化和政治传统则属于具有软性约束的非正式规则,它们共同构成了公民社会组织的发展环境。

目前我国已形成了一整套公民社会组织管理的法律法规体系,对于公民社会组织规范管理与发展起了重要的推进作用。1982年由全国人大颁布施行的《中华人民共和国宪法》第35条明确规定,"中华人民共和国公民有言论、出版、集会、结社、游行、示威的自由。"宪法的这一规定为公民结社权利提供了最高的法律保障。1987年,国家民政部受国务院委托起草了《社会团体登记管理条例》,该条例于1989年10月由国务院颁布施行。条例规定了社团双重分层管理体制和统一登记管理原则,为加强社团管理提供了法律依据。由于双重管理的门槛较高,并在登记方面不同程度的存在着各自为政,职能交叉,放任自流的现象。1988 年 8 月和 1989 年 6 月,国务院分别颁布了《基金会管理办法》和《外国商会管理暂行规定》,这些法规分别规范了对基金会和外国商会的管理,与《社会团体登记管理条例》一起,这三个法规初步确定了民间组织管理的制度框架。到了 20 世纪 90 年代初,随着体制改革,尤其是单位制度改革的深入,过去完全由国家兴办的事业单位开始部分地转向由私人或社会资金兴办,在政府与市场组织之外开始出现一种有别于"社会团体"的"民办事业单位"。1996 年中共中央办公厅、国务院办公厅发出《关于加强社会团体和民办非企业单位管理工作的通知》,开始正式将这一组织类型称为"民办非企业单位",与"社会团体"相并列。进一步对社会团体实行登记管理和业务主管单位双重管理体制、分级登记和统一归口登记等基本管理体制作了明确的规定,同时明确规定了登记管理机关和业务主管单位各自在民间组织管理中的职责和责任,提出了包括修订《社会团体登记管理条例》和起草《民办非企业单位登记管理暂行条例》在内的一系列立法规划。1998 年 8 月,中共中央办公厅又下发了《关于进一步加强社会团体和民办非企业单位管理工作的通知》,就具体落实 1996 年通知精神提出了明确的要求。接着 1998 年中共中央办公厅、国务院办公厅又下发了《关于党政机关领导干部不兼任社会团体领导职务的通知》,要求民政部负责监督落实,这些规定的出台对于促进政府与社会团体的分开起到了积极的作用。总体来说,在党中央、国务院的大力推动下,有利促进了民间组织的立法工作和大大加快了民间组织的立法步伐。1998 年 10 月,国务院颁布《民办非企业单位登记管理暂行条例》,并修订《社会团体登记管理条例》,这两个条例以法规的形式明确了民间组织管理的登记管理机关和业务主管部门双重负责体制、分级登记管理原则,规定了社会团体和民办非企业单位的登记条件和登记程序、违规处罚办法等[①]。明确界定民办非企业单位指"企业事业单位、社会团体和其他社会力量以及公民个人利用非国有资产举办的,从事非营利性社会服务活动的社会组织"(第 2条),社会团体指"由中国公民自愿组成,为实现会员共同意愿,按照其章程开

[①] 林翼民:《民间组织管理 50 年》载于中国民政,1999 年 9 月,第 44—45 页。

展活动的非营利性社会组织"(第 2 条);与此同时,民政部原社会团体管理司改为"民间组织管理局",地方民政部门也新设或者将社会团体管理部门改为"民间组织管理局"、"民间组织管理办"、"民间组织管理股"。民间组织遂成为"社会团体"和"民办非企业单位"的共同上位概念。2000 年 4 月民政部发布《取缔非法民间组织暂行办法》,"民间组织"正式用于规章的表述。近年来,国家民政部单独或与有关部委联合发布的民间组织管理的政策法规达 80多部,建设部等有关部委对部属社团或本系统社团单独制定了管理规章。国家先后出台了如《中华人民共和国公益事业捐赠法》、《基金会管理条例》《民办教育促进法》及其实施细则等法律法规,这些法规的出台表明了我国已初步建立起一套公民社会组织管理的法律法规体系。

就我国政府关于公民社会组织的法律法规体系来看,对公民社会组织管理的法律法规体系主要由以下几方面组成。第一,《中华人民共和国宪法》为公民结社自由权利提供了最高的法律保障。第二,法律环境:《中华人民共和国民法通则》第 50 条规定了社会团体的民事法律主体地位。《中华人民共和国公益事业捐赠法》、《基金会管理条例》、《民办教育促进法》等法律对公益事业捐赠、基金会管理、鼓励民办学校发展做出了相应的规定。《中华人民共和国残疾人保障法》、《中华人民共和国红十字会法》、《中华人民共和国妇女权益保障法》、《中华人民共和国科技进步促进法》、《中华人民共和国律师法》、《中华人民共和国注册会计师法》、《中华人民共和国教师法》、《中华人民共和国归侨侨眷权益保护法》等法律对各种社会职业团体及行业性组织进一步作了明确的规范。第三,行政法规:《社会团体登记管理条例》、《民办非企业单位登记管理暂行条例》、《基金会管理条例》等法规为民间组织的规范管理提供了基本的法律框架。第四,地方性法规:《北京市社会团体登记管理规定》、《浙江省社会团体登记业务规程》、《南京市社会团体组织通则若干规定》、《北京市人民政府办公厅转发市民政局关于加强民办非企业单位登记管理工作意见的通知》、《上海市促进行业协会发展的规定》等均属于地方性行政法规。第五,部门规章:据统计,民政部与其他部委联合或单独发布的部门规章达 80多部,如民政部颁发的《取缔非法民间组织暂行办法》,民政部与体育总局颁发的《体育类民办非企业单位登记审查与管理暂行办法》,另外有各部委颁布的规章,如交通部颁布的《交通部社会团体管理暂行办法》,建设部颁布的《建设部社会团体管理办法》等一系列部门法规及其实施细则。

执政党与政府对公民社会的发展曾发布过一系列的方针政策及规定,对公民社会组织的发展环境做出过相应的制度措施。这些规定和措施一般在党的会议报告和文件中有明确的要求。如党的十五大报告就明确地提出要大力发展社会中介组织的重要决定,从而有力地推动了中国的社会中介组织的发展。还有针对民间组织管理的专门性政策文件。如中共中央办公厅、国务院办公厅联合下发或由中共中央办公厅单独下发的《关于严格控制成立全国性组织的通知》、《关于加强社会团体和民办非企业单位管理工作的通知》(1996年)、《关于进一步加强社会团体和民办非企业单位管理工作的通知》(1998年)、《关于党政机关领导干部不兼任社会团体领导职务的通知》;另有党的组织部门与民政部门联合下发或由党的组织部门单独下发的有关政策文件和决定,如中央组织部和民政部联合下发的《关于在社会团体中建立党组织的有关问题的通知》等,这些政策文件的下发对于制定民间组织管理的法律、法规、地方性法规和部门规章往往具有推动和指导的作用,对于创建良好的民间组织发展环境具有重要的导向作用。

二、对公民社会组织的监管

目前国家对于公民社会组织的监督管理工作主要是通过加强"入口"管理来实现的。根据《社会团体登记管理条例》、《民办非企业单位登记管理暂行条例》和《基金会管理条例》①(以下简称《条例》)的规定,民间组织的法律合法性来自业务主管单位的审查同意和登记管理机关的登记认可,否则即被视为非法组织。这三个《条例》明确了登记管理机关和业务主管单位的监管职责。《条例》规定了登记管理机关的监督管理职责主要有三项:即负责社会团体、民办非企业单位的成立、变更、注销、登记(基金会登记管理机关对基金

---

① 民政部网站文件阅览中心(民间组织类)://www.mca.gov.Cn/wjylzx/index.asp?

会、境外基金会代表机构依照条例及其章程开展活动的情况进行日常监督管理);对社会团体、民办非企业单位、基金会、境外基金会代表机构实施年度检查;对社会团体、民办非企业单位违反条例的问题进行监督检查,对违反条例的行为给予行政处罚。《社会团体登记管理条例》、《民办非企业单位登记管理暂行条例》规定社会团体和民办非企业单位业务主管单位的监督管理有以下五项职责:第一,负责社会团体和民办非企业单位成立、变更、注销登记前的审查;第二,监督、指导社会团体和民办非企业单位遵守宪法、法律、法规和国家政策,按照章程开展活动;第三,负责社会团体和民办非企业单位年度检查的初审;第四,协助登记管理机关和其他有关部门查处社会团体和民办非企业单位的违法行为;第五,会同有关机关指导社会团体和民办非企业单位的清算事宜。业务主管单位履行前款规定的职责,不得向社会团体和民办非企业单位收取费用。而《基金会管理条例》规定的基金会业务主管单位的监督管理职责为三项内容:第一,指导、监督基金会、境外基金会代表机构依据法律和章程开展公益活动;第二,负责基金会、境外基金会代表机构年度检查的初审;第三,配合登记管理机关、其他执法部门查处基金会、境外基金会代表机构的违法行为。从以上《条例》所规定的对社会团体监管职责来看,登记管理机关和业务主管单位的监督管理职责明显重合,制度设计的初衷是实行双重审核和双重负责的"双保险"机制。但实践证明,现行民间组织实行登记管理机关和业务主管单位的双重管理体制,监管职责的交叉重复易于导致相互推卸责任,出现监管漏洞。从前面的监管职责来看,业务主管单位的监管任务和责任均大于登记管理机关,但又不能收取任何费用,从而使其缺乏监管的动力。同时,业务主管单位往往疏于管理或没有足够的精力对民间组织进行管理。如挂靠单位的产生和实际存在就说明了这一点。挂靠单位就是民间组织具体的依托单位,由业务主管部门来定,并且民间组织应当挂靠在本系统。登记管理机关对挂靠单位没有规定。严格按照社团登记管理条例,应当无所谓挂靠单位,只有登记管理机关、业务主管单位,而挂靠单位只是为了减轻主管部门的负担,减少管理幅度而产生的。登记管理机关则因为有业务主管单位把"第一道关"而使监管出现流于形式和走程序化的过程。

　　《条例》将民间组织依法成立后的变更、注销事宜均列入监管内容之中。条例明确规定,社会团体、民办非企业单位登记或备案事项需要变更的,应当自业务主管单位审查同意之日起 30 日内,向登记管理机关申请变更登记或变更备案;社会团体和民办非企业单位修改章程,应当自业务主管单位审查同意之日起 30 日内,报登记管理机关核准。条例还规定,社会团体和民办非企业单位自行解散的、分立的、合并的,或者由于其他原因需要注销登记的,应当向登记管理机关办理注销登记。社会团体和民办非企业单位办理注销登记前,应当在业务主管单位及其他有关单位的指导下,成立清算组织,完成清算工作。清算期间不得开展清算以外的活动。条例还规定,社会团体和民办非企业单位办理注销登记,应当提交法定代表人签署的注销登记申请书、业务主管单位的审查文件和清算报告书。登记管理机关准予注销登记的,发给注销证明文件,同时收缴登记证书、印章和财务凭证等。对于准予注销的社会团体和民办非企业单位,条例还有明确的要求,由登记管理机关对社会团体和民办非企业单位的成立、注销以及变更,包括变更名称、住所、法定代表人或者负责人予以公告。

　　年度检查制度是我国政府监督控制民间组织的一个重要手段和重要环节。在实施年检制度之前,主要是通过清理整顿和复查登记的手段来控制民间组织的过快增长。自《社会团体登记管理条例》(以下简称《条例》)颁布后将年检制度列为正式的监督管理内容。条例赋予业务主管单位以年检的初审权,赋予登记管理机关以年审权。条例规定,社会团体和民办非企业单位应当于每年 3 月 31 日前向业务主管单位报送上一年度的工作报告(年检报告书),经业务主管单位审查同意后,于 5 月 31 日前报送登记管理机关,接受年度检查。其工作报告(年检报告书)的内容须包括:本社会团体或民办非企业单位遵守法律法规和国家政策的情况,依照本条例履行登记手续的情况、人员和机构变动的情况、本年度的重要会议与大事活动以及固定资产变更情况和财务管理的情况。同时,还须附上财务审计报告书(社团为上一年度财务决算并附会计师事务所审计报告),上一年度的工作总结与本年度的工作计划等。基金会、境外基金会代表机构年度工作报告内容应当包括:财务会计报告、注册会计师审计报告,开展募捐、接受捐赠、提供资助等活动的情况以及人员和机构的变动情况等。条例规定,对于已获得法人登记证书的社会团体和民办非企业单位,登记管理机关应当简化年度检查内容。除了《社会团体登记管理条例》和《民办非企业单位登记管理暂行条例》等规定了有关年检的内容外,民政部还专门制定了《社会团体年度检查暂行办法》和《民办非企业单位年度检查办法》具体实施有关年检的规定。按照《社会团体年度检查暂行办法》的规定,社团年检的主要内容分为八项。(1)执行法律法规和有关政策情况;(2)开展业务活动的情况;(3)开展经营活动的情况;(4)财务管理和收费收支情况;(5)办事机构分支机构的设置情况;(6)负责人变化情况;(7)在编及聘用人员情况;(8)其他有关情况。对民办非企业单位的年检按照《民办非企业单位年度检查办法》的规定,其年检内容分为六项.(1)遵守法律法规和国家政策情况;(2)登记事项变动及履行登记手续情况;(3)按照章程开展活动情况;(4)财务状况、资金来源和使用情况;(5)机构变动和人员聘用情况;(6)其他需要检查的情况。社团年检结论分为“合格”和“不合格”两类。民办非企业单位年检结论分为“合格”、“基本合格”和“不合格”三种。对社团的年检手段除此之外,还包括登记管理机关单独或会同有关部门进行财务检查或财务审计权。年度检查不合格的社会团体和民办非企业单位需要限期整改,整改后仍不合格的,可以责令其停止活动。连续两年不参加年检或连续两年“年检不合格”的社会团体或民办非企业单位将被撤销登记并予以公告。

　　《条例》对民间组织规定了监督检查的内容和实施机构:社会团体和民办非企业单位的资产来源必须合法,任何单位和个人不得侵占、私分或者挪用社会团体和民办非企业单位的资产;社会团体的会费,社会团体和民办非企业单位开展章程规定的活动按照国家有关规定所取得的合法收入,必须用于章程规定的活动;社会团体和民办非企业单位所接受的社会捐赠和资助,必须符合章程所规定的宗旨和业务范围,必须根据与捐赠人、资助人约定的期限、方式和合法用途使用。登记管理机关具有对上述规定执行情况加以监督检查的职责。《条例》还明确规定,社会团体和民办非企业单位必须执行国家规定的财务管理制度,接受财政部门的监督;资产来源属于国家财政拨款或社会捐赠、资助的,还应当接受审计机关的监督审计。

社会团体组织开展的重大活动必须建立请示报告制度,这是加强对社会团体组织管理、控制、引导的重要手段。中央各部委和各省市在制定社会团体登记管理条例实施细则时均做出了相应的规定。如《民政部主管的社会团体管理暂行办法》中规定,社团在开展对外交往活动和申请公务出国,由业务主管司、局(厅)审查,外事司审核报批。还规定,社团开展重大业务活动,如召开大型研讨会、举办展览会等,应由业务主管司、局(厅)审查核准。教育部对所属的社会团体也规定了大事请示报告制度,如《教育部主管的社会团体管理暂行办法》规定,教育部主管的社团"举办涉及重大政治、经济、理论等社会科学方面或跨组织的学术活动,需征求挂靠单位的同意后,报教育部办公厅和相关司局批准。"还规定:"社团涉外活动需经挂靠单位同意后,报教育部办公厅和国际合作与交流司批准。"这些开展重大活动的请示报告制度和与之相应的审批制度有效地加强了对民间组织的监督和控制。

三、公民社会组织的界定与定位

党和政府对公民社会组织的定位是,它是党和政府联系群众的桥梁和纽带,在精神文明和物质文明建设中发挥着积极作用。它是协同和参与社会事务管理,是建设和谐社会的一个重要有机组成部分。《中共中央关于加强党的执政能力建设的决定》(以下简称《决定》)从加强党的执政能力建设特别是提高构建社会主义和谐社会的能力高度看待民间组织的作用。《决定》明确提出要"建立健全党委领导、政府负责、社会协同、公众参与的社会管理格局",突出了公民社会在社会管理中的协同和参与的政治定位,同时强调"发挥城乡基层自治组织协调利益、化解矛盾、排忧解难的作用,发挥社团、行业组织和社会中介组织提供服务、反映诉求、规范行为的作用,形成社会管理和社会服务的合力。"①

《社会团体登记管理条例》对社会团体的界定是:"本条例所称的社会团

---

① 《中共中央关于加强党的执政能力建设的决定》,人民出版社2004年版,第25页。

体,是指中国公民自愿组成,为实现会员共同意愿,按照其章程开展活动的非营利性社会组织"。《民办非企业单位登记管理暂行条例》对民办非企业单位的界定是:"本条例所称民办非企业单位,是指企业事业单位、社会团体和其他社会力量以及公民个人利用非国有资产举办的,从事非营利性社会服务活动的社会组织。"《基金会管理条例》对基金会的界定是,"本条例所称基金会是指利用自然人、法人或者其他组织捐赠的财产,以从事公益事业为目的,按照本条例的规定设立的非营利性收入"。上述的定位和界定表明,党和政府对公民社会的总体观点认为是,作为党和政府联系群众的桥梁和纽带。公民社会组织是以会员制的、互益性的民间非营利组织。民办非企业单位是非会员制的、公益性服务的民间非营利组织。国家民政部的有关规定和文件中将社会团体分为四种类型,即学术性社团、行业性社团、专业性社团和联合性社团。基金会被列入专业性社团来管理,具有社团法人地位,但它并非会员制的、互益性的非营利组织,而是一种典型的非会员制的、公益性服务的非营利组织,因此这种划分还需要斟酌,有待商榷。

《社会团体登记管理条例》与《民办非企业单位单位登记管理暂行条例》从立法上充分肯定了社会团体(包括基金会)和民办非企业单位在促进社会主义物质文明和精神文明建设中的地位和作用。《社会团体登记管理条例》在第一条就明确指出:"为了保障公民的结社自由,维护社会团体的合法权益,加强对社会团体的登记管理,促进社会主义物质文明、精神文明建设,制定本条例。"《民办非企业单位单位登记管理暂行条例》在第一条中也明确指出:"为了规范民办非企业单位的登记管理,保障民办非企业单位的合法权益,促进社会主义物质文明、精神文明建设,制定本条例。"这两个条例的立法宗旨都反映了政府对公民社会组织及民办非企业单位等民间组织在促进有中国特色的社会主义物质文明与精神文明建设中地位和作用的高度认可和充分肯定。

根据国内有的学者研究,我国民间组织具有民事主体、行政相对人和准行政主体三种法律地位和身份①。(1)关于民间组织的民事主体地位。《民法通则》和《社会团体登记管理条例》赋予依法核准登记的社会团体以社会团体法人地位,后者具有独立承担民事责任的能力。《民办非企业单位登记管理条例》参照企业法人地位分类方法并根据民办非企业单位依法承担民事责任的不同方式,分别发给《民办非企业单位(法人)登记证书》、《民办非企业单位(合伙)登记证书》、《民办非企业单位(个体)登记证书》,因此,民办非企业单位的民事主体地位,分别具有法人、合伙、个体三种不同的地位。(2)关于民间组织的行政相对人地位。从民间组织的监督管理机关来看,作为登记管理机关、业务主管单位和其他相关部门管理的对象,在具有行政相对人地位和独立法人地位及享有法定权利的同时要履行法定的义务,这里行政相对人的法定权利包括参与权、知情权、收益权、监督权、申请回避权、救济权、请求权等。(3)关于民间组织的准行政主体地位。在实施社会管理的职能中,民间组织可能获得政府委托的一些权力和授权,从事某一方面的公共事务管理并具有相应的权力,如行业协会和经济类中介组织所拥有的行业管理权和经济事务审计机会计权等②。

　　从对公民社会组织监督管理的环境来看,我国公民社会组织具有特殊的制度环境。这种制度环境可概括为六个方面:一是宏观政策的鼓励与微观管理的约束。整体上来看,改革开放以来,我国政府在宏观制度环境上是一种有利于公民社会生长发育的环境,这也是中国公民社会之所以能够在较短时期内得以迅速兴起的基本原因。二是分级登记与业务主管的双重管理。这种管理体制的基本内容是,任何民间组织都必须同时接受同级民政部门登记管理和主管单位的双重管理,其中民政部门主管审批登记管理,主管单位负责日常管理。现行民间组织管理模式中的这种"双重管理"与"分级登记"、"分级管理"是相辅相成的。三是双重管理与多头管理。"双重管理"的体制必然地导致了民间组织的多头管理格局。四是政府法规与党的政策。政府法规与党的

　　① 任进:《中国非政府公共组织若干法律问题》,《国家行政学院学报》2001 年第 5 期,第 21—25页。
　　② 俞可平等著:《中国公民社会的制度环境》,北京大学出版社 2006 年 8 月版,第 128 页。

政策相辅相成,都是管理民间组织的权威性规范,共同构成中国公民社会的基本制度环境。五是制度剩余与制度匮乏。一方面,关于民间组织的许多规定大量重复、交叉和繁琐。另一方面,在制度剩余的同时,民间组织的管理又存在着许多"真空"地带。六是制度空间要远远小于实际空间。这里所说的"制度空间",就是按照民间组织管理法规合法存在的空间;"实际空间"即是民间组织现实的存在空间。

四、政府对公民社会组织的扶持与鼓励

在我国古代,作为公民社会的民间组织往往被看作是秘密会社,一般处于官府的对立面,透过历史的变迁,官民矛盾加剧,民反官的传统多来自秘密会社这种有组织的力量。在当代,人们往往信任党和政府的权威,许多人认为民间组织就是非政府组织,非政府组织是党和政府的异己力量,很容易成为反政府组织,因此对民间组织及其活动采取怀疑、防范和抵制的态度。

改革开放后,我国关于民间组织的相关政策法规表现出强烈的控制型管理取向。而这种控制型管理的目的在于防止出现破坏社会稳定和国家安全的敌对民间组织,防止民间组织从事不利于社会稳定和国家安全的政治性活动,以免重现在一些国家如东欧和前苏联国家曾经出现过的公民社会对抗国家乃至推翻国家政权的局面。因此,维护政权和政治局面的稳定是公民社会制度环境的设计者和供给者考虑问题的主要出发点。控制型管理的政策法规是建立在防范公民社会对抗国家的二元对立的理论假设基础上的,它也在有意无意地把公民社会组织塑造为自己的对立面。这样也就在很大程度上排除了把公民社会塑造成为自己的合作伙伴的可能性。因此,造成许多人习惯于认为民间就是非政府,就是非组织、无政府状态,由此导致他们在开展活动的过程中备受"关注"和经常遭遇到"敏感",这表明民间组织在发展过程中首先遇到认识上的限制,一些人从思想观念上还没有足够的准备来接纳民间组织。但随着社会经济的发展,公民自愿结社的热情日益高涨,由公民自愿结社而形成的各种公民社会组织正在通过发挥各种积极的社会管理活动而不断地塑造着自己的志愿性、服务性和公益性形象,从而逐步改变着传统的观念。对于这些

较为典型的民间组织来说,组织内外的公民乃至党和政府对他们的信任程度都在不断地提高。

党和政府对民间组织的态度是复杂的,同时也处于发展变化过程中。在20世纪80年代,各级党和政府对民间组织主要是以警惕防范的态度为主,这种态度到1989年的政治风波随之进一步强化。因此,这一时期的政策取向主要以限制和控制为基调。到了90年代中期以后,随着市场经济体制的逐步建立和政府职能转变的不断深化,党和政府对民间组织作为社会中介组织的作用有了正面的认识和评价,在党的十五大之后社会中介组织的发展有了一个比较宽松的舆论氛围。十六大以后,随着对民营经济发展的鼓励和政策上的扶持,并在法律上予以保障,各级党和政府对民办非企业单位的态度逐步趋于积极,民办非企业单位的发展环境日益宽松。在2004年召开的党的十六届四中全会上提出了建设社会主义和谐社会的目标,确定了社会事务管理中党和政府主导、社会协同、公民参与的格局,明确了社团、行业组织和社会中介组织的三大积极作用即提供服务、提出诉求和规范行为,从此各级党和政府对民间组织功能的认识进一步深化,培育发展与监督管理并重逐步成为主要的政策基调。同时对于不同类型的民间组织采取区别对待,选择性支持和选择性限制相结合的方针。民政部2005年工作要点指出:"积极培育发展行业协会、农村专业经济协会、公益性民间组织和社区民间组织。"这表明各类行业协会、城乡基层民间组织、公益性民间组织和各类民办非企业单位市政府重点扶持的对象。党的十七大关于加强民主政治建设和深化行政管理体制改革、着力转变职能的重要论述,为民间组织的发展提供了新的契机,更进一步使公民社会组织振奋了精神、明确了方向,为各类民间组织工作注入了强大的动力。各级政府对于民间组织的管理正在努力不断探索,积极培育扶持服务性、公益性民间组织,进一步推进社区民间组织发展。

行业协会和农村专业经济协会是政府重点扶持的民间组织。党和政府对这类民间组织的扶持走的是一条先培育发展、后规范管理的路子,并且在登记管理中放宽手续、简化登记管理的原则。对于行业协会管理在2004年的《中国保监会关于加强保险行业协会建设的指导意见》中提出:"中国保监会及其派出机构要支持行业协会,资助办会,保障其按照法律法规和章程规定独立开展工作。"这表明了行业协会比其他社会团体享有更高的自主权,同时明确规定了该行业协会的五项具体职责:自律、维权、协调、交流、宣传,并明确了每项职责下的各项具体任务。这也标志着保监会对保险行业协会的正式授权,它为保险行业协会行使行业自律管理权从法律上提供了依据。政府对会费免征企业所得税和营业税的政策是对行业协会的又一种形式的政府资助和鼓励,在经费管理上实行较为宽松的支持政策。这些优惠政策无疑有利于行业协会的发展。同样,对于农村专业经济合作组织的发展各级党委和政府部门也是按照"边培育、边发展、边规范"的方针,积极扶持农村专业经济协会的发展。为了促进农民专业经济合作组织的健康发展,国家民政部制定了《关于加强农村专业经济协会培育发展和登记管理工作的指导意见》。该《指导意见》明确了等级入手、规范制度、扶持发展的方针,提出了要简化农村专业经济协会登记的条件和程序,如注册资金标准为 2000 元,不必筹备成立即可直接申请注册登记等。以便及时赋予农村专业经济协会以合法地位。《指导意见》特别提出要支持农村专业经济协会建立内部管理制度,实行民主管理,真正做到民办、民管、民受益。根据民政部《指导意见》各级地方政府积极采取了一系列措施加快推进农村专业经济组织,培育民间组织发展和登记管理工作的步伐。

城市社区组织相对来说是一个新生事物,但它在社区服务,反映居民诉求、参与社区管理方面发挥着重要作用,它是中国未来社会基层组织的理想模式。根据 2000 年 12 月 12 日颁布的《民政部关于在全国推进社区建设的意见》,社区建设是在党和政府的领导下,依靠社区力量,利用社区资源,强化社区功能,解决社区问题,促进社区政治、经济、文化、环境协调和健康发展,不断提高社区成员生活水平和生活质量的过程。自 20 世纪 90 年代以来,全国性的社区建设逐步兴起,正是在社区建设的过程中管理才被提上议事日程。建立同市场经济和现代社会相适应的社区管理体制必须遵循"重心下移,立足基层"、"条块结合,以块为主"、"党政主导,各方参与"、"管理与服务相结合"等一系列的原则。国家民政部民间组织管理局在扶持社区民间组织发展方面借鉴培育发展农村专业经济协会的经验,不断做好社区民间组织登记条件、登记程序、登记方式的规范工作。明确提出:现阶段推进社区建设与管理的运行机制是"党委和政府领导、民政部门牵头、有关部门配合、社区居委会主办、社会力量支持、群众广泛参与。"政府通过向社会赋权分权,把原先由政府组织承担的社会职能交由社区内的组织来承担,并同时强化社区组织自身的自我管理、自我服务、自我教育的职能。重点抓好城区、街道办事处、社区服务中心和社区居委会、社区服务站的建设与管理。社区服务主要是开展面向老年人、儿童、残疾人、社会贫困户、优抚对象的社会救助和福利服务,面向社区居民的便民利民服务、面向社区单位的社会化服务,面向下岗职工的再就业服务和社会保障社会化服务。

社区的自治组织治理离不开国家自上而下的行政推动,而社区自治组织的成熟又是国家权力下沉的重要载体。社区内的公民通过社团的形式组织起来解决他们共同面临的问题。互助形式提供的集体物品只在社区内部产生作用,对社区外部的社会一般不会带来不利的影响。因此,社区内的公民组织将会增加社会的整体福利。发展社区内的公民组织能够提高公民的生活水平,提高公民对社会的认同感,提高基层组织的凝聚力。同时,社区组织有利于建立一种团结和谐、互助互利的人际关系、崇尚一种"人人为我,我为人人"的友善的社会环境。正是社区组织各类服务活动,使个人价值的实现与社会价值的实现达到了统一,使居民群众自我教育、自我管理、自我服务得到了有机的结合,成为新形势下发展新型人际关系的良好形式。社区作为"社会生活的共同体"。这在认识上是个突破。过去不少地方长期以来一直把街道当作不是政府的政府,甚至办得比政府还政府。派出机构比派它出去办事的机构头绪还要多。"上边千条线,下边一根针。"科层制森严。这显然与"社区"提出的初衷是相悖的。"社区"一词自1887年提出后,虽然几经演变,但是,人们的共识是:社区是由共同的利益、共同的文化、共同的情感、共同的习俗而结成的社会群体。请注意这里的"共同"二字。"共同",与左边共同,与右边也会有共同,那社区就是两个相交的圆;"共同",与近处共同,与远处也有或多或少的共同点,那么,社区就是几个同心圆。因此,社区尽管有区域特征,可这区域是多维的。怎么可以框死在一个行政区划里呢？在计划经济体制下，经济结构是自上而下的、单一而垂直的系统，而社会运行方式也是垂直的。各种社会组织、企事业的领导体系无不是纵向的。然而在一个社区内人们彼此却很少往来，既无渠道往来，也没有机会往来。由于"条"的体系很强，而"块"却处于弱势，这种"条"与"块"的相差关系，人们只说自己是什么单位的人，不说自己是哪个社区里的人。改革后，权力层层下放，最终放到哪里？自然是放到社区。经济上的纵向作用相对弱化，横向的合作、交往、联系得到日益盛行和发展，这就必然波及到社会。而横向的对应和灵性的互动、联系，总是由近及远。半径最短距离最近的不用说，就是社区。于是条条逐渐少起来，块块逐渐多起来。"条块结合，以块为主"，而这"块"首当其冲的就是社区这一块。各类组织下放的管理功能，在城市大多转移到街道，包括一些新增加的功能也要在社区中运作，推进社会发展的大量事务要放在社区中去落实和实施。生活的重心开始向社会组织转移这已经是势不可挡的浪潮。社区是群众的乐园，是社会的基础，时代的前沿。同时，随着人民群众生活水平的不断提高和住房、医疗、养老、就业等各项制度改革的深入，城市居民与所在社区的关系愈来愈密切。他们不仅关注社区的发展，参与社区的活动，而且对社区的服务和管理、居住环境、文化娱乐、医疗卫生等方面提出多层次、多样化的要求。推动社区建设，拓展社区服务，提高生活质量已成为城市广大居民的迫切要求。1994年底，国家民政部在上海召开全国社区服务经验交流会，进一步澄清了社区服务发展中存在的模糊认识，重申了社区服务的福利性质、服务宗旨和坚持社会效益为主的基点。1995年民政部又颁布了《社区服务示范城区标准》，在全国范围内开展创建社区示范活动。1998年4月，民政部发出文件，命名46个城区为首批"全国社区服务示范区"。1998年3月，九届全国人民代表会第一次会议通过了国务院改革方案，同年7月，国务院确定民政部在原来基层建设司的基础上建立基层政权和社区建设司，将原来由社会福利司分管的社区服务工作职能划归该司，表明社区建设已经成为一项专门的政府专门管理职能。

　　当前，培育和发展公民社会组织并使其发挥积极作用的首要任务是建立和完善相关的法律和规范，并通过政府购买服务或财税政策等从经济上给予支持和鼓励。这些都是政府的责任。事实证明,如果民间组织不能有效地代表民众的利益和服务社会,最终也不能成为政府治理社会的伙伴。其次,要培育和充分利用社区公民社会组织。我国的很多社会管理政策主要依赖从中央到地方政府自上而下的行政推动。这种形式虽然有利于政策的迅速推开,但同时也强化了部门分割的局面,更不利于基层公民社会组织的发育和能力建设。在我国,城市和农村的居民委员会一直没有形成独立解决其社区问题的能力。由于几乎所有的政策最终都依赖这两个社区组织来实施,它们的作用事实上变成了穷于应付上级政策或要求的工具,而其真正的作用是让老百姓自己解决自己的问题,则远远没有发挥出来。我们知道,这些组织是最接近居民生活的组织;如果它们具备独立解决问题的能力,无论是效率还是效果都要胜过"千条线,一针穿"的状况。造成这种局面的根源是,我国政府的社会管理仍然沿袭计划经济的逻辑,即在社会管理和社会服务过程中充当着为群众规划生活或落实政策的角色。或者说,按照政府对群众生活需要的理解或要求去制定和实施政策。但事实是,我们希望老百姓做的事情却没有发生,而不希望做的事情则时有发生;我们认为为群众办了一件好事,但群众却不一定认同。今天看来,这种逻辑必须改变,即政府单方面为百姓安排生活的逻辑应当变为回应支持型逻辑,或者"解决问题型"。我们知道,政府是有局限性的,并非什么事情都能做好。但政府能力最薄弱、同时也是政府最应该避免的行为即是替老百姓想他们有什么需要和应该做什么。

各类民办非企业单位和各类基金会组织作为一种公益性组织,也属于政府重点扶持的对象,他们的活动不仅会促进社会的整体福利,而且会在很大程度上改善社会的道德环境。因此,各类公益性组织将在新的社会条件下发挥很大的作用。政府对各类公益性公民组织的支持将显得非常必要。所谓基金是指政府为保障公民获得一些最基本的服务而通过补助制度以降低其服务收费的办法,如美国的医疗机构长期接受政府的巨额财政补助,以便使低收入者也能享受较低价格的医疗服务。具体来说,专项基金是政府对社会服务提供者和大多数非盈利组织提供的补贴,目的是使服务使用者能够用得起这些服务。一般来说,专项基金的使用要求民间组织必须先自行筹措部分配套资金,而政府则对其施行一定比例的补贴。其优点是,如果充分利用政府与民间组织双方的资源开展公共服务,则自然会扩大服务的规模,使更多的人得到帮助。但也有其缺点,那就是政府给了补贴后民间组织是否真正履行其应有的义务,只能在秋后算账,这也是一个需要考虑的问题。根据1999年12月28日民政部第18号令发布的《民办非企业单位登记暂行办法》,对进入民办非企业单位从事经营活动的提供各种税收优惠政策。以民办学校为例,依据《民办教育促进法》的规定,提出了民办学校享受国家规定的税收优惠政策;民办学校依照国家有关法律、法规,可以接受公民、法人或其他组织的捐赠,国家对向民办学校捐赠财产的公民、法人或者其他组织按照有关规定给予税收优惠,并予以表彰;国家鼓励金融机构运用信贷手段,支持民办教育事业的发展;人民政府委托民办学校承担义务教育任务,应按照委托协议拨付相应的教育经费;新建、扩建民办学校,人民政府应当按照公益事业用地及建设的有关规定给予优惠,教育用地不得用于其他用途等,这些法规反映了政府对民办教育扶持和鼓励力度之大,同样其他类型的民办非企业单位在其业务主管部门的支持下也享受有各种税收优惠政策和扶持措施。1999年国家税务总局出台规定,下岗职工从事社区服务可以享受税收优惠。根据这个规定,下岗职工从事家庭清洁卫生服务、初级卫生保健服务、婴幼儿看护和教育服务、残疾儿童教育训练和寄托服务、养老服务、病人看护和幼儿、学生接送、避孕节育咨询、优生优育优教咨询,可以在营业税、个人所得税、城市维护建设税和教育费附加等方面享受税收优惠[①]。2001年3月,财政部、国家税务总局下发《财政部、国家税务总局关于完善城镇社会保障体系试点中有关所得税政策问题的通知》(财税[2001]9号),对公益、救济捐助税前扣除问题作了规定:"对企业、事业单位、社会团体和个人向慈善机构、基金会等非营利机构的公益、救济性捐助,准予在缴纳企业所得税和个人所得税前全额扣除。慈善机构、基金会等非营利机构,是指依照国务院《社会团体登记管理条例》及《民办非企业单位登记管理暂行条例》规定设立的公益性、非营利性组织。"这一规定对于鼓

---

① 《中国社会报》,1999年4月10日

励社会各界对非营利机构进行捐助,完善城镇社会保障体系将产生积极作用。近年来民办非企业单位的成长,在很大程度上得益于政府税收政策上的优惠。但迄今为止,民政部门与税务部门在认识上仍有分歧,因此未能在税收政策上形成统一的规定,对于社区的服务机构受否能享受税收优惠待遇,往往因时因地而异。因此,应当加快非营利组织税收工作的制度化,明确规定申请减免税的条件,减免税的范围。现在比较确定的是,捐助者的捐款不用缴纳所得税。需要探讨的是,非营利组织的收入特别是一些经营性项目的收入,是否需要纳税。另外,还需要加强和完善体制内的制度建设。在现有的政府选择管理模式之内建立模拟社会选择模式的微观管理机制,例如政府可以向民间组织购买服务的竞标机制,福利机构的公办私营机制等。

中国政府当前大力发展公益性的各类社会组织,这是由完善社会主义市场经济体制、落实科学发展观、构建社会主义和谐社会的任务所决定的。民间组织是我国公民社会的细胞。当前,培育和发展公民社会组织并使其发挥积极作用的首要任务是建立和完善相关的法规制度和规范,并通过政府购买服务或财税政策等从经济上给予支持和鼓励。因此政府必须首先确立这样一种观念,这是做好培育和管理民间组织任务的关键。即公民社会组织与政府在经济和社会发展的目标上是一致的,在此基础上将公民社会组织作为与政府荣辱与共的一个独立的系统进行培育和管理,并要在法律规定的框架内,采取平等的姿态与社会组织共同管理社会事务。具体来说就是,我们培育和支持这些组织的出发点不是让它们去服务政府,而是让它们按照国家的法律和政策体现民意、服务社会,并具有名副其实的自我管理和服务社会的能力。如完善社会主义市场经济体制需要大力发展慈善事业,慈善事业是社会保障体系的一个重要组成部分。在我国当前阶段进一步发展慈善事业对促进社会主义物质文明、政治文明和精神文明建设的必要性和重要性尤为突出。

长期以来,政府在慈善事业中扮演着主要角色。随着市场经济的发展,社会组织开始大量兴起,并积极参与到社会治理中来。党的十七大报告指出,要健全党委领导、政府负责、社会协同、公众参与的社会管理格局,健全基层社会管理体制。这里所说的社会协同,即社会组织的协同。社会组织普遍具有提供服务、反映诉求、规范行为的积极作用,这其中以关怀帮助各类弱势群体、维护社会公平正义为目标的公益性社会组织的作用更为突出。如中国慈善事业的进一步发展需要慈善组织的蓬勃发展。慈善组织发展的一个重要内容是民间慈善组织的发展。发展民间慈善组织需要创造有利的产生、成长、发展环境。政府通过一手抓培育,一手抓管理,一手抓鼓励,一手抓规范。不断明确民间慈善组织的主体资格,确立民间慈善组织的法律地位,提高民间慈善组织的社会认知度,推进民间慈善组织建立健全以章程为核心的内部治理结构,出台民间慈善组织管理和财务管理办法,制定完善民间慈善组织报告制度、评估制度、信息披露制度、财产管理制度和行为准则,依法规范民间慈善组织行为,保证其高效、民主、规范地运行,促进其健康发展。

乐善好施、扶贫济困、慈心为人、善举济世,是中华民族的传统美德。改革开放以来,我国慈善事业得到了恢复和发展。社会力量和公众参与慈善事业的积极性日益增强,在扶老、助残、救孤、济困、助学、助医等方面都起到了越来越重要的作用,产生了积极而广泛的社会影响。但是总体而言,我国慈善事业还处在起步阶段。慈善意识弱,公众特别是富裕阶层的参与意识弱,慈善组织数量少,劝募能力不强。这一状况不利于全面贯彻落实科学发展观。科学发展观强调以人为本,坚持人的全面发展,注重经济社会协调发展。而大力发展慈善事业,增强社会责任,增强社会保障,调节贫富差距,帮助困难群众,促进社会公平,对加快我国的社会发展,无疑具有十分必要和十分重要的作用。

在新的历史时期,将传统的慈善文化在继承中发扬,在发扬中丰富,在全社会增强慈善意识,弘扬慈善精神,传播慈善文化,营造关心支持慈善事业的良好氛围,树立扶贫济困、诚信友爱、互帮互助、奉献社会的良好风尚,这是政府长期以来积极倡导的精神,对于加快我国的社会发展,无疑具有十分重要的作用。从1981年我国第一家基金会——中国儿童少年基金会成立以来,曾一度出现过设立基金会的"热潮",仅分散在各地的扶贫基金会就有数千家之多。1993年1月,全国第一家以慈善会命名的社会团体——吉林省慈善会正式建立。1994年4月12日,中华慈善总会在北京正式诞生了。它由民政部发起,是中国最主要的慈善救灾组织之一,各省设有分支机构。并建立了一个强大的国际网络,涵盖香港、台湾以及世界各地的社区和企业。它也是国际联合劝募协会(United Way International)唯一的中国成员。它在救灾、发放人道主义援助物资等方面十分活跃。覆盖全国的网络,使它能够对各种层次的需求做出反应。它能够接受国内、国际捐赠,用于减灾工作。它还积极推动诸如慈善法和社团等问题的研究和讨论。它是全国所有民间慈善组织中唯一的一家全国性的联合性社团。社会登记管理部门赋予它在全国发展团体会员的权力。多年过去了,我国的慈善组织由零起步,初具规模。目前,全国 30 个省市自治区中绝大多数已经建立了慈善总会(基金会、协会),地、市级政府建立的慈善组织的也很多。基层社区慈善组织不仅城市有,农村也有,江西赣南就建立了 100 多个县级和乡镇级慈善会。中华慈善总会有 170 多个会员单位,遍布全国。各类慈善组织在全国大中城市普遍建立,慈善服务网点在社会普遍设置,慈善组织的能力和公信力逐步提高。慈善组织正在逐步壮大成熟,朝着好的方向发展。政府对慈善公益态度也经历了从清理整顿、"三不主义"到提出慈善事业是社会保障体系的组成部分,这样巨大的变化对于构建和谐社会有重要作用。

然而,慈善组织的数量、质量和增长速度与我国经济社会的发展趋势还不相适应。进一步发展的任务仍然很重。我国的慈善组织产生于改革开放的特殊历史背景之下,寄托了政府的某种期待,多具有"官民二重性"。在发展的过程中,又受到了一些约束。1996 年后基金会的增长基本处于停滞状态。这种停滞,与 1996 年的社会团体的大规模的清理整顿、1999 年以后管理体制调整造成的停止审批有关。这种停滞与政治体制改革,特别是政府机构改革后"小政府,大社会"的要求明显不符。虽然多数慈善组织在近年来谋求更加独立的快速成长,但与发达国家的情况相比,我国的慈善组织尚处于初级发展阶段。多数组织的规模都不大。慈善组织之间只有活动内容上的分工,而无功能上的分化。几乎所有的慈善组织都是既募集资金又运作项目,往往只是以项目为中心募集"过手钱"。官方的、民间的慈善组织都无法百分之百地提供慈善保障;借慈善之名而实施的诈骗或敛财行为时有发生。慈善组织的信誉度、善款去向透明度等多方面现实问题的存在,制约了中国慈善事业发展。还有成立于 1989 年 3 月的中国青少年发展基金会,从属于全国青联和中国共青团。它的大目标是促进中国青少年的福利,并为此接受国内、国际捐赠。它最著名的项目是希望工程,旨在为贫困地区的儿童提供教育机会。它的网站显示,截至 2002 年底,希望工程已募集来自公众和企业的捐赠逾 20 亿人民币,帮助贫困地区的 250 万儿童就学、建起逾 9500 所小学、向近 11 万 2 千名学生提供助学金、建设图书馆、培训教师。此外,它还开展环保项目,就非营利组织的发展问题进行研究。针对这些情况,2004 年《基金会管理条例》将基金会分为公募基金会和非公募基金会,并鼓励民间力量积极参与成立非公募基金会。新的基金会管理条例放开了对非公募基金的限制是一个很大的进步,表明慈善事业的立法在加快,政府对慈善组织的发展环境越来越宽松。

目前总体来看,国内缺少比较成熟的慈善机构,是公民社会发展中的另一制约因素,尤其是在慈善和非营利活动方面。作为一个发展中正在崛起的国家,人们的收入水平开始接近一个普通公民有能力投入慈善事业的水平。这从 2005 年末印度洋海啸中国国民的反应中可以看出。当时许多中国人向救灾组织捐款。企业社会责任和企业回馈社会的概念也开始生根。中国政府鼓励慈善事业的发展,措施包括基金会立法以及 2005 年 10 月的中国慈善大会。这次大会是为了鼓励更多人参与慈善,会上起草了慈善促进法。不过,慈善的发展水平依然很低。慈善事业要获得发展,不能一味地停留在道德层面的说教上,必须动用政策和法律调控机制,包括出台慈善税收免税措施、鼓励私人建立基金会、开征遗产税、所得税、赠与税乃至特别消费税,淡出政府在社会救济和社会福利方面的部分事务性职能,加强监管等等,要强化立法规范,制定专门的慈善事业法或慈善机构法,明确其公益性质、使命及其管理、运行准则,严禁借慈善之名行偷税之实、通过慈善活动洗钱等违法犯罪行为。政府通过引导和法律规范激活人们的社会责任,把人们的慈善热情变成实实在在的事业。英国的慈善法已有数百年的历史,现在仍在根据社会的现实修改完善。完善我国的慈善事业法律法规政策更是显得迫切。

政府要明确鼓励企业和个人捐赠的政策,鼓励发展民间公益组织。慈善事业发达国家的政府很少直接参与慈善事业,而是通过政策的制定,特别是从财税政策入手,强化政府支持力度。从发达国家经验来看,政府对慈善事业的政策支持:一方面是对企业和社会成员的慈善捐献给予相应的免税待遇,承认慈善组织的独立社会地位,并对有关慈善组织或机构给予必要的财政补贴;另一方面是对个人所得或遗产征收超额累进税等。财税政策向慈善事业倾斜,表面上看会影响政府的财政收入,但这种倾斜能够带动更多的民间财力来办社会公益事业和救灾济贫事业,从而减少政府的压力和负担。并可借鉴国外发达慈善事业国家,进一步完善慈善事业税收优惠政策,促进慈善事业的发展。今后将坚持国家鼓励、社会参与、民间自愿的方针,积极培育各类慈善组织,稳固发展,形成以国家兴办的慈善组织为示范、社会力量兴办的慈善组织为骨干慈善组织体系。《中国慈善事业发展指导纲要(2006-2010年)》确定的目标之一就是:"各类慈善组织在全国大中城市普遍建立,慈善服务网点在社会普遍设置,慈善组织的能力建设和公信力普遍提高,自律机制和社会监督机制初步形成"。

综上所述,可以看出,政府扶持鼓励慈善事业是适应我国经济转轨和社会转型的一个正确的选择,政府在这个过程中必须发挥主导作用。其中,政府对民间组织的培育和支持并形成一种有激励作用的机制和环境是关键的因素。只有这样,各类民间组织才能按照社会的需要提供灵活和多样化的服务,这正是发展慈善事业的目标所在。

五、政府对公民社会组织的管理政策

党的政策与政府法规相辅相成,都是管理民间组织的权威性规范,共同构成中国公民社会的基本管理制度。

《社会团体登记管理条例》和《民办非企业单位单位登记管理暂行条例》在有关社会团体和民办非企业单位成立条件的条款中对它们的命名做出了相应的规定。民政部在《民办非企业单位单位登记管理暂行条例》中就民办非企业单位名称的管理做出进一步的规定。《暂行条例》明确要求由民办非企业单位登记管理机关负责民办非企业单位名称的核准登记,监督管理其名称的使用,保护其名称权。民政部还通过对民间组织章程的内容、格式的规范管理来对民间组织的组织结构、决策程序进行管理。《社会团体登记管理条例》、《民办非企业单位单位登记管理暂行条例》和《基金会管理条例》对这些民间组织的章程所应包括的内容提出了明确而具体的要求。比如社会团体、民办非企业单位和基金会的章程应包括的内容以及具体的事项主要有：名称、住所；宗旨和业务范围；财产或财产的使用、管理制度；终止程序以及终止后资产的处置等都一一作了规定。社会团体的章程还包括的事项有：会员资格及其权利、义务；民主的组织管理制度，执行机构的产生程序；负责人的条件和产生、罢免的程序；章程修改程序；应当由章程规定的其他事项。民办非企业单位的章程还应包括其他的内容与事项：组织管理制度；法定代表人或负责人产生、罢免的程序；章程的修改程序；需要由章程规定的其他事项。基金会章程按规定还应当包括：原始基金数额；理事会的组成、职权和议事规则、理事的资格、产生程序和任期；法定代表人的职责；监事的资格、职责产生的程序和任期；财务会计报告的编制、审定制度等。《基金会管理条例》还专门设立"组织机构"一章，就基金会的理事会、监事会的构成、任期、职责、产生程序和决策程序等问题作了专门的规定。民政部的这些法规原来都是针对国内组织的。但2004年的《基金会管理条例》则破天荒地包括了对外国基金会的规定。在起草过程中，民政部正对《社团规定》进行修改，从发展趋势上看，是要建立一个与针对各种社团类型的规定相平行的框架。最后，可以制订出一部完整的"母法"，对所有慈善组织进行管理。

1988和1989年规定中明确了这些组织的主要法律原则，在前面的内容中我们将其归结为"双重管理，分级登记"。分级登记，要求在该组织运作的那一级政府进行注册登记（也就是说，全国性组织在中央政府登记，省级组织在省级政府登记）；双重管理，要求所有的社团必须既在指定民政管理机关进行登记，又必须在业务主管单位登记。后者原在1989年时统称"部门"。但随着这些主管单位由各级政府部门扩大到其他类型的政府机构，如法庭、科技组织以及群众组织，这个称谓也相应改为"单位"。任何组织，如果没有能够为其提供担保的业务主管单位，是不允许注册的。注册机关要看这些组织是否符合注册要求，主管单位应对日常管理工作实施监督。

在实际操作中,在 1998 年以前,主管单位的作用及其权限一直没有明确。国家也下发了许多补充细则文件,试图予以明确。基本上,主管单位的权限主要在于监督这些组织的重要人事任免和重大决策。此外,1989 年的条例允许社团作为完全的法人实体注册登记,只需将相关文件送至注册机关备案。在这种情况下,它们还不能算是一个独立的法人,但能够开始运作了。这样一来,许多组织都能够以一种非正式的方式存在。1998 年的条例试图通过废除备案条款,对这种局面加以限制。它要求所有的社团或者完全登记,或者停止运作,这也是 1998 年以后社团数量急剧下降的原因。但规定中也允许国务院所属机关负责人员编制管理者所检查核准以及由国务院批准的社团在没有登记的情况下开始运作,还包括机关和企业内部成立和运作的组织。实际上,这就使得挂靠在官方承认的机构下面的团体能够运作。大学里的学生团体就是这类组织的典型例子。

1998 年的规定还进一步明确了哪些组织可以作为主管单位以及这些组织的职责,包括监督登记资料的准备、规定和内部章程的执行、年度报告和评估,并处理产生的问题和违法情况。因此,总体来看,中国的社团法律框架是十分严格的,由于其架构的原因,给试图注册登记的组织带来诸多挑战①。

双重管理体制十分有效地防止了那些令政府担忧的组织获得登记。再加上没有明确定义一个组织怎样才算是提供了社会福利或满足社会的需要,登记过程注定是艰难和漫长的。有些组织的业务种类不止一种,比如女性援助团体可能从事医疗、教育、扶贫等,要想找到一个主管组织可能并不容易。同时,如果同意成为主管单位也就意味着要承担更多的工作和责任,所以说服其作为自己的主管单位,是需要有充足的理由。而且,许多地方的经验表明,登记机关和主管机关没有明确规定是否要分担责任,结果导致监督和管理相对松懈。这个问题一直处于争论之中。2004 年基金会规定出台后,一方面要求基金会成立理事会,赋予其具体的责任,同时,又将主要的监督职能给了主管

① 葛云颂:《非营利组织发展的法律环境》-《自愿服务论坛》2003 年第 1 卷,第 25 - 31 页,对目前法律环境中存在的一些问题作了介绍。

单位,这两者之间是否有冲突,在实践中有较大的争论。

分级注册,其具体含义就是说,每一级行政管辖,只能有一家社团从事某一特定领域的工作。且不论如何界定不同组织的业务范围是否会交叉这个问题,分级注册还会限制社团之间的竞争,因此,削弱了社团提高效率的动力。注册的其他一些正式条件,比如,最低成员人数要在 50 人以上、正式的组织架构、固定办公地址、一定数额资金的流动资本(全国性组织为 10 万元,地方组织为 3 万元)等,这对小社团也是一种限制。如许多农村的组织就满足不了这些条件。

另外,不同的行政系统(如医疗、金融、司法和税收),其规定不具有互补性,也会导致冲突或障碍。比如,司法援助社团,在司法部门看来可能就不具备提供诉讼的权力。医疗社团可能拿不到行医的许可。具备了免税资格,并不自动意味着可以注册。总体上看,现有的法律框架已制订了一系列规定,公民社会组织可以据此进行登记和运作。但实际上,这个框架还远不够完善,也不够明晰。在许多方面,法律空间受到制约。不过,正如许多人注意到的那样,基于规定的制度空间比实际空间(实际上已经存在的组织)要小得多①。

除法律环境外,还有许多其他因素制约着公民社会的发展。其中最重要的一点,是社团自身缺少组织能力。作为新兴的机构,许多社团缺少强有力的组织文化和有效的管理。一些具有远大眼光的个人创建的社团发现,要转型到稳定的组织和管理架构十分困难。它们可能缺少有效的理事会、明确的管理原则、高效的会计程序、组织的透明度、必要的筹资能力等等。一些小型的社团在实施项目时也会遇到困难。一方面,这些特点会增大政府的忧虑,担心公民社会是否可以发挥积极的作用;另一方面,这对捐赠者和公众的捐赠信心也会造成影响。

由此可见,目前公民社会组织的发展还存在着许多制约因素,其中一个最重要的方面就是法制不健全。《社会团体登记管理条例》和《民办非企业单位

---

①　俞可平:《中国公民社会:概念、分类与制度环境》-《中国社会科学》2006 年第 1 卷,第 109 - 122 页

单位登记管理暂行条例》是民间组织管理工作的法律依据,在实际工作中发挥了不可替代的作用。但是,还存在不尽完善的地方,因此迫切需要进行修改和完善,增强可操作性。同时还要进一步完善地方性法规政策。应抓紧制定完善有利于公民社会组织发展的政策,公民社会组织是非营利性组织,应该给予正确的定位,并在社保政策、财税政策等方面制定出相应的、支持性的政策法规。一方面确保登记管理机关对公民社会组织的诸项管理能够做到有法可依,扶持其健康发展;另一方面,能够增强吸引力,推动民办公益事业的发展。此外,还应建立相应的激励机制。政府应资助现有民间组织的发展,使其地位和作用逐渐提升。也可采取政府向民间组织购买服务项目等不同方式给予补贴。对充分发挥自身特点和优势,遵纪守法,为社会做出突出贡献的单位要及时给予鼓励和表扬,总结推广经验。应积极引导鼓励社会力量,在物质上、精神上支持民间组织,为其生存和发展提供良好的环境和土壤。

第三章 公民社会组织与政治体制改革

当今中国社会阶层的分化和公民社会的发展为中国的政治体制改革和政治现代化创造了一定的基础和条件,它将继续推动中国的政治体制改革与发展。然而,要将这种推动力和发展趋势转变为现实的中国政治发展,则需要党和国家以及各阶层人民的共同努力。为适应阶层分化的趋势,积极推进中国政治现代化进程,当前和今后相当长的一段时期内我们需要不断的努力,必须要将这种良好发展的格局持续的延续下去。中国公民社会的兴起,是中国社会发展与整体进步的重要表现,它不仅有助于推进中国特色的民主政治和政治文明进程,而且也有助于市场经济的健康发展,有助于提高中国共产党的执政能力,更有助于构建一个和谐的社会。一个相对独立的公民社会在中国的产生和发展,直接得益于其制度与环境的改善。随着我国市场经济体制改革的深入和公民社会的发育,我们对政治民主的建设有了更加全面的认识。政治体制自身的改革无疑是重要的,因为传统的政治体制往往成为深化改革的障碍,对此,学术界、理论界和政府官员都有切身的体会。但政治体制改革要获得持久的动力和坚实的基础,必须从经济、社会等各领域寻求支撑点。这样,在中国的民主化进程中人们开始更多地关注市场经济的发展,指向市场化的改革。而市场化改革大潮,无疑给政治民主化的发展带来生机与活力,然而市场经济与政治体制之间的相关性有时毕竟不那么直接,其间还有必要的中间环节。而这个中间环节无疑是由公民社会组织来承担,市场经济营造了公民社会,公民社会的发展直接决定着政治体制改革与政治民主的形式、内容和成熟程度。

一、公民社会的发展为政治民主化奠定了坚实的基础

当代中国社会的转型是全方位的转型,涉及到政治、经济、文化各个领域。在政治领域,要完成从传统政治向现代政治的转变,即实现政治的民主化;在经济领域,要完成经济体制和经济增长方式的转变,即从计划经济体制向市场经济体制,从经济的粗放型增长转向集约型增长;在社会领域,要完成从总体性社会向分化型社会的转变,重新调整国家与社会的关系;在文化领域,要完成传统文化向现代文化的转变。建构中的公民社会在所有这些领域都担负着重要的使命,而对于完成政治体制的改革,实现政治民主化,则具有更为特殊、更为直接的意义。

中国 30 年来的改革是一个"总体性社会"的全能型"国家"逐渐退出"市场"和"社会"领域的过程,或称为国家与社会关系的重塑过程。"政企分开"、"政事分开"、"政社分开"、"党政分开"等举措,均意味着国家职能的转变,个人的经济活动、话语表达、自我组织、自我管理等的空间逐渐被释放出来,国家、市场、社会的三元格局正在形成。"社会"空间的出现体现在许多方面,其中最重要的是公民社会的核心要素——公民社会组织的发展。

(一) 政治参与的动力有利于加快民主化进程

人类社会发展的历史表明,经济发展必然导致广泛的社会动员,而社会成员在收入水平、政治意识、受教育程度上的提高必然要求政治上的参与热情,同时现代社会阶层的分化必然导致各个社会阶层为了维护自身的利益也必然要求有强烈的政治参与热情,而且这种热情是按照法律和通过合法的渠道表达出来,具有很强的社会认同感和感召力。正如美国政治学家亨廷顿所言:"现代化意味着各种新和旧、现代和传统的群体越来越意识到自己是作为一个群体而存在的,意识到自己在与其他群体关系中的利益和要求。的确,现代化最显著的特征之一就是在传统社会许多自觉的认同程度和组织程度都很低的社会势力中产生群体意识、内聚性和组织性。"[①]目前,随着我国社会的分化

---

① [美]塞缪尔·亨廷顿:《变革社会中的政治秩序》,华夏出版社 1988 年版,第 38 页。

和各阶层地位的上升,各社会利益阶层随着社会地位的提高已经有了积极参政的要求,公民自由、自主、自治和志愿服务的意识逐步培养和觉醒起来,社会各界关心、爱护和支持公民社会组织,公民参与各种政治活动的热情日益高涨起来,正朝着前所未有的深度和广度发展。把政治要求和政治参与等政治资源可能释放的能量纳入到既定的政治原则和政治程序的范围内,从而避免因政治体制落后而导致政治的不稳定。同时这种热情能使各利益群体通畅地表达自己的利益和要求,为政府调整不同群体之间的利益矛盾提供充足的信息,对社会失范与越轨行为进行有效地控制。广开的沟通渠道,充分发扬民主,使人们对重大的社会政治问题有参与、建议、批评的正常途径,能直接与决策部门进行沟通,各类社会利益阶层在拥有了一定政治权利和地位后企图寻求进一步拓展更为广阔的政治空间。同时一些地位低下的阶层也要求通过政治参与改变自己的经济地位和经济状况,诉求政治上的利益表达,对现存的政治体制承载能力提出了挑战。如若不能有效地解决这些问题,将会导致民众对当前社会政治的不满,不利于现代化的顺利推进。

(二)公民社会为实现民主政治设计了制度性框架

对于民主的理解,从政治学的角度可以理解为,民主的涵义首先是指人民当家作主,即人民自己管理自己,自己决定和处理一切社会事务,这里的民主是强调平等、自由、独立,强调民众在全社会的终极支配地位;其次,民主是一种依法处理政务的程序,通过这种程序使社会中多数人的意见具有合法性,并用来规范和指导社会活动。在这里,民主强调的是法制、程序,强调的是具体政治制度的建构。我们通常所讲的政治民主化,应该包含这样两个方面,即使人民真正享有自由、平等、独立的权利,成为国家和社会真正的主人,使民主制度的设置与运行更加合理、规范,符合程序化与法制化的要求。显然,公民社会的建构对于政治民主化的这两个方面都有着极为重要的意义。

民主作为一种政治制度包含代议、选举、分权制衡等基本内容,而且这些具体的制度无不与公民社会有关。扩大基层民主,保证人民群众直接行使民主权利、依法管理自己的事情,创造自己的幸福生活,城乡基层政权和基层群众组织,都要健全民主选举制度,实行政务和财务公开,让群众参与讨论和决定基层事务和公益事业,对干部实行民主监督。按照马克思主义观点,代议制政治本身就是近代公民社会与国家相分离的产物。在资本主义早期社会,国家吞噬了社会,国家与社会的同一在政治制度上表现为君主制。在后资本主义社会,国家回归社会,国家与社会的同一意味着国家与公民社会的同时消亡。因此,"真正为代议民主制提供历史舞台的只是一个独立的市民社会存在的历史时期"。① 公民社会选举制的影响在于,它提供了有自主意识和明确利益要求的选民,这一制度实质上是公民社会与政治国家相互参与、限定的中介。马克思认为,代议民主制只有在公民社会与政治国家真正分离时才能产生和存在。公民社会中实际不平等与政治国家中形式上平等可并行不悖,"正如基督徒在天国一律平等,而在人世不平等一样,人民的单个成员在他们的政治世界的天国才是平等的,而在人世的存在中,他们的社会生活却不平等"。② 美国学者摩尔则强调社会成熟程度对民主政治的影响。他在《民主与专制的社会起源》一书中对比了资产阶级革命前公民社会的发展的情况,认为英国的公民社会比法国的公民社会发展成熟,传统的贵族和农民在商业化过程中消失殆尽,而法国的传统贵族和农民在革命前仍大量存在,所以法国的民主政治发展付出了比英国更为沉重的代价。③

以公民社会自组织为主体的基层民主的建设与发展,为社会主义民主政治建设奠定了基础和制度框架。将会有更多的人能享受到直接的民主权利,直接民主的比重将不断扩大,这正是社会主义民主建设的发展方向。社会主义初级阶段的民主形式由于受到客观条件的限制,只能是基层直接民主和人民代表大会制为载体的间接民主的结合。但是缺乏直接民主为基础的间接民主形式难能保证人民的代理人不"反仆为主",因此,必须发展直接民主。列宁曾明确指出:"委托人民代表在国家机关中实行民主是不够的,要建立民主,必须让群众自己从下面发挥主动性,实际参加一切国家生活。"而且只有通过基层直接民主的发展,才能使广大民众直接体验到社会主义赋予他们的

① 蔡拓:《全球化与政治的转型》,北京大学出版社 2007 年版,第 230 页。
② 《马克思恩格斯全集》第 1 卷,人民出版社 1995 年版,第 334 页。
③ 巴林顿－摩尔:《民主和专制的社会起源》,拓夫等译,华夏出版社 1987 年版。

民主权利,增强广大民众关心和参与民主建设的积极性,才能推动间接民主制的完善,形成社会主义民主建设的持续内驱力。

(三)公民社会的发展有利于推进政治体制改革

政治沟通是指对政治信息的接收、选择、储存、传送、分析和处理的过程;政治参与是指普通公民通过各种合法途径影响政府公共决策与公共管理的过程,两者与民主化和政治体制改革的推进具有深刻的内在关联。"政治参与是普通公民通过各种合法方式参加政治生活,并影响政治体系的构成、运行方式、运行规则和政策过程的行为。"①公民的政治参与活动是现代国家的重要组成部分。随着经济政治体制改革的不断深入和开展,我国正经历着由农业社会向工业社会、信息社会转型,由乡村社会向城镇社会转型的历史时期。在这一历史时期,我国社会发生的这些重要的结构性变革,促使我国在经济、政治、文化、社会等各个领域都发生了深刻的变化,公民主体利益意识迅速觉醒,政治参与能力不断提高,新利益群体相继产生,利益分配的调整,国家政治民主化程度逐步提高,公民政治参与方式不断更新,这些因素为公民参与政治奠定了坚实的社会基础,推动了我国公民政治参与的发展。

改革开放前,中国社会是一个高度同质化的社会,社会成员具有严格身份等级界限,如城乡居民、干部与工人以及全民所有制与集体所有制中的职工,这些来自人为设置并予以强化的壁垒,主要是为了限制社会流动,加强社会管理,以保持在贫穷状态稀缺资源条件下的社会稳定。除此之外,社会同质性的表现还在于,整个社会是同质性的,国家的动员能力、组织能力、号召能力是同一的,国家是资源与权力的中心,各种身份等级及其所属组织、单位,都按照划一的方式并入组织,统统被纳入到国家的行政组织序列,并按照相同的运作程序活动;不同身份、等级虽然在权力、地位、收入上有很大的差距,但其内容也是高度同质的。这种高度的同质化社会,不允许也难以形成新的社会群体、角色、职业,并反对社会群体之间的过大差异,社会群体之间的在经济上的差距不是很大,这样,便于国家能够对社会实现全面的控制。世界各国发展的经验

---

① 王浦劬主编:《政治学原理》,北京大学出版社1996年版,第207页。

表明,社会结构的分化是现代化的客观内容,而分化的程度又是现代化水平的标志之一。社会结构的分化意味着社会分工有了发展,社会流动有了可能,职业选择的自由得到认可,利益的调整得以实施。一句话,它将增加社会的异质性,诞生出更多的资源所有者和不同的利益主体,使社会结构要素与其所担负的功能更为匹配,从而推动社会的不断发展。现阶段,由于我国政治参与主体的复杂性,使得不同层次的公民有着不同的参与动机与要求。大部分公民的政治参与动机是具有政治取向的,他们出于对国家和民族命运和前途的关注,出于对政治事务和社会事务的关心,以期通过政治参与来反对官僚主义、腐败和社会不公现象,以实现社会的公正和正义,推动政治民主化进程,这也是我国公民政治参与的主流方向。但与之相对立,在社会转型时期,也有一部分人的政治参与动机是利益取向的,他们参与政治的主要目的是为了捞取政治资本或影响政府活动,以获取更多的自身利益,如农村基层出现的"富者为官"现象等,使政治参与走向了狭隘的方向,这是值得引起我们警惕的现象。

当前随着我国社会的整体转型,阶层出现了分化,阶层分化首先是利益的分化,各阶层都有着强烈的利益表达和政治参与的愿望,这时就需要各政治主体之间进行大量的、迅速的、高质量的、"生动活泼"的参与活动,才能实现"和谐发展"的政治局面。为了积极适应这一要求,就要对现存的政治沟通和政治参与制度、渠道、形式、结构进行优化和重新建构。首先是要完善和拓宽现有的人民代表大会制度和多党合作的政治协商制度,积极探索在现有政治架构下解决问题的途径和方式方法,使这些机构发挥应有的作用和优势;其次要发挥各种社会团体和群众组织以及各种行业协会之类的非政府、非营利组织的作用,在广大农村地区则应当积极推行村民自治、乡村自治,使基层民主得以切实实现,使基层问题在基层得到合理解决,防止基层小问题影响国家大战略;第三要建立起决策听证制度和广泛的征询群众意见、专家意见,政府信息要公开透明,公共信息及时发布,扩大群众的知情权,提高群众的参与积极性,改变过去政府关起门来搞"统治式"封闭式的管理模式,树立开放的开明的新型政府管理模式;第四要积极发挥现代新闻媒体(电视、网络、广播、报纸、新闻媒体等多种媒体)在政治沟通和政治参与中的作用,使新闻媒体真正发挥上传下达的作用,既成为"党和国家的喉舌",也成为广大人民群众的"喉舌",真正成为政府和民众实现有效沟通的桥梁。

政治生活中对公民最大的激励莫过于对其政治参与给予肯定,使其参与在政治体系运行和决策中得到体现,从而证明其参与的有效性,这就需要增强公民政治参与的参与度和透明度,要关注新兴社会阶层的政治参与效能问题。还要加强新闻舆论监督,由制度外参与求成效。

二、国家与社会关系的重构与整合,是推进政治体制改革的动力性资源

胡锦涛同志在中央党校省部级干部进修班上指出:"中国政治体制改革必须坚持正确的政治方向,必须随着经济社会不断推进,努力与我国人民政治参与的积极性不断提高相适应。"这个重要论断充分阐释了在政治体制改革进程中,把握和发展国家与社会健康良好关系的重要性和必要性。当前,中国社会正面临着重要的转型时期,研究和解决国家与社会的关系问题,其核心内涵是社会及民众相对于政府的政治参与和社会自治功能的程度。因为,从国家与社会、政府与民众的内在联系与互动发展的历史进行考察,"社会功能"与"民众自觉"的不断增强,不仅是我国政治体制改革的题中之意,而且它将成为推动我国经济社会不断向前发展的一种动力性资源。

从国家、社会的诞生的过程来看,国家与社会一开始就并非是和谐的统一体,在它们之间存在着一定程度的紧张。国家脱胎于社会,又在事实上成了高于社会的存在物。这个高居于社会之上,代表公共利益,由中央政府和各级地方官员组成的权力系统,就同社会纠缠在一起。二者实质上既统一又对立。一方面,构成国家公民的主体和构成社会成员的主体基本上是吻合的。而且,国家的大量活动主要是依靠社会而开展的,没有社会的存在,国家只会变成一个空壳,这是国家与社会和谐的一面;另一方面,国家的管理对象就是社会成员及其行为。管理者和管理对象之间难免存在着一定程度的紧张。

关于国家与社会的关系,西方学者在很早以前就有众多的争论。在霍布斯、洛克和卢梭等近代自由主义哲学家那里,社会的分量是大于国家的。他们

从"市民社会先于或外于国家"以及国家权力源于人民的前提出发,推断出市民社会决定和制约国家的结论。黑格尔则认为,市民社会具有自身无法克服的种种缺陷,只有通过国家才能将这些缺陷予以纠正,因而国家高于市民社会。马克思则认为,国家是人类社会发展到一定历史阶段,随着阶级的产生而产生的,必将由于人类社会进入无阶级社会而自行消亡。但是,这决不意味着国家自发地走向消亡。国家的自行消亡必须经历一个由政治国家到非政治国家的漫长的过渡时期。这个过渡是国家权力逐渐回归于社会、回归于人民的过程,同时也是消除国家与社会对立的过程。建立无产阶级民主国家,实行人民民主原则,是实现这一政治目标的根本途径。人民民主原则集中体现了无产阶级、广大劳动人民和其他各革命阶级的利益和要求,是消除现存制度中一切与人民主权相抵触的东西,保证国家制度的实际体现者始终是人民,保护人民主权不受任何侵犯的原则。

在政治学研究领域,关于国家和社会的关系模式有着不同的表述,如有学者将之概括为早发内生型国家的封建主义模式、共和主义模式、绝对主义模式、宪政主义模式和后发外生型国家的独裁主义模式、平民主义模式、威权主义模式、民主主义模式。从国家和政府的角度看,也有人从理论上将历史发展过程中存在的国家与社会关系模式划分为"有限国家"和"一元主义国家"两种类型,认为西方国家的政治发展过程就是这两种关系模式的相互交替。"一元主义国家"是指这样一种类型的国家,其中国家与社会之间没有明确界限,即,国家与社会一体化,国家拥有对社会的绝对权力。相反,"有限国家"的特点是,国家公共权力范围之外存在着独立的社会活动空间(即国家与社会二元化),社会对国家权力产生制约,并通过一系列法律和制度机制使公共权力有所限制,成为"有限政府"或责任政府。①

从中国的历史演变来看,国家与社会的高度一体化以及国家权力至高无上是中国政治结构的主要特点,因此,一元主义和全能主义国家被视为中国国家与社会关系的基本模式。因为在社会主义国家,由于过去人们对马克思主

---

① 燕继荣:《现代政治分析原理》,高等教育出版社 2004 年 6 月版,第 199 页。

义和社会主义在认识和实践上的偏差及失误,实行了高度集权的政治和经济体制,形成了国家包揽和控制社会、"权力"遏制和侵吞"权利"的非均衡、不正常状态,我国建国初期在国家与社会关系上一直是采取这样一种"非此即彼"的逻辑,实际上是突出国家的地位,压制社会的正常发展。政府是全能的,在人们的心目中就如同是父母一般无私,但是实际上并没有达到理想的结果,政府官僚腐败现象层出不穷,办事效率低下,社会经济发展滞后,人民生活水平增速缓慢,国际地位也没有得到提高,阻碍了社会的健康发展。然而从20世纪末开始,由众多社会主义国家进行的市场化和民主化改革,在很大程度上调适了国家与社会之间的良性互动关系,逐步发挥了过去曾被消解的社会主义制度的优越性。当中国的改革由"国家崇拜"转向"市场崇拜"之后,不少学者主张,中国的政治和经济改革的目标是建构一个"小政府—大社会"的关系模式,理由是在过去计划体制时期的经济活动中,国家对经济过度干预,阻碍了经济的发展。然而,对于大多数像中国这样的后发国家来说,矛盾在于国家正是启动和推进现代化的主要力量,削弱国家的作用在许多条件下实际等同于削弱推进现代化的动力。由于后发展国家在实现现代化的进程中常伴随着巨大的风险,为实现利益的整合,强有力的政府往往是唯一和最后的手段。从许多后发展国家成功的经验中,我们不难发现,要取得改革的成功,首先要有一个稳定的社会政治、经济环境,在此基础上采取渐进式的方式稳步推进改革。在社会发展的前期,如果没有经济作为保障,期待一蹴而就的依靠政治改革实现理想的社会制度,这只能是一种乌托邦式的美好愿景,其成功的可能性是相当渺茫的。只有在国家和政府公共权威的强有力地推动下大力发展经济,创造政治和社会改革的物质条件,而后再在政府的引导下进行有步骤的改革,这样渐进式的方式才是理性的选择。

在马克思看来,公民社会与国家的二元分立尽管发生在西方,但是其进步性和趋向性则是人类社会的,是人类获得政治解放和平等自由的必然结果。所以我们完全可以认为,"西方模型只有在历史意义上说是西方的,但在社会学的意义上说,则是全球性的"。特别是随着市民社会理论和实践的不断系统化和深化,社会与国家之间日益显现的"牵连与互动",充分体现了超西方的价值观念。由此,我们现在的分析视野并不在于"二元架构"究竟是不是现代化进程所必需的,而在于不可简单照搬西方模式,并如何真正赋予其社会主义的制度框架。正是鉴于国家与社会高度一体化的社会弊病已严重阻碍了社会的发展,所以,才在中国大地上掀起了"第二次革命",而这场新的革命则引发了中国历史上最深刻的社会变迁。这一社会变迁的深刻在于,只有在改革开放的今天,才真正提出了对国家与社会关系进行结构性调整,完成国家与社会关系的历史性整合的时代课题。西方及世界各个国家历史发展表明,仅有国家政治整合还不足以保证一个社会持续稳定、健康的发展,只有同时进行有效的社会整合,使国家整合与社会整合保持一种适当的张力,既相互协调又相互制约,才能创造出有利于社会发展的最佳环境。

在市场经济条件下,国家政权系统与社会系统、政治系统与经济系统一定分离,形成了二元化的格局,政治权力统治经济领域、社会领域的权力格局有所改变。执政党系统也放松了对国家政权系统与社会系统的控制,寻找自己的合理定位,与此相适应,社会系统开始从国家权力的控制下解放出来。市场经济使国家政权系统、社会系统的自主性加以彰显,执政党系统如何改变计划经济体制下形成的执政模式、如何使执政党系统、国家政权系统和社会系统三者之间关系形成良性循环,这都需要进一步厘清。市场经济不仅为中国共产党执政方式创新提供了理念支持、观念更新,而且要求执政方式的创新发展,适应市场经济内在规律的调整。因此,执政方式创新的紧迫性日益突出,按照市场经济的要求及其理念并且根据一般系统自身特点及其相互关系出发,重新梳理执政党系统、国家政权系统与社会系统三者之间的应然关系,则是中国共产党执政方式创新的关键所在,也是其市场经济价值取向的使然。

计划经济条件下,高度集权的政治管理体制,权力集中在党委,而且中国共产党权力运作的重心在行政部门,行政权力的效力高于立法权力与司法权力,人大与司法部门功能萎缩,从属于行政部门,这样在高度集权的基础上,执政方式不是依法执政,而是把政策等同于法律,甚至超过法律效力,依政策执政,因此不可避免地出现"人大于法"的经常性现象。与此相适应,由宏观到微观一览无余,以政治控制、直接执政为主,以至执政方式单一,属于刚性执政。然而,人民民主是社会主义的生命。十七大报告强调,政治体制改革的目标是发展社会主义民主政治。发展社会主义民主政治是我们党始终不渝的奋斗目标。执政党系统权力运作重心应该逐步向人大系统转移,理顺权力运作和授予的关系,发挥人大系统与执政党系统之间的张力。中国共产党要依法治政,依法治国。党的领导组织要以现代政治体制的形式存在。要社区化、协会化、公司化。也就是说,要以合乎宪法和法律的形式从事领导工作。在新的历史时期,实现党的领导必须改变包办一切的方式,而代之以新的方式。主要是:(1)制定正确的路线、方针、政策等,为国家机关的活动奠定政治基础,确立政治方向和目标,并经过法定程序变为国家的法律、法规等。(2)通过充分发挥国家政权、司法、行政机以及经济、文化组织和人民团体的作用,实行党的领导。邓小平指出:"今后凡属政府职权范围内的工作,都由国务院和地方各级政府讨论、决定和发布文件,不再由党中央和地方各级党委发指示、作决定。……政府工作加强了,党的领导也加强了。"①(3)指导国家机关中党的组织的活动,发挥党员的模范作用,贯彻落实党的主张。(4)通过培养、选拔和推荐大批党的优秀干部担任国家机关的重要职务。(5)做好人民群众的思想政治工作,教育和动员人民群众从事社会主义建设,实践党的主张。(6)监督国家机关的活动,并保证其在国家政治生活中的独立地位和自主性。

因此,随着市场经济的深入,为中国共产党执政方式创新提供了丰富的政治资源。市场经济对民主、法治有着本能的强烈要求,这为中国共产党执政方式创新提供了新的理念与导向。并且市场经济造成了国家与社会的适度分离,则意味着社会作为一个变量对党与国家的监督、控制在增强。与此相连,市场经济的发展引起了社会系统的变动,社会的异质性空前提高,个体自主性日益显现,利益格局多元化,形成了各种利益群体,社会力量逐渐由原子化向组织化、集体化发展,社会力量日渐成熟。中国的国家与社会的关系经历了较大的调整,这主要表现在以下几个方面。

(一)国家对社会控制幅度明显收缩,国家直接控制的社会资源相对量和

①《邓小平文选》第2卷,人民出版社1983年版,第339～340页.

绝对量都已经大大减少。在整个国民经济体系中,全民所有制所占比重显著下降,集体、个体以及各种混合所有制成分迅速上升。中外合资企业、合作企业和外商独资企业日益增多,后两者在我国的经济生活中所占的比重和发挥的作用都有了迅速的提高。中国出现了多种经济成分并存的局面。对于宪法的修改,又进一步地从法律的角度确认了私营经济的合法地位。所有制结构的这些变化导致了社会结构的变化和社会阶层的分化。传统意义上的工人、农民、干部、知识分子等在发生迅速的分化和重组。新的社会阶层大量涌现。和过去那种固定的身份模式相比,现在的社会成员身份的可变性大大增强,有利于激发人们的积极性和创造性。

(二)国家对社会控制的手段渐趋多样化,改变了以往几乎完全依靠行政命令与计划指令的状况,经济手段、法律手段等其他社会控制方式的作用越来越大。市场经济以强大的穿透力,改变了人们的思想观点,独立、平等、民主、自由、参与、责任等意识深入到政治、经济、文化生活各方面,这样,个体自主性得以彰显,社会自主性也得以充分展开,社会力量日益要求参与国家政权的运作,进而改变了执政党系统、国家政权系统与社会系统三者之间的关系。与此相适应,市场经济的拓展产生了社会利益分化,这些分化的利益又是彼此独立的、边界清晰的,为维护自身利益,各利益主体都会要求"游戏规则"公平、影响国家政权的运作、参与政治过程,要求执政党依法执政,进行持续改革,使其权力运作透明化、廉洁化、高效化。

(三)国家自身的权力结构也在进行相应的调整,地方分权、企业经营自主权乃至公民个人占有与处置社会资源的自主权不断扩大。由此可见,改革中限制国家的社会职能范围,扩大各种社会经济组织的独立性与自主性,同时扩大各种非国家的社会联系方式在社会中的控制与协调作用的趋势是十分强劲的。但是,这并不意味着要对国家的社会控制能力进行全面压缩。正确的方向应该是在总体上缩减国家的社会控制幅度的同时,根据社会经济发展的实际需要,对国家的职能进行科学的调整,并且不排斥在某些职能方面强化国家的社会控制能力和扩展其职能范围的可能性。因为,中国作为一个发展中的社会主义国家,其国家职能的界定必须同时遵循三个方面的标准,即现代国家的一般要求、发展中国家的特殊规律和社会主义国家的本质。这就是说,中国未来国家与社会的关系模式应该是一种既能保证社会的独立性与自主性,又能充分发挥国家作为社会总体利益的代表对社会经济生活的协调与控制的"强国家—强社会"的模式。在这种模式下,国家与社会之间关系不是对立和冲突,而是一种相互制约又相互合作、相互独立又彼此依赖的有机统一的关系。在这个问题上,西方的"合作主义"理论可以给我们带来一些借鉴和启示。

"合作主义"理论最初产生于 19 世纪的欧洲,其代表人物是德国学者卡尔·施密特。施密特认为,自由主义政治理论是建立在国家与人民之间对立冲突的基础之上的:一方是拥有自己受到宪法保证的权利的"人民",另一方则是拥有自己权力范围的"国家"。然而,只要在这两者之间引入一个调解性的中间因素,即"运动",那么这种传统的冲突就可以得到解决。① 但是,由于"合作主义"理论曾被德国和西班牙的法西斯政权所采用,所以第二次世界大战后长时间内,人们不再提及这个概念,直到 20 世纪 60 年代以来,一些学者在政治学研究中才又重新指出,这些国家中存在着"合作主义"的因素——在那里,社会与政府的关系表现出一种有规则、有秩序的特点。代表社会的一方一般是"由国家组织的"、"在各相关领域享有代表权"的群体,它们与政府各部门就工资、物价和投资政策等问题进行定期的谈判。② 有学者认为,这一政策形成的模式与具有较强竞争性团体的模式(如美国)相比,能带来更大的社会稳定、较慢但持续的经济增长、较低的通货膨胀率和较广泛的社会福利政策。③

这种重新提及的"合作主义"理论又被称为"新合作主义",其代表人物美国政治学家菲利浦·施密特,他认为"合作主义"模式尤其适合于"后自由主

---

① [意]萨尔沃·马斯泰罗内:《欧洲政治思想史——从十五世纪到二十世纪》,中国社会科学文献出版社 1992 年版,第 495 页。

② Robert Kavaik. Interest Groups in Norwegian Politics. Oslo:University Press,1976 hilip Schimitt and G. Leobrum. et al. Trends toward Corporatist Intermediation. California:SAGE. ,1984.

③ John Goldthop. ed Order and Conflict in Contemporary Capitalism. Cambrideg:Cambridge University Press,1984.

义的、发达的资本主义和有组织的民主的福利国家"①。并对该模式进行了如下描述,即它是"一种利益代表机制,在其中选民团体组织成为有限数目的、单一目标的、强制性的、等级制的和功能分化的不同范畴,通过国家的再组织或认定(如果不是创造的话),并由国家为其保证在各相关领域的特殊的代表权的垄断地位。作为交换,这些组织在其领袖的选择和需求与支持的活动方面遵循(国家)的某种控制。"

尽管"新合作主义"在西方政治学界并未取得主导地位,但它所具有的几个特点是值得肯定的,那就是强调国家与社会之间是一种合作的关系,但并不否定各种社会组织的相对独立性,强调社会要通过制度化的渠道对国家权力进行控制、监督与参与,同时也强调国家对各种社会组织的保护与促进。因此,我们认为合作主义对于当代的社会政治过程具有较好的解释与规范功能,而经过改造之后,这种理论也可以为中国未来"强国家—强社会"的国家与社会的关系模式的构建提供一些理论上的借鉴。

作为构建未来国家与社会的关系目标的"强国家–强社会"的模式,要求在国家与社会之间建立相互依赖的关系,从而实现一种"双赢"的局面,而非此消彼长。这种模式有如下特点:

第一,就中国的传统来看,国家与社会的关系并非对立,许多时期表现为国家与社会的相互配合,如明清时期的家族制度就是在国家的推动下,由民间社会完成的。近代史上的商会组织,大部分也是在政府的推动下建立的。当然,国家只是给了一个大的方向,具体操作由民间社会来完成,未来的"双强"模式仍将体现此特点。

第二,通过国家的作用做出新的制度安排以建立市场经济秩序,在积极介入社会经济的发展过程中,充分尊重和调动社会的各种资源,培育社会生长;"强国家—强社会"的目标模式其次要求国家作为社会总体利益的代表在尊重社会及其各种组织法律上的独立性的前提下积极介入社会生活过程,对后者的活动进行多种形式的协调与引导,或者为它们创造出适宜的活动环境与

---

① Schmitt Philip. "Still the Century of Corporatism?", Politics Review, January 1974, p. 105.

条件。对于社会自身不能解决的问题,如环境保护、社会公正、国民教育等等,国家则必须主动地予以解决。

第三,"强社会"指社会能够保持相对独立性,发育起来的社会组织(如各类商会、行业协会)具有自我发育和自我服务的能力。各种非国家的社会组织在法律范围内享有较为广阔的自主活动领域,国家行政性联系之外的其他社会联系方式在社会生活的协调过程中发挥较大的作用。在传统的社会主义模式之下,国家吃掉了社会,国家的行政性等级制关系弥漫到社会的每一个角落,各种社会组织和群体都作为国家的附属物而存在。实践已经证明,这样一种国家与社会的关系模式既容易产生政治上的集权主义和专制主义,也容易导致社会总体效率的次优化,因而改变这种模式是发挥社会主义民主与提高整个社会的活力与创造性的必由之路。

第四,能否构建"强国家—强社会"关系,关键在于能否为两者寻找到共同的收益空间,若具备共同共赢区间,国家与社会关系就可能呈良性互动,则可向强国家与强社会的方向发展。"强国家—强社会"的目标模式要求建立国家与社会,尤其是各种社会组织之间的一种协同合作、互相监督的良性互动机制。在这种模式中,各种社会组织自然不能作为国家的一级行政单位而存在,它们应该是具有确定的法律地位、独立于国家的行政控制的实体。

由此可见,当代中国公民社会的重建,会从根本上改变强国家、弱社会的格局和模式,使国家与社会关系实现新的历史性整合。在中国改革的转型过程中,有一些学者主张中国的国家与社会关系要朝着"强国家—强社会"的方向发展。这应该可以看作是对上述"小政府—大社会"模式的补充和修正。而有些学者坚持的"小政府—大社会"的观点一直强调要限制国家政府职能的扩张,还社会本来的面目,社会的事情交给社会自己处理,政府不要过多的干预,甚至是不要干预,有一种无政府主义的倾向,但这些观点往往只是单纯的要求对政府规模和人员数量的限制,而对政府的职能建设却没有相应的要求加强,这也是我国在改革过程中行政改革所走的一些误区。时至今天,国家的历史使命远未终结,所以保持国家的权威仍是走向现代化的前提性条件之一,但国家必须同时承认社会的作用,并果断地把本来就应由社会管理的事务返还给社会,将那些经事实证明由社会管理比由国家管理更为有利社会发展的领域也让渡给社会。这样社会将成为名副其实的自主性社会,于是,强国家弱社会的模式将最终演变成强国家强社会的模式。在这种模式中,国家与社会各以尊重对方的独立存在为前提,在各自的领域,两者各自按照自身的规则与程序活动。与此同时,国家需要来自社会的监督、制衡甚至部分的参与,而社会也离不开国家提供的法律保障和必要的行政调解,其共同目的在于实现社会发展和民族利益。可见,这种"双强"的模式仍旧在形式上保留着国家与社会的二元性,但是此时的二元性,不再表现为二者的对抗,不是让社会有意识地扮演国家反对派的角色。"一方面存在着逻辑上的二元性,另一方面在完成社会的整合,实现所追求目标上又是一致的。正是这种一致性为国家与社会的整合提供了广阔的天地"。① 这即是被学界称之为的国家与社会的关系的良性互动。

三、公民社会组织的发展是推动政治体制改革的重要力量

公民社会的发展成为推动政治体制改革的重要力量。政治体制改革既需要内部的动力,更需要外部的动力。而公民社会则是推动政治体制改革的重要外部力量。大量的学术研究机构和各类专业性的民间组织在国家的政策制定和决策过程中,承担了智囊团的角色,为各项改革提供咨询和参谋,并推动了政治的决策民主化、科学化发挥了重要的作用。一些公民社会组织及时把公民对党和政府的愿望、意见集中起来,转达给党和政府,又把党和政府的处理意见转达给成员。发达而有序的公民社会组织在通过与政府协商的过程中,既成为党和政府与公民合作的桥梁,促进了善治,又在不断的妥协中培养了公民的宽容精神。并在实践中起到了社会监督的作用,促进了民主政治和透明行政。政治透明是善治的重要内容,它是公民政治知情权和监督权的基础。没有适度的政治信息公开,公民就无从了解政府,更无法监督政府行

---

① 蔡拓:《全球化与政治的转型》,北京大学出版社 2007 年版,第 228 页。

为。胡锦涛同志在党的十七大报告中指出,保障人民的知情权、表达权、监督权。公民表达权的概念第一次被引入中共中央的重要文献,具有重大的标志性意义。人们有充分的理由期待,党的十七大以后我国社会主义民主政治建设将迈出更加坚实、更加稳健的步伐。20世纪90年代以来,随着政治体制改革的深入,中国政府实行了人大旁听制度、公开审判制度、检务公开、警务公开、政府网上办公等重大措施,极大地推进了政治的透明度,并作为政治体制网络外的一支特殊力量,监督、制约着国家行为。而公民社会组织的社会监督,则使政治透明进一步推进。一方面,他们运用和通过各种新闻媒体、公共舆论对中央和地方政府的决策和行为进行报道,使党和政府官员中的优秀事迹得到表彰,从而增强了公民的政治认同感;对党和政府官员不合理或违法的行为进行曝光,并有组织地抵制这些行为,从而督促党和政府打击违法官员或改革原有政策,推动社会进步。另一方面,公民社会组织和公民个人通过举报党政官员和各级机关干部的违法行为,或利用信访向有关部门反映情况,争取合法权益,可以监督控制政府部门的运作,保护弱势群体的利益,质疑和改革现实的民主制度和程序,防止和打击腐败现象。

由此可见,公民社会的发展,对中国政治经济改革和政府的治理产生的巨大影响,推动了善治的进程。在近30年的改革过程中,国家从高度集权到逐步放权,从政企分开到地方政府权力的扩大,再到社区组织、村民委员会的发展。国家将部分权力返还社会、返还公民的同时,形成了相对独立的社会自治领域。相对独立的社会团体,使社会从国家领域中分离出来,中国公民社会进一步成长。

首先,在广大农村实行村民自治和村民委员会直接选举奠定了善治的基础。民主的核心是人民当家自主,通过各种途径和形式管理国家事务。而公民是否拥有选举权和被选举权是衡量一个国家民主程度的主要标准之一。现在,在中国农村,村委会成员候选人由全体选民推荐提名,再由选民直接差额选举产生。社会自治是基层民主的实质性内容和主要表现,它与公民的选举权一起构成基层民主的两足。《中华人民共和国村民委员会组织法》规定:村委成员由村民直接选举产生。任何组织和个人在选举中都不得从事违法活动。村里的各项重大事件都必须依据有关法规由村民代表会议或村民大会讨论决定,少数服从多数。村务必须定期公开,接受群众监督。村民们必须遵守根据法律、法规共同制定的村规民约,以规范大家的行为。村民自治和村务公开制度,切实保障了农民群众的知情权、决策权和监督权。中国有 8 亿农民,所以,村民自治在中国具有特别重要的意义。它不但完善了民主决策制度,规范了民主管理制度,严格了民主监督制度,也使中国政府的治理向善治迈出了重要一步。

其次,建立由国家政权机关、社会组织、法人、自然人构成的治理结构。在政治学上,治理(govemance)不同于统治(govemment)。治理是指随着公民社会组织的发展壮大,由公民社会组织独自行使或与政府一道行使的政治管理过程。统治的特点是,国家占据权威地位,它的权力运行方向总是自上而下的。它运用政府的政治权威,通过发号施令、制定政策和实施政策,对社会公共事务实行单一向度的管理。而治理是一个上下互动的管理过程,它主要通过合作、协商、伙伴关系、确立认同和共同的目标等方式实施对公共事务的管理,其实质在于合作。治理的管理机制主要不依靠政府的权威。其权力向度是多元的、相互的,而不是单一的和自上而下的。社会主义市场经济的深化必然形成社会治理的多元化。社会群体和新社会阶层的出现已经是不争的事实。既然有不同的社会群体,就有不同的群体利益。逐步建立完善的社会群体利益表达机制,使公众诉求有畅通的渠道得以表达。这不仅是公民的基本权利,也是保证国家长治久安、社会持续稳定的根本性措施。胡锦涛同志在党的十七大报告中着重指出:"坚持国家一切权力属于人民,从各个层次、各个领域扩大公民有序政治参与,最广泛地动员和组织人民依法管理国家事务和社会事务,管理经济和文化事业。"这就是说,要赋予公民对于国家重大的政治、经济、社会、文化问题发表意见、阐述主张的充分权力,切实把人民当家作主的原则落到实处。

再次,公民社会的活动填补了国家治理的空白,改善了政府形象,增强了公民的政治认同感。在公民社会理论的三分模型中,国家因考虑到治理的成本,无法包揽一切社会问题。市场经济部门因为追逐利润的本性,也不可能直接去做那些没有经济回报的事情。公民社会中的非营利组织(或称第三域),具有规模小、灵活机动和能够利用基层活力等优点,因而较为理想地适合于填补由国家行政的不足所带来的空白区,并发挥积极的作用。例如在抗震救灾、扶贫济困、帮助弱势群体和失学青少年等方面,中国许多民间组织均发挥了积极作用。这些民间组织以诚信、责任心、同情心和博爱精神,改善了社会形象,增强了公民对民族国家的认同。同时,诸多的社会问题如暴力、犯罪、贫困、环境污染、生态恶化,都是公民自己参与的活动,既需要全体公民共同来解决这些社会问题,又需要社区成员向有关部门反映情况,要求政府部门出面干预制止,以达到社会平安、稳定、和谐。

四、政治体制改革的目标是建构凸显公民价值与权利的民主社会

政治体制改革是比经济体制改革更加复杂的社会工程。这一特点决定了政治体制改革必须积极稳妥地推进。当前制约政治体制改革前进的最大问题是,虽然政治改革大的方向已经明确了,但在一系列政治和政治体制改革的重大问题上还缺乏社会共识。在社会尚未就重大问题达成共识的情况下贸然采取政治改革的重要举措,不仅不能达到保证人民当家作主、增强党和国家活力、调动人民积极性的根本目标,还有可能带来撕裂社会、激化矛盾的风险。保障人民的表达权、赋予人民更多言论自由的空间,正是化解社会矛盾、促进社会达成共识的孵化器。现在我国正处在新的社会转型期,各种理论互相碰撞,各种思潮互相激荡。政治体制改革的真正目的就是要建构一个凸显公民价值与权利的民主社会。社会结构变化是出现社会政策的背景,所以国家与社会关系的调整与改善,实质上表现为适应性的制度变迁。因为在现代社会中,公民的参与意识和责任意识既不是自发形成的,更不能用虚幻的强制的共同主义的主张来提供补偿,这种"共同意识"必须纳入规范性和机制性的社会实践框架之中,我们已经进入了一个依靠机制诱导而非靠行政强制的时代。所以,选择提高社会自治能力的实现途径,必须创造出形成这种"共同意识"的机制与条件,进而激发公民更多的投入、更多的参与、更多的共同行为,使政

府与社会及公民之间形成一种以责任、妥协、宽容为特征的平衡和互动状态。

中国政治体制改革,已经成为中国社会的紧迫话题,成为中国社会的发展要求。邓小平同志曾经说过:不改革,只有死路一条。进一步推动中国政治体制改革,这对于当政治国者而言,正是益在当代,利在千秋,名垂青史的功业!权力当位者,必须向赋权主体负责,否则即为渎职或背叛。这是政治行为学的基本原则。

当权者向权力的赋予者负责任,是权力体制的本质要素之一。这就是说,自上而下的任免制,最大的弊端,就在于体制决定官员对上负责,只不过是代表上级施政。而难以代表社会民众的要求,不向民众负责。当权者向权力的赋予者负责任,是权力体制的本质要素之一。因此,现实中各地干部为了政绩、升官或私利,自然不会去理会其施政行为是否需要向民众负责,是否损害民众利益。

现代政治学的基本理论告诉我们:当权者必须体现和代表公民的利益。政府掌控社会权力,保护人民的安全,保护和协调人民的利益。因此,纳税人必须要求政府行为的公正性和效率性。人民对政府的要求——公正的政府,廉洁的政府,高效的政府,民主的政府。《中华人民共和国宪法》规定:中华人民共和国的一切权力属于人民。人民行使国家权力的机关是全国人民代表大会和地方各级人民代表大会。人民依照法律规定,通过各种途径和形式,管理国家事务,管理经济和文化事业,管理社会事务。全国人民代表大会和地方各级人民代表大会都由民主选举产生,对人民负责,受人民监督。国家行政机关、审判机关、检察机关都由人民代表大会产生,对它负责,受它监督。限制政府权力、保障基本人权,是宪政的核心目标。共和国、公民社会、人民主权,权力必须代表最广大人民的根本利益和意愿。公民对根本利益的要求,不是由口号释意或话语霸权式代表,必须有表达意愿的社会机制,并使其意愿能够有法律规范的对权力代表者选择的程序。

政治体制改革,还意味着权力结构体系的改革。长期以来实行的任免制,是人治社会的标志,是中国历史上最落后的政治制度。历朝历代,对官吏的任用,都有严格明确的选拔制度。"世卿世禄制","九品中正制",按门地、出身、血统任官;科举制量才录用,按才学入仕。任免制则按上级的喜好,任人唯亲。吏治必然弊端百出。

官吏民选,是现代政治的基本规则。政府必须向人民负责,权力者向赋权主体负责的现代社会行为本质所在,赋予了民选官的政治学原则,赋予了中国政治体制改革的价值取向原则。胡锦涛同志提出"权为民所用,情为民所系,利为民所谋"。中国共产党必须"代表最广大人民的根本利益",这是写进宪法的基本原则。中国政治体制改革,于是有了承前启后,走向未来的导向标。中国政治体制改革的突破口,也就因此必然要选择代表最广大人民的根本利益和意愿,必然要选择现代社会的价值原则——民主与法制。

市场经济背景下,共和国的公民纳税人,养官维法,养官为民。那么,新时期政治学就应当更新观念,把"当官要为民作主",变更为"当官要由民作主"。政府官员要明白和确立"纳税人养活政府雇员,雇员为雇主服好务天经地义"的观念。只有在这个前提下,让政府官员成为"人民公仆","为人民服务"才具有可信度和可操作性。

民主的基本内涵,即人民主权。其基本表现形式,为公民对执掌社会权力者的选举权和罢免权。在现行条件下,即在宪法确定的人民代表大会的最高权力地位基础上,落实和强化这一政治体制的基础性建设和制度化建设。中国政治体制改革,应当立足于斯,着手于斯,加快推进和尽快完善有关选举和罢免的法律法规建设,明确确定公民选举和罢免权力的法律地位和法定程序,使宪法规定的人民主权原则落实到可实施操作的法律法规层面。使中国的政治体制改革大业,落实到使宪法规定的人民主权原则。使中国政治体制改革,由乡、村直选起步,尽快走向县级选举向省级选举乃至宪法确定的更高的国家权力选举。由此,改革的终极目标,在于国家权力体制,由官本位向民本位的改革。即国家权力由官本位主权,向人民主权的改革。

中国目前之所以出现宪政发展的强劲势头,主要基于如下三个原因。一是市场经济的发展,公民独立自主的利益和权利意识大为增强。他们自觉地用宪法维权,都是发于对自身利益的保护要求,而不是出于政治观念。公民社会日益要求政府官员尊重法律。这使推动宪法实施的力量具有原动力,使宪法维权变得真实而有持续性。二是当前中国领导人提出的"以民为本"、"执政为民"的理念,把保障人权和加强对私有财产的保护等写入宪法,给公民用宪法维权提供了一个很好的话语权和平台,公民的诉求获得了政治上的合理性和合法性。政府也在这种理念下积极回应社会一些合理、合法的权利诉求,从法律和制度上做出改进。三是媒体和公众舆论的力量起到了关键作用。公民的宪法维权行动都是借助媒体和舆论的力量来给政府施加压力。有的官员害怕媒体,甚至出现官员攻关媒体,要求减少对政府的负面报道的现象。中国的媒体之所以能有相对独立的监督作用,而不是唯政府之命是从,是因为有一部分媒体市场化了,需要有吸引公众的报道和文章,反映民众所关注的焦点和热点问题才能获得民众的青睐。另外,在市场经济条件下成长起来一批有社会责任感和良心的记者,他们成为维护公民权利,敢于监督政府和揭露腐败行为的中坚力量。

纵观当前中国社会活跃的理论和思潮,就其来源分析,主要来自三个方面:一是从前苏联引进来的;二是从西方国家引进来的;三是产生于传统本土的。尽管随着历史的发展和社会的变迁它们都在与时俱进,但万变不离其宗。在对党对国家负责任和实事求是的前提下,给他们更宽一点的空间,让他们敞开思想,充分阐释自己的主张,发表各自的见解,有什么不好呢?这样经过一段较长时间的百家争鸣,党和政府静观其变,最后的结果很可能不是你败我胜或者你胜我败,而是互相吸纳、互相渗透,互相协调、互相包容、达成共识,实现共赢,为政治体制改革准备坚实的思想基础和雄厚的理论支撑。但是我们也必须认识到,随着市场经济发展的进一步深入,我国政治体制改革的滞后性进一步凸显,造成了政府摊子过大,权力过多,服务水平过低的困境。社会公共服务领域需求和政府供给能力的不对等使社会对于"全能政府"提出质疑,必将使国家对公共权力的分配进行再分配,公民社会将更多地参与国家政治生活,更多地参与国家社会政策的制定,这些将会使整个国家政治民主化进程大大加快,有利于中国政治现代化的健康有序发展。

第四章 公民社会组织与政府体制转型

20 世纪 90 年代以来,公民社会的蓬勃兴起与新公共管理运动的引入构成世纪末社会治理模式变革的亮丽风景线。公民社会的勃兴拓展了人们去解决公共问题的空间,为政府体制的改革与公共治理的发展提供了社会支撑。公民社会的力量参与公共管理有着深刻的时代根源和重要的现实条件。同时,通过参与公共事务的管理也展示了其不可替代优势和特点。

一、政府与公民社会理论的二元分离与互动生成

亚当·斯密等古典经济学家认为,市场经济是一部运作精巧、成本低廉、效益最佳的机器,有效地调节着经济运行和各个经济主体的活动。但市场却无法自动达到帕累托最优状态,在国民经济的长期发展、外部效应、公共物品的有效生产、收入的公平分配、抑制经济波动、社会道德以及信息的不充分和不对称等方面也会失灵。于是就不得不借助政府力量予以矫正和弥补,这就为政府干预提供了理由。然而,市场失灵并不是政府干预的充分条件,市场机制解决不了的问题,政府也不一定能够解决,"企求一个合适的非市场机制去避免非市场缺陷并不比创造一个完整的、合适的市场以克服市场缺陷的前景好多少。换句话说,在市场'看不见的手'无法使私人的不良行为变为符合公共利益行为的地方,可能也很难构造'看得见的手'去实现这一任务"①。因此,市场失灵之外也同样存在着极为严重的政府失灵,这是由于政府行为并非永远代表公共利益、信息不完全和政府能力有限、政府干预市场的成本扩张以

---

① [美]查尔斯·沃尔夫:《市场与政府:权衡两种不完善的选择》,中国发展出版社 1994 年版,第 34 页。

及政府机构及其官员的寻租与腐败等原因造成的。所以,查尔斯·沃尔夫曾对此明确指出:"市场与政府间的选择是复杂的,而且,通常并不仅仅是这两个方面,因为这不是纯粹在市场与政府间的选择,而常常是在这两者的不同组合间的选择以及资源配置的各种方式的不同程度上的选择。"①

20世纪70年代在西方国家开始的以新公共管理为主要内容的治道变革,其内容主要是围绕政府改革。大体来说,主要包括"政府职能的市场化,政府行为的法治化,政府决策的民主化,政府权力的多中心化。政府职能的市场化包括国有企业的民主化,公共事务引入内部市场经济等;政府行为的法治化主要包括解决法律管制过分,解除过分的法律管制,从过分的法制回归法制的进程;政府决策的民主化,主要表现为:在传统普选制度、政党政治和利益集团政治的基础上实现政府行为日益公开化、提高政府公共政策对政府需求的回应性等;政府权力的多中心化,主要表现在执行决策中,提高地方自治的水平,还权与社群等"②。

洛克在《政府论》中,论证了由自然状态到政治社会或公民社会的国家生成的过程,即"政治社会都起源于自愿结合和人们自由地选择他们的统治者和政府形成的相互协议。"③在他的契约论中,政治社会或公民社会仍与国家紧密关联,并没有明确指称市民社会与国家相区分。④ 但是,洛克的契约论不仅意味着社会先在于国家,而且决定着国家,"在此一图景中,许多有价值的东西都被视为来自一个前政治的或非政治的领域,它们至多是得到政治权力的保护,但决不受其督导"⑤。因此,在由自然权利转让而形成政治权力时,附以明确的或默示的委托,以规定这种权力"除了保护社会成员的生命、权利和

---

① [美]查尔斯·沃尔夫:《市场与政府:权衡两种不完善的选择》,中国发展出版社1994年版,第113页。

② [美]文森特·奥斯托罗姆:《美国公行政的思想危机》,上海三联书店1999年版,第1页。

③ [英]洛克:《政府论》(下篇),叶启芳等译,商务印书馆1996年版,第63页。

④ 在古典市民社会理论中,"市民社会"(Civil Society)、"公民社会"、"政治社会"和"文明社会"之间并没有明确的区分。在洛克、卢梭、康德等契约论思想家那里,市民社会与政治社会乃同一语,一堆应"自然状态"或"自然社会"。正因为如此,我们常常见到在这些思想家的著作译本或涉及这些思想家市民社会思想的译著中,有的译作"市民社会",有的译作"政治社会"或"公民社会"。

⑤ 查尔斯·泰勒:《市民社会模式》,载邓正来、亚历山大编:《国家与市民社会》,第15页。

财产以外,就不能再有别的目的或尺度。"①并保留取消委托而使权力回归社会和重新委托的最高权力。这一政治契约是建立在法律基础之上的,是"立法和行政权力的原始权利和这两者之所以产生的缘由,政治和社会本身的起源也在于此。"于是,公民社会就呈法制社会状态:其一,法律要高于并限制权力,正因为"法律一停止,暴政就开始了,"所以,政府所有的一切权力都"不应该是专断的和凭一时高兴的,而是应根据既定的和公布的法律来行使;"②其二,法律的目的不是废除和限制自由,而是保护和扩大自由,保护公民的生命、自由和财产权利;其三,实行立法权、执行权和对外权的权力分离;其四,法律必须得到普遍执行并实现法律面前人人平等,不论贫富、不论权贵和庄稼人都一视同仁,并不因特殊情况而有出入。可见,洛克的法治理论立足于个人自由和权利与国家权力、社会与国家的深切关怀上。孟德斯鸠继承了洛克的权力分立理论,大致由两权分立到三权分立,并以权力制约权力的新境界。孟德斯鸠指出,人类在不同人民之间,在一切公民之间及在统治者和被统治者的关系上都是由法律的,其目的在于维护自由。而政治自由只有在国家权力不被滥用的时候才能够存在,"而从事物的性质来说,要防止滥用权力,就必须以权力制约权力。我们可以有一种政制,不强迫任何人去做法律所不强制他做的事,也不禁止任何人去做法律所许可的事。"③这就需要对立法、行政和司法三权进行分立与均势制衡。只有这样,才能保障社会权利和自由,防止国王或议会制定暴虐的法律并暴虐地执行这些法律,避免压迫和暴政。④ 可以看出,孟德斯鸠为古人比较陌生的关于公民社会与国家相分离的观念奠定了基础。他是通过把社会视为中央权力与一系列根深蒂固的权力间的均衡状态而完成其使命的。因而,"无论是在国家的领域还是在市民社会的领域都必须强化防止权力垄断的机制。"⑤尤其是发展民间的社会团体,在国家权力分立制约之

① [英]洛克:《政府论》(下篇),叶启芳等译,商务印书馆1996年版,第91-92页。

② [英]洛克:《政府论》(下篇),叶启芳等译,商务印书馆1996年版,第86页。

③ [法]孟德斯鸠:《论法的精神》(上),张雁深译,商务印书馆1995年版,第154页。

④ [法]孟德斯鸠:《论法的精神》(上),张雁深译,商务印书馆1995年版,第156页。

⑤ 约翰·基恩:《市民社会与国家权力型态》,载邓正来、亚历山大编:《国家与市民社会》,第118页。

外,以社会权利来制约国家权力,推进民主和法治。

　　无论如何,洛克,孟德斯鸠和卢梭等启蒙思想家所阐发的自然法、天赋人权、契约论、分权与制衡、人民主权、法律至上等思想,奠定了西方政治法律制度的理论基础,后经潘恩等思想家加以弘扬,并注入立足于市民社会权利和国家权力合理界分原则上的民主宪政和法治机制的构筑之中。在德国,以黑格尔为代表开辟了另一条路径。他继承了康德、费希特以来德国哲学思辨传统和伦理国家思想,把个人与社会、普遍利益与特殊利益的统一于伦理性的国家理念之中。认为"国家的力量在于它普遍的最终目的和个人的特殊利益的统一","在国家中,一切系于普遍性和特殊性的统一。"但黑格尔的理论最后被马克思所颠覆,并阐发了马克思主义市民社会理论基点上的法律观。第一,市民社会就是政治社会。马克思认为:"中世纪的精神可以表述如下:市民社会的等级和政治意义上的等级是同一的,因为市民社会就是政治社会,因为市民社会的有机原则就是国家的原则。"①马克思把市民社会放到特定的经济社会关系中来认识。第二,市民社会是公民交往方式的总汇。"市民社会包括各个人在生产力发展的一定阶段上的一切物质交往。它包括该阶段上的整个商业生活和工业生活,因此它超出了国家和民族的范围……但是这一名称始终标志着直接从生产和交往中发展起来的社会组织,这种社会组织在一切时代都构成国家的基础以及任何其他观念的上层建筑的基础。"②第三,市民将走向对抗市民社会的公民身份。在马克思看来,市民不是一种最为进步的理想状态,而是一种需要超越和解构的过程性阶段,市民最终必然走向"公民",市民社会也必将走向"公民社会"。正如马克思所说:"市民社会和政治国家的分离必然表现为政治市民即公民脱离市民社会,脱离自己固有的,真正的经验的现实性,因为作为国家的理想主义者,公民完全是另外一种存在物,他不同于他的现实性,而且是同它对立。"③第四,市民社会就是经济生产方式。马克思从社会经济生产方式和物质交往方式上来解读市民社会,他曾经指出:"在

　　① 《马克思恩科斯全集》第1卷,人民出版社1956年版,第334页。
　　② 《马克思恩科斯全集》第1卷,北京:人民出版社1956年版,第41—42页。
　　③ 《马克思恩科斯全集》第1卷,北京:人民出版社1956年版,第341页。

过去一切历史阶段上受生产力所制约,同时又制约生产力的交往形式,就是市民社会"①。第五,市民社会是指在私人领域而非公共领域。马克思以比喻的方式指出人要过双重生活——天国的生活和尘世的生活。"前一种是政治共同体中的生活,在这个共同体中,人把自己看作社会存在物;后一种是市民社会中的生活,在这个社会中,人作为私人进行活动,把别人看作工具,把自己也降为工具,成为外力随意摆布的玩物。"②总之,在马克思那里,市民社会经常直接等同于"社会关系"、"生产关系"、"经济关系"、"物质交换关系"等历史唯物主义概念,它是在扬弃黑格尔的市民社会的概念的基础上发展起来,其内涵在马克思那里具有多边性和变动性,甚至被指向私人生活领域。

在西方政治学、哲学和法学的发展中,"市民社会"概念的变化就是西方政治民主化的一个缩影。由于经历了古希腊和古罗马时代,又经历了思想启蒙,再汇入德国古典哲学的澎湃的理性之流和辩证特征,使得"市民社会"的内涵和外延一直处于此消彼长的变化中,在这个时代体现出它的核心价值,在另一个时代又体现出公共生活的交往理性。但不管如何变化,在西方法治理论的传统中,虽然洛克、孟德斯鸠、卢梭等启蒙思想家创立了社会先于并决定国家的法治观,但他们并未明确区分市民社会与政治国家,亦未明确区分"市民社会"、"公民社会"和"政治社会"。而从 19 世纪开始,理论家们明确意识到西方国家与市民社会发生分离的历史运动,"这就是一方面是政府、政治、集体利益等'公共'领域与作为另一方面的包括个人利益、反映这些利益的社会关系以及基于私人财产、合同等观念产生的私人交易的'私人'领域之间的分离。只有在承认'公众'和'私人'社会生活范围已明确分开,同时国家的权力也已延伸到能控制社会生活的每一个角落的程度时,法律才能独立于社会之外而存在。"③

进入 20 世纪以来,垄断资本主义的发展使西方国家的政治、经济和文化

----

① 《马克思恩科斯全集》第 1 卷,北京:人民出版社 1956 年版,第 41 页。
② 《马克思恩科斯全集》第 1 卷,北京:人民出版社 1956 年版,第 428 页。
③ [英]罗杰·科特威尔:《法律社会学导论》,潘大松等译,华夏出版社 1989 年版,第 53—54页。

都发生了巨大的变化。尤其是二战以后,福利国家的发展趋向日强,加之信息技术的来临和全球化进程的加快,出现了国家与社会界限的模糊、国家与社会的合作、国家职能扩大等迹象。这就给法治思想和理论带来了一定的冲击。因此,福利国家政策与法治、自由裁量权与法治、团体本位权利观与法治、平等权利与法治等等成为法治理论需要解决的重大问题。

自20世纪80年代以来,基于全球化进程中的福利国家危机、凯恩斯主义失灵、公共行政运动的扩张、承认的政治和民权运动的发展,以及前苏东社会主义国家的历史经验教训,市民社会理论开始复兴,并成为当代世界一股重要的社会政治思潮。这一思潮倡导法治的过程中,则直截了当地强调从法律上保障市民社会与国家的分离,其目的在于"划定国家行动的界限,反对国家随意干预市民社会内部事务,从而保证市民社会成为一个真正自主的领域。"①

综上可见,无论是柏拉图和亚里士多德的"复合社会"法治观,还是启蒙思想家的"社会先于并决定国家"的法治观,都集中在权力制约和权利保护这一核心问题上,而权力和权利的复杂关系,则根植于国家和市民社会矛盾发展的历史脉络之中,就是说,国家与市民社会、普遍利益与特殊利益、权力与权利、个性与共性、公域和私域等使这些启蒙思想和理论不得不面对的深层关怀。从一定意义上说,公民社会与国家是贯穿于法治思想理论发展史的一根红线。当代市民社会理论的产生有其深刻的历史背景,从西方发达国家来看,自20世纪初以来,由于市场经济和整个社会生活的日益复杂化,单纯依靠市场规律和个人力量已难以把握经济的发展命脉和确保个人利益的获得,必须有一种权威的力量填补市场的失灵,维系社会稳定与秩序,于是国家的权力再次膨胀并重新进入经济社会领域,曾盛行了几个世纪的经济自由主义受到了国家主义的严重挑战。毫无疑问,国家权威的再现在一定程度上缓解了当代资本主义社会的矛盾,促进了经济的发展。但与此同时,又造成了非政治性公共领域的萎缩和公众自主参与的热情的压制,由于排斥市场经济,因而从社会结构、社会整合角度上看就出现了某些与以往社会共同的现象,其关键就是缺

---

① 俞可平主编:《全球划时代的"社会主义"》,第182页。

乏一个区别于政治国家的具有相对独立性的自主社会领域。当传统的社会主义模式被改革,市民社会与政治国家的关系自然就被凸显。事实说明,随着市场经济的发展,一个被马克思称作"市民社会"的自主社会领域的确在社会主义国家也开始发育、生长。马克思通过对黑格尔法哲学的批判和对资本主义的研究,把被黑格尔颠倒的市民社会与政治国家的关系矫正过来。马克思认为,自从国家产生以来,社会就日益分裂成市民社会与政治社会两部分。政治社会即国家是和市民社会并列并在市民社会之外的独立存在。它们构成对立统一的整体,其中政治社会是上层建筑,市民社会在一切时代都构成国家的基础以及任何其他的观念的上层建筑的基础。

中国没有城邦国家的平民与贵族力量对比、城邦权力结构、城邦经济等的历史传统,国家的形成也并不是具有二权制或三权制特征的氏族模式。它作为东方社会政治形态的表现形式,同时使专制主义和集团主义获得了发展,[①]这就决定了古代中国与西方国家有截然不同的文明走向。市民社会在黑格尔和马克思那里具有积极和消极的两个方面的意义特征,其所具有的资本主义经济制度上的特征,在很多时候是需要批判发展的对象;而我们今天在使用这一概念时,是要充分挖掘"市民社会"的积极意义,把"市民社会"变为"公民社会",这既符合政治上的考量,也符合实践上和民主时代的内在推进要求。同时,就"公民"的内涵来说,他要比"市民"更为丰富。尽管我们在前面讨论的"市民社会"中有一个向度上是体现为"公民社会"的,但那只是在较低程度上的公民社会,这一内涵也完全不能与今天全球化语境和政治民主化语境下的"公民社会"相比,政治现代化内在要求对这一传统概念进行创新及赋予新的内涵,因此,公民社会的概念应具有开放性,其内涵应伴随着中国社会与经济的发展不断丰富。

改革开放前的中国是一个整体性、同质性较强的社会,在那个时期,国家几乎垄断着整个社会资源,并对社会生活实行全面的控制与管理。个人生存与发展的各种条件,如基本生活品、身份的合法性、就业、教育、社会地位和权

---

① 刘学灵:《东方社会政治形态史论》,上海远东出版社 1995 年版,第 5 页。

利等无不由国家掌握,并根据每个人的政治表现由国家赋予,任何个人或团体的任何自觉不自觉控制社会资源的意图、尝试都会被看作是对国家权威的挑战,从而会遭到批判或斗争。在突出政治、片面弘扬国家利益的传统社会主义模式中,物质利益的原则受到批判,正当的、合理的个人物质需求受到压抑。显而易见,在一个物质利益受到忽视,追求物质利益的生产活动受到严重束缚的国度里,市民社会是难以产生和立足的。改革开放以后,中国逐步改变了先前那种以政治活动为中心而将诸领域统合为一体的社会结构方式。在这种领域分离的社会结构中,政府更多地指向政治领域的倾向以及政治领域对于其他领域的强势地位开始相对弱化。市场经济的发展使得中国社会的自由空间逐渐加大,资源流动不断加速,并在一定程度上消解了传统集权体制在经济、政治、思想等方面的基础,整体性、同质性社会开始解体,引发了中国社会结构的重大变迁。但是,由于历史的原因,中国公民社会的形成与发展仍具有一定的局限性,如社会利益分化和资源分散水平不高、社会权利对国家权力的制约不力,社会的自主自治自律性较差,加之国家主义仍在一定范围内存在等等。为此,加大以转变政府职能和强化社会自治功能为取向的政治体制改革的力度,已经成为进一步推进社会自主性与多元化发展,建立起国家与社会的良性互动关系的重要前提。

二、公民社会是公共治理的重要主体

作为公共治理的又一重要主体,公民社会与政府既相制约又相联系,它在实践中发挥出巨大的优势。中国社会的变革需要公民社会的参与,积极推进公民社会的发展,从而有助于实现政府职能的转变,建立有限政府。20 世纪90 年代以来,公民社会等第三部门的兴起成为人类社会的一道亮丽的风景线,它拓展了人类解决公共问题的空间,为公共管理的发展提供了社会支持。公民社会参与公共治理对于政府改革有着深刻现实意义。

当今中国社会的流行词汇里引进了一个时髦的政治词汇,这就是"治理"概念。英文中的"治理"(governance)可以追溯到古拉丁语和古希腊语中的"操舵"一词,原意指控制、指导或操纵,与 govrerment 的含义交叉。20 世纪90

年代以来,治理成为国内外政治学一个最为时髦的字眼。治理的理念代表着一种新的公共管理模式,即多个主体对公共事务的共同参与实施管理,治理的主体不但包括政府和其他公共机构,还包括私人部门和公民社会组织。治理是一个上下互动的管理过程,通过合作、协商、伙伴关系、确立认同和共同的目标等方式实施对公共事务的管理。"善治"就是良好的治理,就是使公共利益最大化的社会管理过程。在公共管理领域,表现为政府职能社会化、管理主体多元化及公民社会的发育成长等,实现政府与公民社会的合作治理模式,即"善治"的模式,就是使公共利益最大化的社会管理过程。善治的本质特征,就在于它是政府与公民社会对公共生活的合作管理,是政治国家与公民社会的一种新颖关系,是两者的最佳状态。善治的基础与其说是在政府或国家,还不如说是在公民社会。从这个意义上说,公民社会是善治的现实基础,没有一个健全和发达的公民社会,就不可能有真正的善治。①罗西瑙认为:"与统治相比,治理是一种内涵更丰富的现象,它既包含政府机制,但同时也包含非正式、非政府的机制,随着治理范围的扩大,各色人和各类组织等得以借助这些机制满足各自的需求,并实现各自的愿望。"②这表明政府治理必须实现公共权力运作模式的转变,推进国家权力向社会的回归,政府应由居于公民社会之上的公共权力机关,又重新回到公民社会之中。同时,政府治理也意味着公共治理的权力主体趋于多元化。政府不再是公共事务的孤独垄断者,而是与各种社会组织、公民一起形成协作网络,在共同分担责任的基础上形成新的社会治理联合体。政府治理也促使政府运行机制的改变。只有建立一个以相互依存为基础,以协作为特征,以沟通合作为主要手段的社会治理结构,才能确保公共管理的有效性。

　　当前,在我国建设服务型政府过程中,既吸纳了新公共管理中企业型政府模式的某些元素,又吸纳了新公共服务中政府职能的新定位和价值追求,实质是以治理为核心的中国特色的政府模式。在这样的治理结构中,公民利益的

①　俞可平:《治理与善治》,北京:社会科学文献出版社 2000 版,第 13 页。
②　罗西瑙:《没有政府的治理》,江西人民出版社 2001 年版,第 5 页。

表达与公民对公共事务的参与深度和广度,都直接影响政府绩效和价值重构。由于政府既不是导航者,也不是掌舵者,而是受公民委托,运用公共权力维护公共安全,提供公共产品与公共服务,实现公共利益的社会治理主体之一,其角色就是帮助公民表达并满足他们共同的利益需求。因此,政府应该把公民视为公民,而不是把公民仅仅视为投票人,当事人或顾问,应该分享权威和减少控制,并且应该相信合作的功效。由此可以看出服务型政府的治理模式是以重塑政府与公民的关系,实现公共利益最大化为核心内涵。故政府并不是唯一的社会治理主体,各种社会的、私人的机构只要得到公众认可,就可以成为社会治理的主体之一。公民也不再满足于履行选举权的间接参与,而希望介入公共政策过程的直接参与。

胡锦涛同志曾一再强调,构建社会主义和谐社会是艰巨复杂的系统工程,只有动员广大人民群众共同参与,才能使这一宏伟目标变成现实;构建社会主义和谐社会是造福全体人民的伟大事业,只有让广大人民群众不断从和谐社会建设中得到实惠,才能使和谐社会建设成为广大人民群众的自觉行动。从理想与现实的统一来看,社会主义和谐社会应该是一种更为高级的社会治理结构,这主要是因为共建共享机制标志着一种新的公共管理模式正在形成。这种治理模式要求我们,首先改革政府部门,使其更加高效、廉洁、开放、透明;其次正确处理政府与市场的关系,充分利用市场机制,优化资源配置,增加竞争性;再次鼓励公民社会组织对公共事务的参与,提供有效的参与渠道,充分发挥其积极作用。只有政府、市场和公民社会三方面之间理性互动,才能有效地满足社会整合的需求。

同时,共建共享机制之所以是一种理性互动的公共治理的最佳状态,是因为这一模式标志着公共治理的和谐,标志着政府、市场、公民社会三者之间的相互协调和有效配合。这三者能否各司其职,对社会的和谐有直接的影响。由企业为主体的市场,在社会发展中,其主要的功能就是能有效、快速地配置各类社会资源。市场注重的是效率,但解决不了社会公正与社会公平。优胜劣汰的竞争规律、仅重视效率可能制造很多不公平导致社会的不和谐。政府及其公共部门所发挥的作用,正好可以弥补市场的缺陷,通过公共财政、公共政策以及通过社会公正来化解这些矛盾和冲突,维护社会的和谐。同样,作为民间组织的公民社会系统,既可以弥补市场的某些缺陷,也可以弥补政府的某些不足,是对政府、企业以及市场功能的重要补充。所以,共建共享机制能使政府、市场和公民社会达到合理的配合,将对社会主义和谐社会的构建产生重要的作用。

公民社会组织可分担政府转变职能后转移的职能。随着改革的深化,从实行政企分开到政社分开,过去是政府是一头独大,做了很多应该由社会去做的事情,现在应加快培育公民社会组织,让公民社会组织来承担一部分公共管理职能。建立进入公共领域的渠道和机制,让政府同社会合理分工。在当代中国社会结构变化的趋势下,由于政府及时放松了对经济领域的过度干预和严格控制,因而有效地促进了社会领域的分离和社会结构的调整。我们已经充分地看到,在我国社会转型中,不仅政治领域、经济领域、精神领域之间拉大了距离,各自处于相对独立的地位,而且各个领域开始更多地去追寻属于自己的目标,使得各自的价值原则更趋独立。社会各个领域的相对分离,要求政府在实现由社会控制转向社会服务这个重大转变的基础上,对社会的不同领域进行职能定位,妥善处理好不同领域之间的职能分工问题,有效地培养社会的自治能力,进而在社会公共管理中加强政府与公民的良性互动。从这个意义上讲,实现政府职能转变的本质意义,就是要保证政治领域与经济领域,以至社会诸领域之间的健康关系,以形成相对独立、互为作用、共同推动社会进步与发展的动力性资源。

要实现政府职能的重大转变,关键在于政府向社会作出适度的分权。从这个意义上讲,政治体制改革的真正目的就是要建构一个凸显公民价值与权利的民主社会。社会结构变化是出现社会政策的背景,所以国家与社会关系的调整与改善,实质上表现为适应性的制度变迁。因为在现代社会中,公民的参与意识和责任意识既不是自发形成的,更不能用虚幻的强制的共同体主义的主张来提供补偿,这种"共同意识"必须纳入规范性和机制性的社会实践框架之中,我们已经进入了一个依靠机制诱导而非靠行政强制的时代。所以,选择提高社会自治能力的实现途径,必须创造出形成这种"共同意识"的机制与条件,进而激发公民更多的投入、更多的参与、更多的共同行为,使政府与社会及公民之间形成一种以责任、妥协、宽容为特征的平衡和互动状态。

在传统社会的形态下,政府承担了大量的经济社会事务的管理功能,政府被看作是唯一合法的公共治理主体,政府之外的组织都被认为没有资格和能力参与公共事务管理。这是造成政府管理成本居高,效率低下、机构膨胀和财政入不敷出的重要根源。现代政府的管理职能是公共的、有限的和服务的职能,政府是为公众和公民服务的有限政府。因而,服务型政府首先是公共政府、有限政府和服务政府。公共治理理念的核心是公共政府理念。所谓公共政府理念,就是正确处理国家与市场的关系、政府与公民的关系,严格界定政府作用的范围,将政府的作用严格限定在公共领域;在政府作用的领域之外,是不受国家权力和政府权力直接干预的,只是有市场规律和法律规范制约的私人领域即市场领域和公民领域。要求政府必须有所为和有所不为,如果政府掌握了提供公共产品的强大公共资源,又没有强有力的制度来制约,政府必然成了"无限政府"。培育公民社会有利于促进政府职能转变,提升政府治理能力。当前我国处于由计划经济体制向社会主义市场经济体制转轨的宏观经济背景下,其重要内容之一是转变政府的职能,政府职能要实现由功能性向结构性转变,即由传统的单一的、整体的功能性职能向分散的、多元的结构性职能转化。政府应由包揽一切经济、社会事务的全能主义政府,转变为扮演经济事务的宏观调控者与公共物品、公共安全、公共福利的有效供给者角色的"有限政府"。政府职能的这一转变,实际是将部分在市场经济下无需保留的职权让渡于社会。同时,社会转型要求社会公共事物的治理主体多元化和治理方式多样化。而公民社会的优势则体现在利用其志愿性、非营利性、公益性等特点,在社会公共领域承担一部分原来由政府承担的社会、经济职能,并且在参与公共事务治理,提高公共物品的供给效率,完善社会保障机制,满足社会多元化需求等方面发挥重要作用。这样政府就可以从繁杂的微观管理中解脱出来,集中精力抓好宏观调控,从而使政府职能逐步合理化,提升政府治理能力。

公共治理的实施不仅是公共治理主体格局的转变和政府职能的社会化的

过程,更是政府向公民社会放权和还权的过程。传统的公共管理中,政府集中了大量的公共权力,甚至把本来应该属于公民社会的权力也强行剥夺了。公共治理运动的出现和公民社会的兴起意味着公民社会权利的扩大和回归,其结果是形成政府与公民社会一起共享公共治理权力的格局。这种共享的权力结构更加具有灵活性和制约性,公民社会的权力可以对政府的权力实行监督和制约。因为,没有制约的政治权力必然导致腐败,而权力制约则以民权制约公权为根本。政府权力源于公民的委托和授予,但是,分散化的公民是没有足够的能量制约政府,公民只有组织起来并且通过公民社会组织保证了主权。因此,公民社会组织的兴起真正从制度上找到了约束和制约政府公共管理权力的力量。

公民参与公共治理是公民权的重要内容。我国宪法对公民参与管理国家的权利作了明确规定:"中华人民共和国的一切权力属于人民,人民依照法律规定,通过各种途径和形式,管理国家事务,管理经济和文化事务,管理社会事务"。宪法赋予公民治理国家和公共事务的权利,人民依法委托政府实施公共管理,政府的责任一方面是要根据公众需求实施有效的公共治理,另一方面也要通过具体的制度设计确保公众参与权的实现,使公众能够通过自身或公民社会组织合法地参与公共政策的制定过程,让民意在公共政策中得以体现。因此,党的十七大报告提出:"人民民主是社会主义的生命。发展社会主义民主政治是我们党始终不渝的奋斗目标。"在我国,人民当家作主是社会主义民主政治的本质和核心,依法治国是党领导人民治理国家的基本方略。树立社会主义民主法治、自由平等、公平正义理念,有利于扩大人民民主,保证人民当家作主;有利于发展基层民主,保障人民享有更多更切实的民主权利;有利于全面落实依法治国基本方略,加快建设社会主义法治国家;有利于促进党和政府实行科学决策、民主决策和依法执政、依法行政、依法办事,保证人民赋予的权力始终用来为人民谋利益;有利于增强各党派团体、各族各界人士正确认识社会主义政治制度的特点和优势,增强对社会主义民主的政治认同,始终不渝地走中国特色社会主义政治发展道路。

三、政府行政管理体制改革的价值目标

不深化政府行政管理体制改革,经济体制改革难以顺利向前推进。随着改革不断向纵深推进,政府行政管理体制改革对其他改革的牵制作用日益明显地体现出来。例如,要形成规范的现代企业制度,就必须通过有效方式割断或阻隔政府与企业间的行政关系和资产纽带,切实解决政企不分、政资不分问题;要形成统一开放、竞争有序的现代市场体系,就必须打破行政性垄断与行政主导的地区封锁;要形成灵敏有效的宏观调控体系,就必须进一步规范政府职责、优化政府组织机构、创新行政管理方式;要形成完善的社会保障制度,就必须进一步理顺各级政府的事权关系、建立健全公共财政体系;要形成严密的市场法律体系,就必须依靠制度建设严格约束行政权力,推行依法行政。要推动经济体制改革的全面深化,必须把政府行政管理体制改革放到突出重要的位置。

尽管这些年政府行政管理体制改革取得了一定程度的进展,但许多关键性问题并没有真正解决:政府职能转变的任务仍很艰巨,政企、政事、政资不分的状况还比较严重;行政手段仍居重要位置,审批管理依然宽泛;政府机构仍然庞杂,职责交叉比较严重;违规行政现象时有发生,法制管理相对薄弱。中国改革正处于攻坚阶段,社会主义市场经济体制建设已进入全面完善的"总体组装"时期,必须适应经济社会发展和改革形势的新特点、新任务的需要,着力推进政府行政管理体制改革。

(一)服务型政府是新时期政府管理体制改革的基本模式

政府行政管理体制改革是中国改革的重要组成部分,这一改革使政府行政管理呈现出新的风貌,有力地推动了社会主义市场经济发展的进程。改革正处于攻坚阶段,政府行政管理体制改革地位更加重要,任务更加艰巨,需要下更大决心,花更大气力,用更高技巧,积极稳妥地向前推进。纵观中国的政府体制改革,自新中国成立以来,先后进行了大大小小的改革就达七次之多,应该说改革所取得的成绩是有目共睹的,但改革并没有取得预想的成功,政府的目标没有真正的实现,政府管制的色彩也依然很浓。随着市场化改革的深

入和工业化、城镇化的快速发展,人们由过去的政府安排就业与福利转变为市场化的自由就业,因此对公共服务的依赖性在增强,但自 20 世纪 90 年代以来,我国的公共服务体制始终处于重构和转型当中,既存在政府公共服务职责不到位的问题,又缺乏社会组织提供公共服务的制度安排。由此,建立完善的公共服务体制是社会体制改革的首选突破口。现在需要弄清楚的问题是,谁是社会建设的主体? 一方面,政府具有非常重要的导向作用,在公共服务领域应当承担最终责任,而不是把主要的注意力放在经济发展速度上;另一方面,社会组织发育和现代公民社会的发育至关重要,这是广大社会成员参与社会建设的主要渠道。因此,社会体制改革应当在各方面取得突破。服务型政府最核心的特征就是它是一个以公民和社会为本位,公民意志在公共管理中居于决定性地位的政府类型。也就是说,服务型政府要实现管理型政府中政府与公民之间关系的根本性转变,即由管理型政府的政府本位和政府意志居于决定性地位,向服务型政府的公民本位和公民意志居于决定性地位转变。

无论从政府类型演变的规律来看,还是从新的时代发展的特点来看,构建服务型政府都将是未来政府管理模式的发展方向。服务型政府的提出是行政管理体制改革实践的结果,是人类管理理论精华的积淀。它依托科学社会主义理论,依托公共性理念,构建于现代民主、法治理论基础之上,呈现出丰富的内涵。因此,要构建一个以公民为本位的真正服务于公民的服务型政府模式更是自然而然的选择。服务型政府的本质是社会本位、民本位。政府职能定位,即政府管什么不管什么,其依据是社会和公民的需要。从一定意义上来说,服务型政府既是一种全新的政府理念,也是政府在职能配置、机构重组、管理方式方法和行为模式上的革命,从根本上改变中国传统的行政管理方式,也从根本上改变了政府的角色和政府官员的角色,行政人员是否把公共权力作为公共利益的保障,行政人员的行为是否促进了公共利益的实现,是判断社会主义行政的公共性质是否发生了异变的根据,是克服传统行政模式衍生种种弊端的良方。

建设服务型政府作为新时期行政改革的一个目标选择,将有助于从新的视角,把行政改革和政府职能转变引向深入。随着社会主义市场经济体制改革的进一步深入,社会主义物质文明、政治文明和精神文明的协调发展,人民群众物质生活水平和民主权利意识的日益提高,对我国的政府管理体制提出了新的要求。与这些新的要求相比,政府管理体制方面存在的问题日益明显,决策过程不够科学和民主,政策失误过多,政府管理职能越位、缺位、错位现象同时并存,公民对政府管理活动的参与程度较低,政府与公民在公共管理活动中的合作程度不高,政府行为不规范,依法行政水平不高,官僚主义行为比较突出,政府管理机构设置不够科学,造成机构臃肿和机构缺失现象同时并存,行政成本过高,行政效率偏低,政府管理过程不够透明,公民缺乏必要的知情权和参与渠道,一些地方政府和政府部门缺乏诚信,在政府管理活动中弄虚作假,形式主义泛滥,欺上瞒下行为严重等这些现象普遍存在。因此,政府在管理活动中大量存在"公共腐败"和公共利益的"部门化"现象,"形象工程"、"政绩工程"比比皆是,政府管理中缺乏科学的政绩观,这些现象严重地损坏了政府权威的合法性基础,削弱了政府的执政能力,"以人为本"、"执政为民"是服务型政府的治理理念。为人民服务,让人民满意,是服务型政府建设的基本要求。我国社会主义民主政治的性质,决定了政府实施对国家事务和公共事务管理的目的是维护最广大人民的根本利益,政府是社会公共秩序的主要管理者,它必须行使对公民的管理责任,包括强制性的管理措施。但是随着社会主义民主政治和政治文明的发展,政府的服务职能将日益增加,即政府的管理要不断从管理型向服务型转变。

服务型政府最关键的环节就是要实现由"政府本位"向"公民本位"的转变,但这一转变是很难自动实现的,由于几千年封建社会的影响,建国后又采取高度集权的计划经济体制,政府总是习惯于以一个无所不能的管制者的身份出现,也在不知不觉中产生了一种强烈的自恋心理,总认为社会和公民需要自己,于是,要提供什么样的服务,怎样提供服务,什么时候提供服务等都是政府自己说了算,在这种管制的理念下,政府提供的服务只能是政府本位下的服务,即政府总是从自身观点出发来判断公民需要什么样的服务,然后就居高临下地提供他们认为的公民需要的服务,从而在一定程度上是服务成了一种强制。因此,从政府本位向公民本位的转变是服务型政府的治理理念,要把服务看作是政府的天职和政府存在的合法性前提,认识到政府存在的目的就是为公民提供服务。

建设以民为本的服务型政府就必须清除官本位的意识。在中国形成官本位意识的原因有很多,但最根本的原因是计划经济体制所造就的政府对一切社会资源的绝对支配权。政府在拥有了对社会资源的绝对支配权的同时,也就拥有了对公众享用公共资源的分配权,这样就形成了政府在国家和社会生活中的绝对主导地位和公共权力无所不在、无所不能的现象。而公民则对政府形成绝对的依赖,把政府向自己提供的服务看成是一种恩赐。在现实生活中,虽然名义上人们在政治与法律上都处于平等的地位,实际上却是官本位基础上的等级制,社会对每一个人的价值衡量基本上也是以是否当官和官的大小、级别高低为标准来衡量的。于是,官本位充斥了整个社会,在这种官本位意识的影响下,官员和公民的地位发生了严重的错位。本来是为公民服务者的官员成了实际上的社会主人,而本来是国家和社会主义的公民却成了地地道道的被支配者。这就是所谓权力的代理者却成了权力的奴役者,而权力的所有者成了被权力所奴役的人,权力的代理者和权力的所有者地位倒置。由这种地位倒置而带来的对官员心理和行为的影响,有的学者从理论的研究中进行了淋漓尽致的描述:掌握行政权力的人往往把自己看成是社会的主人,而不是把公民看作是社会的主人;掌握行政权力的人往往把权力看成是私有财产,他们不是为广大公民的利益去着想,而是为自己的部门或小集团甚至个人牟利。

服务型政府要求日益强化政府在以下几方面提供社会服务职能,主要体现在:第一,政府要积极提供更多的社会公共产品,特别是在环境保护、生态平衡、基础设施、教育卫生、公共安全、社会福利等方面,政府要通过提供更多的社会服务来增进公共利益。第二,政府要日益放松对社会经济事务和公民私人事务的管制,更多地让公民和社会组织进行自我管理。第三,即使在政府必须履行管理责任的地方,政府也应当有服务意识和平等意识,而不是进行居高临下的家长式的管理。政府行政管理体制改革的目标,是形成行为规范、运转协调、公正透明、廉洁高效的行政管理体制。从政府本身的性质和社会主义市场经济的本质要求看,从权力与责任对称、激励与约束对称、管理与监督对称着眼,这一改革目标对政府管理所提出的核心要求是:在法制轨道上,积极有效地进行管理和调节,充分发挥市场和企业的活力和效率,及时填补市场缺陷和矫正企业偏差,为市场主体创造良好的发展环境。

深化政府行政管理体制改革,应着重围绕构建责任政府、服务政府、法治政府展开,基本任务是:

一是推进政企、政事、政府与市场中介组织分开。进一步缩小政府承担事务的范围,把与政府性质及职能不相符的事务一律交给企事业单位和市场中介组织;强化制度约束与责任追究,严格制约政府部门对企事业单位和市场中介组织的经营活动和具体业务的直接干预,当前要着力解决政府有关部门对企业生产投资、人事管理等方面事务的直接干预问题;清理、回收不宜由事业单位承担的行政事务,理顺政府部门与事业单位的关系;进一步推进政资分开,直接或间接割断政府干预企事业单位生产经营与具体业务的资产纽带。继续搞好行政审批制度改革。进一步缩小行政审批的范围,政府控制的重要产品、资源、工程、服务等的指标、额度和规模,视具体情况,或引入市场机制配置调节,或依靠法律法规规范操作,把行政审批限制在最必要的限度内,尤其要把投资审批范围严格限制在关系经济安全、环境资源、整体布局的重大项目和政府投资类、限制类项目方面;进一步改善审批方式,积极实行核准和登记备案制度,大力推行网上审批;简化审批程序,切实保障各类审批方式的便利性和效率性;加强审批事项的后续监管,建立健全审批反弹处置机制;探索建立规范的审批管理与操作机制,实现审批权力与责任挂钩、与利益脱钩。

二是深化政府机构改革。一是优化同级政府组织结构。加强和完善从事经济调节和社会管理的机构,撤销直接从事或干预微观经济活动和社会事务的机构;明确职责分工,整合分散在不同部门的相同行政职能,消除交叉重复;规范各类领导小组和协调机构,一般不设实体性办事机构。二是理顺上下级政府机构设置。按照各级政府的性质和中央统一领导、充分发挥地方积极性的原则,合理划分中央和地方经济社会事务的管理职权,在此基础上,理顺中央和地方在财税、金融、投资、社会保障及工商、质检、国土资源管理等领域的分工和职责,合理调整一些领域的中央对地方的垂直管理体制。三是着手减少行政层级。适应政府职能不断转变、统一市场逐步推进、经济一体化深入发展以及交通、通信等基础设施明显改善的要求,着眼于提高行政效率、降低行政成本,积极进行省直管县、乡镇机构改革等探索,逐步形成科学的行政层级构架。加强行政区划与经济区域协调发展问题研究,优化行政区划结构,增强具备条件地区引领带动作用。

三是改革行政干部选拔任用制度。切实贯彻公务员法,建立健全考核录用、优胜劣汰、激励保障与监督制约机制;以扩大民主为重点,进一步落实行政领导干部民主推荐、民主测评、差额考察和任前公示制度,加大推行公开选拔、竞争上岗的改革力度;积极实行、合理运用投票表决机制,完善干部选拔任用的决策体系;严格实行领导干部职务任期制度和辞职解聘制度;抓紧制定体现科学发展观和正确政绩观要求的干部实绩评价标准,更多使用反映人民切身利益和经济社会协调发展的评价指标,相应建立保障落实制度和奖惩机制。

四是加强政府重大事项决策机制建设。完善重大事项决策的规则和程序,推进政府决策的科学化和民主化;建立重大事项决策调查研究制度,涉及经济社会发展全局和群众切身利益的重大事项,经过实际调查研究后再纳入决策程序;完善重大事项集体决策制度,在领导班子集体讨论的基础上,按照少数服从多数的原则决策重大事项;推行政务公开,实行重大决策事项公示、听证和专家咨询制度,完善政府新闻发布制度和信息披露制度;建立健全行政问责制,严格实行重大决策失误引咎辞职、经济赔偿和刑事处罚制度。

五是完善政府管理法制体系。建立健全规范经济社会活动,特别是涉及市场主体行为、产权保护、交易秩序及劳动、就业、保障等的法律法规,为政府全面依法行政创造完备的法制环境;建立健全规范政府行政活动,特别是涉及机构编制、职责权限、行为方式、奖励处罚等的法律法规,强化对政府行为的监管;强化行政人员法律素质培训,切实提高行政人员执法能力,改革行政执法体制,推进综合执法试点,实行执法责任制和执法过错追究制,做到严格执法、公正执法和文明执法。

(二)服务型政府的主要特征

党的十六届六中全会作出了建设服务型政府,构建社会主义和谐的社会全面部署,强化社会管理和公共服务职能。这是我们党首次在党的文件中提出服务型政府建设的明确要求。何谓服务型政府? 服务型政府也就是为人民服务的政府。它是在公民本位、社会本位理念的指导下,在整个社会民主秩序的框架中,把政府定位于服务者的角色,并通过法定程序,按照公民意志组建起来的以"为人民服务"为宗旨,以公正执法为标志,并承担着相应责任的政府。

建设服务型政府,从根本上说是由人民政府的性质所决定的。我们的政府是由中国共产党领导的人民政府,全心全意为人民服务是我们党的根本宗旨,是政府的基本职能和本质特征。党的宗旨和政府的性质决定了政府所做的一切,必须也只能是为人民谋利益,为人民服务。在改革开放和发展社会主义市场经济的条件下,政府传统的管理模式越来越不适应经济社会飞速发展的需要,迫切需要加快政府改革,转变政府职能,不断提高为人民服务的水平。

建设服务型政府,是构建和谐社会的必然要求。构建社会主义和谐社会,是我们党从全面建设小康社会、推进中国特色社会主义事业全局出发作出的一项重大战略决策,对政府改革和建设提出了新的更高要求,其中一个重要方面,就是建设服务型政府。在我国,各级政府拥有很大的权力,掌握着大量的公共资源,在和谐社会建设中承担着主要责任。构建和谐社会,要求政府既要履行好经济调节和市场监管的职能,促进经济社会的健康发展,为建设社会和谐创造物质基础;更要履行好公共服务和社会管理职能,大力发展社会事业和公共事业,为人民群众提供更多更好的公共产品和公共服务,不断加强社会管理和建设,切实维护社会公正、社会秩序和社会稳定。而后一方面正好是当前政府职能转变的重要内容和薄弱环节,因此,政府行政体制改革和职能转变迫切要求通过加快服务型政府建设来改善和加强。

建设服务型政府,是完善社会主义市场经济体制的迫切需要。在社会主义市场经济体制下,市场和政府各有分工,市场在资源配置中发挥着基础性的作用;政府的职能定位更主要是为市场主体提供服务和创造良好的发展环境,包括法制环境、信用环境和市场环境等等,通过经济调节弥补市场失灵带来的弊端,而不是用行政手段去直接干预经济运行。如果政府在市场活动中既扮演生产者,又扮演监督者、控制者的角色,就很难保证市场活动的公平、公正。当前我国的政府管理体制仍然存在不少问题,如政府对微观经济活动的不当干预与市场竞争秩序维护"缺位"并存,政府规模的膨胀加剧,影响了市场交易的顺利进行;繁琐的行政审批带来的效率低下不适应市场经济发展的要求;政府部门职能交叉、不能依法行政的问题还没有得到根本解决等等。完善社会主义市场经济体制,从政府自身改革和建设来看,客观上同样需要建设服务型政府。服务是政府的基本职能。近年来,虽然政府在自身改革和建设方面采取了一系列措施,比如深化行政审批制度改革,推进科学民主决策,推行依法行政,加强行政监督,加大反腐倡廉力度等,并取得了明显成效。但是,政府自身建设的任务依然艰巨。很多地方政府机关还不同程度地存在着"门难进,脸难看,事难办"的不正常现象,甚至还有一些政府工作人员违法违规,滥用权力,贪污腐败,失信于民,严重损害了政府在人民群众中的形象。这些都与建设服务型政府的要求背道而驰。归根结底,是因为我国现在仍处于体制改革的攻坚阶段,行政管理体制的一些弊端还没有根本消除。此外,随着广大群众法制意识、参政意识、维权意识的不断增强,对政府的期望必然越来越高,这也要求切实加强政府自身的改革和建设。因此,只有建设服务型政府,我们的政府才能真正更高效、更快速以及更全心全意地为广大群众服务。服务型政府其主要特征表现为:

第一,服务型政府是一个具有核心竞争力的政府。在我国当前,这个核心竞争力就是社会主义的基本价值,就是社会平等、政治民主和以人为本。这一核心竞争力是与人类文明发展的大趋势相一致的,是构筑国家"软实力"的基本要素。一个服务型政府,首要的特征就是张扬社会主义的基本价值,实现了社会平等、政治民主和以人为本的"制度化形态",并在社会实践和改革过程中具有切实的可操作性。离开社会主义的基本价值、宪法原则和我们党的执政理念去谈服务型政府,这个服务型政府就可能是无本之木、无源之水。因此,提供公共服务是服务型政府的重要职责。政府职责的基本领域,是在维护国家机器正常运转的前提下,满足通过市场机制满足不了或满足不好的社会公共需要。提供公共服务是服务型政府的重要职责,包括为各种市场主体提供良好的发展环境与平等竞争的条件,为社会提供安全和公共产品,为劳动者提供就业机会和社会保障服务等方面。

第二,服务型政府是一个民主和责任的政府。就是说,是一个人民民主和对人民负责的政府。前者是指政府的性质,后者是指政府的目的。人民民主是共和国宪法所赋予人民的基本权利,特别是"民主选举、民主决策、民主管理、民主监督"的权利,它界定了政府的有限性。宪法规定的这"四个民主"权利,反映了社会主义民主政治的本质,在现实的制度安排中一个都不能少。公民通过正常程序和渠道参与国家治理,表达自己的愿望,是服务型政府的本质特征,唯其如此,才能体现社会主义制度的优越性,也才能真正建立一个服务型政府。责任政府是现代民主政治的基本理念,是对政府公共行政进行民主控制的制度安排。它要求政府必须回应社会和民众的基本要求并积极采取行动加以满足,履行政府在整个社会中的法律义务,并承担责任。不仅政府行使的每项权力要承担责任,而且政府拒绝行使法定的权力也要承担责任。人民不仅有享受政府服务的权利,还有监督政府行政、要求其承担责任的权利。

第三,服务型政府是一个法治和有效的政府。依法行政是现代政府的一个基本特征,是建立合理的政府与社会、政府与市场、政府与公民关系的前提。法治之下的政府权力是一种有限权力,政府在权力、职能、规模上皆受法律的明文限制。也就是说,服务型政府强调政府由法律产生、受法律控制、依法律办事、对法律负责。它要求政府服务程序化、规范化,不仅追求行政行为的效率,而且遵循公开、公平、公正的原则。我国政府就其本质来说,是依据宪法原则建立并按照宪法原则运作,宪法是我国的根本大法,只有尊重宪法并按照宪法原则办事,才能在全社会树立政府的权威,确立政府的社会公信力。一个依法行政的政府必然是一个有效政府,其公共政策才能得到认真的落实。建立服务型政府,核心是政府必须尊重宪法精神,按宪法原则办事。"依法行政"是服务型政府的行为准则。要通过建立重大行政决策事项的专家咨询论证制度、重大行政决策事项的公示听证制度,提高行政决策的科学化、民主化;通过制定政府信息公开办法,保障公众的知情权;通过职位分析、职位说明书明确工作职责;通过制度明确工作目标;通过控制自由裁量权防止行政行为的显失公正,以保障公民享受平等的政府服务,形成公平的市场竞争环境。只有这样,人民才会相信政府,政府服务才能为群众所接受。依法行政是提高党和政府执政能力的关键环节。

第四,服务型政府是一个为全社会提供公共产品和服务的政府。政府服务要以人民的诉求为导向,做到"想为人民之所想,急为人民之所急",以公众的期望决定策略的设计,以公众的需求决定服务的内容,以公众的满意度衡量政策执行的成效,以公众的评价决定政策变迁的方向。树立公务员的责任心、爱民情、亲和力。在行政决策中充分尊重民意,推行阳光行政,实现政务公开;制订政府服务标准,规范服务流程,保障服务品质;加快电子政务建设,推行"单一窗口式"服务,创建高效政府;提供具有人文关怀的便民服务,增强政府的亲和力。要真正关注普通老百姓的利益、需要和愿望。要真正关心社会的弱势群体。政府必须下决心把钱投到以改善人民群众生活质量,关乎千家万户生活命脉的义务教育、公共医疗、社会福利和社会保障、劳动力失业和培训、环境保护、公共基础设施、社会安全和秩序等方面来。这些都是一个服务型政府的最基本组成部分和核心内容,是关乎国家稳定、发展和繁荣的国家战略产业,搞得好与不好,直接决定着我们党和政府执政的物质基础,决定着人心向背,决定着政府在人民群众中的威信。

第五,服务型政府是一个实现了合理分权的有限政府。合理分权是完善政府治理、优化政府结构的一个重要内容,是建立服务型政府的重要手段。随着社会主义市场经济体制的建立和完善,我国政府不再是无所不为的"全能型政府",而是有所为、有所不为的"有限型政府"。政府职能和服务重心下移,建立"社区导向的政务模式"。政府应逐渐退出社会能够进行自我管理和服务的领域,还权于社会,使社会不断增强自治能力。一方面,市场经济已经在要素资源的配置中发挥主体作用,要求政府尽快从微观经济领域"低位退出",另一方面,在市场经济不能发挥作用的公共服务领域,又要求政府"高位进入",弥补市场缺陷。政府与社会分工协作、和谐治理,在有限政府与自治社会的"强强联合"中实现"善治"的目标。合理分权是现代政府的一个重要特征,是提高政府工作效率的一个重要手段。在我国目前的发展阶段,合理分权是我们建立服务型政府所遇到的一个最复杂的结构性难题,能否解决好这一问题,事关我国经济社会的可持续发展与政治稳定的大局,因此,我们必须高度重视合理的分权,合理的分权所发挥的作用主要有:第一,可以带来经济上的效率;第二,可以合理地控制政府的管理幅度,不至于因为管理幅度过大而造成管理失误;第三,可以减轻中央的财政负担;第四,可以调动地方的积极性;第五,可以有效地平衡中央与地方的利益;第六,在政治上的最大好处是有利于建立问责制政府,转移政府责任,明确政府核心工作,便于政府的绩效评估。实现合理分权,是提高我党执政能力、建立服务型政府的基本前提。

(三)"多中心"治理模式是服务型政府建设的理论范式

20世纪70年代,西方国家面临着政府管理的极权化和官僚主义化所形成的政府垄断,推行"福利国家"、"人民社会主义"和"混合经济国家"的政策所导致的政府管理失控、低效率、财政赤字、公众对政府的不信任和民权运动高涨等社会现实;面临着科学技术迅速发展和激烈的国际竞争。开始推行政府治道的变革,重新定义政府职能、塑造政府形象。这一变革的主要方向是"政府职能市场化、政府行为法制化、政府决策民主化和政府权力多中心化"。各国相关理论的学者们从各自的研究领域出发,在这种社会背景条件下,西方国家掀起了一场以市场化为取向的政府改革运动,推动了政府公共行政实践中大量吸收和采用公共行政学的民主价值理论,以及私营部门的管理理论、经验和方法,并由此导致了具有民主价值取向的以市场为基础的公共管理(Market - based Public Management)、企业家政府(Entre - preneurial Government)、顾客至上(putting the customer first)等措施在实践中的广泛运用。

市场化是西方国家行政改革普遍采取的打破政府管理垄断、提高服务质量与效率的重要措施。它在具体做法上主要表现为运用市场的力量,鼓励民间扮演过去政府承担的部分角色,使民间组织共同分担营运的风险,协助政府处理公共事务,刺激政府机关提高效率。这一措施对于提高企业、社会团体组织和公民个人的独立程度与参与意识具有重要的意义。在改革前政府垄断了公共事务的管理和公共服务的供给,政府直接面对社会公共事务和消费者公众。在这种政府行政"单中心"的模式下,主要强调的是政府管理对企业、社会群团组织以及公民个人的制约,强调政府管理以政府行政组织自身制定的规则为依据。因此,政府垄断管理模式是一种严格的规则控制与过程控制。

与政府垄断管理模式不同,市场化管理模式着眼于重新界定与优化政府的职能,通过租赁、承包、合同、采购、招标等方式,把原来由政府包揽管理的部分公共事务和提供的公共服务民营化与市场化,由市场企业主体、中介组织和公民个人通过竞争的方式来提供。这样,减少了政府对社会与市场的干预,收缩了政府的社会职能、经济职能和相应的机构,实现了政府从社会中的部分撤退,打破了政府对公共事务管理和公共服务供给的垄断。政府不再直接面对社会公共事务和公众,而是由企业主体、社会组织和经营者个人直接面对社会公共事务和公众;政府的责任是确定这些公共服务的供给者所提供服务的质量和价格标准,以保证他们无法利用提供公共服务的机会谋取不正当的利益,保障社会公平。

针对这一变革,各国的理论学者提出了许多新理论、新模式、新思想和新观念,奥斯特罗姆夫妇等人所创立的"多中心"理论,就是上述治道思想的代表之一。奥斯特罗姆提出"多中心"则是强调参与者的互动过程和能动创立治理规则、治理形态。在"多中心"治理理论中自发秩序或自治只是基础,而不是治理的全部。埃莉诺·奥斯特罗姆在总结公共池塘资源治理经验中认为,治理如果仅仅停留在一个层次上(不管是否自治),是不能持续成功的。因而,"多中心"理论是一套治理理论,包含了相应的分析单位、分析框架、经验研究方法等一系列知识。"多中心"理论指出,随着社会的不断发展进步,民众对于政府的期望愈来愈高,也愈来愈趋于多元化,而传统的以政府为中心的"单中心供给"思路在庞大的需求面前是缺乏效率和回应性的,因此,以支持"权力分散、管理交叠和政府市场社会多元共治"为特征的"多中心"理论就成为满足民众需求,提高服务质量和效率的理想模式。

1."多中心"理论的提出

"多中心"一词作为多中心理论的核心概念,并不是奥氏夫妇的首创,而是由迈克尔·博兰尼在《自由的逻辑》中最早提出来的。"多中心"在博兰尼的文章中是"负重(六边形)框架上各顶点的相互移动",这样的相互适应移动状态即形成了"多中心秩序"。他指的是一种静态平衡状态,有隐喻的意味。作为治理理论的"多中心",可以说,在博兰尼那里,"多中心"只是描述他所发现社会秩序特征的一个词汇,而经过奥斯特洛姆等人的阐述和发展。"多中心"一词已成为一种思维方式和理论框架,更成为公共物品的生产与公共事务的治理模式之一。"多中心"治理即"多中心"与"治理"的和谐统一。具有"多中心"和"治理"两层含义。① 在建设公共服务型政府中,"多中心"治理的思想是相对于一元或单中心权威秩序的思维而言的,它意味着地方政府为了有效地进行公共事务管理和提供公共服务,实现持续发展的绩效目标,由社会中多元的独立行为主体要素(个人、商业组织、公民组织、政党组织、利益团体、政府组织),基于一定的集体行为规则,通过相互博弈、相互调适、共同参与合作等互动关系,形成多样化的公共事务管理制度或组织模式。②

　　"多中心"治理模式是公共管理研究领域出现的前沿理论。它为公共服务提出了不同于官僚行政理论的治理逻辑。它在现实中最大的应用价值是提出在政府公共服务的治理变革中,打破单中心的政府服务模式,构建政府、市场和社会的三维框架。这与公共服务型政府的主要特征是基本吻合的。通过讨论"多中心"治理模式与公共服务型政府的内在理论范式和运用,从而对该治理模式在公共服务型政府建设上的运用价值进行有益的探索。

　　2."多中心"治理模式是政府与公民社会合作治理的均衡范式

　　"多中心"治理的理论基础是:政府、市场与公民社会组织之间的相互信任、相互合作的治理模式。如果说传统统治和管理模式的运行依靠的是强有力的垂直控制和行政命令,那么,"多中心"治理能够从理念走向实践,探求和建立集权与分权适度均衡的规则,并进一步强化政府、市场和公民社会在公共

---

　　① ［美］文森特·奥斯特罗姆.《多中心》,见迈克尔·麦金尼斯主编:《多中心体制与地方公共经济》,中国人民大学出版社2003年版,第69-95页。
　　② ［美］莱斯特·萨拉蒙:《全球公民社会:非营利部门视界》,社会科学文献出版社,2002年,第4页。

服务型政府建设中的合作关系。均衡分权框架是在综合考虑中央政府与地方政府的比较优势、公共事务性质与辐射范围、公共事务管理效率、公共政策的目标取向等因素的基础上建立的。公共服务网络组织体系能够运行，则依靠的是存在于公民社会中的社会资本力量，依赖于政府、公民、企业与社会组织之间的相互信任与积极合作的态度。这些要素成为"多中心"治理过程中资源分享、互相协调、有效沟通、伙伴关系形成的内在道德基础。

　　我国社会转型的核心任务之一就是构建服务型政府，逐渐释放权利给社会，由政府控制和配置资源转向市场配置，由单位化转向社会化，由单元化转向多元化，由"单中心"转向"多中心"。公共服务也是如此。公共事业的服务提供与管理，由政府承担走向政府与社会共同承担；公营部门与民间组织形成合作关系或互动关系。这已成为国际性的趋势。"多中心治理"作为一种治理思路，首先意味着在公共物品生产、公共服务提供和公共事务处理方面存在着多个供给主体。多中心治理理论发展了以是否具有竞争性和是否具有排他性为标准的物品分类方式，指出我们所言的大部分的公共物品都不是严格上具有非竞争性和非排他性的纯公共物品，而表现为具有一定竞争性或排他性的准公共物品，这一特性的区分就使得在公共物品的生产公共事务的治理上，可以通过产权契约安排来使相互独立的分散的主体来提供，从而将在传统的铁板一块的公共物品按照地域、特性等方面分散化。每个部分拥有该物品的有限生产权，或公共事务的有限处理权，对自己生产的物品、提供的服务承担责任。每个单位或主体既相互独立，同时又具有千丝万缕的联系。多中心治理试图在保持公共事务公共性的同时，通过多种参与者提供性质相似，特征相近的物品，从而在传统中由单一部门垄断的公共事务上建立一种竞争或者准竞争机制。通过各个生产主体之间的竞争，来迫使各生产者自我约束，降低成本，提高质量和增强回应性。并且，公民还可以根据各生产者的相对优势，按照自己的意愿，在各个生产者之间进行选择。

　　3."多中心"治理模式是合作共治、多种治理方法的结合

　　多中心治理意味着政府、市场的共同参与和多种治理手段的应用。在传统的公共事务的治理模式中，一般认为，公共产品与公共服务均由政府垄断，

由政府进行生产提供和配置。而在后来,认为市场应该介入公共事务的治理,建立起以市场为核心的纯粹的"私有化"思路也甚嚣尘上。但导致的结果是,不论是政府垄断还是纯粹的市场提供,都没有跳出"政府—市场"非此即彼的治理模式,从其本质上讲,都是一种单中心的治理思路,因而,两种模式各有缺陷。政府垄断公共事务会造成公共物品提供的单一,无法满足公共服务的多种需求,而且会导致政府权力的扩大、效率的丧失以及寻租腐败等一系列问题。由于市场是以"成本—效益"为核心的管理思路,因此,"私有化"的思路与策略在公共事务的提供及处理方面,会导致"公共性"的缺失和公共利益的不足。造成公共事务的"另一个悲剧"走向"另一个怪圈"。其负面效果也不比前者少。而"多中心"的治理模式则跳出了传统的非此即彼的思维怪圈,主张政府和市场既是公共事务处理的主体,又是公共物品配置的两种不同的手段和机制,主张在公共事务的处理中,既充分保证政府公共性、集中性的优势,又利用市场的回应性强、效率高的特点,综合两个主体、两种手段的优势,从而提供了一种合作共治的公共事务治理的新范式——政府与公民社会的有效合作与良性互动。因此,多中心治理既反对政府的垄断,也不是所谓的私营化。它不意味着政府从公共事务领域的退出和责任的让渡,而是政府角色、责任与管理方式的变化。在以往的物品提供方面,政府扮演着公共物品的唯一的直接生产者和提供者,参与了公共物品从被需要到被消费的整个过程,是唯一的参与者和主体,扮演着多重角色,承担着多重任务。而多中心治理的理论则通过其他主体、机制的参与,政府通过多种方式将公共物品的部分生产任务委托给其他部门来提供,可以说,多中心治理中政府不再是单一主体,而只是其中一个主体。政府的管理方式也从以往的直接管理变为间接管理。在多中心治理中,政府更多地扮演了一个中介者的角色,即制定多中心制度中的宏观框架和参与者的行为规则,同时运用经济、法律、政策等多种手段为公共物品的提供和公共事务的处理提供依据和便利。

四、建立政府与公民社会合作互动的生态治理

在建设"公共服务型政府"的目标指导下,政府公共服务方式的创新、公

共服务社会化是必然的趋势和发展目标,建立公共服务社会化,政府公共服务分权化,公共服务供给主体多元化的生态治理机制,政府把越来越多的职责转移给各类社会组织,社会组织就可以大胆进入公共服务领域和开展各种服务活动,发挥职能作用,企业和公民在生活中必将越来越多地享受到各类社会组织所提供的公共产品和服务,更多的市场主体将参与到社会组织的活动中,这无疑对公民社会组织增强其实力起着巨大的推动作用。政府鼓励和支持公民社会组织发挥其优势提供各种公共服务。将有助于各类组织之间竞争格局的形成,从而促使不同组织努力提升自己的能力,加快自身的发展,形成生态治理的合作模式。

　　所谓生态治理是指一种多元参与的治理。随着经济的发展,社会主体越来越多样化,利益格局也表现出多元性。这些主体包括政府、公民社会组织、公民个体以及企业等。因此,生态治理是一种多元主体共同参与的治理。治理的主体既可以是公共机构,也可以是私人机构。治理是政治国家与公民社会的合作、政府与非政府的合作、公共机构与私人机构的合作、强制与自愿的合作。治理的主要特征"不再是监督,而是合同包工;不再是中央集权,而是权力分散;不再是由国家进行再分配,而是国家只负责管理;不再是行政部门的管理,而是根据市场原则的管理;不再是由国家'指导',而是由国家和私营部门合作。"在生态治理中,需要权威,但不存在固定的、统一的权威。政府不是国家唯一的权威中心。各种公共的和私人的机构只要其行使的权力得到了公众的认可,就都可能成为在各个不同层面上的权威中心。生态治理是政府与社会良性互动的治理。生态治理的一个重要特征是,多元主体在追求公共利益过程中,形成良性互动的和谐关系。治理明确肯定了在涉及集体行为的各个社会公共机构之间存在着权力依赖。进一步说,致力于集体行动的组织必须依靠其他组织;为达到目的,各个组织必须交换资源、谈判共同的目标;交换的结果不仅取决于各参与者的资源,而且也取决于游戏规则以及进行交换的环境。生态治理是人与自然的和谐相处的动态过程,它要求人类的经济活动必须维持在生态可承载的能力之内;生态治理是人与社会的良性互动过程,它主要通过合作、协商、伙伴关系、确立认同和共同的目标等方式实施对公共事务的管理;生态治理的良性互动机制,建立在市场原则、公共利益和认同的基础之上,其权力向度是多元的、相互的,而不是单一的和自上而下的。

生态社会强调个人责任,但是,这种责任还必须与社会责任相融合。生态社会应当放心地把自我治理的责任托付给了解情况的公民。随着生态学成为一种科学的思维方法,"生态"二字有了更深刻的涵义、更广泛的群众基础。生态是作为一种竞争、共生、再生、自生的生存发展机制;生态是一种追求时间、空间、数量、结构和秩序的持续与和谐的系统整合功能;生态是一种保育生存环境、发展生产力的战略举措;生态是技术、体制、文化领域里的一场深刻的社会变革;生态更是一种追求人类社会不断进化与完善的可持续发展过程。综上所述,所谓生态,其内涵首先是指一种关系,包括人在内的生物与周围环境间的一种相互作用关系。其次,生态是一门学问。既是哲学,是人们认识自然、改造自然的世界观和方法论;也是科学,是包括人在内的生物与环境之间关系的系统科学;三是工程学,是模拟自然、生态结构、功能、机理来建设人类社会和改造自然的工程学或工艺学;四是美学,是人类品味自然、享受自然的审美观。此外,生态用于人类社会还表示一种文化,是人和环境在长期磨合过程中形成的一种文脉、肌理、组织和秩序,是天人关系的文化。生态社会的一个主要特征是权力下放,这样才能保持对环境多样性和社会多样性的敏感度。权力下放,意味着最贴近环境而生活的人最了解环境,有关的决策权和监督权应当掌握在他们手中。为行之有效,权力下放的原则必须应用于政治和经济的权力领域,以此作为加强基层民主的一部分。

至于生态文明,是指物质文明、精神文明与政治文明在自然与社会生态关系上的具体表现,是天人关系的文明,涉及体制文明、认知文明、物态文明和心态文明。建立生态文明的核心内容就是,在健康的政治共同体中,政府与社会中介组织,或者民间组织,将公共利益作为最高诉求,通过多元参与,在对话、沟通、交流中,形成关于公共利益的共识,做出符合大多数人利益的合法决策。这种多元参与、良性互动、诉诸公共利益的和谐治理形式,就是生态治理。生态治理是一种新的治理模式。

生态治理是一种节约资源的治理。生态治理要求必须重视节约资源、有效利用资源,使有限的资源实现效益的最大化。建设节约型社会是实现生态治理的重要举措。建设节约型社会关系到人与自然和谐相处。政府部门必须充分考虑资源的承受能力和涵养、持续能力,在合理增加资源的有效供给的同时,努力节约资源,保护环境,缓解资源硬约束。每个公民都应当增强资源意识和节约意识,从身边的小事做起,节约一张纸、一度电、一滴水、一块煤。党的十七大报告首次提出"建设生态文明",使"生态文明观念在全社会牢固树立"这是我们党科学发展、和谐发展理念的一次升华,也是实现经济社会可持续发展的必由之路。生态文明建设是一个长期的渐进过程,需要全社会通力协作和持续推进。建设生态文明的新要求,使得我们党全面建设小康社会的内容更加全面。把生态文明纳入到小康社会的总体目标之中,显示出中国共产党人对历史负责的态度,反映出我们党不只是想着创造当代的政绩,还要为中华民族的子孙后代着想。

从历史发展的进程来看,人类文明在经历了农业文明和工业文明之后,特别在工业文明时代,人类取得了前所未有的辉煌成就,但也遇到了前所未有的危机,经济的、社会的、政治的、环境的等等。在既有的制度框架内,人类无法有效消除这些危机和困境。因此,人类在发展中必须寻找一条新的发展道路,实现由工业文明向生态文明的转型。如果说以工业生产为核心的文明是工业文明,那么,生态文明就是以生态产业或产业生态化为主要特征的文明形态。生态文明是人与社会进步的重要标志。生态文明是人类文明发展的一个新的阶段,是一种新的文明形态,即工业文明之后的人类文明形态①。它是指人们在改造客观物质世界的同时,不断克服改造过程中的负面效应,积极改善和优化人与自然、人与人、人与社会关系,建设人类社会整体的生态运行机制和良好的生态环境所取得的物质、精神、制度方面成果的总和。它能够有效地凝聚社会各领域、各阶层的力量,推动符合广大人民利益的改革。而政府应该被赋予承担维持社会公正的责任,只有这样,才能够在利益多元化的社会现实中,

① 陈家刚:《生态文明与生态治理的路径选择》http://news. xinhuanet. com/politics/2007－12/11/content_7231036. htm. 2007 年 12 月 11 日。

推动各项政策的有效实施。社会公正反映了社会多数群体的意愿,而维护这种意愿需要公正的制度安排、程序设计。唯有通过制度化建设,建立体现社会公正的法律和制度,才能确立消除社会不公的制度规范,有助于在既有体制和政治结构中推进改革。它包括人与自然关系的和谐、人与人之间关系的和谐,以及人与社会之间关系的和谐,而不仅仅局限于人与自然的关系。

这种动态的和谐从狭义上讲,就是指与经济、政治、文化并列又相互制衡的"社会"领域。指社会关系的和谐。马克思认为,人是社会的主体。自人类诞生之日起,人类就必须在互相依赖协作中从事各种活动,这种互相依赖协作的总和就是社会。因此,建设社会主义和谐社会,实际上是指以人为主体的动态的社会和谐发展状态,社会主义和谐社会也包含着人与人之间关系的和谐发展。人际的和谐,表现为人与人之间的谦让、诚信、友爱、互助、兼爱、奉献和宽容。人际和谐和阶层和谐最终要体现在政府与公民社会组织的和谐上,表现为政府与社会组织互动的治理机制的和谐以及相互之间的交流、合作与监督。政府要善于调和不同阶层之间的利益关系。政府要确立为公民服务的意识,用胡锦涛同志的话说就是要权为民所用,利为民所谋,情为民所系。政府要表达公民的利益,而不是依强势阶层,只表达强势阶层的利益。政府的政策要体现公共利益的最大化而不是自身利益或集团利益的最大化。在此前提下,公民要合法理性地表达自己的意愿。政府要畅通反映民意的渠道和表达民意的机制。政府的行为要受到法律的约束,行政行为人有法律的许可。

和谐社会是多侧面的,是一个环环相扣的系统工程。这些环节包括利益、观念、文化、行为、交往等,这里核心的是利益和谐。表现为公民的所得到的同他所付出相一致,更重要的是表现为弱势群体能得到救助。西方发达资本主义国家作为高福利国家,国家对公民社会的保障几乎是全方位的,但是仍然十分重视公民社会在社会保障等方面的作用,认为国家的能力和政府的能力是有限的,有些国家力量达不到的地方应由公民社会来补充;国家的大政方针有相当一部分反映了公民社会的意愿;国家与公民社会是和谐的关系,公民社会是表达社会各群体意见的载体,是个人和社会追求各种公共和私人目的的机制,是国家了解民意的重要途径。更重要的是,公民社会也是一个不可忽略的社会和经济力量。

生态治理是全球化改革背景下善政与善治理念的新体现,是公民社会组织、公民个体与政府之间的多向互动。它追求的是一种更高层次、更高意义、更现代意义上的社会公正。其前提和基础是作为社会资本的公民社会。参与公共事务是每个公民不可或缺的意识与责任。善治就是使公共利益最大化的社会管理过程和管理活动。善治的本质特征,就在于它是政府与公民对公共生活的合作管理,是政治国家与公民社会的一种新颖关系,是两者的最佳状态。生态治理是一种多元治理,强调公民参与、对话、协商、共识与公共利益。生态治理是以民主为基础的,民主是生态治理的前提。生态文明建设,必须与民主结合起来,生态文明呼唤一种新的知识语境与话语体系,推进生态文明进程,强调人人拥有社会管理的参与权,对事关群体利益的重大事件拥有知情权,对公共管理主体拥有监督权。它兼收并蓄了社会主义的公正与公平原则,在社会公正的基础上寻求社会效率,使公正与效率达到一种动态的和谐。生态文明的价值观首先强调人、自然、社会的多样性存在。现代性要求规范、标准,倾向于整齐划一,试图让人们按照同样的方式生活,使用同样的资源和技术。但生态的价值观强调尊重多样性,"各不相同的地区千差万别的生活经历理应导致全球范围内缤纷多彩的文化经历和各具特色的生活方式。"尊重多样性将带来多样的社会形式。尊重多样性,还注意那些身受社会与环境问题之苦而又无能为力的社会组织所具有的多样性特点。

从这个意义上说,公民社会是善治的现实基础,没有一个健全和发达的公民社会,就不可能有真正的善治。发展公民社会,其意义不仅能够体现民主政治的发展,体现国家权力向社会的回归,体现还政于民的过程,而且是实现政府有效治理的现实基础,善治的实质在于政府与公民社会的良好合作与互动。它们的发展有赖于政府大胆地向社会组织分权,从而既有利于克服政府对微观领域的直接干预,又将为社会的自主管理创造极其广阔的空间。从这个意义上讲,它们既是政府从直接管理向间接管理转变的重要载体,又是实现政府转型和再造的微观社会基础。可以预见,所有这些都将为逐步形成政府、社会和市场组织的多元结构及网络化的互动管理模式,促进经济与社会的统筹、协调发展奠定重要的基础。当这种机制形成以后,这些民间组织在社会上就会产生巨大的影响力,并且能够得到公众和国家立法机构及政府的尊重,进而使公民们能够以权力委托者的身份并凭借自己的组织力量,一方面去影响和监督政府,另一方面与政府携起手来共同治理社会。

随着中国社会改革的不断深化,不同的利益集团和阶层之间的相互竞争越来越激烈和频繁,而其间主要的行为主体——政府与公民的理性交流和博弈,是实现和谐社会、法治社会和民主政治的重要途径。经济市场化,各行为主体在市场体系下平等交易,必然导致公民政治权利的平等。政府的行为也因而发生变化,传统的政府管理,以强力和法律为后盾。政府通过颁布法令、制定政策、合法使用暴力,来实现对社会公共事务的管理。显然,这种权力体制和管理制度建立在强制性、等级性的政治理念基础上,突出的是政府的政治权威,强调的是从上而下的单向度权力运行规则。在这种强制性、等级性管理体制和制度下,尽管公民可以通过定期选举来更换政府官员,调整政府的法规与政策。从而在一定程度上实现利益表达和公共事务参与的权利要求,但毕竟是间接而有限的,同时也无法从根本上改变这种体制下权力的强制性、等级性和单向度性。政府依旧可以在得不到多数公民认可的情况下,行使行政权力。

生态治理理念体现了一种全新的权力关系和管理规则。首先权力主体的平等性。治理是多元主体的共同参与,包括政府和诸多公民社会以及非政府组织。在这些主体之间,并无上下尊卑之分。政府可能在当前的治理中仍然起主要作用,但它仅仅是诸多行为体中的一员,并无特权和发号施令权。在不同的领域和不同的问题上,各行为主体将会表现出各自的优势,从而客观上拥有更大的发言权,但这同样不意味着某种权力高于其他权力。其次,生态治理的合作互动性。既然在治理中,权力主体是平等的,权力向度是多元的,那么各行为主体之间就只能通过协商、沟通、合作与互动来实施对公共事务的管理。否则,不善于沟通、协商、谈判就不可能有良好的治理。再次,生态治理的自觉性。这里既是指自愿参与管理事务,又指非强制地服从公共权威。公共事务的治理不能仅仅依靠政府,公民要有参与的热情和自觉性,离开了这一前提就不要奢谈治理。此外,实施公共事务的有效管理,需要公民的高度认同。法律的强制虽然也是进行管理的必要手段之一,但毕竟不如建立在公民的共识与认同之上的管理那样有效、恒久,因为生态治理中渗透着公民自觉的责任与义务的观念,正是这一点使其与传统的推崇权力与权威的政府管理再次区别开来。最后,生态治理的网络化。生态治理是全球化、网络化时代的产物,这个时代导致了事物的生成和发展的非曲线性,以及事件因果链条的复杂性和多向性。这个总体的特征决定了社会结构的网络性,从而要求公共事务的管理进行相应的变革。生态治理恰恰以网络化管理回应了时代的需要,它以多元权力主体的并立,多重权威并行、多向度权力运作的制度框架,展示了网络化管理的基本风貌。培育公民社会是发展生态治理的基础,也是切实推进生态治理的保障。

现代政府的合法性则必须来源于人民授权,或者说是"主权在民"。即使没有直接的人民授权,也必须有人民某种形式的认同或者默认。政府的作用和责任是有限的,它可以通过政策手段来激发社会活力,或者通过法律和社会政策来保护社会这个有机体的正常活动,但它却不可能代替公民社会本身。政府是社会的产物,是社会基于自身发展需要而创造出来的,所以,社会有权利、有资格监督政府。同时,政府和社会并不是对立的,但他们之间有主次之分。当然,社会是"主",而政府是"仆",或者是"小政府、大社会"。如今我们倡导建设和谐社会,"和谐"的一个重要要义就在于"活泼生机",这要求政府保持一定的自我克制和对公民私人权利、私人空间的高度尊重,让广大民众可以在一个阳光透明的环境下生活。事实证明,社会不和谐的一个重要原因就是对公民权利的侵害。

五、培育公民社会是提升政府能力的现实诉求

培育公民社会也是现代政府能力建设的客观要求,有效政府不仅意味着要明确政府应该做什么和不该做什么,还意味着政府要有能力履行其分内的职能。当今社会,公共问题的复杂性、动荡性和多元性,加之政府官员的自利行为及传统官僚体制本身的弊端等,导致了政府的不可治理性,使政府的存在

充满了合法性危机。所以,为了摆脱政府的合法性危机,并有效推动政府、市场与公民社会这一互动网络的尽快建立与完善,如何提升政府能力便成了关键的问题。于是,世界各国都纷纷进行政府治理模式的变革,各种新理论、新流派、新观点也随之而出。有许多机制可以提高政府能力。

(一) 以法治权,加强廉政建设,提高政府自治能力

"一切有权力的人都容易滥用权力,这是万古不易的一条经验"。① 所以,行政权力的行使要受法律的规范和控制。否则,市场经济体制的每一项改革措施都可能因行政机关的扭曲和抵制而变形甚至流产,法律赋予公民、企业的各种权利也可能因行政机关的不适当干预而形同虚设,政府体制改革的最终目标依然难以实现。用法律规范政府经济行为,不仅要规定政府经济职能的范围,还要明确规定行使职能的方式和程序,即既包括实体法又包括程序法。

廉洁是人们对于政府道德的基本要求,是政府及其正当性的根基。只有一个廉洁的政府才能履行好维护社会公正的责任,促进机会均等,保障公民自由权利。而腐败是构建和谐社会的大敌,"政治腐败的直接结果损及政治的结构功能,削弱政府的行政管理能力,损及政府的形象、合法性及其权威,破坏公民对国家的认同感和向心力,造成社会秩序混乱,引起社会成员对政府的强烈不满,从而导致政治不稳定。"②在经济全球化的背景下,政府廉洁与否还直接关系到国家竞争力和国际影响力。因此,建设廉洁政府意义重大。

建设廉洁政府的关键就在于依据《中华人民共和国政府信息公开条例》加强对政府信息公开工作的监督,保障社会公众依法获取政府信息,建设透明政府。在透明政府中,公众有权知道政府在做什么,政府为什么要这样做以及政府是怎么做的。透明政府要求政府组织透明、政府决策透明和行政行为透明。公众明确了政府机关的设置体系、职能分工以及工作人员的职权范围,他们的监督就会减少政府机关工作人员滥用权力、机构之间争夺权力和相互扯皮的现象;政府决策透明最重要的是政府决策过程公开和结果公开。政府所

---

① [法]孟德斯鸠:《论法的精神》,张雁深译,商务印书馆1961年版,第154页。

② 陈振明:《政治学》,中国社会科学出版社2004年版。

有的规定、决定必须公之于众,而且制定的过程必须接受公众的参与和监督,使决策公开化、民主化,实现决策的合理化、科学化;政府行政行为公开便于公众参与和监督,激发公众对政治的参与热情,便于行政相对人获取来自行政部门或司法机关的法律救助。世界银行在评价政府透明性的作用时指出:透明增加了市场信息的有效性和精确性,降低了交易成本,政治与公共管理有助于减少腐败,有助于增加公民参与决策的机会,从而提高了决策的民主合法性。① 各级政府应当建立健全政府信息公开工作考核制度、社会评议制度和责任追究制度,定期对政府信息公开工作进行考核、评议;政府信息公开工作主管部门和监察机关负责对行政机关政府信息公开的实施情况进行监督检查;各级行政机关定期公布本行政机关政府信息公开工作年度报告;建立政府信息发布协调制度和保密审查制度,以保证行政机关发布的政府信息准确一致,防止因公开不当导致泄密而损害国家安全、公共安全、经济安全,影响社会稳定和侵犯他人或组织的合法权益。

面对建设廉洁政府的要求,各级政府必须通过制度创新,通过建设法治政府和透明政府来推动政府廉洁。为此,首先要发扬人民民主,实行自由而公正的选举,建立分权制衡的权力运行机制,推动宪政法治建设。其次,要认真落实和制定政府信息公开相关配套措施,充分发挥政府网站公开政府信息的平台作用,建立健全各项举报和投诉机制。要把政府信息公开与依法行政结合起来,与加强制度建设、规范政府工作行为结合起来,与开展政风、行风评议、纠正部门不正之风结合起来,努力创出工作特色,使政府信息公开工作纳入规范化、法制化的轨道。再次,要加强监督,依法保障新闻独立和自由,建设一个强大而活跃的公民社会,促进私人部门的健康发展和正当竞争,形成全方位的监督制约机制。

(二)鼓励公民参与公共政策,提高政府治理能力

随着社会主义市场经济和政治民主乃至行政民主的迅速发展,公共政策已经成为政府调控现代市场经济和进行社会管理不可或缺的重要手段之一,

---

① Word Bank (1994). Governance:the World Bank's Experience.

其作用和影响愈来愈大。然而,由于政府自身的缺陷和公共事物的愈加复杂等因素,致使单靠政府的力量已很难制定出科学、合理、公正的公共政策,政府能力也因之被逐渐削弱。于是,公民参与公共政策已是势在必然。其实公共政策的最终来源就是社会民众,公共政策的整个运行过程都以社会民众为基础。公民参与对于提高公共政策的质量进而实现其良好的施行效果,具有举足轻重的作用,可谓是公共政策的基石。而且,随着公民素质的提高和自主性的增强以及信息技术的快速发展,也使得公民参与的效率越来越高。事实也表明,政府在制定和实施公共政策时,多倾听人民的呼声,与人民保持良好的合作关系,政策的有效性就会更高。所以,政府应积极建立、健全公民参与机制,并不断增强公民的参与能力,通过合作、协商、伙伴关系等方式形成一个政民互动的合作网络,这也是提升政府能力的重要途径。

同时,现代民主社会是一个"普遍参与"的社会,只有在"普遍参与"的过程中,现代化的行为方式、思维理念才容易慢慢培养。公民通过"普遍参与"能够有组织、有渠道地表达自己的意愿和诉求,能够对国家和社会事务施加影响,因此社会的进步更多地依赖于渐进式的改良。美国学者柯亨和阿拉托认为,公民社会是公民学习民主的大学校。在公民社会中,民主不再是一种崇高的理念,也不仅仅是一种政治制度,而是一种实实在在的社会生活方式,民主融入了人们日常的生活。而且也只有当民主成为人们的日常生活方式的时候,民主才能真正实现。[①] 因此,培育公民社会是现代政府促进民主社会实现的必要手段。社会转型要求社会公共事物的治理主体多元化和治理方式多样化。而公民社会的优势则体现在利用其志愿性、非营利性、公益性等特点,在社会公共领域承担一部分原来由政府承担的社会、经济职能,并且在参与公共事务治理,提高公共物品的供给效率,完善社会保障机制,满足社会多元化需求等方面发挥重要作用。这样政府就可以从繁杂的微观管理中解脱出来,集中精力抓好宏观调控,从而使政府职能逐步合理化,提升政府治理能力。

---

① [美]柯亨,阿拉托:《社会理论与市民社会》,邓正来等编:《国家与市场——一种社会理论的研究路径》,中央编译出版社 1999 年版,第 204 页。

（三）以公众需求为导向，提高政府的公共服务能力

公共服务能力是指地方政府提供优质的公共服务（包括公共物品），满足社会和民众的需要，为市场经济的发展提供良好的外部环境的能力。这一能力的大小，就体现在政府服务意识的强弱、服务体系和服务措施的完善程度特别是服务的数量和质量上。但政府在提供公共物品时可能存在诸多缺陷，而公民社会的培育恰恰能有效地对此加以弥补。以公众为导向，就是公共服务提供从政府本位、官本位向社会本位、民本位转变的一个根本思路选择，也是政府与社会之间正确关系的体现。主要途径：一是扩大政府决策的公众参与。政府提供什么公共服务，怎么提供公共服务，应当事先听取公众的意见，以公众意愿作为第一价值取向，并建立有关了解民意、公众参与决策的渠道、规则和程序。而且，国内外经验表明，公众参与决策有助于提高政府服务的有效性，特别是服务受益者或付费者的直接参与至关紧要。参与度越高，就越有利于提高服务项目的成功率。二是政府公共服务如何应当以社会的评价为主，以服务对象的评价为主，加大公众影响比重；对直接提供公共服务的公务员，在考核上也应当加上公众评价一项内容，并根据评估结果进行奖惩。

强化政府公共服务职能。例如，按照有所为有所不为的思路，政府逐步从生产性和市场性的服务项目中退出，转向公共型服务项目；建立政府窗口服务制度；实行社会评议制度；试行政府服务承诺制；下放权力，将公共服务项目连带管理权限赋予地方政府，促成了政府间潜在竞争，调动了各级政府提供公共服务的积极性，为全体公民提供大体均等的公共服务，是市场经济条件下政府的首要职责。当前要把公共服务的重点放在教育、医疗、就业和社会保障上。在确保普及义务教育的基础上，发展多层次、多形式的教育，解决"上学难"、"上学贵"的问题，满足人民受教育的需求。抓紧改革医疗保险、医院管理制度和医药生产流通体制，积极推广农村合作医疗制度，解决人民"看病难、看病贵"的问题。实行积极的就业扶持政策，努力增加就业岗位，降低失业率。扩大养老等社会保障的覆盖面，做实个人账户，提高统筹层次，妥善解决农民工保险账户可流动问题，使工伤、医疗、养老保险在农民工中得到普及。为了提高公共服务能力，政府要调整公共财政支出结构，尽可能多地增加社会发展

和公共服务方面的财政投入,同时鼓励社会资金兴办医院、学校等社会事业,对现有国有医院进行改革,以扩大公共服务的供给。要大力鼓励慈善捐助,发展慈善事业。慈善事业是改善民生、促进社会和谐的崇高事业。发展慈善事业,需要各方面的热心支持和鼎力相助,各社会组织、企业与公民发扬人道主义精神、乐善好施,扶危济困,热情参与慈善事业,是坚持以人为本,实现和谐社会的重要举措。美国的慈善捐助每年达6000多亿美元,占GDP的9%。香港的慈善捐助每年也达600亿港币,我国目前每年仅有10多亿元,只占GDP的0.01%。通过制定优惠政策,增加慈善捐助,把各方面的积极性充分调动起来,倡导文明新风,扩大第三次分配的规模,既可弥补国家用于社会事业发展的财政资金的不足,又有利于缩小贫富差距和全面建设小康社会,实现社会和谐稳定,应当作为一件大事加以推动。

(四)以信息化为手段,增强政府的公共服务能力

自政府上网工程实施以来,我国电子政务建设取得了一定的成就,"金税"、"金财"、"金盾"等工程已经基本建成并发挥了积极的作用。各地、各部门利用信息化技术和手段,开展了多项电子政务应用。各级地方政府部门开展了政务公开和查询服务,将政府重要文件、统计数据、行政许可、工作报告等信息公开,方便了人民群众获取政务信息;许多地方还开展了网上审批,创建了"一站式"办公模式,简化了工作流程,方便了人民群众办事;一些省市和地区设立了行政领导信箱、首长电话留言板等,广泛听取群众的声音,接受群众的意见和要求,这些都极大地促进了政府与公众的信息交流与沟通,使政府能广泛地听到公众的声音,从而更方便地为民众提供服务。

营造数字化的生活环境是信息化的重要内容。要通过构建无处不在的信息化应用环境,让人们在任何时间、任何地点都能够便捷地通过信息网络获取任何生活服务,全面提高生活品质。现在信息化已经在解决教育资源配置、医疗体制改革、促进就业与再就业、生产安全、资源保护、生态环境保护等领域,发挥着不可替代的重要作用。要继续通过发展远程教育,实现教育资源的优化配置;通过完善和扩展医院综合信息系统,完善远程医疗等方式,加快医疗卫生体制改革;通过建立功能齐全、规范透明的社会保障系统,提高社会保障管理水平,扩大社会保障覆盖面;通过建立"应急联动指挥系统"和社会预警体系,提高保障公共安全和处置突发事件的能力等等。要信息化解决人民群众关心的问题,提高人民群众的生活质量和水平,维护社会的安定。

(五)推行绩效管理,提高政府管理能力

当今时代,政府工作的低效率,使得超越传统的官僚制,采用新的政府治理模式已成为必然的选择。公共部门与私人部门的管理虽然具有本质的差异,但也存在着一种跨越公私情景的一般管理。因此,政府可以研究借鉴私人部门管理中先进的原则、方法和技术如结果取向、绩效管理、顾客导向、分权、预算制度、成本—效益分析等,以提高政府工作绩效,改善公共服务的质量,这也是服务型政府的核心内容。不过,由于公共部门和私人部门具有本质的区别,所以不能简单地进行企业管理技术移植,使公共部门完全市场化,而主要是学习私人部门管理中不引起价值冲突的有效的竞争机制、激励机制等,学习私人部门管理者的思维方式,并根据公共部门自身的特点加以转化吸收,以实现政府管理的透明、民主、高效。

许多国家的改革实践表明,绩效管理有助于提高政府服务能力。其典型模式:一要明确可衡量的绩效目标和任务;二要使权责配置和资源运用与目标任务相配套;三要由其他主体来进行评估。在我国,政府服务提供尚未实行严格意义上的绩效管理。我们认为,虽然政府服务成本产出的计算较为复杂,难以界定和量化,不像企业管理那样容易,但难度大不等于政府服务不能实行某种形式的绩效管理与评估。首先,应当加强绩效管理研究,探讨设立适合我国政府公共服务特点的指标体系和测量方法,为政府实践提供理论依据和可操作性的方案。其次,绩效指标的设定不宜过于复杂,追求指标体系的完备,让人望而生畏,尤其在起步阶段,应当以简便易行为原则,随着经验的积累再增加量化指标。再次,应当注重绩效导向,强化成本效益核算,使资源配置、权力赋予、奖励报酬与服务绩效挂钩,形成激励机制。此外,还应当借助政府以外的压力,推动政府服务更加注重绩效。国内外经验表明,没有外部主体的参与、配合和制约,绩效管理评估有可能演化成一种表面文章。

第五章 公民社会组织与市场经济

市场经济的推行引发了中国历史上最深刻的社会变迁,同时还必然造就出一个相对独立于国家、独立于政治社会的公民社会,而一个从未在中国历史上出现过的完整意义的公民社会,必将推动中国在最大范围、最深层次上进行社会转型。政治发展离不开市场经济,没有健全、规范的市场经济绝不会有完整、现代意义的公民社会,而没有完整、现代的公民社会也难以谈及全面、深刻的社会变迁,就没有政治的发展。纵观改革的发展,公民社会的建构及其与国家关系的历史性整合,将成为当代中国社会转型的轴心,影响着中国现代化的进程与前景。从西方发达国家的政治历程来看,市场经济的兴起,公民社会的出现,使国家与社会之间发生了相对分离。在此条件下,一方面,国家为适应市场经济发展的需要,不断调整管理社会的方式,自身的能力得到提高。另一方面,公民社会的成长、壮大,最终导致公民参与国家事务的管理,即实现政治的民主化。

一、市场经济营造了公民社会

20 世纪 80 年代后中国开始实行市场化取向的经济体制改革,逐渐放弃原先的计划经济体制,推行社会主义市场经济,变原来单一的集体和国家所有制结构为国有、集体和个人的独资、合资和外资等多种所有制形式,极大地提高了生产力,提高了人民的生活水平,这一点是民间组织得以蓬勃发展的最深刻的根源①。市场经济体制是充满生机和活力的经济体制,它的确立给中国

---

① 俞可平等:《中国公民社会的兴起及其对治理的意义》,http://www.tecn.cn/data/detail.php?id = 107212006 – 08 – 15

社会带来了一系列深刻的变化。这种变化从各个方面冲击了旧的国家管理体制,在中国政府面前提出了新的课题。

中国民间组织发展的环境在 20 世纪 80 年代后发生了巨大的变化。从宏观环境看,改革 30 年来,中国相继进行的经济体制改革、政治体制改革和社会改革打破了计划经济时期由国家垄断资源和严格控制私人活动空间的格局,重构了国家与市场、国家与社会的关系,从而为各类社会组织的生存与发展提供了广阔的空间。而中国加入 WTO 和全球化的趋势对中国公民社会组织的发展又将起到推波助澜的作用;从微观环境看,一方面,社会转型时期形成了各种新的社会问题和社会需求。另一方面,随着中国经济的发展,逐渐形成了一个新的社会中间层,而公民闲暇时间、自由支配时间的增多也使公众参与和志愿者行为成为可能。总之,改革开放以来,中国公民社会组织的发展面临前所未有的机遇。

改革开放前,中国完全是国有经济和集体经济。城市的劳动力人口除了在行政单位、事业单位工作外,只能在国有企业和集体企业工作,个人只有通过各自所在的“单位”才能获得生产与生活资源。而单位组织所占有的资源和各种可供自己支配的机会和利益又来自于国家,也就是说,单位组织依赖于国家。可见,在改革开放前的单位体制下,私人没有自由支配的资源与活动空间。而改革开放后,非公有制经济开始登上了国民经济发展的舞台。1978年,国内生产总值中公有制经济占 99%,非公有制经济仅占 1%,到 1993 年达到 12.3%,1996 年达 24%,2001 年已近 50%。目前,中国 80% 左右的经济增长来自非公有制经济组织,而且这个比重还在不断加大。据国家工商局统计的数字显示,截至 2007 年 6 月底,全国共登记私营企业 520.5 万户,注册资本8.3 万亿元;个体工商户 2621.4 万户,资金数额 7034.1 亿元。私营企业户数占全国企业总户数的 59.4%,个体私营经济领域就业人数 1.3 亿人(不含隐性就业),比上年增加 1021.4 万人,增长 9.5%。可见,30 年来,中国的所有制改革不断取得重大进展,使各种所有制经济在国民经济中的比重发生了深刻变化。目前,个体私营等非公有制经济的比重占国民生产总值的 1/3 左右,其GDP 增量贡献率为 60% 左右,占工业增加值的比重由 1990 年的 10% 左右上升到目前的 1/3 以上。中国的个体、私营企业在社会经济发展中的地位越来越重要,作用也越来越大。①

在传统的管理体制下,中国政府长期扮演着"全能政府"的角色。它突出表现为政府对整个社会的大包大揽:在经济领域,国家实行高度集中的计划经济,承担着配置社会资源的职责,各种生产任务都由国家下达指令性计划进行控制;在社会领域,实行严格的行政控制,抑制社会组织的发育成长;在文化领域也是由国家出资兴办各种文化事业。随着市场经济的发展和经济体制改革的深化,政府机构改革也稳步推进。政府机构改革的主要内容是对传统的政府管理方式、管理手段进行变革,转变政府的职能。具体包括:第一,政府由微观管理转向宏观管理;第二,由直接管理转向间接管理;第三,由部门管理转向行业管理;第四,由以"管"为主转向以服务监督为主;第五,由机关办社会转向机关后勤服务工作社会化。

由于政府机构改革的重点是转变政府的职能,转变职能的根本途径是权力下放、政企分开。因此,政府行政体制的改革如同经济体制改革一样,再次调整了政府与市场、政府与社会的关系,从而为中国公民社会组织的发展提供了更为广阔的空间。事实上,1993 年政府进行机构改革的影响之一,就是直接导致了中国社会团体的又一次快速增长。90 年代中期,由于受当时宏观环境过热气氛的影响,社会团体发展又出现了膨胀。在这个时期,全国每年大约新增社会团体 3 万个。到 1995 年底,全国各类社会团体已达 20 万个"。②

到 90 年代后期,随着社会经济的发展和形势的变化,1989 年颁布的《社会团体登记管理条例》已不合时宜,因此重新进行了修正,并于 1998 年 9 月颁布了新修订的《社会团体登记管理条例》。与此同时,还颁布了《民办非企业单位登记管理暂行条例》(1998 年)、《公益事业捐赠法》(1999)。另外,民政部还有社会团体管理规章 50 余个,而地方民间组织管理法规的数量更多。这些法律法规共同构成了改革开放后中国民间组织发展的法律框架和法制环

---

① 来自民政部网站:邓国胜,民办非企业单位与中国社会事业的发展:http://www. gongyishibao. com/shownews. asp? newsid = 1320

② 俞可平等:《中国公民社会的兴起与治理的变迁》,第 216 - 220 页。

境。

可见,改革开放所带来的经济和政治环境的变化,使得80年代后中国的民间社会开始快速增长,出现了增长高峰。到1989年,全国性社团骤增至1600个,地方性社团达到20多万个。各类登记在册的民间组织起落较大,很难得到准确的数据。根据最新的统计,截至2005年3月31日,我国共拥有各类社会团体147937个,民办非企业单位131322个,基金会714个。[①] 县以下的各类民间组织至今没有正式的统计数字。有的估计,全国的各类民间组织至少在300万个以上。有的学者指出,到2003年全国已注册社会团体数量为142000个,已注册民办非企业单位数量为124000个,未注册社会团体40000个,未注册民办非企业单位250000个,工会、共青团、妇联等八大人民团体的基层组织数量为5378424个,中国残疾人联合会、中国计划生育协会、中国文艺界联合会等其他准政府社团基层组织数量为1338220个,学生社团、社区文娱团体、业主委员会、网上社团等各种草根组织数量为758700个,由此估计社团总数应为8031344个。

随着市场经济发展和民主政治的逐步推进,中国的公民社会正在逐渐兴起,并且对中国的社会政治生活产生日益重要的影响。作为公民社会主体的民间组织,必须具备非政府性、非营利性、自主性、志愿性等普遍特征,这样的民间组织的存在和发展也是改革开放后的中国社会区别于改革开放前的传统体制的重要方面[②]。

随着市场经济的逐步推行,中国社会及所有制结构随即发生了巨大的变革,多种所有制形式并存的局面开始出现。由于中国实行社会主义的政治经济制度,公有制仍然是国民经济的基础,不同所有制形式的企业实际地位和作用有着显著的差别,个人私有企业的风险程度大大高于国有企业。国有和非国有企业为了寻求一个公正的竞争环境,需要有代表自己利益的同行组织。特别是非国有的私营企业主及个体老板,为了增强市场竞争力,必须在行业中

---

①　民政部网站民政统计,2005年第一季度数据:http://www.mca.gov.cn/mztj/yuebao0503.html.

②　俞可平等:《中国公民社会的兴起与治理的变迁》,第216-220页。

实行合作和互助,建立各种互助性的自愿组织,如形形色色的企业家俱乐部组织。

首先,市场经济运行与发展改变了人们思维方式和行为习惯。因为市场经济的运行,使得人们的物质文化生活水平得到显著提高。人们之间的联系增多了,观察事物的视野开阔了,见识远大了,开始萌生强烈的自主意识。市场经济有着天然的平等观念,在这种观念下,人们的权利意识、平等意识、法治意识得到了空前的提高。传统的命令型行政体制显然与这些的新的价值取向和观念的变化不相适应,政府管制方式和手段的改变意味着对这种变化的回应。在计划经济时代,人们耻于言利,人们的权利意识、自主意识淹没在一种"泛道德主义"和绝对平均主义的空谈和假象中。而市场经济的运行促进了人们利益的分化,所有制结构的变化使社会上出现了众多利益差别和利益竞争的行动主体,全民所有制、个体、私营、集体、三资等各类经济实体成为平等参与市场竞争的行动者,维护自身合法权益、平等获取社会资源的机会成为它们的共同呼声。共同的市场经济环境下的实践,在上述各类行动者中萌生了相似的公民趣味和市场文化。国家在政策的制定和贯彻中面对的已不再是过去那种绝对划一的利益无差别的受令者,而是要求利益各个不同的行为主体。意识形态律令和道德说教的作用正在降低,利益驱动机制在国家治理中的重要性越来越大,政府治理中的制度色彩和技术色彩越来越浓。作为对上述变化的反映,《宪法》肯定了各种所有制经济主体的地位和作用,《行政诉讼法》、《国家赔偿法》、《行政复议法》等法律和法规的制定也反映了社会的利益要求和社会关系的调整和变化,国家正试图用新的方式将市场经济所带来的变化纳入治理框架之中。

其次,市场经济的基本要求是企业必须成为拥有自主经营权的独立法人,政府和企业必须分开,企业应当对自己的盈亏负完全的责任。在这种新的经济体制下,一方面,企业的自主权极大地增加,这就使某些行业组织和同业组织有可能成为在相当程度上独立于政府的民间组织;另一方面,市场经济增大了企业的风险程度,企业必须改变计划经济条件下盈亏依赖于政府、盈利或亏损一个样的风险机制。新的风险机制要求企业本身完全承担盈亏的责任,这种风险机制势必滋生出企业的自我保护意识,发展起企业的利益保护机制,各种行业性的利益团体正是在这样的背景下迅速成长起来的。

第三,市场经济体制改变了国家与社会之间的关系。在计划经济体制下,国家对社会实行的是全面的控制和管辖,通过对社会资源的垄断和再分配,形成了单向的国家与社会的制动格局。市场经济体制的建立,转变了国家与社会的关系,国家与社会之间的双向互动得到了强化。国家实行的以产权多元化和经济市场化为基本内容的经济改革,促进了国家与社会、政治与经济之间结构的分化,一个相对独立的、提供资源和机会的社会组织开始形成,过去那种建立在政治、经济、社会一体化基本上的全能型政府的职能和结构已难以适应转型社会公共事务管理的需求。关于公民社会与国家的关系问题,在学理界始终存有争议,由于各个辩论者所处的历史阶段不同,所持的公民社会观各异,所以,得出的理论模式也不尽相同。[①] 从理论上说,大致把各种不同观点归纳为两大派别,即"国家高于社会说"和"社会高于国家说"。前者强调国家塑造社会的作用,而否定社会塑造国家的功能。在两者的关系中,社会被认为是附属于国家的。后者相反,认为社会先于国家而存在,国家是人们为了维护自身安全和利益而建立的政治组织,它只是实现社会福祉的工具。对于社会来说,它是一种"必要的恶"。因此,国家的干预越少越好,政府规模越小越好。[②] 而改革开放以来的行政管理体制改革的一个总的取向,就是重新界定政府在整个社会中的地位和作用,即进行角色定位,确定公共管理、公民社会、市场之间的分工,可以由公民社会、市场承担的职能不再由政府去承担,社会和市场无以承担、不应承担的职能,则由政府承担。实践说明,中国实行的改革开放政策正在从早期的政府主导型,逐步演变为社会推动型。社会力量的培育和壮大,使得中国政府开始更多地考虑调整自身与社会之间的关系,以适

---

① 约翰·吉恩(john keane)追索历史纵线,从市民社会与国家的关系出发,考察了各种试图区分非国家领域与国家领域的学理尝试,并将之概括为五种模式:安全国家(Security State)、宪政国家(Constitutional State)、最小国家(Minimum state)、普通国家(Universal State)和民主国家(Democratic State);参见约翰·吉恩著作:Democracy and civil Society,1988,p.31。

② 邓正来著:《国家与社会》,北京大学出版社 2008 年 1 月版,第 11 页。

应变化了的形势。这成为中国政府改变旧的施政理念,采取新的治理形式与手段的重要动力。在市场经济基本上出现的作为民间社会主体的公民社会组织的独特品格和重要作用正在显现出来,其一,是它的非官方性,即这些组织是以民间的形式出现的,它不代表政府或国家的立场;其二,是它的独立性,即它拥有自己的组织机制和管理机制,有独立的经济来源,无论在政治上、管理上,还是在财政上它都在相当程度上独立于政府;其三,是它的自愿性,参加公民社会组织的成员都不是强迫的,而完全是自愿的。民间组织发展壮大后,它们在社会管理中的作用也日益重要。它们或是独自承担起社会的某些职能,或是与政府机构一道合作,共同行使某些社会管理职能。有民间组织独立行使或它们与政府一道行使的社会管理过程,便不再是统治,而是治理。

第四,市场经济是公民社会经济生活的一种模式。然而,公民社会的内涵比市场宽广得多。公民社会的标志是私人商业公司的自主以及私人社团与机构的自主。黑格尔视公民社会与市场具有相同外延的倾向助长了公民社会概念的变形。市场经济造就了公民社会的主体。公民社会产生的一个重要标志就是大量的个人和组织摆脱了政治权力的束缚,成为非政治的生活主体,也就是公民社会主体。市场经济在营造这些主体起了关键作用。市场经济拓展了公民社会的活动空间。在高度政治化的社会中,人们的社会生活直接是政治生活。市场经济的发展让人们冲破政治的囚笼,眼前展现出一片属于每个人的自由飞翔的空间,政治权力所直接支配的生活则日益萎缩。在中国改革开放必然向政治领域纵深的过程中,公民社会通过发展市场经济和培育多元自治的结社组织,能够为实现民主政治创设社会条件。公民社会内部发展起来的契约性规则、自治能力和利益格局是社会稳定的保险机制和控制机制。由于社会生活和经济生活的非政治化,政治上的变动对社会其他部分产生的连带反应大大减弱。同时,社会内部利益格局的多元化,也会使社会整体不稳定的可能性大大降低。

第五,市场经济塑造着公民社会的意识形态。公民意识形态作为公民的美德,本质上是公民的公共责任意识在行为和性格上的体现。公民的公共责任体现在公民与国家、政府、公共事务、公共事业、公民社会以及与其他公民的关系之中。以公共责任意识为实质内容的公共精神有着丰富的社会内涵:首先,它体现为公民尊重国家法度和政府行政并与政府合作的精神态度,其中包括积极参与公共事务管理与合理监督政府行政的精神态度;其次,它体现为公民自觉关怀与维护公共安全、公共卫生、公共环境、公共资源、公共财物等公共利益的态度与情怀;第三,它体现为公民在公民生活中理解、尊重、包容他人并与他人平等相处、合作共事的精神气度和行为取向。这三者都源于公民对公民角色的公共性本质及其责任和价值诉求的体会、理解、认同与把握,公民社会意识形态最重要的两个特征是世俗化与个体化。世俗化是人越来越多地相信和依靠神秘的外在力量,世界越来越多地成为经验中的世界,也就是说,外在的世界对于人的神秘感越来越少。个体化是指个人不断挣破一个社会共同体所强加的各种外在规范,努力在生活中体现个人意志的过程。市场经济的运行发展最快地实现着这一过程。

第六,市场经济营造着公民社会的自治机制。市场经济看似一盘散沙,不成体统。但其背后有着内在的调节机制,除了那只"看不见的手"之外,还有法律与道德这只看得见的手。改革开放所带来的巨大的经济效益,为各种公民社会组织的确立和活动创造了必要的经济条件。绝大多数公民社会组织必须自筹资金,在经济匮乏或缺少经济自由支配权的情况下,公民社会组织的经费若没有政府拨款就很难筹措。经济的发展既给企业带来了巨大的可支配性利润,也大大增加了个人的可支配性收入,它们都成了公民社会组织的主要经费来源。公民社会组织的发展既需要一定的经济基础,也需要一定的政治环境,没有一个相对宽松的政治环境,很难想象公民社会组织的存在与发展。公民社会的存在首先必须得到法律的认可,根据我国宪法,公民有结社的自由,这是公民社会最根本的法律依据。除市场经济之外的公民社会另外一个领域是非政治的公共领域,表现为各种社会组织如家庭、学校、俱乐部、协会、教会等。市场经济的发展促进了这些组织的发展。同时这些组织反过来会对市场经济起一种校正作用,首先,这些组织能提供公民社会所需要的智力资源和伦理资源,如学校所提供的科学技术,家庭和教会所提供的伦理信念。其次,这些组织还能提供非功利的人文精神资源,如友爱、正义、艺术等,唯有这些精神,才不致使人成为金钱的奴隶,不致使人变为货币符号,从而使公民社会的发展不会偏离人的正常发展的轨道。再次,这些组织还可协调市场经济发展中的一些矛盾和冲突,如劳资矛盾、就业矛盾等,当这些矛盾不能通过市场解决,也无必要通过市场解决时,工会、行业协会等组织所进行的民间谈判和协商就显得非常必要。

二、公民社会弥补市场经济的缺陷

单纯的市场经济体制必然导致社会的不和谐状态,和谐社会在某种意义上就是一套用来从社会结构、社会管理体制方面解决市场经济发展到一定阶段时所引发的那些经济、社会问题的措施和办法。单纯的市场经济以"能者多得"为基本运作原则,"富者更富、贫者更贫"的马太效应是它的必然结果。在市场经济发展的初期,当社会生产力还不是很高、财富总量还不是很多的时候,这种贫富差距还不会很突出。而当经济增长到一定水平、社会的财富总量大大增加的时候,这种差距就可能变得十分悬殊。这个时候,各种经济社会问题就会逐渐产生和凸显出来,不仅影响许多社会成员个人的生存状况、引发比较激烈的社会冲突、破坏社会秩序,而且也会阻碍经济本身的进一步发展。和谐社会的建设就是要弥补单纯市场经济机制所包含的这样一种缺陷,从社会结构、社会管理体制方面来确保经济、社会的可持续发展。

市场经济理论是从英国的亚当·斯密之后才兴起的,这一市场经济思想在亚当·斯密的《国富论》中首次得到了完整的阐述,也正因为如此在西方经济学教科书中将斯密称为经济学之父。亚当·斯密认为,国家财富来源于劳动生产率的提高,而要提高劳动生产率就应发挥人所共有的功利主义和合理主义本性,即人人希望以最小的代价,以最佳的、合理的手段获取最大的利益,为此,应设立让各种生产要素、商品进入其中自由交易的统一的市场,同时抑制国家的干预,让"看不见的手"发挥全面的作用,并通过完善法律、规范市场,来达到"自然秩序"。"古典经济学家认为,市场是一部运作精巧、成本低廉、效益最佳的机器,有效地调节着经济运行和各个经济主体的活动。"①但市场却无法自动达到帕累托最优状态,在国民经济的综合平衡、外部效应、公共物品、社会分配、限制垄断、抑制经济波动、社会道德以及信息的不充分和不对称等方面也会失灵。于是就不得不借助政府力量予以矫正和弥补,这就为政府干预提供了理由。然而,市场失灵并不是政府干预的充分条件,市场机制解决不了的问题,政府也不一定能解决,即使能解决,也不一定比市场解决得更好。因为,同样存在着情况更为严重的政府失灵,这是由于政府行为并非永远代表公共利益、信息不完全和政府能力有限、政府干预市场的成本扩张以及政府机构及其官员的寻租与腐败等。所以,沃尔夫说:"市场与政府间的选择是复杂的,而且,通常并不仅仅是这两个方面,因为这不是纯粹在市场与政府间的选择,而经常是在这两者的不同组合间的选择以及资源配置的各种方式的不同程度上的选择。"②

自 18 世纪末以来,西方各国普遍实行了亚当·斯密的这一自由市场经济理论,结果是社会生产力空前提高,科学技术迅猛发展,物质财富大量增加。然而,到 19 世纪初中叶,市场经济的问题和缺陷明显地暴露出来:因为市场经济的特点是资源、财富不断地从低效率处流向高效率处,故而造成严重的破产失业、两极分化。与此同时,西方掀起了风起云涌的工人运动,劳资双方对抗激烈,社会趋于动荡。也就是在这种时代背景下马克思提出了废除市场经济制度,代之以整个社会利益平等推进的计划经济的主张。马克思在分析资本主义的缺陷时:首先是在自由的市场经济中,资本就会集中,产生垄断。垄断自然不会是效率最高的生产方式,这是市场经济的缺陷之一。所以要保护竞争,而不是保护垄断。例如在现在的新技术条件下,长途话费本可以大量节省,但政府的政策却保护这种垄断,让人们却支付高昂的话费。其次市场经济在追逐利润时会生产出满足人需要的商品,但逐利的经济体并不为了满足人的一切需要去生产商品。例如它会生产劣质商品以次充好,甚至假冒商品,污

---

① 曹沛霖:《政府与市场》,浙江人民出版社 1998 年版,第 233 页。
② 查尔斯·沃尔夫:《市场或政府:权衡两种不完善的选择》,中国发展出版社 1994 年版.

染环境,降低成本以获取更多利润。在此市场条件下,企业并不能提供公共产品。如果公共产品也以企业的方式去提供,就会引出许多问题。例如,医院、教育、警察、政府职能等不能通过获利的方式去提供。否则就会导致社会无序发展,出现社会不公,贫富分化,权利寻租。

就公民社会与市场经济的关系而言,公民社会的发展是社会经济发展的必然结果,政府失效和市场失灵在客观上呼唤公民社会作为新的公共管理主体的出现。有学者指出,在传统体制下,作为大共同体的集权国家的强控制使代表民间公益组织的小共同体受到极大抑制,而现阶段,中国人是从两个方向进入"衙门与公司之外"的:在城市,是带有政府部门痕迹的社团,在农村是具有传统小共同体色彩的纯粹的 NGO。中国第三部门的前途或许就在于前者摆脱体制束缚而后者弥补文化缺陷,在两者的良性互动中共同发展。① 另有学者认为,在社会主义市场经济背景下,对私人产权的确立使人们之间的关系转变为一种平等的契约关系。因此,公民组织的出现意味着组织化的社会联合由私域向公域的变动,它也预示着新型国家与社会关系和未来社会公民自治的可能模式及其演进路径。②

尽管公民社会是市场经济发展的必然结果,但公民社会一经产生,就会在自身的生存发展中不断地推动市场经济的健全和发展。我们知道,市场经济要想顺利、健康发展,必须要有一个自由、平等、竞争、开放的社会秩序。为此,就要对社会及个人的行为进行一定的控制和限制,使人们在进行生产、生活、交换以及其他社会活动中既能享受到必要的平等自由的权利,又要遵循一定的行为规范,承担一定的义务,服从各种社会制约。这种控制和限制可以通过各种不同渠道以不同方式来实施,其中如下两条渠道同样重要:一是政府机关、法院、军队和警察机构等体现国家政治权力的部门(政治国家);另一是由作为独立主体的个体形成的各种社会组织。后者属于处在国家及政治权威领域与纯个人生活之间的广泛社会领域,这就是我们所讲的公民社会所属的领

---

① 秦晖:《从传统民间公益组织到现代"第三部门"》,载《中国社会科学季刊》1999 年冬季号。

② 张静:《公共空间的社会基础》,载中国青少年基金会、非营利组织研究委员会编《扩展中的公共空间——中国第三部门年鉴(2001)》,天津人民出版社 2002 年版。

域。换句话说,为了使市场经济体制得以正常运作,必须有与之相应的"政治国家"和"市民社会"。虽然二者作用的范围、方式和职能都有所不同,但在保证市场经济的正常运行上是相辅相成的。即"政治国家"是通过政治的、行政的和法律的手段来维护市场经济秩序,但它所能统摄的主要是政治和意识形态的某些领域,而不可能是全部社会生活,它必须给予作为商品所有者的个体以自由活动的必要空间。在这一空间中,市场主体能够自由地行使选择权和决定权,与其他主体进行平等竞争。否则,市场经济体系就根本无法存在。而这一空间大体上正是与市场经济相适应的公民社会的活动范围。在公民社会中,由于产权的明晰、多元化,以及大量的存在社团组织,使经济主体能够充分施展才华,挖掘自身潜能,从而推动了市场经济的发展。同时,公民社会成员经济地位的独立性和经济行为的自主性,内在地规定了公民社会是一个高度自治的自组织社会,它能够为市场经济提供最富有活力的制度安排,创造良好的市场契约环境,并培育公民社会成员的自治能力,使经济主体能自觉地按契约性法规进行自我管理,履行自己应尽的经济义务。公民社会的这种理性化、法制化的自我调节机制,是市场经济有序发展的重要保障。此外,公民社会承认追求个人价值和个人利益的合理性,并通过传媒将其塑造为普遍认同的价值观,这种个体本位的价值观要求必须以不损害他人和公共利益为前提。这样,公民社会成员在经济交往和参与社团活动的过程中就培养了宽容、合作、诚信、权利、义务和公平竞争等品质,弥补了市场活动中的伦理缺陷,对于推动市场经济的健康发展发挥重要作用。所以,公民社会就成为市场经济存在和发展的必不可少的条件。

从中国市场经济的发展与公民社会发展的状况来看,中国的市场经济已初步建立起来,公民社会已在有序发展之中,经济现代化的问题已经初步得以解决。在市场经济建设的过程中,一方面在构建服务型政府的进程中,政府将从一部分社会经济领域中退出,将大量的经济活动权利还给社会,如放权让利、微观搞活、营建体制外空间、重新配置资源、鼓励和推动多种经济形式的发展等,改革的这一向度为社会经济发展营造了自主空间,公民社会开始承担在经济领域培育市场,发展经济机制等任务,减少了许多市场经济发展中的阻力。另一方面,中国的社会经济改革也在另一向度上展开,即社会自下而上地推动经济现代化的发展。在国家政府活动之外,社会成员自发或自愿的创新活动形成了各种新的结构性因素和制度性因素,如农村经济改革中,农民自主发起的经济合作组织、个体经济协会、消费者协会、行业协会等各种民间组织的出现并积极展开活动等,这在一定程度上将极大地推进了市场经济的进程。另外,国家制定的许多经济改革举措及政策,通过公民社会的经济团体发挥桥梁联结作用才真正地得以贯彻实施。从这个角度讲,中国经济现代化在其发展之初就已经渗入了社会参与和社会推动的因素,这种因素的作用必然会随着经济现代化的日益深入而加大。同时,公民自我管理意识的觉醒为公民社会的成长提供了思想基础。在社会主义市场经济改革的进程中,多元化的社会成为公民追求的目标之一,公民参与社会管理的自觉性和热情越来越高,公民自由、自主、自治和志愿服务的意识逐步培养和觉醒起来,公民社会为公民参与自我管理提供了最佳途径,因此,公民社会的成长成为人们所追求的价值目标,也成为市场经济健康发展的必不可少的条件。

总体而言,政府、市场与公民社会属于同等重要的地位,相辅相成,共同促进经济和社会的健康快速发展。政府可以弥补市场、校正市场,市场也可以帮助政府、校正政府,但二者并不是零和关系,于是又引入了公民社会"这只手",作为一种缓冲力量,旨在弥补政府和市场在协调中的某些不足,但它也内在地存在着许多局限,它不能代替政府而享有合法的强制权力,也不能代替市场而自发地对大多数资源进行有效的配置,它必须建立在政府和市场的基础之上,是对二者的补充。所以,政府、市场与公民社会三者就如同一个全集内的三个相互交叉的子集,各有其独立作用的空间,同时又有其协同作用的交集。

三、市场经济与公民社会的合作互补

公民社会是区别于政治国家而有相对独立性的自主社会领域,但这个自主社会领域只是到了近代资本主义时期才变成现实,在此之前它更多的是一种逻辑上的独立,因为经济的驱动力还未强大到足以使公民社会与政治国家明显分离的地步。当近代市场经济最终战胜自给自足的自然经济,确立起在社会经济生活中的主导地位后,公民社会也随之得以发展,并逐渐强大到可以同国家平起平坐的地步。这表明,市场经济是公民社会的基础。只有市场经济的充分发展,才会有真正意义上的公民社会。这表明,市场经济必然造就公民社会。

第一,市场经济激活了人们对物质利益的追逐,并为实现个人或团体的物质利益提供了广阔的空间和机会。

中国随着市场经济体制改革的深入,市场经济已经成为人们生活中和政府并列重要的部分,同时,市场经济加速了旧有的整体性、同质性社会的解体,为公民社会的发展创造了前提条件,它还激活了人们对物质利益的欲求,为实现个人或者团体的利益提供了广阔的空间与机会,塑造了有主体意识的团体与个人,从而逐步形成并不断强化着公民社会的自主性品格。因此,中国经济体制的转轨和市场经的发展对公民社会的发展至关重要,其影响意义也是深远的,国家与社会关系的格局会因此而产生结构性的改变:改革前的高度集中的计划经济体制和全面控制的国家主义发展战略逐渐转变为以市场经济为主导和国家向社会不断放权的宽松社会局面。

市场经济是一种通过市场配置资源,不断调整各生产要素的组合,以降低比较成本,实现比较利益的经济形式与经济活动。物质利益的原则是其基本原则之一,也是推动其全部活动的主要动力。无论是个人还是企业,投身市场经济的主要目的就是获取最大利润,实现物质财富的不断增长。同时,社会也以效益、利润、利益等指标来衡量各个市场主体的业绩,从而在客观上决定其社会地位。这种利益机制和利益评价体系必然激活人们对物质利益的欲求,唤醒人们的利益意识,这便形成了利益分化的前提条件。市场经济在本质上是一种分散的经济形式,它具有瓦解同质性、整体性社会,促使其分化的内在力量。市场经济的本质是通过市场机制进行资源配置,以市场反映的价格信号来调节社会生产,鼓励优胜劣汰的竞争,推动经济发展。市场经济的上述本质决定了其资源配置方式的基本要素应是依法独立存在的利益主体,这些利益主体无论是个人还是群体,他们都应能够按照自身利益,依据市场信号作出生产和经营决策,并对其结果完全负责。如果否认这些利益主体的存在,市场经济就不能建立和发展起来。市场经济是以平等交换为特征的经济形式。资源需要通过交换来流动,这种形式的资源流动需以双方相互承认对方的利益主体地位为前提条件。市场交换是以所有权为前提的。交换的成功必须具备这样的条件,即交换必须是在产权明晰、利益边界明确基础上进行,否则交换无法进行。所以,多元化的利益格局,明晰的利益主体是市场经济得以运行的必要条件。市场经济又以契约精神为观念依托。在经济生活多元化的社会里,社会个体利益的自主性、排他性、导致利益主体异质化。为求得自身利益的满足,这些彼此排他的利益主体就不得不通过契约结成利益群体或合作组织,从而使这些异质性的利益群体之间形成一种包含权利与义务相一致的契约性人际关系纽带。这种契约性人际关系纽带既起到了利益交换和功能互补的作用,又是市场经济的游戏规则和观念依托。总之,市场经济把人们带入了实现个人和团体利益的色彩斑斓的世界,而这个世界就是公民社会。

第二,市场经济加速了整体性、同质性社会的解体,为公民社会的发育、发展创造了良好的条件,为民主政治发展目标创造了社会基础。

在自然经济占主导地位的时期,人们生存于其中的各个社会均表现出高度的同质性和明显的整体性,国家与社会合为一体,政治、经济、文化的权力中心集中、重合,社会分化程度低,组织结构单一。正如马克思所说:"在中世纪,财产、商业、社会团体和每个人都有政治性质;在这里,国家的物质内容是由国家的形式规定的。在这里,一切私人领域都有政治性质,或者都是政治领域;换句话说,政治也是私人领域的特征。在中世纪,政治制度就是私有财产的制度,但这只是因为私人财产的制度就是政治制度。在中世纪,人民的生活和国家的生活是同一的。"①

市场经济体制是一个社会配置资源和分配收入的各种机制、组织、规则和安排的体系。资源配置方式的不同形成了不同类型的经济体制。市场经济就是一种通过货物交换,以市场作为配置资源的基础方式,实现分散决策的经济

① 《马克思恩格斯全集》第1卷,人民出版社,1995年版,第284页。

体制,或者说是一个通过交换关系把所有个体经济联结在一起的经济类型。在从事具体的物质生产、交换、消费活动时都竭力摆脱政府的干预,力求保持更多的不受政治权力控制的自由活动空间。这一内在要求恰恰为公民社会的发育、发展创造了条件。事实上,也只是从这时起,公民社会与政治国家的分离泾渭分明,两者的关系才成为任何一个民族国家都无法回避的最基本的社会问题。国家对社会控制的放松和对社会生活影响的减弱,使社会成为一个与国家并列的提供社会资源和生活机会的来源的路径。在经济生活中,单一国有制体制发生改变,私人所有制开始出现并迅速成长壮大,在国民经济中占有着日趋重要的成分和作用,地方和企业自主性日趋增加。单一国有制的改变,意味着国家放弃了对一切经济资源的垄断,允许部分经济资源在社会上自由地流动,允许个人和社会力量自主地利用这些自由流动资源。这使得社会成为人们提供就业和其他机会的另一个来源,人们可以不再完全依赖国家而获得生存和发展。这也为民间社会力量的形成提供了基础性的前提条件和发展空间,为社会生活多元化奠定了基础。在思想文化领域,国家原先极为严格的意识形态控制也有所放松,要求所有人都统一服从于一种思想体系、按照同一种模式进行思考的时代已经成为过去。随着西方各种思想潮流的涌入和多元化社会生活的影响,思想自由和学术宽容已经成为人们共同认可的价值观念。在世俗生活领域,国家的影响缩小,不受干预的私人生活范围不断扩展。法国著名的政治学者托克维尔曾在其著作《论美国的民主》中写到:"在我们这一代领导社会的人肩负的首要任务是……逐步以治世的科学取代民情的经验,以对民主的真正利益的认识取代其盲目的本能"。① 有史以来,人们对于民主有着无限的追求和向往,从根本上说,政治发展的目标是民主政治的发展。民主是人类共同的价值追求,这种追求并不仅仅因为民主本身,从终极原因来说,追逐民主还有其根本的目的,即利益的实现。

利益分化塑造了有主体意识、参与能力的社会主体。美国政治学家阿尔蒙德在《比较政治学》一书中,把公民分为政盲、顺政者和参政者三类,并认为

---

① [法]托克维尔:《论美国的民主》(上册),董国良译,北京:商务印书馆1998年版,第8页。

在政盲和顺民占绝大多数的政治社会中,民主政治难以实现。只有参与型的公民占大多数的社会才是民主的社会。阿尔蒙德的论述准确地揭示了民主社会对公民自身提出的要求,很难想象在一个有政盲和顺民充斥的社会里,民主政治能够得以建立和顺利运行。参与型的社会主体是民主社会得以建立的必要条件和基础。那么,这种参与型的社会主体的品格如何养成呢?可以说,这一历史进程发生孕育在市场经济中,利益分化是塑造有主体意识、参与能力的社会主体的主要力量。

所谓主体意识就是指公民认识到自己具有独立的人格和地位,不依附于任何势力,能够根据自身的判断和感情参与政治生活,相信通过政治参与能够解决有关问题。这是民主社会的社会主体必备的政治心理。这种主体意识并不是天生的。在小生产社会往往形成与之相对应的小农意识和小商品意识。"他们不能代表自己,一定要别人来代表他们,他们的代表一定要是他们的主宰,是高高站在他们上面的权威,是不受限制的政府权力,这种权力保护他们不受其他阶级侵犯,并从上面赐给他们雨水和阳光"。[①]这种社会意识是民主社会产生的巨大障碍。市场经济的产生,带来了利益的分化和多元化,人的依赖纽带、血缘纽带、等级差别、种族差别等在利益多元合法化面前都被打破了。束缚人的依赖关系逐步走向瓦解,这为人的主体意识的形成提供了基础和条件。中国的改革是先从经济领域开始的。承认利益多元化是在推进市场经济过程中的第一步。多种所有制并存和获利源泉多样化,唤醒了人们利益意识的觉醒,人们鲜明地意识到自己作为一个社会主体的存在,产生了应有的价值观和尊严感,与此相适应,人的传统观念、宗法思想、隶属意识也随之退出历史舞台,而代之以反映新的社会关系的新思想。这样,人逐渐变成了具有自主性、独立性的人格主体。这是现代民主政治得以产生、发展的先决条件。

因分化而产生的多样性是社会进步的动力,其中重要的原因就是,多样性本身就意味着自由,是自由的题中应有之意。利益多元化作为利益分化的结果,它也创造着更广泛的自由,这样,最终带来的是一种自由的秩序。利益的

---

① 《马克思恩格斯选集》第 1 卷,人民出版社 1972 年版,第 693 页。

自由竞争才能带来利益的最大化,实现各种利益的最佳协调,并找出调整复杂利益关系的理性原则。对最符合人性和社会进步要求的利益关系的恰当安排,任何精确计算都达不到,只有在自由竞争中实现。利益多元化及自由,并不是造成混乱无序,而是带来一种积极的开放性的自由秩序①。在这样一种自由开放的秩序中,人的自由精神得到极大的孕育和充分的体现,出于维护自身利益而产生的自由参与政治生活的冲动是积极的、开放的、理性的,这对促进民主社会主体意识具有重要的作用。

第三,市场经济塑造了有主体意识、自主意识、平等意识、自由意识、竞争意识的个人与团体,从而逐步形成并不断强化了公民社会的自主性品格。

市场经济是市场主体平等进行交易的经济,它的前提条件之一是主体之间地位和机会的平等,平等观念是现代民主政治的思想基础。正如亚里士多德指出的,民主需要自由,而自由需要平等。从某种意义上讲,自由和平等是民主的真正的价值内涵。美国著名政治学家科恩在《论民主》中这样论述道:"应该采取内在的平等原则作为国家统治的基石。"②可见平等观念对于民主国家何其重要。平等观念是市场经济的内在要求。在市场经济社会里,个人之间纵向的身份地位的等级壁垒被打破,等级观念也不复存在,身份也不是获取社会资源的条件之一。在各种各样的多元利益面前,任何个人和团体都不能以主宰的身份出现,竞争面前人人平等,规则面前人人平等。平等观念深入人心,并很快渗透到社会生活各个领域,形成新的文化观。这必然有助于传统文化价值的变革。尤其在我国这样一个拥有漫长封建历史的国家,长期形成的强烈的"国家本位"、"官本位"和"义务本位"的倾向以及严重的"臣民意识",这些都是同质同构的整体利益格局的产物。只有打破这种局面,形成合理的多元利益格局,人们才能从传统的等级壁垒与观念束缚中解放出来,才能塑造出具有平等观念的现代社会主体。可见,市场主体都是一些具有自主权的独立单元,对自己的竞争行为负完全责任。不言而喻,自主参与、平等竞争

---

① 林毓生:《中国传统的创造性转换》,上海三联书店出版社1988年版,121－122页。
② [美]科恩:《论民主》,聂崇信、朱秀贤译,商务印书馆1994年版,第186页。

的经济活动必然塑造出有主体意识、自主意识、平等意识、自由意识、竞争意识的个人与团体。市场经济越发展,个人与团体的自主意识越自觉,处理社会交往的能力也越强。所谓自主意识主要指社会民众对社会生活,主要是政治生活的关心和介入程度,它是社会民主化的主要内容之一。利益分化从经济领域激活了人们对物质利益的欲求,并赋予了其合法性。在经济领域,利益分化为个人或团体实现物质利益提供了广阔的空间和机会;在政治领域,利益的独立与多元化必然促使社会主体产生利益驱动型的政治诉求,为维护既得利益和新的利益的获得开辟道路。各利益阶层往往通过各种途径影响国家法律、政策的制定和执行,在维护自身利益的目的中加深了参与意识,提高了参与能力。因而由利益多元化培育出的参与意识不是盲目的参与,而是建立在自主自愿基础上的参与。这才真正体现参与的实质,才真正为民主发展奠定了坚实的基础。

总之,市场经济所形成的多元的利益格局在瓦解同质同构的传统社会的同时,也必然瓦解着传统的专制色彩的社会政治意识与文化。在新的经济和社会结构基础上,必然塑造出具有主体意识、平等意识、自由意识、竞争意识、妥协态度和参与意识的社会公民。这些社会公民具有较强的自律性,努力实现着权利和义务的统一,有成熟的责任感,他们所持的政治理想不是乌托邦式的政治完美主义空想,而是通过努力可以使社会政治生活不断迈进更好境界的现实合理愿望,其政治参与情形不是非理性的狂热或极端的冷淡,而是伴随着丰富的理性约束的热情,对公共权威遵从而不盲从。正是这样的公民才是现代社会主体,才能促进民主政治的生成。

第四,市场经济体制的完善和秩序的规范是一个渐进的过程,它是建构公民社会的基础并决定着公民社会的形成不是一个自发的过程,中国公民社会的建构将是一个长期的过程,从国家与公民社会二元结构的形成到二者之间发挥积极的良性的互动功能都是需要相当长的时间的,在建构中国公民社会的道路上还有许多艰巨的问题存在。

中国在历史上一直是一个中央集权的专制主义国家,任何独立的社会力量一旦发展就通常会受到大一统集权的遏制。而且由于国家缺乏现代化性质,即使有些曾经出现的独立社会力量也从来没有形成现代意义上的公民社会。其次,国家与公民社会的疆界在实践过程中应该如何合理的界定很难把握。而且,当人们倡导建构公民社会时,很可能自觉不自觉地较多注意其合理性、优点和功能,而相对忽略公民社会内部可能出现的问题。因此,作为理论研究者必须意识到中国公民社会不同于西方国家的特殊情况,并据此努力发挥人们的能动性去积极地建构中国的公民社会。在建构的过程中,我们必须注意到以下几个方面。首先,市场经济体制的完善和秩序的规范是建构公民社会的基础,因为市场体系的完善意味着社会的经济活动更多地纳入市场化的轨道,更多的自由和可以自由流动的空间就会从行政控制中分离摆脱出来,为新的社会力量和角色群体进行物质生产和社会交往活动提供可能,必然会有一些新的赢利性经济组织和非赢利性社团出现,这标志着公民社会的发展。市场秩序的建立意味着市场主体交易活动的有序化、法制化。而只有规范、有序的交易活动,才能培养出人们的平等意识、民主意识、法制意识,才能把国家让渡出的社会自主领域变成学习和运用民主与法制的学校,公民社会才能健康地发展。其次,要以坚持公民社会与国家的良性互动为目标。西方国家的公民社会是以一种与国家相对立的形态出现的,而中国是完全不同于西方国家的国情下建构公民社会的,中国公民社会自始就有对国家的依附性及相对的脆弱性,必须要超越公民社会与国家政治的二元对立并始终坚持二者的良性互动。尽管在发展过程中,公民社会和国家的分离还存在一些矛盾,但是这些矛盾是非政治性的,完全不同于西方国家的公民社会产生是资产阶级与封建阶级相对立的情形,它们是被限定于社会主义内部的自我调整。因为中国公民社会和国家的利益是根本一致的,而且中国正在生成的公民社会是国家政策扶植、主动让渡社会资源的结果。新生的经济组织有着自主性、独立性和民间性的一面,又在许多方面需要政府的帮助与合作的一面。从发达国家当今的公民社会和国家关系发展的情况来看,其关系也更多地是从分离、对抗走向协调、合作与互动。

第五,从社会主义市场经济体制改革到社会主义公民社会的改革进程,标志着社会经济政治的稳定与和谐社会的建立。

从经济体制改革到社会体制改革,改革的任务虽然发生了变化,但改革的历史进程并没有发生变化。这一历史进程,就是建设有中国特色的社会主义。什么是有中国特色的社会主义?有中国特色的社会主义不仅意味着社会主义市场经济的建立与完善,而且意味着社会主义公民社会的建立和发展。因为,社会主义公民是社会主义社会的基础。只有每一个公民都能义不容辞的承担起自己应当承担的社会责任,只有每一个公民都具有与其所承担的社会责任相适应的公民人格,社会主义制度的优越性才能充分发挥出来。以建设社会主义公民社会为基本目标的改革就是社会体制改革。社会体制改革具有两个显著特点。首先,社会体制改革不同于政治体制改革。政治体制改革必然会涉及到政治权力的再分配。社会体制改革只是与社会责任的再分配有关,而不会涉及到政治权力的再分配。因此,社会体制改革不仅不会影响现行政治体制的基本稳定,而且能够为逐步完善现行政治体制创造有利条件。其次,社会体制改革与经济体制改革有密切联系。经济利益的再分配是经济体制改革的必然结果。随着经济利益关系的变化,不同社会主体所承担的社会责任也必须加以调整。否则,就会在不同社会主体之间形成经济利益与社会责任不平衡的现象,就会导致不同社会主体之间的利益冲突,从而对社会稳定产生不利影响。在我国,公民和政府是两个最基本的社会主体。经济体制改革以前,公民的所有经济利益都是由政府来满足的。与此同时,公民的所有社会责任也是由政府来承担的。经济体制改革以来,公民的许多经济利益不再由政府来满足了。但是,公民的所有社会责任仍然由政府来承担。我国目前存在的各种社会矛盾,实际上都是由这种经济利益与社会责任不平衡的现象所造成的。例如,缩小贫富差距和保护自然环境需要增加扶贫资金和环保资金的投入。但政府的财力是有限的。通过提高税率的途径来增加财政收入,又会与公民的经济利益发生冲突。又如,政府承担的社会责任越多,政府机构就越臃肿,平衡财政收支的压力就越大,公务员的收入增长速度就越慢,就越容易滋生权钱交易的腐败现象。由此可见,经济体制改革的任务基本完成之后,改革的下一个任务就是社会体制改革。只有通过社会体制改革,才能消除经济体制改革遗留下来的经济利益与社会责任不平衡的现象,确保社会主义和谐社会的建立。

第六,完善市场经济体系和规范市场经济秩序不仅是发展市场经济的内在需要,也是建构公民社会的现实诉求和重要基础。严格意义上的公民社会是市场经济的伴生物,西方如此,东方也不例外。市场通常被理解为"私域",但马克思早已揭示出商品生产者的私人劳动同时也是社会劳动,市场恰恰是以公共性为中介完成私人劳动向社会劳动的转化。更何况现代市场经济条件下有意识"社会共谋"与"社会转交"系统的建立已经表明劳动交换与财富分配越来越具有"社会的"、"公共的"性质。在当代中国,重建公民社会的历史课题是伴随发展社会主义市场经济、建立社会主义市场经济体制的历史性变革而提出的。① 根据国内、国际学术界关于公民社会用语的一般习惯,我们理解公民社会是从属于"公共领域"的,其理由是公民社会所遵循的"公共理性"原则不同于、且对立于政治、经济两个领域中奉行的"利益"原则。这两个原则的分立乃是理解制度现代化三大构造之逻辑关系、特别是这种关系所特有的张力性质的枢纽点。政治领域中的核心问题是权力问题,如何保证受托公共权力机关不被权力的本性所腐蚀,因为政治结构领域内的全部制度设计都是为了解决这个问题而设定的。经济结构领域的情形类似,只不过与"谋权"行为相比,"谋利"行为所谓体现的"利益原则"本性更公开、也更"中性化"罢了。公民社会所尊崇的以社会交往的互助性为本质的"公共理性"原则体现了完全不同的逻辑。公民在这个领域发表意见,对公共权力的批评或监督,已经不再单纯是个体利益或小团体利益的表达,而是公共意志的表现。我国公民社会目前尚处在发育的初期阶段,还存在诸多的不成熟、不完善,而这种不成熟和不完善的特点正是市场经济发展不成熟的反映。毋庸讳言,相对于较为完整的现代市场经济来说,我国目前的市场经济还处在发展的初级阶段,发展水平较低,还显得很粗糙,突出在某些地方市场体系的很不完善,市场秩序表现的比较混乱。一般来讲,一个完整市场体系应包括消费资料市场、生产资料市场、资金市场、劳务市场、技术市场、信息市场、文化市场等等。只有这些

---

① 蔡拓:《全球化与政治的转型》,北京大学出版社 2007 年版,第 220 页。

市场体系都建立健全起来,我国的市场经济才能步入正轨。无论个人还是企业,投身市场经济的主要目的是获取最大利润,实现物质财富、物质利益的不断增长。同时社会也以效益、利润、利益等指标衡量各个市场主体的作为、业绩,从而又在客观上决定了其社会地位。这种利益机制和利益评价体系,必然会激活人们对物质利益的欲求,改变人们在自然经济和计划经济中淡漠物质利益的现象。只有提倡物质利益原则的市场经济,不仅激活了人们对物质利益的欲求,而且为实现各种欲求提供了空间、途径与机会。各个经济领域都向投资者、经营者敞开大门,每个人都有从商、办企业的权利,不承认任何特权,只承认个人的能力、资本和机遇。这就是说,市场经济把人们带入了实现个人和团体利益的色彩斑斓的世界,而这个世界就是公民社会。因为,市场体系的完善意味着社会的经济活动更多地纳入市场化的轨道,这样就会有更多的自由流动资源和自由流动空间从行政控制中摆脱出来,从而为新的社会力量和角色群体进行物质生产和社会交往活动提供可能。随着新市场的不断开辟,必然会相应地产生出一些新的营利性经济组织和非营利性社团,这无疑标志着公民社会的产生和发展。同时,市场经济秩序的建立意味着市场主体交易活动的有序化、法制化。而只有规范、有序的交易活动,才能培养出社会成员的平等意识、民主意识、法治意识,才能把国家让渡出来的社会自主领域变成学习和运用民主的学校。因此,市场秩序越规范,公民社会的发展就越健康,而混乱的市场秩序只有培养出畸形的公民社会,甚至使社会自主领域成为黑社会和宗族势力的藏身之地,对此我们必须保持十分清醒的头脑。

第六章 公民社会组织与政治文明建设

党的十七大强调扩大社会主义民主,建设社会主义法治国家,发展社会主义政治文明,这将有力地推动政治研究和实践探索,为进一步坚持解放思想和改革开放,坚持科学发展观,构建和谐社会,提供强大的动力,奠定坚实的基础。公民社会组织的形成是现代经济社会变革和现代政治文明发展的产物。公民社会组织既需要以经济、效率与效能等方式推动和保障经济和社会的发展,更需要体现和弘扬现代政治文明的基本价值——体现和维护公正、法治、民主和保障人权的原则。

一、公民社会视野中的政治文明

作为现代公民,作为现代社会进程的参与者,每一个人都不可避免的首先要扮演自己作为政治人的角色。但是,在这一过程中,"政治文明"的标准是怎样确立的? 大多数法学家和政治学家认定,甚至包括大部分著名的经济学家也这样认为,政治文明的最终标准是现代政治制度的文明,就是民主政治制度的最终确立和"良序"运作。因此他们相信,以现代社会法律或法制体系建设为中心的政治制度建设,将是决定我国社会主义政治文明建设的一个根本条件和基础。

"政治文明"是一个用以评价和刻画社会基本政治特性和政治生态的政治价值概念,在政治哲学的意义上,它所表达的基本意味是:社会基本政治制度的民主正义、社会公共管理的公正开明与合理高效、社会公民之政治伦理素质的普遍正当、文明和优雅。"文明"是"野蛮"的对立面。自党的十六大明确提出"建设社会主义政治文明"的命题之后,政治文明内涵和外延就成为当前国内哲学社会科学界关注的一个学术亮点。

　　探讨"政治文明"应该把"政治"回归到其本源的意义上去,因为在古希腊最初使用的"政治"概念是与"文明"相结合在一起的,只是到了近代以来"政治"和"文明"的分野才正式凸显。在中国古代经典《易经》中,早有所谓"见龙在田,天下文明"、"睿哲文明,温恭允塞"、"文明以健,中正而应"和"其德刚健而文明,应乎天而时行"诸说,已然提示出统治(统制)、官德和社民德行三大社会政治文明要素。在西方,"文明"(civilization)的词根源于"市民"或"公民"(civilis)一词,英语中的"政治"(politics)源于希腊文(polis),其含义为城堡、城邦或"波里"①。古希腊人观念中的城邦,一方面意指与公共领域生活有密切关系的公民(citizen),其政治目的在于"人如何成为真正的公民,因此,这种政治学也可以被称作公民政治学"②,于是在古希腊雅典城邦时代,"civilis"既内涵"公民"(自由民)或"公民社会"("civilissocietas"),也关乎"城邦"(civitas)和"政治"(politike),从而既同"野蛮"相别,也同城市和国家相联。古希腊贤哲亚里士多德所谓"人的本性是政治的",实际上也揭示了人作为社会公民的政治身份和政治美德资格,而"civilis"与国家政治和城市的关联,则逐渐成为"文明"的"现代性"意蕴根源——城市和市民被看作是现代公民社会和社会公民的原型,代表着人类社会逐渐远离自然状态进入社会民主政治秩序的发展方向。公民在公共生活交往过程中积淀着相互信任、行为规范和伦理道德,由此这种公共领域生活本身就是文明(civilization);另一方面城邦又指一种无时间流逝的空间结构,城邦政治就意味着在组织内部服从共同制定的法律和在相互关系中祛除暴力。以政治方式行事,就意味着"一切事情都必须通过言辞和劝解(即和平的方式),而不是通过强力和暴力来决定"③。这样,政治再一次表现出与文明的一致性关系。但这种与文明一致的"纯洁"的政治注定是短命的,其原因在于政治本身的悖论:政治制度既要符合时间和空间的现实需要即公民激情的释放和欲望的满足,而政治行为和活动又要符合既定的规范和公民的意愿即文明。事实与规范往往处于二律背反的张力状

---

① 《中国大百科全书·政治学》,中国大百科全书出版社 1992 年版,第 482 页。
② 洪涛:《逻各斯与空间——古代希腊政治哲学研究》,上海人民出版社 1998 年版,第 241 页。
③ 汉娜·阿伦特:《公共领域和私人领域》,三联书店 1998 年版,第 60 页。

态。但政治的这种张力直到近代马基雅维利的《君主论》才得以彻底的揭示。马基雅维利解决政治自身悖论的方式是将政治"工具理性化",即政治失去了古希腊时代和平与正义的意义,转而蜕变成为获取权力而展开的谋略和阴谋活动,所有规范和道德均为政治统治服务。①

二、政治文明是社会主义核心价值体系的反映

(一)政治制度奠定了民主制度的基础框架

政治文明是人类在社会实践中所获得的政治成果的总和,是政治观念与政治的合理性及合法性的表现,是人类政治生活的进步状态和政治智慧的结晶,并在很大程度上影响和制约着物质文明和精神文明的发展。社会主义政治文明的核心是建设高度的民主政治,人民当家作主是社会主义政治文明的核心内容和本质要求,依法治国,建设社会主义法治国家,是社会主义政治文明的重要内容和根本保证。民主是社会主义的本质要求,也是社会主义制度区别于其他一切剥削制度的本质所在。社会主义民主政治的表现形态就是坚持党的领导、人民当家作主和依法治国三者之间的有机统一。民主政治必须是一种法治化的有限民主,党的领导就是在法治化体系内依法执政,而依法治国就是依宪执政,实现党对国家和社会领导的制度化、法治化,从而在合法性视野里构建起中国特色社会主义民主政治的基本构架。邓小平同志明确指出:"没有民主就没有社会主义,就没有社会主义的现代化"②中国的政治文明建设必须坚持社会主义方向。我们实行的是社会主义民主,不是资本主义民主。在社会主义政治文明建设问题上,必须树立这样的观念,即没有政治文明就没有社会主义;同样,没有社会主义也不可能有真正的政治文明。坚持社会主义方向,就不能搞西方的多党制。我国没有西方"三权分立"制度赖以存在的经济基础。资本主义民主建立在生产资料私有制基础上,既有各阶级之间的对立,又有资产阶级内部各利益集团的矛盾,这就产生了与之相适应的多党

---

① 马基雅维利著,潘汉典译:《君主论》,商务印书馆1997年版,第84页。
② 《邓小平选集》第2卷,人民出版社1983年版,第168页。

制度。而我国以生产资料公有制为基础的经济制度,决定了全体人民和各个社会阶层的基本利益是一致的,在政治上有着共同的理想和要求,广大人民群众成为国家和社会的主人。因此,中国政治文明建设必须着眼于从制度上进一步保证人民当家作主。人民当家作主是社会主义民主政治的本质要求。发展社会主义民主制度更带有根本性、全局性、稳定性和长期性。要坚持和完善人民代表大会制度,坚持和完善中国共产党领导的多党合作制度,积极发展基层民主。要用法治实现和保障党的领导和人民当家作主的统一。依法治国的条件下党的领导必须在宪法和法律的范围内活动。只有实行民主的制度化和法律化,民主才真正具有坚实可靠的基础和保证。

无论是源于平等的直接民主观,还是生长于自由理念的代议制的间接民主观,其基本的原则与含义都是主权在民,都是通过多数公民的统治,保障人的公民权利在平等、正义的框架内得以实现的国家形式。民主既是一种政治价值和目的,又是一种政治工具与手段,其本质就是公民对政治的认同与支持,就是社会秩序与权威被公民自觉认可和服从。马克思主义认为,政治在本质上是大众的事业,只有公民的积极参与,才能建设真正的民主。因此,马克思主义对于政治参与问题十分重视,把它作为工人阶级取得政权实现民主的重要标志。在现代西方颇有影响的若干政治思潮中,无论是各种民主理论如参与民主理论、精英民主理论和多元民主理论,还是有关政治发展的理论,都不可避免地要涉及到对公民参与的一般性理论分析和对公民参与现状的具体考察。20世纪中期在西方逐渐兴起的、今天已经产生了巨大影响的公共选择学派,在构建其公共选择的理论框架、论述公共决策的产生过程时,也对公民参与的若干问题进行了深入探究。从法理上说,公民对政治秩序与国家权威的承认与维护,构成了国家和政权的合法性。"民主决策的权威性,立基于它是由一共同体的多数做出决定的,而此一共同体之所以得以组成,则是由于大多数成员所持有的某些信念所致"①。正是基于这种民主共同体内主权在民的内在要求,决定了国家与政治的合法基础。取得和扩大此种合法性基础的

①　哈贝马斯:《自由秩序原理》,邓正来译,三联书店1999年版,第130页。

唯一可行路径就是尽可能地增加公民的政治认同与价值共识。

社会主义核心价值体系是以"以人为本"为价值基点、以"共同富裕"为价值目标、以"公平正义"为核心的新型价值观,核心内涵和价值取向是:民主法治、公平正义、安定有序、人与自然和谐相处。它的基本内容有四个方面,即马克思主义指导思想、中国特色社会主义共同理想、以爱国主义为核心的民族精神和以改革创新为核心的时代精神、社会主义荣辱观。这样一个关于社会主义制度的"理想价值",是中国共产党和中国人民经历了新民主主义革命、社会主义革命和建设中的无数艰难曲折,在长期的社会制度比较的争论中,选择出来的唯一适合中国国情的、充满理性智慧和崇高人文理念的制度理想。改革开放以来,中国社会政治领域产生了"法治"、"人权"、"以人为本"等许多新的价值观念,不断扩充和深化着社会主义核心价值体系,有力地推动了中国民主政治的进步。在政治文明的框架内,审视一种政治制度与政治形态是否文明,最根本的是要看其是否能够实现正义目标。即是否能保障公民权利的实现,公共权力是否本质上源于人民授权,政治资源分配是否公平均等。"现代民主是一种管理体制,其中的统治者在公共领域中的行为要对公众负责,公民通过他们选举出的代表们的竞争与合作来间接地行动"[1]。当今时代,在国际政治多极化、经济全球化、文化多元化的潮流以及国内社会结构、组织形式、利益关系和社会分配方式日益多样和多元的背景下,各种价值碰撞与价值冲突要比历史上任何时候都更加激烈和不可避免,迫切需要在全体人民中树立共同理想,凝聚共识。党的十六届六中全会通过的《中共中央关于构建社会主义和谐社会若干重大问题的决定》明确提出建设社会主义核心价值体系,最大限度地形成社会思想共识。党的十七大报告又提出了社会主义核心价值体系是社会主义意识形态的本质体现。社会主义核心价值体系是社会主义制度的内在精神和生命之魂,它决定着社会主义的发展模式、制度体制和目标任务,必然规约和指引着当代中国政治文明建设的发展方向。没有社会主义核

---

① 菲利普·施米特,特丽·林恩·卡尔:《民主是什么,不是什么》,载刘军宁编:《民主与民主化》,李光伯等译,商务印书馆1999年版,第22页。

心价值体系的引领,构建和谐社会、建设政治文明就会迷失方向。

社会主义新型的民主政治,就是通过选择中国最广大公民的利益代表者即中国共产党来实现人民当家作主的。这里的人民当家作主既不是卢梭式"多数人的暴政",也不是托克维尔式的"宪政民主",而是具有中国特色的人民代表大会制度而构建起来的社会主义民主政治体制。在民主制度中,公民的政治参与是一项重要内容。我国的民主政治建设没有必要简单地照抄照搬西方国家的政治参与的全部模式。但是,随着我国民主政治的发展,公民政治参与问题自然而然地提上了日程。因此,如何建立和完善一整套从中国国情出发的公民政治参与机制已经成为一个值得研究的问题。改革开放以来,随着政治体系全方位多角度的成长进步,中国公民的政治参与有了很大的发展,政治参与的渠道也不断扩大,处于现代化进程中的中国政治文明建设获得了新的发展契机与增长点:社会主义核心价值体系为政治文明建设指明了前进的方向,现代国家制度的成长为政治文明建设提供了稳定的制度保障,公民社会的发育成长为政治文明建设培育了多元的行为主体,网络政治的兴起为政治文明建设塑造了全新的政治生态和行为模式。30 年来,广大公民除了根据自己的民主权利积极参加人民代表的选举,间接地参与国家政治生活之外,还创造了各种新的政治参与形式,及时沟通了党和国家机关与公民之间的政治认识;在农村实行村民自治,农民直接参与村务活动,管理村间事务;通过人民来信来访、网络民意调查,反映现实问题。这些措施有力地促进了政治参与的热情,扩大了政治参与的途径,使民主机制日趋完善。然而,我们也必须看到,与我国社会生活不断增长的政治民主化程度相比,我们的政治参与机制还有待完善,公民的参与渠道还不够广泛。这就要求我们实事求是地在从中国国情出发的同时,批判地吸收西方政治文明中的合理成果。如我们可以参照西方公民投票的原则,在决策一些重大问题的过程中,将决策权交付群众来讨论,广泛征求他们的意见,加大群众政治参与及决策的力度。

(二) 现代民主制度体系为政治文明建设提供了稳定的制度保障

政治竞争在任何形态的社会中都是存在的,只是在民主制确立的社会中政治竞争才以和平有序的方式在法制的轨道上进行。民主制下政治竞争的目标是促使国家权力合法有序地交替,竞争的胜利者获得国家行政或立法的权力,担负起管理国家的责任。经过一定期限后,再次进行竞争,角逐权力的执掌者,如此循环往复。以和平竞争方式解决国家权力的交替是人类管理自身的伟大胜利,它避免了社会以暴力或阴谋方式在争夺权力中所付出的巨大代价。西方国家的政治竞争主要表现为大选之前的竞选,竞选活动的重要手段是制定竞选纲领。竞选纲领给选民提供的是一旦某党入选它将推行的基本政策,使选民可以在不同的纲领之间进行有根据的选择,并授权候选人在入选政府后贯彻它的宣言或纲领。当然,西方的政治竞争不仅表现在国家权力的角逐上,也体现在公职人员的使用上。特别是英美等国,公职人员的招收、录入、提升都是与竞争分不开的。社会主义民主政治也是不能没有竞争的。随着现代民主政治的不断发展,竞争的原则在我国政治社会中将不断得到体现。目前在公职人员的选拔上,竞争的力度越来越大。公开考试、公平竞争,这是改革开放以来我国人事制度改革的重要内容。特别是近年来,随着干部人事制度改革力度的不断加大和我国公务员制度的角逐确立,竞争原则在干部人事制度中正在体现。但在实践中,无论是公开招考公务员,还是公开招聘领导干部,都存在着某些不完善的地方,一个公开、平等、竞争的人才选拔机制还没有完全确立起来,还需要进一步努力完善。因此,加大竞争力度,继续推进干部人事制度改革,依然是目前我国干部人事制度改革的当务之急。

因此,我们要建设的是社会主义政治文明,它是人类政治文明的崭新阶段,是在扬弃以往政治文明成果的基础上合乎规律地发展起来的。它首先体现了人类政治文明发展的共同要求。但也必须看到,我们建设社会主义政治文明的发展目标是同社会主义制度和当代中国国情联系在一起的,它具有自己独有的特性。因此,在建设社会主义政治文明的进程中,我们必须抓住主要矛盾,从问题入手,扎实推进政治文明建设。

一是进一步完善民主监督和权力制约机制。对于公共权力的设置要有相应的监督和制约机制。对权力的滥用,约束不力,是政治生活中发生腐败现象的一个重要原因。这些年来,在权力领域发生的种种消极腐败行为,都是与权力在行使过程中得不到及时而有效的约束有关。对政治权力实行监督,是当前政治体制改革和政治文明建设的当务之急。党的十七大报告指出了："人民民主是社会主义的生命。发展社会主义民主政治是我们党始终不渝的奋斗目标。"并指出"人民当家作主是社会主义民主政治的本质和核心"。对于加强权力的监督制约机制，明确提出要："完善制约和监督机制，保证人民赋予的权力始终用来为人民谋利益"，"让权力在阳光下行使"，"坚持用制度管权、管事、管人"，"建立健全决策权、执行权、监督权既相互制约又相互协调的权力结构和运行机制"。特别提出要"保障人民的知情权、参与权、表达权、监督权"。并把"知情权、参与权、表达权、监督权"并列写入报告，特别是"表达权"，这是历次党代会报告中没有出现过的。报告还强调"制定与群众利益密切相关的法律法规和公共政策原则上要公开听取意见"，这既是对"表达权"的进一步完善，也体现了我们党对权力的监督制约问题、特别是社会主义国家权力制约问题的认识和深化，反映了党在我国政治发展问题上的开阔眼界和博大胸襟，也预示着今后我国权力运行机制将加大制约力度，这也必将推进我国政治体制改革向纵深方向发展。当然，我们还面临着一些需要进一步破解的深层次问题，在坚持共产党一党执政和人民代表大会制的前提下建构有效的公共权力制约机制，可以从"依法治权、以权治权、以民治权、以德治权"的原则出发，立足于已有的政治资源，通过不断完善原来的监督制约制度，逐步构建对执政党、立法、行政、司法等权力机构形成有效控制和约束的权力制约机制框架。

二是积极发展党内民主，通过党内民主推进人民民主。党内民主与人民民主是社会主义政治文明建设的两个基本方面。党内民主是人民民主赖以发展的前提，制约着人民民主的发展程度。反过来，人民民主的发展又会促进党内民主的发展和完善。党的先进性决定了首先必须在党内发展与社会主义政治文明相适应的民主思想、民主行为、民主程序，从而在整个社会政治生活中发挥示范、引导和辐射作用。发展党内民主的关键在于坚持、完善民主集中制。要以保障党员民主权力为基础，以完善党的代表大会制度和党的委员会制度为重点，从改革体制入手，建立健全充分反映党员和党组织意愿的党内民主制度。扩大在市、县进行党的代表大会常任制的试点。积极探索党的代表大会闭会期间发挥代表作用的途径和形式。按照集体领导、民主集中、个别酝酿、会议决定的原则,完善党委内部的议事和决策机制,进一步发挥党的委员会全体会议的作用。改革和完善党内选举制度。建立和完善党内情况通报制度、情况反映制度和重大决策征求意见制度。

三是继续推进基层民主,通过基层民主推动整个民主政治的发展。基层民主是人民群众实行直接民主,依法管理自己的事情,创造自己的幸福生活,增加民主意识、提高民主素质和能力的广泛实践。进一步扩大基层民主,推进基层社会生活的民主化,对于促进社会主义政治文明建设,具有重要意义。近年来,在城乡基层自治组织中,依法直接行使民主选举、民主决策、民主管理和民主监督的权利,对所在基层组织的公共事务和公益事业实行民主自治。在农村以村民自治为核心的农村基层民主建设和以社区居民自治为核心的我国城市基层民主建设已经成为发展我国民主政治的伟大实践。基层民主不断发展和完善的过程,就是人民群众不断学习民主政治知识、提高民主素质的过程。它可以形成一种民主的文化氛围,广泛地进行民主观念的传播与相关训练,探索和积累民主建设的经验,逐步扩大和推进全社会的民主进程。在农村,要认真贯彻执行《村民委员会组织法》;在城市,要完善城市居民自治,发展社区民主,建设管理有序、文明祥和的新型社区。在企业,要继续完善职工代表大会和其他形式的企业民主管理制度,发挥职工代表大会和工会在民主选举、民主决策、民主管理、民主监督中的作用,保障职工的民主权利,维护职工的合法权益,逐步建立和完善企业领导干部由职代会选举、选聘和评议的制度,建立健全职代会的提案工作制度和各专门委员会工作制度,坚持和改善党对职代会的思想政治领导。

四是努力构建新型的政治文化,建设社会主义政治文明。政治文明(Political civilization)与政治文化(Political culture)有关联但两者又不相同。文明和文化都涉及一个民族全面的生活方式。文明是放大了的文化,文明比文化更具历史性。文明是文化的历史与质量的积累,文化则是文明的活跃(或者说是生活)层面。比起文明来,文化比较显性,比较灵动,变革的动态频率高。政治文化经大浪淘沙后,有一部分成果积淀为政治文明。政治文明为政治文化的发展投注下了底色,政治文化则为政治文明提供着导向性的时代新内容。政治文明与政治文化虽然处于同心圆,但政治文明的主要内容,体现在国家政治制度和政治体制、法律制度、政治意识形态、民族政治创造、社会政治知识等各种层面。建设社会主义政治文明,更要致力于民主的制度结构,即强化民主主体的民主意识、民主素质,实现民主主体形象的重塑或再造。只有在一个充满民主和法治氛围的社会中,在大多数公民树立民主精神和法律意识的条件下,政治民主化才能得到长足的发展。所以,建构先进的政治文化是全面建设小康社会的内在要求。改革开放以来,我国社会的政治文化有了很大的进步,公民的政治价值观发生了根本的变化,民主意识和法制观念得到了很大增强,全社会形成了"依法治国"、"民主建国"等基本的政治共识和制度创新的新观念。就公民个体的生活和行为来说,社会基本制度体系仿佛是既定的、不可变更的。然而,就人类社会生活实践的漫长历史来说,任何既定的社会制度体系不仅是可以不断改进的,而且需要他们根据其自身的社会生活实践需要,不断做出新的制度变革或改进,甚至是新的制度选择,这就是所谓"制度创新"。人类社会的发展、尤其是现代社会的发展已然选择并证明,市场经济、民主政治和多元文化乃是迄今为止最为合理、有效和正当的社会基本经济制度、政治制度和文化制度模式,但不同国家或地区的社会实践经验同样有力地证明:市场经济和民主政治不可能只有一种单一的模式。制度模式如同文化传统和道德谱系,多种多样,难以一律。政治文明的发展是物质文明发展的杠杆,为社会发展提供政治构架、政治规则和各种潜规则,提供必要的社会条件和政治保证;政治文明的进步,又是精神文明发展的既定"依傍",调适着精神文明的性质、质量和方向。对于一个民族的民族精神、思想境界来说,政治文明通过各种形式的功能发散,起着"怡情养性"的精神孕育作用。

三、公民社会的发展为政治文明建设培育了多元主体

如前所述,政治文明是人类政治生活的进步状态。尽管不同时代的政治文明的具体内容不一样,但它应当是体现那个时代进步的最适宜的政治状态。

（一）公民社会是政治文明的基石

在公民社会与政治国家的关系中何者居先的问题上，社会契约论的观点之间存在着争议。以洛克为代表的古典自然法学派中的自由主义运动，极力突出公民社会对于政治国家的优先地位。在他看来，社会先于政府而存在；社会首先源自于一个把个人从自然状态解救出来的契约，然后这个新形成的社会接着才建立了政府。政府尽管可被视为至高无上，但它与社会之间实际上是一种信托关系。如果它违背了自己的信用，社会就可以恢复其行动的自由。① 而以霍布斯为代表的近代古典自然法学的国家主义运动，则更加关注国家的绝对性与神圣化，强调政治国家高于市民社会。黑格尔从绝对精神出发，以其雄辩的哲学确证了政治国家高于公民社会的合理性。邓正来先生将上述两种关于公民社会与政治国家的关系分别概括为"洛克式'市民社会先于或外于国家'的架构"和"黑格尔'国家高于市民社会'的架构"。② 无论是"国家高于市民社会"，还是"市民社会先于或外在于国家"，都遵循了共同的逻辑前提：将政治国家与市民社会的分离作为分析和认识的起点。一种称之为"宪法社会学"的理论认为，"将宪法视为调整保障自由的公共权力机关与以私法组织起来的经济社会之间关系的社会学宪法的逻辑前提是国家社会的二元划分，即承认存在着国家与社会、政治与经济的分离，及在此基础上形成的公共领域与私人领域的两立"。③ 其实，公民社会与政治国家的分离并不是一开始就存在的，公民社会的形成有一个"蛹化"过程。在前资本主义时期，公民社会与政治国家之间具有高度的同一性，二者之间没有明确的界限，政治国家就是公民社会，公民社会就是政治国家。随着近代工商业的发展，公民社会构成要素逐渐获得独立存在和发展的意义，公民社会开始同政治国家相分离。在公民社会与政治国家的分离过程中，市场经济起到了关键性作用，因

---

① 查尔斯·泰勒：《市民社会的模式》，载邓正来、（英）J. C. 亚历山大主编：《国家与市民社会》，中央编译出版社 2002 年版，第 14 页。

② 邓正来：《市民社会与国家：学理上的分野与两种架构》，载罗岗、倪文尖主编：《90 年代思想文选》，广西人民出版社 2000 版。

③ 郑贤君：《宪法的社会学观》，《法律科学》2002 年第 3 期。

为,市场经济造就了市民社会的主体,拓展了市民社会的活动空间,塑造了市民社会的意识形态,塑造了市民社会的自治体制,促进了适合于市民社会的法律理念和制度的形成。

国家与社会的分离是现代社会的重要标志,现代国家与公民社会是相互依存和相互制约的伴生物。公民社会是市场经济和民主政治的产物,是建设现代政治文明的根基和社会基础。公民社会的基本单位是具有权利意识、自主意识、程序规则意识的现代公民,它强调的是公民的参与和公民对国家权力的制约。彼此相互关联又相互独立的国家与社会关系是现代政治得以顺利运转的重要保障之一。从某种意义上说,现代国家的成熟程度,与公民社会的发达程度是一致的。当代中国的政治文明建设,实质是发展社会主义民主法治,它需要一个坚实的社会基础——公民社会。有了公民社会这个基石,一方面,可以培育出公民政治文化,树立起绝大多数国人的民主信心,养成民主习惯,形成民主的政治文化心理;另一方面,可以制约国家的无限扩张,这样才能真正建设成现代政治文明。因为,公民社会不仅是民主政治的基石,而且是市场经济与法制社会的产物。它的基本单位是具有权利意识、自主意识、程序规则意识的现代公民。公民至少须具备以下的基本意识或素质:权利、责任意识;法治意识;纳税人意识;科学理性精神;道德意识;生态意识或可持续发展意识;健康的心理素质;不断学习、与时俱进的能力等公民意识。其核心是公民的权利责任意识和科学理性精神。近现代以来100多年的中国社会进步史表明,公民意识的缺失是制约中国现代化进程的重要因素。从根本上来说,现代化的最终完成必然表现于人的现代化。因为现代社会的基本体制——市场经济、法治社会、有限责任政府、政治文明等等的真正落实和完善,离不开人的现代化的支撑。因此,呼唤公民意识,提高公民素质,越来越成为关系我国现代化进程的不容忽视的课题,也是建设政治文明的迫切需要。

公民意识与政治文明之间的互动关系的一个重要维度是,公民意识的培养是公民社会成长的内在精神动力,而在现代政治文明和民主政治生活中,公民社会的健康成长正在构成公共政治权力合法正当运用的基本制约力量,因此也成为现代政治文明建设的社会基础工程。西方近、现代政治民主理论实质上主要是一种基于社会契约论前提预设基础上的权力制约理论。按照社会契约论的理解，政治权力即"公权力"乃是在公民基本权利即"私权利"的公共让渡基础上所形成的结构性和功能性政治权力体系。公共政治权力系统的合法正当运作被视为现代政治文明建设的首要目标，因此，民主问题才会在现代政治生活中显得如此重要。民主的根本在于民治，因为任何公共政治权力都来源于人民的权力赋予。然而，人民的权利一旦让渡就不可简单直接地回收，公共权力及其运用便可能成为脱缰的野马，反过来成为宰制人民的异己力量。文明的政治首先必须是公共政治权力合法构建和正当运用的政治，因此，如何合法有效地制约公共权力及其运用就成了政治文明建设的头等大事。我们在前面讨论了对政治权力实行监督与制约，是当前政治体制改革和政治文明建设的当务之急。对权力的制约，除了"依法治权"、"以权治权"外，还有"以民治权"、"以德治权"以及"以社会制约权力"等多种形式。20 世纪后期以罗伯特·达尔等人为代表的法哲学和政治哲学家提出的"以社会制约权力"的新主张，这一主张的新寓意在于：它预设公民社会代表着社会政治积极的政治力量，所遵循的政治逻辑是"以善制恶"。如果我们把"以权力制约权力"的方式所遵循的政治哲学原理或前提看成是"以恶制恶"的话，那么，"以社会制约权力"的方式和主张，其寓意在于：它预示公民社会代表着社会政治的善或积极的政治力量所遵循的政治逻辑是"以善制恶"的路径。而"以社会制约权力"的前提条件是公民社会本身的发达和强大，公民社会的发达和强大的根本标志在于公民社会自身的发展和充分的发育、公民群体的政治参与意识和参与能力，以及公民自身的政治意识亦即公民素质的充分发展和普遍提升。如果公民社会本身无法健全发育，那就难以形成健全强劲的社会政治力量，那么"以社会制约权力"方式便无从谈起；如果公民群体的政治意识淡薄、政治参与能力不足，则所谓"以社会制约权力"也将难以找到合法有效的制约路径；同样，没有优良的公民意识资源供应，则所谓"以社会制约权力"的主张既难以真正落实，也不可能保持持久、有效和正当的政治道义能量。据此而言，公民意识的建设实际上是实现"以社会制约权力"之政治目标的社会道德基础和根本伦理资源。

（二）从统治到治理：彰显了政治文明的进步

政治统治的合法性，包括法律意义和政治学意义的合法性，政治学意义的合法形式指社会公众对执政者及其推行的政治制度和政治秩序的认同和支持。在当代，"合法性"这一术语成为政治学和社会学的核心概念，理论研究者更是言必称合法性，甚至在其他领域的使用频率也是相当之高，所以，"合法性"一词已不单单是学术用语，也是备受青睐的时尚词汇。如果我们探究合法性理论的历史渊源，就会发现：实际上，西方近代政治哲学史的主流思想就是政治制度的合法性问题。布丹的"君主主权说"，霍布斯的"利维坦"，洛克的"契约论"，孟德斯鸿的"论法的精神"，菲尔默的"君权神授说"，卢梭的"公意说"等等实际上都是对合法性问题的哲学探讨。不过，明确把"政治的合法性"当做一个核心概念，是现代政治社会学的贡献。这一贡献可以追溯到德国著名政治社会学家马克斯·韦伯。在韦伯看来，由命令和服从构成的每一个社会活动系统的存在，都取决于它是否有能力建立和培养对其存在意义的普遍信念；所谓合法性，就是促使人们服从某种命令的动机，故任何群体服从统治者命令的可能性主要依据统治系统的合法化程度。韦伯从经验事实的视角出发，认为合法性不过是对既定政治体系的稳定性，亦即人们对享有权威者地位的确认和对其命令的服从。韦伯认为，在现实政治中，任何成功的、稳定的统治，无论其以何种形式出现，都必然是合法的，而"不合法"的统治本身就没有存在的余地，即"存在即合理"。当然，韦伯的理论很大程度上源于一种方法论——这也几乎是他一生的学术风格——"价值中立"。对于政治统治的合法性，韦伯仅限于事实判断，而不引入任何价值标准。但显然，韦伯的经验论无论是在理论层面还是在实践层面，在当代政治现实中都面临着巨大的挑战。

从古至今，人类社会从没有阶级、政治到出现政治、阶级，从没有国家、政府到国家、政府的产生，公共权力作为一种人类社会中特定的社会现象在人类社会不同的发展阶段有着不同的实质内涵，用马克思主义的观点来分析，公共权力的产生、发展根源于人类特定群体的共同利益，随着人类社会形态的发展演进，公共权力必定会沿着从开始属于全体社会成员到特殊社会成员（实际一部分小群体)最后回归于广大社会成员乃至全体社会成员的内在路径发展,那么作为它的实际执行者即掌权者特别是现代政府掌权者该如何认识把握乃至如何更好的运用公共权力,对于实现其代表的社会成员利益有着十分重要的意义。因为政治统治的合法性是政权运作的前提和基础。如果一个国家政权在获得合法性的前提下,其政治学意义的合法性越高,即获得社会公众的认同和支持的程度越高,其政治文明的程度就越高。如在封建社会,政治统治的合法性在于人与神的关系中,合法来源于"君权神授",就是对这种合法性统治的高度概括。统治者自认为是奉天命统治世界,民众是其子民,对其绝对效忠和无条件服从。而民众的服从则应是天然地出于对这种神圣统治的信任与认同。但随着经济社会的发展变迁和人性的觉醒,这种合法性基础自近代以来被彻底颠覆。合法性从上帝那里转移到人民手中,只有按人民主权原则,采取平等的选举形式产生的政府才具备合法性。人民与政府的关系是委托代理关系,政府(代理人)必须依据人民(委托人)的意愿进行管理。随着政府改革运动以来,能否及时有效回应公众的要求成为衡量政府合法性的一个重要标准。在当今的国际社会,合法性危机已经成为普遍的政治问题。但作为一个互动的概念,合法性同时也需要社会层面的民众的建设,而在合法性的重建过程中,需要政府与社会在合法性重建的过程中合力构建一种普遍而又强大的社会力量。

对于"治理"(governance)与"统治"(government)的区别,从词面上看似乎差别并不大,但其实际含义却有很大的不同。治理与统治的最基本的,甚至可以说是本质性的区别就是,治理虽然需要权威,但这个权威并非一定是政府机关;而统治的权威则必定是政府。统治的主体一定是社会的公共机构,而治理的主体既可以是公共机构,也可以是私人机构,还可以是公共机构和私人机构的合作。治理是政治国家与公民社会的合作、政府与非政府的合作、公共机构与私人机构的合作、强制与自愿的合作。所以,治理是一个比政府更宽泛的概念,从现代的公司到大学以及基层的社区,如果要高效而有序地运行,可以没有政府的统治,但却不能没有公共机构的治理。另外,二者的管理过程中权力运行的向度不一样。政府统治的权力运行方向总是自上而下的,它运用政府的政治权威,通过发号施令、制定政策和实施政策,对社会公共事务实行单一向度的管理。与此不同,治理则是一个上下互动的管理过程,它主要通过合作、协商、伙伴关系、确立认同和共同的目标等方式实施对公共事务的管理。治理的实质在于建立在市场原则、公共利益和认同之上的合作。它所拥有的管理机制主要不依靠政府的权威,而是合作网络的权威。其权力向度是多元的、相互的,而不是单一的和自上而下的。我们在前面的章节中已经作过阐述,在此不再细叙。

从统治的角度来看,政府是中心、是目的,全部社会管理都是为政府服务;从治理的角度来看,公民是社会治理的主人,政府是为其服务的工具,是解决公民需要解决的问题的手段。统治是政府凭借权力,通过发号施令、制定政策、采取措施,对社会公共事务实行单一向度的管理;治理是政治国家与公民社会的合作、公共机构与私人机构的合作、强制与自愿的合作,是一个上下互动的管理过程,通过合作、协商、伙伴关系、确立共同目标等方式实施对公共事务的管理。从统治到治理的转变,是公民社会的必然要求,也是政治文明进步的标志。现代国家的公民作为社会的主人,在社会管理中就应该作为主人参与其中,其主体性应该得到体现,而不应该仅仅是政府权力对社会实施控制的对象。当代西方政府改革中,高度集权的官僚体制不断向分权体制演变,"放权正在成为一个全社会性的进程,分权成了一种目标取向。因为分权比集权式管理有较大优越性:分权灵活性大,对于环境和需求的变化能迅速地作出反应;分权更有效率,下级接触实际最多,了解问题症结所在,他们能独立设计出解决问题的最佳途径;分权更易带来创新精神,实践出真知,权利更能调动积极性、激发责任感,从而产生更高的生产率。鉴于此,一些国家的政府纷纷下放权力。将那些管不了、管不好、不该管的公共事务交由企业和其他社会组织操办。将竞争机制引入公共部门。使公共事务"民营化",扩大社会参与,减轻政府负担。各国行政改革的内容中大多包括了民营化或带有私有化倾向的改革措施。不断将一些管理的职能、权力返还社会,以期有效地沟通政府与企业、政府与社会、政府与公民之间的关系,保证市场交易的公平和公正,形成统一、有序的市场体系。政府对社会经济事务的管理方式,从传统的直接管理向间接管理转化,通过制定正确的政策来加强宏观调控,减少一切不必要的行政干预。从统治到治理的转变,是公共行政向传统官僚主义体制的挑战。

(三)扩大公民有序的政治参与是衡量政治文明程度的重要标准

扩大公民有序的政治参与是我国经济发展的客观要求。现代民主政治本身就是工业化和市场经济发展的产物,经济越发展,政治参与度就越高。正是因为经济发展加速了社会的分化,各利益主体为谋求和维护自身利益,就会设法去影响政治体系。而经济的发展又将促进政治参与主体的全面素质的提高。同时经济发展使得政府在社会中的作用不断调整,当公民感到自己的利益越来越与政府的活动相关时,就会越来越努力去影响政府的决策。

公民有序参与政治是公民、国家、社会三者良性互动的形式,既是政治制度完善的需要,也是政治制度完善的结果,其核心价值是理性、和谐、正义、民主。所谓政治参与的理性,一是"具有对政府进行约束作用",通过"民主的政治参与可以在国家和社会之间稳妥地矫正政府的行动与公民的意愿和选择之间的矛盾。为了体制的正常运转,政府需要从社会上得到有连贯性的信息和活力的补充,否则政治体制便难以维持。政治参与将把这种信息和活力注入政治体制。公民通过政治参与,表达自己对公共财富和价值分配的意愿和选择,并施加压力,使政府的行为不至于与公民的意愿和选择发生矛盾,从而影响政府的决策。"二是提高公民素质,"作为教育公民的方式",使"公民通过政治参与可以学习如何发挥自己的政治作用,变得关心政治,增强对政治的信赖感,并感到自己是社会的一员,正在发挥着正确的政治作用,从而对政治体制的归属感。"①三是通过公民有序的政治参与,可以增强社会的稳定性,提高政府管理的、执行的能力。

扩大公民有序的政治参与是衡量政治文明程度的重要标准。公民有序政治参与是民主形式与本质的统一。仅有国家制度层面上的制度设计,而无公民在国家公共事务中行使权利的操作规程,公民政治参与的秩序也难以保障。要使公民参与的效果显著,那么公民参与一定是在法律保障之下的理性行为,

---

① 浦岛郁夫:《政治参与》,经济日报出版社1999年版,第5页。

一定是有序的行为。公民有序政治参与的本质是民主与秩序的关系问题。民主的推进必须在宪法和法律的范围内进行。一个社会没有民主不行,同样没有秩序也是不可能的。一个没有秩序和违反法制的民主,都会对社会秩序和人民的权利、自由造成危害。为使国家、社会与公民三者关系的有效衔接和良性互动,为提高政府治理公共事务的能力与绩效,应当依法鼓励公民有序参与政治活动。

扩大公民有序政治参与的渠道与形式和构建我国社会主义和谐社会一并将成为今后一个时期重要内容。中央提出的"扩大公民有序政治参与",本身也就表明当前我国公民政治参与还需要有新的制度供给、还需要开辟新的途径与方式,还需要为经济发展与社会和谐做出更多的贡献。公民的政治参与,最大的政治功能和价值在于通过影响政府的行政和决策,使国家政治体系的运作避免或减少对"公意"(general will)的可能偏离。我国社会主义政治制度有着自身的优越性,同样有着公民政治参与与诉求的内在逻辑。在本质上,社会主义政治制度正是以容纳比西方政体更为广泛的公民政治参与为基础的。因此,广泛的公民政治参与应该成为社会主义政治制度优越性的一个重要特征。从建设有中国特色的社会主义政治内在要求和发展趋势看,扩大公民有序的政治参与,是21世纪中叶我国实现社会主义现代化的必然要求,是党代表人民利益的重要体现。政治文明归根到底是关于权力的来源与行使问题。从人类政治文明发展的历史进程来看,民主是人类社会政治文明形成的标志。政治文明发展的最高阶段应是"一切权力属于人民"与"人民行使一切权力"的高度统一。物质文明的水平衡量是以生产力水平的高低为重要标志,在当代就是看科学技术水平、信息化程度;精神文明的衡量标准是教育文化水平和思想道德水平;而衡量政治文明的标尺就是民主的具体制度的完善程度,不断扩大公民有序的政治参与,是迈向最高程度政治文明的唯一途径。我国宪法规定:"中华人民共和国的一切权力属于人民","人民依照法律规定,通过各种途径和形式,管理国家事务,管理经济和文化事业,管理社会事务",这是我国政治文明的重要体现。

加强公民权利建设是民主建设的另一个重要方面。公民权利与权力的统一,既是现代国家社会的本质和核心,也应当是社会主义和谐社会的本质和核心。没有公民权利及其权利的平等,便没有现代国家社会,没有社会主义社会,也不会有社会主义和谐社会。公民权利及其权利平等的实现程度,将标志着社会主义和谐社会的实现程度。公民参政是实践公民权利,保障人民主权的实现形式,它反映了公民在政治系统中政治活动的地位、作用和选择范围。政治参与往往成为衡量政治系统民主化程度的标尺,公民有序政治参与就是公民在社会生活平等、自由的体现,依法表达自己的意愿及维护自己的利益是合法合理的。权利作为一种价值形态,当它为国家权力所尊重和保护时就成为一种法律权利。国家权力的工具价值功能是实现人民权利、维护人民权利、发展人民权利和维持社会秩序。而只有维护权利,才能维持秩序。现代国家社会的一种基本实事是,国家权力除了维持社会秩序使得社会安全、有序并稳定运行以外,它自身还含有追求和趋向公平、正义、自由、平等、效益、文明、和谐等价值理性。很难设想,现代社会中的国家权力只追求秩序和安全而漠视人权、自由、平等、公平、正义的基本价值,还能够使权力存在下去。中外历史实事表明,只有在一个个性得到充分发展的社会,人们才会意识到社会价值的存在。因此,扩大公民有序政治参与既是正义之义,也是追求正义之过程。而公民有序地通过各种合法方式参与政治生活的行为有助于政府最大限度集中公民的意志,防止决策的片面性;有助于加强对政府的监督,以济国家机关相互监督之穷;有利于培养公民的主体意识,增强公民的政治责任感。所以毛泽东说:“只有让人民来监督政府,政府才不敢松懈;只有人人起来负责,才不会人亡政息”。① 一个社会只有实现了人的权利,才能激发人的积极性、主动性和创造性,才能产生主体的自觉性、自主性、自律性,才能形成一种新型的社会秩序,实现社会更高层次的安全、稳定、文明与理性。价值关系充分反映了权利与权力的关系:一方面,权利需要国家权力的承认和保护以得到实现;另一方面国家权力通过广泛地承认并充分保障权利,才能实现社会秩序的稳定与安全、文明与理性;这是社会秩序稳定和发展的基本规律。

① 黄炎培:《八十年来》,中国文史出版社1982年版,第148–149页。

扩大公民有序的政治参与是"立党为公、执政为民"的要求。中国共产党执政不仅要在经济、文化上使人民过上富裕、美好生活,而且要带领和支持人民真正实现"人民当家作主"。"最广大人民的根本利益"不仅包括经济的、文化的,还包括政治的。共产党通过依法治国方略,来保证人民的各项民主政治权力的实现。共产党在带领和支持人民实现政治利益的同时,也最大程度地维护和实现了人民的经济、文化利益。"相信谁、依靠谁、为了谁"是社会主义政治文明建设的工作路线、方法,也是政治文明建设的价值取向。

(四)公民社会多元权利对权力的平衡和制约

改革开放前,在一定意义上呈现的国家吞并公民社会的状态。国家和集体利益具有不可置疑的先进性和独占性,个人处于行政依附地位,所形成一种单元板结的社会结构。改革开放以来,随着计划经济向市场经济的转型发展,以及政治体制民主化的改革和思想观念的巨大解放和更新,引发了巨大的社会结构变迁和利益的分化改组,从而推动了公民社会的形成和发展。

首先,多元利益的分化导致了社会分层的出现。市场经济的发展和利益分化重组。一方面,社会阶层大大突破了传统的工人、农民、干部和知识分子的简单构成,涌现了大量的个体劳动者、私营企业主和企业经营者(企业家)等不同职业的新型阶层,这使传统的"阶级"划分和"身份"确认都难以涵括和覆盖;另一方面,社会分化也使原来的"阶级"内部不断进行发生,如"蓝领工人"、"白领工人"、退休职工、失业者、农民、乡镇企业职工、农民工等等。知识分子、官员和军人内部也在不断分层化。① 人在社会中所处都有其相应名衔,没有赤裸相见的,而是不仅穿着社会的制服,还佩戴着有色的眼镜。人在社会上行走,都顶着社会赋予的名衔,都被排列在社会范畴里。就此而论中国公民社会的严谨,如对"人民"和"公民"内涵的运用,足以显现中国社会发展变革的一隅,"人民"和"公民"都是在中国进入现代化以来被广泛使用的术语。"人民"是一个集合名词,"公民"是一个可数名词。个人是平凡之人,但如果

---

① 如大学兴起的特聘岗位系列、国家公务员制度的推行、军衔制度的确立等等,都将导致其内部的分层化。

说他是属于或代表人民的时候，就具有神圣性；而只要具有神圣性，做什么都具有了合法性、正当性。同样，一个人被以"公民"称之的时候就表明这个人具有一系列权利，公民达到多数，所代表的权利或声称的主张就具有神圣性。"人民"和"公民"这两个词都能够被使用者直接拿来表达自己的观点无可置疑，表达自己的诉求神圣不可侵犯，无需再作更多证明。"人民"是在革命意识形态中被使用得较多的范畴，"公民"则更为自由主义者所重用。在思想多元化的时期，他们看起来被混用，但是，在主流的思想和主导的社会力量结合起来之后，支配性的话语会选择自己的核心概念，赋予它优先和统摄的地位。"人民"本来是指民族、一个共同体的全民，因为民族国家意义上的民族在现代政治里被赋予了集体生存权和主权，所以，"人民"具有多种神圣性和正当性。但是在革命历史时期，国民是划分为不同阶级的，其中只有革命性的阶级才是人民。① 中国的现代化不同于欧美的自发现代化，是一种后发的、追赶式的现代化，一种规划的现代化。它无需等待大众在接受了特定的规划而从容地展开实践，它更多的是利用意识形态不断造就先进分子队伍领导大众勇往直前。这就形成了公民之间的政治身份、社会地位的差异，一些人总是比另一些人更正确、更可信赖。当国民内部没有"人民"和"坏分子"的划分，在民法、政治上人人平等的"公民"概念就开始发挥首要价值作用，人们逐渐习惯让"人民"退回到指称国民全体的内涵上。只有在"公民"取代"人民"成为政治和社会生活的首要范畴，彼此能够相互尊重，谁也不再利用政治标签让自己处于所谓的正确位置而傲视于别人，这就形成了斗争精神让位于公民精神，中国人的公民精神进入了一个新的发展时期。加快推进了中国现代化进程中从身份到契约的转化，大大改变了传统简单而僵直的阶级构成和阶层构成。

其次，社会资源占有的分散化、分布的多元化。改革开放前，公有制一头独大，可以说独霸天下，非公有制成分几乎没有存在的空间。改革开放以来，所有制结构多元化，即国有、集体所有、私有、国外资本及其所有制并存，这使得社会资源占有和经济力量日益分散化、多元化，大大改变了传统的国家或集

---

① 《列宁选集》（第1卷），人民出版社1995年版，第621页。

体资源的独占性。随着改革开放的深入和市场经济的发展,社会资源配置主体多元化的格局也在发生着变化。这种变化在表面上看,始终是一种功能此消彼长、互补结合的过程,但从现代社会发展的趋势上看,小政府、大社会、大市场的变化是主流方向。也就是说,社会资源配置变化的主要方向是政府的功能作用相对不断弱化,而市场力量和民间力量的作用相对在增强。政府功能相对弱化的表现一是政府管理的范围和领域在缩小,二是行政强制的刚性手段逐渐为社会动员、政府公关的柔性方式所取代,三是直接干预市场和社会的方式转为运用法律和经济杠杆间接的调控方式,四是传统的金字塔式的集权纵向管制逐渐向管理重心下沉的分权式的网络沟通转变。与此相对应,市场力量、社会力量在逐步崛起、增强,其重要标志就是市场组织和民间组织的产生和发展,强烈的民主意识和广泛的政治参与行动,以及对市场、社会乃至政府的影响力逐步增强。

再次,社会权力日益扩展并呈现多元性。传统的政府管理,以强力和法律为后盾。政府通过颁布命令,制定政策,合法使用暴力,来实现对社会公共事务的管理。显然,这种权力体制和管理制度建立在强制性、等级性的政治理念基础之上,突出的是政府的政治权威,强调的是从上而下的单向度权力运行规则。在这种强制性、等级性管理体制和制度下,尽管公民们可以通过定期选举来更换政府官员,调整政府的法规与政策,从而在一定程度上实现利益表达和公共事务参与的权利要求,但这毕竟是间接而有限的,同时也无法从根本上改变该体制下权力的强制性、等级性和单向度性。政府依旧可以在得不到多数公民认同的情况下,行使管理权力。在从集权主义和全能主义体制向民主主义体制的政治转型过程中,兼有新旧体制特征的权威主义政治体制作为一种双轨政治体制成为一种必要的过渡形式。改革开放前中国的政治体制同时具备集权主义和全能主义的特征,一方面是高度的中央集权、个人集权和党的一元化领导,另一方面是国家权力无所不在,国家职能无所不包,社会为国家所淹没。从这样一种政治体制是无法一步到位直接建立民主主义政治体制的,后者是需要相应的社会经济基础、政治结构和政治文化支持的。邓小平同志为政治体制改革确定的核心内容是实行权力下放,以实现政企分开、党政分开和调动中央和地方两个积极性。经过长期的改革努力,中国逐渐形成一套技术专家治国的权威主义政治体制。这种政治体制保障了经济自由和财产权利,促进了市场机制的发育成熟,放松了对社会的控制和包办,初步形成了从权力一元走向有限多元的政治格局。在权威主义政治体制中,党的领导、中央的权威、国家的主导权与政府的效能、地方的活力和公民社会的自治自律之间在一定程度上形成了动态的平衡。权威主义政治体制为进一步向民主主义体制的过渡创造了必要的条件,市场经济逐步发展壮大,公民社会悄然崛起,利益集团日趋多样化,公民政治文化日益普及。民主主义政治体制只有建立在这样坚实的基础上才能得以巩固。多种所有制形式并存构成了我国社会主义市场经济的基本模式,市场是基本的资源配置方式,导致了社会阶层分化。社会阶层分化促进了社会团体的政治参与,权力资源开始由国家分向社会,社会领域的独立性和自治性逐渐增强,团体的有效参与及其作用在提升,其对社会利益的综合支配与表达能力不断提高。而同时,社会团体把分散的社会个体整合起来,社会成员以组织的形式参与政治活动,扩大了政治参与的广度和深度,提高了政治参与的影响力。

第四,社会分工分化的加速,是社会组织日趋多元化。除传统企业、事业单位外,各类公司、合伙组织、联营、私营企业、民营非企业等大量涌现,尤其是代表不同利益和要求的社会团体发展迅猛,并在政治国家、经济和社会生活中发挥着重要作用,大大改变了国家组织(官办组织)"独占"与"垄断"的单一性。

第五,社会的重大分化改组,推动了社会价值观念的多元化。中国正处于现代化进程中的重要转型时期,利益结构的变化及合理性观念的冲突,造就了价值评价及其标准的多元化,①世俗化、个性化、多样化的大众文化也蓬勃发展兴起。一个展现利益诉求、个性自由、平等开放、自主自律、参与竞争、开拓创新等新的价值观念得以确立,并逐步呈现多元化和丰富性的生动发展,大大改变了思想观念的"权威统一性"。一个社会的价值观念,既是对各种客观存

---

① 兰久富:《社会转型时期的价值观念》,北京师范大学出版社 1999 年版,第 35 页。

在的经济社会政治结构和发展状况的反映,也是对人们理想中的个人发展目标和社会关系状况的期盼。因此,社会结构特征的变化及其多样化,将在很大程度上表现为社会价值观念的结构性变化和多样化,表现为新的价值观念的不断出现。改革开放以来,我国社会的价值观念发生了结构性转变,这种转变的基本特征或表现形式,就是价值观念的多样化、复杂化。具体说来,与改革开放前相比,我国社会价值观念的变化和新的价值观念结构的形成,具有重要的变化特征:个人发展机会和路径多样化。在市场化、工业化和城市化的推动下,我国居民的发展机会不断增加,也日益多样化,这使得社会成员实现个人成功的机会空间在不断扩大,可供选择的路径显著增加,人们不再共同瞄着某一个方向谋求自身发展。不同的发展路径,不同的发展机会,必然导致不同的价值观念,形成不同的价值取向;社会评价机制多样化。社会评价机制的变化,意味着个人成功标准的分化和多样化。在当今社会,个人发家致富,做青春偶像、影视明星、文化体育明星,加入甚至引导时尚消费潮流,成为知识和技术精英,当然还有仕途发达等等,都可成为个人的成功标志。特别值得注意的是,个人价值的实现有一种从过去注重组织评价转向现在重视自我评价、"粉丝"评价、媒体评价的趋势,其背后的实质则是从以往注重精神内涵转向更加注重物质效果;不同社会发展阶段的价值在同一时空中并存。我国社会目前正处于从农业社会走向工业社会、从农村社会走向城市社会、从封闭社会走向开放社会的现代化过程之中,并且随着对外开放的深入而受到全球化的深刻影响,在这样复杂的情况下,传统社会价值、现代社会价值乃至后现代社会价值,都在我国社会生活中广泛存在,相互激荡;社会的价值观念结构开始表现出某种程度的阶层化特征。随着社会阶层的分化和新的社会阶层结构的形成以及社会利益关系结构的变迁和多样化,不同阶层之间的利益关系的差异日益显著,从而不可避免地导致相关价值取向的分歧。

价值观念的这种结构性变化,对我国社会价值整合提出了严峻挑战。我们进行价值整合,并不是要消灭价值观念的多样性和丰富性,而是要在承认这种多样性和丰富性的条件下,加快建设全社会认可的社会主义核心价值体系。①

由此可见,市场经济的发展启动了中国社会由单一性走向多样性的伟大历史进程,公民社会日渐形成,并推动了多元社会权力的扩展伸张。换言之,社会阶层和利益日益分化,资源占有分散化,社会权利多元化,社会组织日趋多样化,以及价值观念的复杂化发展,在一定程度上消除了传统集权体制的阶级结构基础、经济基础、组织基础和思想观念基础,塑造了多元化的社会权利。这就为分割、平衡并制约国家权力,推进政治文明建设与民主政治奠定了重要的基础。

四、实现政治文明建设与人民当家作主的和谐统一

党的十七大报告指出,人民当家作主是社会主义民主政治的本质和核心。要坚定不移地发展社会主义民主政治,保证人民当家作主,要发展基层民主,保障人民享有更多更切实的民主权利;要全面落实依法治国基本方略,加快建设社会主义法治国家;要完善制约和监督机制,保证人民赋予的权力始终用来为人民谋利益。这些精辟的论述,新的观点,新的要求,为我们当前和今后一个时期坚持和完善人民当家作主,发展社会主义政治文明指明了方向。中国特色社会主义民主政治的基本特征,是党的领导、人民当家作主、依法治国三者有机统一。最根本的是要把坚持党的领导、人民当家作主和依法治国有机统一起来。党的领导是人民当家作主和依法治国的根本保证,人民当家作主是社会主义民主政治的本质要求,依法治国是党领导人民治理国家的基本方略。如何理解这三者的关系?第一,坚持党的领导是当代中国社会主义政治文明最显著的特征。人民当家作主、依法治国必须在党的领导下进行。民主的实现不是自发的,需要有正确的领导,这样才能发展人民民主。同样,没有党的正确领导,就没有依法治国方略的提出和实践,法治是在党领导下的法治。党的领导是人民的选择、历史的选择、实践的选择。第二,人民当家作主

---

① 　陈光金:《我国社会价值观念的结构性变化》,《浙江日报》2008 年 6 月 16 日.

是社会主义民主政治的本质要求。中华人民共和国的一切权力属于人民。因此,党的一切工作必须以最广大人民的根本利益为最高标准。我们党之所以能取得执政地位,根本原因是我们党始终把为最广大人民谋利益作为自己的不懈追求,从而赢得了最广大人民的支持和拥护。第三,党的领导的实现、人民民主的推进必须在宪法和法律的范围内进行。宪法和法律是党的主张和人民意志相统一的体现。无论加强和改善党的领导,还是坚持和完善以人民代表大会制度为主的民主政体,都离不开社会主义法制。任何违反法制的民主,都会对社会秩序和人民的权利、自由造成危害。因此,必须坚持严格依法办事,任何组织和个人都不允许有超越宪法和法律的特权。

十一届三中全会以来,中国的民主政治发展卓有成效,从学术界到社会各界均开展了强大的思想解放运动,进而影响到党和国家的政治生活。新的中央领导集体把"民主与法治"作为建构和谐社会的第一标准后,进一步加大对民主政治和政治文明的强力促进。从加强党内民主,到继续推进乡村直选,再到强调依法行政,都表明中国稳健探求民主的脚步已悄然迈出。坚持和完善人民当家作主,是发展社会主义民主政治、建设社会主义政治文明的内在要求,与推进政治文明建设是和谐统一的。因此,我们要构建公民的政治参与制度体系,畅通公民政治参与渠道。

(一)扩大公民的政治参与,构建公民的政治参与制度体系

一方面,随着改革开放和市场经济的发展,传统的社会结构发生了重大变化,社会利益关系日趋复杂,公民对自身利益的关注更加突出,公民的政治参与需求不断增加。另一方面,随着公民政治参与的扩大,公民民主意识的不断提高,也将促进市场经济的不断发展和市场经济体制的进一步完善。及时扩大公民政治参与的渠道,满足公民的参政要求,对于化解现代化过程中出现的各类矛盾纠纷,促进社会政治的稳定是十分必要的。所以,扩大公民有序的政治参与,是密切党和政府与人民群众联系,增进相互理解和沟通,有效化解矛盾,维护社会安定与和谐的重要渠道,也是体现党加强执政能力建设,努力构建社会主义和谐社会的重要方面。我国公民的政治参与制度包括三个层次:根本制度、基本制度和一系列具体制度。人民代表大会制度、共产党领导的多

党合作和政治协商制度、民族区域自治制度、村民自治等是我国社会主义民主政治制度的特色和优势,我们要进一步坚持和完善根本制度和基本制度。同时,我们要不断丰富民主的形式,健全一系列具体制度,以保障更多公民有机会参与政治。一般说来,政治参与的主体层次可分为三个层次:最高层次是少数在人民大众涌现的为公众所认可的政治代表人物对政治的参与;中间层次是具有较高民主意识和政治素质的知识分子对政治的参与;基础层是普通公民对政治的参与。能够参与人民代表大会制度、共产党领导的多党合作和政治协商制度的是为数较少的公民,这种政治参与只能是委托式的间接参与。还有目前建立和完善的职工代表大会制度和工会制度、社情民情反映制度、与群众利益密切相关的重大事项社会公示制度和社会听证制度、专家咨询制度、信访制度、民主评议制度、行政公开制度,新闻发布会制度等等,这些政治参与制度的建立和完善,能极大提高公民参与政治的广度和深度,也有利于社会稳定、提高政府管理、决策水平。如非典时期的每日疫情发布,对最终打赢那场至今令人刻骨铭心的抗击非典战争起着非常重要的作用。2008 年 5 月 12 日四川汶川发生强烈地震,灾难是不幸的,同时也将催生民主和法律制度的变革。地震发生后,国务院第一时间迅速出台了历史上第一部针对区域性灾难的行政法规——《汶川地震灾后恢复重建条例》,这是四川地震灾区恢复生机的重要制度保障。在救灾减灾方面,除了已经启动的防震减灾法修订外,还考虑制订综合性的救灾减灾基本法,为各类灾难提供救援依据;在危机应急方面,可以考虑修订"突发事件应对法"。震情、救援信息的及时公开,令实施不久的《政府信息公开条例》成功经历了一次"大考",震灾后民间捐助如火山般井喷,是否可以加速制订完善慈善、捐赠方面的法律? 很多 NGO、志愿者等社会组织对救灾功莫大焉,是否通过立法手段扶助规范这些民间力量? 除了立法权之外,人大的另一核心职权是监督权。在汶川地震中,各级政府的出色表现已经赢得了社会的高度赞誉,而灾后重建若要取得成效,依法有效的监督不可或缺。具体而言,灾区地方政府所制订的各种重建规划,除了广纳民意外,还应当经灾区各级人大审批,以保证其合法性和合理性;救灾减灾法律法规是否执行到位,人大可以通过执法检查督促;赈灾物资、重建资金的调配使用,以及公众关心的心理救援、学校建筑质量等焦点问题,人大可以通过听取审计报告、专题调研、代表视察等手段进行跟踪监管和效益评估,一旦出现严重的渎职、违法问题,人大还可以动用质询、特定问题调查以及罢免官员等刚性手段。灾后重建,并不仅仅是架屋起灶、丰衣足食,也包括营造一个民意通畅、权利保障的优质生存环境,需要检测民意机关的行权意识和民意代表的责任自觉。从这个意义而言,民主和法制应成为灾后重建不可或缺的力量,而灾后重建亦应成为推动、完善民主政治的历史契机。这对于树立形象政府、亲民政府的意义不可低估。

(二)保持公民政治参与的渠道畅通

从民主政治参与的性质来看,可将参与的途径和方式分为三类:政治选举、政治结社、政治表达。在实践中要进一步提高选民的政治素质、增强政治责任感、杜绝拉选票,确保选举的代表性、公正性问题。我们的各级领导干部一定要坚持"权为民所用、情为民所系、利为民所谋",对于群众的意见和建议无论正确与否,都要认真对待,不打击、不报复,并能及时反馈处理结果。对于不能及时解决的问题,要向他们做周到而细致的工作,取得谅解和支持。这是保持公民政治参与渠道畅通的首要途径。其次,完善民主评议制度、领导干部述职述廉制度等评议、考核制度,加大人民群众评价的权重,领导干部工作作风、工作业绩如何,应主要由人民群众说了算。只有把对领导干部的思想要求和制度保证有机结合起来,才能畅通公民政治参与的渠道。

(三)健全完善监督制约机制,确保公民的监督权

公民的监督权是宪法赋予公民的政治权利的重要组成部分。公民享有和行使监督权是公民有序参与政治的重要方面,其有利于克服官僚主义和不正之风,提高工作效率,有利于维护国家利益和公民的合法权益。事实说明,权力失去制约和监督,必然导致滥用和腐败。权力监督,通常表现为党内监督、行政监督、司法监督、人民的民主监督。"监督是实施各项法律制度的保证,

是各种非民主现象的对抗力量。"①衡量一个国家民主政治良莠的重要标准，关键在于监督机制是否健全与完善。为了遏制权力的滥用，孟德斯鸠在总结权力运行的规律时说，从事物的性质来说，要防止滥用权力，就必须以权力约束权力。我国实行人民代表大会制度，行政机关和司法机关都由立法机关产生，对它负责，受它监督。但由于人大常委会的实际权力往往无法到位，在行使立法权及其他重大权力的过程中，缺乏相应的权力资源和程序保障，导致法律实施的公平性、正义性及权威性大打折扣。所以，加强权力机关对行政权与司法权的监督至关重要。人大常委会作为国家权力机关的监督，是代表国家和人民进行的具有法律效力的监督，旨在确保宪法和法律得到正确实施，确保行政权、审判权、检察权得到正确行使，确保人民的合法权益得到尊重和维护。2007 年正式实施的《中华人民共和国各级人民代表大会常务委员会监督法》，对监督原则、监督主体和对象、监督范围和内容、监督程序等都作了相应规定，以对"一府两院"的监督为中心，以关系改革发展稳定大局和群众切身利益、社会普遍关注的问题作为监督重点，实行政策监督、财政监督、法律监督和人事监督。它的实施，是发展社会主义民主政治、实施依法治国基本方略的重要内容，也是依法行政和公正司法，维护人民群众利益、构建社会主义和谐社会的必然要求，无疑对各级人大常委会依法行使监督职权，加强和改进监督工作，增强监督实效，促进依法行政和公正司法，推进行政体制改革以及社会主义民主法制建设都具有重大的积极意义，对构建社会主义和谐社会也将起到不可低估的作用。

　　民主监督是社会主义民主的重要标志，也是社会主义民主的重要保障。民主监督具有维护民主制度的功能、纠偏的功能、制衡的功能、实行直接民主与间接民主相结合的功能。在现代政治体制中，社会组织与社会成员通常是通过两种手段来参与公共生活。一种手段是权力，而另一种手段就是权利。权力相对具有强制性、组织性、统一性和法定性。而权利则是广大公民和社会

---

　　①　黄石炼:《社会主义监督在民主建设中的地位和作用》,《湖南师大社会科学学报》1986 年第 1期。

团体依法享有的请求资格和行为自由。权利活动具有分散性、个体性、局部性的特点,虽然权利活动不具有强制性手段,但是权利活动也会造成某种巨大压力。特别是一个社会的某项权利活动形成规模和影响时,常常会对政府的过失或不当行为形成有力地干预。所以,防止权力滥用和预防腐败,除了设置权力体制内制约关系,即以权力制约权力之外,还有同样重要的手段,那就是调动广大人民的积极性,使广大公民和社会团体充分运用宪法和法律赋予的权利,对执政党和政权机关的权力活动进行监督和制约。因此,党的十七大报告强调指出:"完善各类公开办事制度,提高政府工作透明度和公信力。重点加强对领导干部特别是主要领导干部、人、财、物管理使用、关键岗位的监督,健全质询、问责、经济责任审计、引咎辞职、罢免等制度"。要"以民制权",完善民众监控机制。"加强民主监督,发挥好舆论监督作用,增强监督合力和实效"。在我国,运用法定的权利手段所进行的民主监督称为来自社会和群众的监督,主要表现形式有舆论监督、社团监督以及公民和企事业单位申请权利保护行为的监督。当前重点需要推动以下几项制度的建立和完善:

第一,改革完善举报制度。

2008 年中共中央印发的《建立健全惩治和预防腐败体系 2008－2012 年工作规划》明确指出,支持和保证群众监督,"落实领导干部接待群众来访制度,健全信访举报工作机制,畅通信访渠道。依法保障人民群众的知情权、参与权、表达权、监督权","切实保障党员批评、建议、检举等权利"。对滥用权力的行为进行举报、控告和申诉,这是公民依法享有的权利,也是反腐败斗争的必要措施。举报、控告和申诉在打击腐败分子方面发挥了重要作用。但是由于实际生活中打击报复行为的不断发生,也严重地挫伤了公民进行控告举报的积极性。由于被控告举报的单位和人员大多手中握有某种权力,而且在地方上和部门中处于对控告举报人的优势地位,握有实际管理和制约的权力。因此,就出现了一个非常现实的问题,即控告举报行为要冒受打击的风险,这就导致了人们的恐惧心理,不敢同腐败分子作坚决的斗争。近年来,法院系统行政诉讼的受案数量在减少,并非争议在减少,而是许多人不敢去起诉,怕"胜诉一次而输一辈子"。打击报复之所以能够得逞,同现行体制的漏洞和不完善有密切的关系。如对控告举报人的特别保护制度还未有效建立,举报泄密问题、打击报复的防范问题以及对打击报复者的惩罚问题,都需要进一步改革完善。另外,当前监督指向单一,监督机构之间协调不够,影响了监督的整体效能,我国法律规定,报复陷害罪的主体仅限于国家机关工作人员。然而在司法实践中,打击报复举报人的主体正在向多样性趋势发展,相关法律设计不够严密。所以应建立健全制度规范,有必要建立一套完善的举报处理程序,对举报的渠道和方式需要进行改革和完善。其一,在行政部门应当成立监察投诉中心,负责受理干部不作为、乱作为等问题的投诉。其二,在检察机关需要借助"王海打假效应",激活现有的举报制度。其三,要建立广泛的举报网络。网络具有信息传递迅速、信息量大、受众面广等特点,并且集文字、声音和图像于一体,在廉洁教育的推广上有传统媒体无法比拟的特殊优势,通过网络公开腐败案例具有强烈的警示震慑作用。如中央对原上海市委书记陈良宇案件的处理以及原国家药监局局长郑筱萸因受贿、玩忽职守被判处死刑,这些重大案件在网络上迅速地传播开来并引起了网民的热烈讨论。权力缺乏必要的限制、权力的运作不透明往往是产生腐败的两大原因。而电子政务具有公开、透明的特点,它可以用"阳光"杀灭滋生腐败的"病菌"。利用网络可将公共权力的范围公之于众,也使政府行为更具公信力。网络政治指的是民众通过网络媒体参政议政、政要通过网络与民众互动的现象。近年来,中国互联网发展迅速,已与政治、经济、文化和社会生活等方方面面发生了密切联系,从中央到地方已经普遍开通了政府网站。据中国互联网络信息中心统计,截至 2008 年 6 月底,中国网民人数已达 2.53 亿,宽带网民数达到 2.14 亿人,CN 域名注册量达 1218.8 万个。互联网普及率达 19.1%,居全球第二。中国网民在中国新闻媒体或政府网站中的论坛如人民网的"强国论坛"、新华网的"发展论坛"、"统一论坛"、外交部网站的"外交论坛"等,自由发表意见,体现了网络的"舆论场"作用,以更直接迅捷的方式体现和反映民意,为公共空间的协商对话提供了一种崭新的技术手段。如河北省邯郸市专门建立了行政权力运行公开透明网,列出"权力清单",接受民众的监督。广东省推广"实时在线财政预算监督系统",将省级国库集中支付系统与省人大联网,实现人大对财政预算执行情况的实时、全程监督。网络就像一个透明鱼缸,权力的运作在其中纤毫毕现。有人说,利用网络反腐败虽不是万能的,但它的透明度无疑使它成为腐败的一大克星。而今,网络反腐已日益成为世界潮流。在第四届全球反腐败论坛上,一些西方国家代表和专家建议将互联网作为一种控制和预防犯罪的工具。他们建议各国政府建立一种便于各企业和市民关注和评估政府的服务质量的电子系统,以避免出现腐败问题。可见,民间网络举报无形中成为一种全天候的反腐利器,越来越受到有关部门的重视,很多腐败案件的发现和查处就是源于网络上的实名或匿名举报,网络举报不仅为纠风、反腐工作提供了新鲜经验,也为拓宽党和政府与人民群众的联系渠道进行了有益探索。

网络政治在中国虽然是新兴事物,但它的出现与兴起适应了现代民主政治的发展潮流和时代要求,对中国政治文明建设具有不可忽视的重要意义和前景。首先,在网络里没有上下尊卑的等级制度、没有意识形态束缚、没有虚伪掩饰和矫揉造作的"公共空间"里,平等、多元与开放的对话方式和民主气氛得以实现,从而构建了一种全新的公共交往模式。其次,网络政治的出现极大地延展了公共空间,弥补了现有制度的不足,为不同社会群体利益诉求的表达提供了一个直通渠道。尤其是政治博客的诞生,它成为表达政治见解、反映公众民意、实现政治诉求、影响公共政策的个性化载体。"它以交流的非实物性、对话的去身份性、组织的非正式性、议题的非私人性在博客公社里行进着草根政治的民主操练,它以无障碍的书写方式和零壁垒的交流方式诠释着公共网络社区的后现代政治话语"①。再次,网络信息的开放性促使社会公共事务的运作过程更加透明,为推行政务公开、开展民主监督拓展了新的更有效的空间场所。同时它作为一种民主技术的简易推广手段,网络政治在训练公民思维、伸张公民权利、培育公民素养和公共精神方面,具有一定的积极意义。

第二,推进媒介和舆论的监督制度。

"阳光是最好的防腐剂"。罪恶害怕阳光,腐败畏惧舆论。十七大报告指出:"确保权力正确行使,必须让权力在阳光下运行"。这实际上,已吹响了制

---

① 陈潭,倪明胜:《政治博客现象及其公共治理》,《政治学研究》2007 年第 3 期。

定新闻监督法的号角。制约和监督权力,理应适用时代的呼唤,加强与新闻媒体协调与合作,推动新闻媒介体监督制度体系的建立和完善,确保民众监控权的落实。新闻媒介,就是民众对有关公务活动进行评判、披露的重要阵地。在美国,近年来兴起了一种做法:赋予记者保守信息来源秘密之特权。传播媒介不仅有获取信息、发表信息的自由,而且有拒绝透露信息来源的自由。从而,免除了记者的尴尬,使之各显神通,放开手脚去猎取信息。那些实施腐败行为的人,自然难以脱逃。实行开放而宽容的媒体政策,让新闻媒体成为培养国民分清、辩论是非荣辱的能力和促进各利益团体沟通对话的平台场地,正确的观点不需要投票,但需要说服人们接受,况且治国理财之见不可能像一加一等于二那样无可挑剔。在激烈展开的辩论中,利益关联者在唇枪舌剑中彼此理解,芸芸众生在争论中了解事情真相。能够理解,就能团结,就能双赢,也就能实现和谐。发达国家公民的文明程度和国民素质之高,其原因之一是媒体扮演着传播理性的重要角色。无论是遭遇战争、海啸这样的国际大事,还是恰逢中小学招生改革、警察误判开枪打错人这样的国内事件,媒体除了详尽报道事实外,还邀请首相、内阁高官、议员、专家、律师、作家等进行辩论,从不同角度理解和看待同一事件。此外,开放的媒体还替政府分担监督腐败的成本。在欧美国家,官员、球员、财阀、明星等公众人物的不良行为,多是媒体所挖掘的。捅出丑闻,媒体增加了收视率和发行量,也替政府支付了监督费用。很多政府难以顾及的事件,比如权钱交易,媒体已有扎实的调查,用不着政府和议会花纳税人的钱去追查,涉事者会在舆论压力下作出体面的选择。国内的媒体有能力发挥和国际同业一样的积极作用,关键是政府应有魄力有能力放宽对媒体的限制。如果能允许媒体相互监督和批评,轻易不使用停刊、经济制裁记者等对媒体的惩罚手段,中国的民主政治建设就会大大往前推进一步,中国必然就能产生类似《纽约时报》、《金融时报》、《泰晤士报》这样放眼全球、体现主流、影响世界的一流大报。

舆论监督是一个非常重要的监督形式,应该引起我们的高度重视。社会舆论是人们按照一定的立场、观点,对社会问题或社会事件所作出的公开表达的评价和要求。社会舆论是社会矛盾的产物。舆论监督在政治监督中,具有特殊的地位和作用,是其他监督形式所不能取代的。这是因为,社会舆论的一个重要功能就在于,它作为实行社会控制的一种力量,在社会生活中发挥着重要作用。社会控制既指整个社会或社会中的群体、组织对成员行为的指导、约束或制裁,也指社会各种组织和社会成员之间的相互制约、相互批评。在任何一个社会中,人们要有秩序地生活,正常地进行经济、政治和文化活动,都要用各种规范来约束人们的行为,调整社会生活取向,实行社会控制。社会舆论是一种自下而上的社会控制形式。这种特殊的社会控制形式综合了所有精神形式上的社会控制形式的内容,具有特殊的功能。他的主体是最广大人民群众,是人民群众的行为,它体现了人民群众对社会和国家的管理是一种自下而上的社会控制形式。正因为如此,国外有些人把它称之为相对于立法、行政和司法之外的"第四种权力"。可见,舆论对社会的控制占有十分重要的地位。

五、构建公民文化提升公民素质是政治文明建设的动力机制

构建公民文化,培养公民主体意识,不断提升公民的素质是建设社会主义精神文明的动力机制。文化是制度之母,民主和法治是外在的制度体系,它们需要内在的公民文化相适应。没有公民文化的充分发育,民主和法治不能真正巩固,也不能健康地运作。因此,提高公民的文化素质和政治能力,培养公民的民主意识,是提高公民政治参与水平的必然要求。当前我国的公民文化尚处在生长、发育的初级阶段,当务之急就是实行教育理念的变革和教育制度的创新,这就要求必须适应时代发展的趋向,把教育的一个重点转向为培养合格的或优秀的公民服务。公民文化的培育要加强新闻舆论的引导作用,通过新闻舆论的引导,使公民正确认识自己的权利和自由,塑造独立的政治人格,形成参与型的政治文化氛围。此外还要从技术的角度对公民传授一些实际操作的知识,提高公民政治参与的技能。

提高公民素质是公民社会成长的内在精神动力,而在现代民主政治生活中,公民社会的健康成长正在甚或已然构成公共政治权力合法正当运用的基本制约力量,因之也成为现代政治文明建设的社会基础工程。

　　近代以来政治文明发展的最大成果就是确立了自由、平等、正义、民主、法治、责任等政治理念或价值,以及由这些价值或理念所建构和支撑的民主和宪政的制度和行为方式。这些理念或价值规范在指导着整个国家制度的建构和运行,并构成了整个国家制度的核心理念或灵魂。

　　民主宪政制度是国家政体的基本制度构架,是政府存在的前提和基础。首先,宪政制度强调,政府是由于人性的不完善而有必要采用的治理工具,政府的权力是人民赋予的。但政府不是"天使",因此,需要用宪政之力予以约束,以防其行为的不端。近代以来在西方政治哲学和政治实践中所确立的基本的权力制约方式是"以权力制约权力"。这一制约方式所遵循的政治哲学原理或前提预制是"以恶制恶",即把公共政治权力看作是一种"必要的恶",通过其内部的力量分离和相互掣肘,来防止权力滥用和权力腐败即公权私权化。概而言之,宪政的精髓在于限制国家或政府的权力,保障人民的权利和自由。由此,作为现代政治文明的重要成果,宪政是迄今为止政治权力能据以运行的最符合时代精神最为坚实的基础。因此,可以说,政治文明的发展为政治权力提供了理论和现实的平台。换句话说,只有在宪政的制度平台上,国家权力运行才会得到人民的认可,政治权力才具备合法性和有效性。从另一方面看,政治权力的实施必须要有宪政的保障,任何政党、组织、个人都不能自外于宪法、凌驾于宪法,对政治权力的合法运行进行干预。缺乏宪政的保障,政治权力就没有权威,政治权力的良好运行就无从谈起。但是,尽管在通常情形下此种制约方式发挥了很大效用,却终究难免特殊情形下的"权力合谋"。因此,20世纪后期以罗伯特·达尔等人为代表的法哲学和政治哲学家又提出了"以社会制约权力"的新主张,这一主张的新意在于:它预定公民社会代表着社会政治的善或积极的政治力量,所遵循的政治逻辑是"以善制恶"。

　　"以社会制约权力"的前提条件是公民社会本身的发达和强大,公民社会的发达和强大之根本标志在于公民社会自身的充分分层发育、公民群体的政治参与意识和参与能力,以及公民自身的政治美德亦即公民美德的充分发展和普遍提升。如果公民社会本身无法健全发育,那就难以形成健全强劲的社会政治力量,所谓"以社会制约权力"便无从谈起;如果公民群体的政治意识淡薄、政治参与能力不足,则所谓"以社会制约权力"就难以找到合法有效的制约路径;而假如没有优良的公民美德资源供应,则所谓"以社会制约权力"的主张既难以真正落实,也不可能保持持久、有效和正当的政治道义能量。就此而论,公民美德的建设实际上是实现"以社会制约权力"之政治目标的社会道德基础和根本伦理资源。人类社会的发展、尤其是现代社会的发展已然选择并证明,市场经济、民主政治和多元文化乃是迄今为止最为合理、有效和正当的社会基本经济制度、政治制度和文化制度模式,但不同国家或地区的社会实践经验同样坚实有力地证明:市场经济和民主政治不可能只有一种单一的模式。制度模式如同文化传统和道德谱系,多种多样,难以一律。

随着现代社会的不断发展,公共领域与私人领域的分化和界限日趋明显,而且社会公共生活领域不断扩张,公民社会日见发达,其结构与分层随之日渐复杂、充分。对于社会公共领域与私人领域的分化和界定,著名社会学家费孝通先生曾经有过一个生动形象而又颇具解释力的说法:所谓公共领域即"陌生人领域",与之相对的私人领域则为"熟人领域"。依此说法,现代人的生活绝大部分都是在公共领域里度过的,从幼儿园和学校开始,我们就开始了社会公共生活。由此推出的一个必然结论是:现代人的生活越来越多地表现为作为公民的公共生活经验,其行为也越来越多地表现为社会公共行为,或者换句话说,现代人的生活和行为越来越具有社会公共意义。在现代社会的公共生活中,政治生活是最基本的,也是最重要的。正因为如此,公民美德及其对社会政治文明建设的意义就显得日益重要和突出。

党的十六大提出并确定建设社会主义政治文明的基本目标,并将其同社会主义物质文明和精神文明建设目标摆在同等重要的地位。随后,党中央又先后提出"以人为本"、"构建和谐社会"等重大执政理念。党的十七大报告提出,在继续强调建设社会主义物质文明、政治文明、精神文明的基础上,还提出了生态文明建设问题,使社会主义文明的框架更加完整,努力实现经济又好又快发展;扩大社会主义民主,更好保障人民权益和社会公平正义;加强文化建设,明显提高全民族文明素质;加快发展社会事业,全面改善人民生活。这标志着中国特色社会主义民主政治建设的新开端,也从国家政治的高度提出了社会主义社会公民美德建设的新任务。如果说,社会主义民主政治的改革实践构成了我国当代政治文明建设的制度性条件,那么,公民社会和公民美德的建设则无疑是这一新的社会改革实践中最基本、最复杂、最漫长的道德文化工程,在整个中国特色社会主义政治文明建设的系统工程中有着一种深远的"文化政治"意义。

第七章 现代社区建设与发展

20世纪80年代以来,世界各国都面临着全球重建的挑战,全球化、高科技化和工业化、城市化的双重压力,以及新的社会结构和社会运动,已影响社区发展的理论和实践,并在改变着社区发展实践的作用。当然,社区的发展也受到特定国家和地区现行的文化、社会、政治和经济现实的影响。纵观世界各国的社区发展实践,可以看到,各国的社区发展在逐步走向公众化、社会化、制度化、规范化的同时,形成了各具特色的社区发展模式。党的十七大报告强调,要健全党委领导、政府负责、社会协同、公众参与的社会管理格局,健全基层社会管理体制;要健全政府职责体系,完善公共服务体系,推行电子政务,强化社会管理和公共服务,增强基层政府提供公共服务能力;要深化乡镇机构改革,加强基层政权建设,完善政务公开、村务公开等制度,实现政府行政管理与基层群众自治有效衔接和良性互动;要以党的基层组织建设带动其他各类基层组织建设,拓宽党员服务群众渠道,构建党员联系和服务群众工作体系,充分发挥基层党组织推动发展、服务群众、凝聚人心、促进和谐的作用;要发挥社会组织在扩大群众参与、反映群众诉求方面的积极作用,增强社会自治功能。

一、社区建设与发展的历程

社区是以一定的地理区域为基础的社会群体,又称地域共同体。中国有句古话叫做合群而居,既然居住在一起,必然有着共同的利益,共同的习惯,有着较多的社会交往,就应该建立共同的秩序,开展互助合作,进一步增强凝聚力和归属感。这就是社区发展的缘由。社区是社会的窗口和缩影,大社会是有许多规模不等的具体的社区小社会组成的,同社会的某一部门、某一行业不同,社区所反映的并不是社会的一个侧面,而是一个相对完整的社会结构体系,社区小社会无不是大社会的缩影。因为社区是由一定的人口、地域、生态、文化所组成的,具备社会的主要因素;同时,社区还包含着多种社会关系、多种社会群体和社会组织、多种社会活动,俨然是一个"小社会"。所以,社会普遍存在的一切现象都可以在社区中反映出来,人们能透过社区观察到千变万化的社会现象。当然,社区作为社会的组成部分和社会的缩影,并不能完全反映社会的全部内涵。因为社会并不是众多社区的简单拼凑,而是由各种社会单位、社会现象和社会关系有机结合而成的整体,所以它具有超越各个具体社区的性质和特征,有着同具体社区不尽相同的发展规律和运行机制。所谓社区主要是指由居住在一定地域里的人们结成多种社会关系和社会群体,从事多种社会活动所构成的社会区域生活共同体。这种共同体是由一定的人群、一定的地域、一定的生产或生活设施、一定的组织和行为规范,以及居民的社区意识等等要素所构成的相对独立的社会实体,是人们参与社会生活的基本场所。有的学者将社区定义为:"所谓社区,就是区域性的社会,换言之,就是人们凭感官能感觉到的具体化了的社会。"①由此,我们可以将社区定义为:"所谓社区,就是区域性的社会,换言之,就是人们凭感官能感觉到的具体化了的社会"。《民政部关于在全国推进城市社区建设的意见》中指出:"社区是指聚居在一定地域范围内的人们所组成的社会生活共同体。"同时,该文件还明确指出了城市社区的范围,"目前城市社区的范围,一般是指经过社区改革后作了规模调整的居民委员会的辖区"。

我国政府提出社区建设的原因是在政治、经济体制改革过程中,出现了许多不可回避的社会问题,比如老龄化、贫困、高失业率、青少年犯罪、环境恶化等,社会的稳定受到严峻的挑战,经济的可持续发展也遇到巨大的障碍,为了应对社会的变化和解决社会问题,政府从改革城市基层管理体制的思路出发,改统治为治理,强调执政就是服务,在一些领域内让权于民,鼓励居民参与社区事务,通过自我管理、自我教育、自我服务,将社区建设成为安定、祥和的居家休闲场所,通过社区建设解决和缓解社会问题和社会矛盾。

---

① 何肇发主编:《社区概论》,中山大学出版社1991年版,第3页。

社区工作是西方国家在工业化和城市化的过程中逐渐提出来的。其背景就是西方国家在工业化、城市化的过程中,伴生了许许多多的社会问题,比如贫富分化、高犯罪率、环境污染、种族冲突等。如何解决这些问题? 社区发展被证明是一个很好的思路。社区是社会的缩影,各种社会问题都会在社区体现出来,从社区入手有助于从根本上缓和社会矛盾,提升居民的生活质量。各国政府纷纷将社区发展列为促进经济发展和社会稳定的基本政策,逐渐实现居民利益的社区化,社会福利各项措施的落实也放在社区这个层面上。社区工作正是在这样的背景下,成为具体执行社会福利社区化政策、化解社会矛盾的一个重要的工作方法。

(一)我国近现代社区工作的演进

20 世纪二三十年代,我国社会事业发展史上影响最大的莫过于乡村建设运动。乡村建设运动是在 20 世纪初中国农村经济日益走向衰落的时代背景下,以乡村教育为起点,以复兴乡村社会为宗旨,由知识精英推动的一场乡村社会改造运动。在这一运动中,由不同的理论流派组织进行的"乡村建设"实验活动,对乡村社会的政治、经济和文化的发展起到了一定的促进作用。据不完全统计,共有 600 多个团体参加。其中比较著名的有晏阳初的定县平民教育试验区、陶行知的南京晓庄试验乡村师范学校和江苏宝山师范学校、梁漱溟等人创立的河南村治学院和山东邹平乡村建设研究院等。这些由社会学者推动的运动都是力图通过改造乡村社区促进社会变迁,"可以看作是我国现代社区发展和社区服务事业的一个开端,并取得了一定的成绩,对专业社会工作的发展也有一定的贡献"

新中国成立后,面临着许多旧社会遗留下来的社会问题。为了建设一个新社会,中国共产党进行了大规模的社会救助、救济以及社会改造运动。针对社会贫穷问题,提出了"生产自救、群众互助、以工代赈,并辅之以必要的救济"的总方针,开展了广泛的社会救济。一方面进行基础设施建设,重视预防自然灾害,保证农业生产的顺利进行;另一方面采取得力措施,组织开展了粮食征调、公粮减免、社会募捐、组织移民、整顿义仓等活动,特别是以民政部、劳动部为代表的政府部门在安置灾民、救灾救济等方面做了大量的卓有成效的工作。新中国成立初期,对于社会问题的解决大都是依赖政府的行政力量推动的,取得了良好的社会效果。在解决问题的过程中,以居委会、居民小组为单元的社区组织也发挥了一定的作用,加速了社会改造的完成,开展了一些社区建设的基础性工作。为了加强城市居民工作和基层政权建设,全国人大常委会于1954年制定颁布了《城市街道办事处组织条例》和《城市居民委员会组织条例》。按照这两个条例的要求,各地城市基层政府设立了派出机关——街道办事处,并且按照居民的居住地区成立居民委员会,从而形成了区、街、居三级法定性社区和三级社区组织体系。20世纪五六十年代,城市居民委员会开展了公共福利、治安保卫、调解纠纷、居民动员以及向当地政府反映居民的意见和要求等项社区工作。

随着三大改造的完成,我国进入了社会主义建设的新阶段。在前苏联模式的影响下,经济上国家实行了全方位的计划经济,社会管理上推行单位体制。在城市社会,随着功能的日益完善和扩张,单位成为社会整合的主要手段。通过单位体制,国家"广泛控制着家庭以外的主要日常活动——工厂、办公室、学校等地方的活动"。国家最大限度地集中了社会资源,控制了单位中所有就业者,将国家政权深入到居民个体的现实生活中,实现了对城市社会的全面控制。单位功能的泛化使得单位以外提供服务的组织或中介机构丧失了发展空间。街道办事处、居民委员会的管理对象只是极少数没有单位的城市居民,专业的社区工作失去了生存的基本条件。国家通过其"代理"——单位向人们分配资源。Walder将这种现象称为"新传统主义"的"单位制"。① 它有三大特征:第一是所有的单位都有一定的行政级别或隶属于某一个政府部门,并有一体化的党组织的领导;第二是具有一套职工福利保障制度;第三是单位对职工或劳动者具有控制的权力,职工无法随意选择或离开自己的工作单位。因此,这就意味着人们所有资源的获得都必须与身份属性挂钩。也就是说,城镇居民只有进入全民所有制的企业或组织,如国企或事业单位等,才

---

① Walder,Communist neo—traditionalism:work and author–ity in chinese industry, Berkeley:University of California press,1986。

有可能让自己或者家属享受全面的福利待遇,包括提供生活便利的集体福利事业,如孩子的入托、上学、就业,职工的食堂等,集体福利设施的提供,如老人活动中心、文化馆、图书馆等,医疗设施的提供,防病治病设施,如职工医院、医务室等,解决孩子上学与就业的福利,如职工子弟学校、劳动服务公司等,职工住房福利,如分房、房租补贴以及职工生活补助,困难职工的补助补贴等,再加上我国长期实施的"低收入、高就业、铁饭碗"的政策,城镇居民基本上都能找到单位挂靠,企业福利成了城镇居民的基本福利,基本覆盖了城镇人口中80%以上,其余的也是机关、事业单位福利的受益者。由于计划经济时代的单位基本上包揽了大多数的城镇居民的生活福利,那么需要国家直接提供管理的群体自然就是本身或其家属没有"单位"挂靠的群体,例如无业人员、孤儿、残疾人等,这样就形成了两种管理系统:单位负责管理所有劳动的人员,而且由于社会主义国家强调劳动的重要性,因而单位管理处于主流位置;相比之下,地区系统——街道办事处则处于边缘的地位,因为它只是管理少数的物业、无劳动能力的人员。

然而,在计划经济向市场经济转变的背景下,"单位制"逐渐瓦解,再加上城市化步伐的加快,流动人口剧增,社会职能的分化,人民生活水平的提高等各种原因,原先由单位承担的各种职能就需要一个替代者来承担。这时,社区所具有的各种功能就凸显出来,根据《民政部关于在全国推进城市社区建设的意见》,社区建设是在党和政府的领导下,依靠社区力量,利用社区资源,强化社区功能,解决社区问题,促进社区政治、经济、文化、环境协调和健康发展,不断提高社区成员生活水平和生活质量的过程。自20世纪90年代以来,全国性的社区建设逐步兴起,正是在社区建设的过程中社区管理才被提上议事日程。社区建设的内容大体包括社区组织、社区服务、社区卫生、社区文化、社区环境、社区治安等。从各地社区的实践来看,社区管理是社区建设的重要内容,根据《民政部关于在全国推进城市社区建设的意见》,社区建设包括:社区党组织和居民自治组织建设、发展社区卫生、繁荣社区文化、美化社区环境、加强社区治安。归结起来,主要是:完成上级政府交办的属于政府职能、组织便民性质的活动、提供社区公共产品和反映居民的意见和要求。可见,社区建设的内容可谓无限之大，只要与社区有关就可以纳入社区建设，加强社区管理、建立与市场经济体制相适应的社区管理体制和运行机制是社区建设的一个重要目标。

20世纪二三十年代有些高校曾经创立了社会学系，介绍社会工作的理论和方法，在1952年院系调整的时候，社会学系被错误地取消，从事相关学科研究的科研人员也不得不转行。这种不正常的状态一直持续了30多年，直接导致了我国社会学研究和社会工作教育及其实践的严重滞后。

（二）改革开放以来社区的发展

改革开放以后，社会学的重振使"社区研究"又成为中国公民社会生活中的一个热门话题。1986年，开展社区服务正式成为中国政府的一项行政职能，中国的社区工作从此进入了一个新的起步阶段。自1984年民政部漳州会议提出了"社会福利社会办"的理念，到2000年国家提出社区建设的指导思想、基本原则、主要内容和目标任务，并确定了由民政部牵头，地方党委和政府领导，有关部门配合、居民和社会力量广泛参与的社区建设工作体系的政策，我国城市社区建设开始进入政府主导下全面推进的新阶段。社区服务因为是适应改革的产物，是满足居民的需求，所以一开始它就有很强的生命力，如雨后春笋迅速在全国蔓延开来，城市基层社区工作的范围进一步拓宽。街道办事处承担着城市管理、社区服务、发展经济、优抚救济、社会治安、文教卫生、计划生育、司法调解、群众生活等数十项任务。居民委员会依法开展了精神文明建设、社区服务、办理本居住区的公共事务和公益事业、调解民间纠纷和协助维护社会治安以及公共卫生、计划生育、优抚救济、青少年教育等工作。可以说建国后30多年的城市街道、居委会工作，尤其是20世纪80年代后期开始的社区服务工作，为社区建设的兴起奠定了基础，构成了社区建设的前奏。

20世纪90年代以来，伴随着社会主义市场经济体制的逐步确立和完善，我国的社会经济得到了快速发展，城市化进程不断加速，社会利益群体多元化、多样化特征日益明显。处于社会转型期的中国社会出现了许多前所未有的问题，比如两极分化、失业、老龄化、空巢家庭、青少年犯罪等。这些问题的缓和与解决都需要引进专业的社会工作技术。另外，从"单位人"向"社会人"

的转变、社区建设的深入发展、住宅商品化的普及、社会福利事业的社会化等都呼唤并催生着我国本土化的社区工作。

2001 年的民政部青岛会议,社区建设的主题开始由社区服务转向社区选举、民主自治、组织建设、政府放权还权及各种体制创新。2002 年的民政部四平会议,确认了 27 个"社区建设示范市",148 个"社区建设示范区",启动了我国城市社区民主自治的进程。从此来自基层的制度创新和组织创新开始以始料未及的速度蓬勃发展起来,撼动、改变、重组着城市原有的科层管理体制。

在我国,社区建设实际上就是建设和发展城市社区。我国当代城市社区建设是在改革城市基层管理体制的过程中提出并发展起来的。根据我国现行宪法规定,区是城市基层政权机构,街道是区政府的派出机构,居委会是群众自治性组织,经政府授权承担一定的社会管理职能。我们所说的社区建设中的社区,一般是指规模调整后的居委会。据民政部民政事业统计,截至 2007 年底,我国 660 个各类城市中共设有 830 个市辖区,6434 个街道办事处,8.1 万个社区居委会,10299 个社区服务中心。[①] 生活在城市中的每位居民,都需要与社区居委会、街道办事处或者区政府等基层管理组织发生关系,直接或间接地接受城市政府的管理。从漫长的历史发展过程中不难看出,城市居民接受政府管理的方式以及基层社区内部处理公共权力的方式都处于不断调适和变化当中。基层管理体制的变迁,既反映了国家与社会关系的互动,也反映了居民在社会发展中的地位和作用的变化,甚至也反映了居民个人权利的享有程度,是政治制度的一个缩影。

随着社会主义市场经济体制的逐步建立,包括个体私营经济在内的各种经济成分获得了快速发展,社会结构不断分化,城市社会发生了根本性变革。社会的转型对以单位制为主体的二元城市基层管理体制构成了巨大挑战。推进社区建设,是改革开放和社会主义现代化建设的迫切要求。在新的形势下,社会成员固定地从属于一定社会组织的管理体制已被打破,大量"单位人"转

---

① 民政部网站,民政事业统计季报,http://cws. mca. gov. cn/accessory/200801/1201050645191. htm;2007 年 4 季度。

为"社会人",同时大量农村人口涌入城市,社会流动人口增加,加上教育、管理工作存在一些薄弱环节,致使城市社会人口的管理相对滞后,迫切需要建立一种新的社区式管理模式。一方面,社会组织的多样化特征日益明显,出现了许多不具有传统的"单位"体制特征的行业和组织,且从业人数增长很快;另一方面,"单位人"在社会改革的大潮中,或自愿或被迫地转向"社会人",单位的服务职能也不断向社会剥离,这就要求社会必须及时提供足够多的、高质量的服务。再加上社会流动人口的增加、居民闲暇时间的增多、老龄化社会的来临等,这一切都使得城市基层管理的内容越来越多、越来越杂。"单位"制在社会转型的大背景下正在走向衰落,其整合社会的组织功能不仅日益弱化,而且不可避免地最终要走向瓦解。街道办事处、居委会在维护辖区社会治安、引导下岗工人再就业、落实居民最低生活保障、营造良好的经济发展环境等方面发挥着越来越重要的作用,正在形成城市社会管理的微观中心。同时,随着我国城市数量的不断增加和城市化进程的加快,基础设施日趋完善,现有城市的管理和服务不相配套,尤其是城市基层社会管理比较薄弱,大力加强和完善城市管理水平,提高居民素质和文明程度显得十分紧迫。随着国有企业深化改革、转换经营机制和政府机构改革、转变职能,企业剥离的社会职能和政府转移出来的服务职能,大部分要由城市社区来承接。建立一个独立于企业、事业单位之外的社会保障体系和社会化服务网络,也需要城市社区发挥作用。同时,随着人民群众生活水平的不断提高和住房、医疗、养老、就业等各项制度改革的深入,城市居民与所在社区的关系愈来愈密切。他们不仅关注社区的发展,参与社区的活动,而且对社区的服务和管理、居住环境、文化娱乐、医疗卫生等方面提出多层次、多样化的要求。推动社区建设,拓展社区服务,提高生活质量,已成为广大城市居民的迫切要求。因此,以"单位"组织为主体,以街、居组织为辅助的城市二元基层管理体制也必须适应新形势,进行相应的变革。

　　同20世纪50年代社区创建初期相比,城市社区在工作对象、工作任务和机构设置等方面都发生了明显的变化。居委会在居民自我管理、自我教育、自我服务的基层群众性自治组织方面发挥了重要作用。党的十七大报告提出,要健全基层党组织领导的充满活力的基层群众自治机制,扩大基层群众自治范围,完善民主管理制度,保障人民享有更多更切实的民主权利;要在经济发展的基础上,更加注重社会建设,着力保障和改善民生,推进社会体制改革,扩大公共服务,完善社会管理,促进社会公平正义,努力使全体人民学有所教、劳有所得、病有所医、老有所养、住有所居,推动建设和谐社会;要加快建立覆盖城乡居民的社会保障体系,保障人民基本生活;要加强农村三级卫生服务网络和城市社区卫生服务体系建设,建设覆盖城乡居民的公共卫生服务体系、医疗保障体系、药品供应保障体系;要加强流动人口服务和管理,改善和加强城乡社区警务工作;要加强社区和乡村文化设施建设,着力丰富农村、偏远地区、进城务工人员的精神文化生活,切实把社会主义核心价值体系融入国民教育和精神文明建设全过程,转化为人民的自觉追求;要加强社会公德、职业道德、家庭美德、个人品德建设,发挥道德模范榜样作用,引导人民自觉履行法定义务、社会责任、家庭责任;要动员社会各方面共同做好青少年思想道德教育工作,为青少年健康成长创造良好社会环境;要深入开展群众性精神文明创建活动,完善社会志愿服务体系,形成男女平等、尊老爱幼、互爱互助、见义勇为的社会风尚;要弘扬科学精神,普及科学知识,广泛开展全民健身运动;要建设生态文明,改善城乡人居环境,在全社会牢固树立生态文明的观念。这些科学论述,为我们深入思考新时期城乡社区建设的工作任务,回答好如何建设社区这一重大问题,进一步指明了方向。

二、社区自治组织

社区自治是社区管理的一个重要基础,自治(autonomy)源于希腊语的"autos"(其义为"rule,governance",即治理的意思)。因此,从字面意思说,自治就是依照你自己的方式而生活的权利。与自治相对应的词是"他治"(heteronomy),"他治意味着自我或者我们的生活处于受他人的控制状态而不自主"。① 马克斯·韦伯认为:"一个团体可能是:自治的或他治的,自主的或不

---

① [奥]凯尔森:《法与国家的一般理论》,中国大百科全书出版社1996年版,第230~231页。

自主的。自治意味着不像他治那样,由外人制定团体的章程,而是由团体的成员按其本质制定章程(而且不管它是如何进行的)。自主意味着,领导人和团体的行政班子依照团体自己制定任命,而不像不自主的团体由外人任命的那样(不管任命是如何进行的)"。① 社区自治组织建设是整个社区建设的核心。目前,根据共同遵循的"社区自治,议行分设"的操作原则,城市社区自治组织的一般形态议事层和办事层已经形成。议事层成员由居民选举产生,工作具有志愿性;办事层成员由人事部门招考录用进编,并通过选聘进入居委会岗位,工作具有职业性。与议事层和办事层直接相关联的是党建层(党在社区的基层组织)和共建层(由社区自治组织负责人、社区企事业单位部门负责人和社区管段民警组成的联席会议)。

随着城市化的迅猛发展,社区建设的大潮已经席卷而来,为中国经济社会的繁荣发展提供了良好的条件。据测算城市人口每增加1%,经济就自然增长2%。但是,有城市必有"城市病"。如精神危机便是各国在城市化进程中都感到棘手的一种城市病。拿城市同农村相比较,职业上的异质性扩大了,文化上的异质性扩大了,包括经济收入上的差距也比以前大大拉开了,"物之不齐,物之情也。"尽管有差异是正常的,是好事情,问题是:"异质"一旦"化"起来,负面效应必然陡增。异质化、疏离化、孤独化、冷漠化带来的是一'墙'之隔,老死不相往来,这样的城市病是与人性相悖的。人是社会化的"动物",是富有感情的"动物"。异质呼唤同质,疏离呼唤接近,匿名呼唤"常相知",孤独、冷漠呼唤共同体。

(一)社区自治组织的发展

社区自治是指社区居民有自我决定社区公共事务的权利以及权力行使的方式。社区自治是依靠社区内的自治性组织来实现的,除了能够代表社区居民整体利益的居民委员会以外,还有代表一部分利益,满足一部分社区居民需求的社会组织,如业主委员会组织,它代表一定群体利益的社区维权组织。我国城市社区建设始于居民委员会。社区建设最具普遍意义的初始行动,是

---

① [德]马克斯·韦伯:《经济与社会》(上卷),商务印书馆1998年版。

1998 年沈阳市沈河区为代表的重新划定社区规模,街道居委会更名为社区居委会。随着发展变化,政府对居委会的组织定位,也由上世纪 90 年代中后期的"抓手",变成了 2005 年"居民的头"。随着社区建设的深入,"抓手"的提法带来的不是居委会的自治,而是负担过重。于是为居委会减负提上了议事日程,而减负却减出了体制改革。在社区出现了政府出资、任务上下兼顾、岗位专职、接受居民监督的社区工作站,上下相通、左右相连的数字化社区平台。与此同时,2003 年以后,社区自治的制度性建设逐渐显现出来,出现了社区议事会,居委会建独立账户,决策听证制度,社区论坛,政务评议制度,人大代表的社区公示、社区述职、社区接待日等制度。

在居委会整个发展过程中,主要可分为两个时期,一个是计划经济体制时期,另一个就是改革开放以后。前一个时期由于处于单位制下,党和政府也主要通过单位来控制整个社会,人们也主要通过单位来获得资源,因此居委会处在相对次要的地位,它主要来负责辖区内老弱病残以及无业青年的就业工作,而此时的党支部也处在可有可无的状态,因为大家的关系主要在各自的单位内。随着改革开放的不断深化,社会主义市场经济的不断完善,传统的单位制逐步瓦解,社会逐渐向多元化转变,国家开始逐步退出社会领域,市民也渐渐回归社区。城市基层社会结构的变化改变了原来居民自治赖以存在和发展的经济和社会条件,原来主要靠行政资源作为主要推动力的治理也越来越显得力不从心。正如马克思所说:"当社会生存的物质条件发展到迫切需要变革它的官方政治形式时,旧政权的整个面貌就发生变化。"①

随着经济社会的不断发展和城市化进程的需求,现有的政府主持、居委会操办式的城市基层社区管理体制因无法得到社区居民的认同和支持而越来越不适应城市管理的要求。从我国基层社会组织的发展过程中可以看出居民自治的发展历程就意味着政府的权力要从基层社会的不断撤离;但由于政府权力撤离所留下的权力真空并不是居委会所能立即填补的,因而需要另外一种力量组织来填补,这就给党组织在基层社区发展带来了新契机。与政府机关

---

① 《马克思恩格斯选集》第 1 卷,人民出版社 1995 年版,第 180 页。

的行政属性相比,党无疑具有更强的社会属性,这与社区建设具有一种相契合的目标。可以看到,在新形势下,党的性质与社区属性,党的宗旨与社区服务,党的群众工作优势与社区动员的要求,执政党的政治权威与社区民主管理,共产党员与社区居民身份等等,都有着密不可分的联系。从这个角度讲,由执政党来推进社区自治比由政府来推动就具有更大的优势。因此,无论理论还是实践都表明,基层社会自治发展需要有一个主导性的、有效的政治力量的支撑,在中国社会和政治生活中,这个主导性的、有效的力量自然是党的基层组织。

城市居委会这种带有政权性质的群众性自治组织,作为国家政权建设与城市社会管理相互适应的产物,构成了城市基层社会权力结构中的主体。在各个时期贯彻、落实党和国家确立的各项中心任务中发挥着基层组织的功能。这就是说,中国共产党城市基层执政的实践传统,就是通过居委会这一权力组织为依托的。我们可以通过历史的回顾来分析其中的社区党组织与自治组织的关系。新中国成立后,在城市首选成立了各种形式的军管会、工作队,以接管城市的各级政权。社会基层组织方面首选废除了国民党时期的保甲制度,然后经过多年的探索和试验,最终确立了城市居民委员会制度。

经济全球化的国际背景,体制改革,特别是住房制度改革的本土环境,诞生了由业主委员会为代表的新的利益群体——业主群体,与物业公司为代表的原有组织、体制、机制、权力、政治话语权等产生出矛盾冲突。两大群体间矛盾冲突的加剧,使越来越多的政府组织、专业组织、社团组织、民间组织和社区居民卷入其中。自2001年4月青岛浮山后街道办事处成立首家街道层面的社区自治组织,到2003年7月北京市鲁谷街道成为第6家改革试验者,我国城市治理的脚步已经由草根社区上升到基层政权层面。试点的街道办事处正在尝试着褪去行政外衣,浮现出上下相通、左右相连、党为核心、行政配合、群众参与、条块结合、以块为主的大社区治理结构。不论是执政党、民主党派、人大代表、与生活密切相关的企业和机构、政府职能部门,还是居民群众、居委会、业主委员会、驻社区单位、社会组织和团体、NGO、社区民间组织、物业公司等等,都开始在街道大社区这个治理平台下,重新寻找着自己的位置,逐步形成公民社区与城市共治的新的格局。

第一,公民社区的成长及其特性。首先,公民社区是重要的社会组织形式。继社团之后,社区已经成为公民个人利益最集中体现的地方。其次,上下结合推动的社区自治。我国社区自治的推动力来自上下两个方面:由上来自政府;由下来自公民社会组织。我国城市社区首先是政府授权对居委会进行民主改造,使其演变为公民自治社区的领导层。再次,地方政府在社区成长过程中的作用不可忽视。最后,公民社区的全新定位。公民社区已经完全不同于原来的居委会,它不再是"政府的腿和嘴",不再只负责上传下达。社区开始变成具有明确地域性、独立的自身利益、拥有大批自治性中介组织、联通政府、驻区单位、服务单位、组织居民参与城市治理的重要组织结点。

第二,由公民社区走向城市共治。显然,公民社区的崛起已经深深地改变了城市基层政府的组织方式和工作方式。从条块分割、部门利益、信息孤岛到多方参与、共建共治和大社区数字化公共平台建设,政府从大权独揽的管理者到向民间授权、多方参与治理的牵头者、组织者,显示中国城市大一统的管理体制已经从基层开始变革。

邻里社区、街道大社区走向自治;从公安派出所接受居民评议,到政府职能部门、街道党工委、社区工作站、居委会等接受居民考评,且在年终考评中所占比例逐年升高;人大代表的社区联系制度、公示制度、社区接待日、社区自荐独立候选人等;民主党派的社区调研,学者的研究和法律专家的广泛参与,党和国家领导人的重视等等,已经使公民社区成为城市治理改革中涉及利益最多、影响面最广、最具有搅动全局影响力的社会力量。公民社区的成长预示着传统的政府管制结构已经从基层开始逐渐让位于新型的共建共治结构。

(二)社区自治组织发展中存在的问题

针对目前社区建设的现状,从居委会的撤销到社区的建立,已经形成了质的飞跃,并进行了一些改革和尝试,有些好的构想都已成功地运用于社区建设中,社区在社会发展进程中发挥了很大的作用,但在社区民主建设和自治功能方面,还存在这样或那样的问题,主要表现在以下几个方面:

1. 社区组织法律法规保障滞后

目前实行的《居民组织法》是1989年颁布的。随着经济社会、政治文化的变革与发展，城市社会管理体制出现了许多新情况、新问题，原有的一些法律法规已明显不适应社会主义市场经济发展，可操作性差，使社区居委会在实际工作中很多问题找不到相关的法律依据，遏制了社区的工作，如社区工作者的人事问题，以前在居委会工作的都是企事业单位退休并热衷于社会事务管理的老同志，俗称"小脚宪兵"，而现在的社区工作者都是社会上招聘的人，基本形成年轻化、知识化的结构，可发挥出蓬勃的朝气，年龄结构明显发生变化。但社区工作者的待遇低、工作条件差，与其工作性质、工作价值和工作量严重背离。另一方面，社区工作者的职业认同度也很低。当前社区工作者从业的心理基础相当复杂，在从事这项工作之前没有做好相应的心理准备和知识准备，从业之后就产生高期望值与低认同度的矛盾。相当多的社区工作者在从业时间不长之后就跳槽，留下来的社区工作者对职业的认同度也不高。同时，各项福利、待遇没有个固定的规定，使社区工作者产生后顾之忧，不像以前居委会的同志如果不干了，还有退休工资，现在如果不干了，那么就是失业人员。所以法律保障滞后是影响社区居委会自治功能发挥的一个因素。

2. 社区居民的民主意识和自治能力有待加强

从20世纪80年代中期开始，中国社区建设同一百多个有社区发展计划的国家一样，从以社区服务为主，发展到以文明小区建设为主，并已进入社区组织体制建设阶段；从社区共建的发展过程看，已从联谊形态，发展到物质支援形态，并已进入全面互助形态；从共建组织的情况看，已由双向进入到网络；从共建领域看，已由单一进入全面，其内涵由浅到深，其形式由活动到机制。居民通过社区的活动有效地进行了沟通、互助、交往，随着社区建设的推进，社区资源得到有效整合，在社区中，关门是小家，开门是大家。居民对社区的关心度和参与度大大提高。但是仍有相当一些居民的民主参与意识还比较淡薄，对居民在自治中的权利和义务不甚了解，虽然长期生活在社区，却没有意识到自己属于居民自治的主体，相当多的社区居民特别是中青年居民参与自治活动还比较少。有些社区组织一些活动，但由于很多居民的参与意识不强，没有起到很好的效果。随着改革开放的不断深入、民主与法制建设进程的加快,社区居民的民主与法制意识不断增强,一些居民参与民主自治的意识有了很大的进步,想为社区贡献一份力,然而社区居委会组织居民自治的功能不强,没有能够组织起这部分人员来参与社区建设,也没有更多的精力来管理及运作,挫伤了一些居民的积极性。

实践证明,增强社区居民自治功能,是实现城市经济社会协调发展的必然要求,也是加强城市基层民主政治建设的重要途径。新的形势和任务,对社区建设工作提出了新的要求。社区居民的政治参与是实行居民自治的动力和源泉,居民的政治参与度是衡量社区自治水平的重要标志。因此,在推进社区居民自治过程中,要始终注意做好社区群众的思想发动工作,采取多种形式,通过各种途径,激发和调动广大社区群众"自我管理、自我教育、自我服务、自我监督"的积极性和创造性。更为关键的是要不断完善并认真执行社区议事制度等各项民主制度,发挥社区居民在决定社区重大事务中的主体作用,使社区居民在实践中增强参与社区工作的意识和能力。目前,很多社区都有协调议事委员会,社区协调议事委员会大多是由辖区知名人士、人大代表、政协委员、居民代表、辖区单位负责人及街道领导组成,是讨论决定事关社区公共利益的重大事项,对社区居民委员会及社区其他工作机构的工作进行监督和评议,提出意见和建议的机构。但长期以来,这个机构却没有真正起到应有作用,没有完成它应有的职责,甚至当社区换届选举时,协调议事委员会的成员才能见一面。这一组织的形同虚设,造成社区工作的好坏只能靠政府机构来推动,难以实现社区的"自我监督",没有更好地发挥社区居民的民主意识和自治能力。因此,要正确处理政府依法行政与社区依法自治的关系。首先,充分认识社区居民自治的法律地位。居民自治制度是我国宪法和法律规定的一项重要的政治制度,各级政府及其有关部门只有充分认识社区居民自治的法律地位,进一步强化依法行政的意识,才能自觉地尊重社区居民依法自治的权利,主动地指导、支持和帮助社区居委会工作,而不是把社区变成一级小政府。其次,切实转变政府职能。我国的行政管理体制正面临着一场深刻的变革,切实转变政府职能已经成为当务之急。必须尽快将政府职能转变到社会管理和公共服务上来,把社会可以自我调节和管理的职能交给公民社会组织,把群众自治范围内的事情交给群众自己依法处理。第三,进一步转变管理观念,创新工作手段。政府各部门和街道办事处在推动社区工作中,要确立新的管理理念,改进工作作风,实现由领导、管理到指导、服务的角色转变,积极为社区依法自治创造条件。对社区居委会要多一点支持、服务,少一点检查、考核,切实减轻社区居委会负担,把社区工作者从繁杂的报表、台账中解放出来,让他们有更多精力去做群众工作,更好地发挥其组织群众、服务群众,稳定社会的组织协调工作,以及作为党和政府联系群众的桥梁和纽带的作用。

3. 社区管理行政色彩较浓

目前,有相当一部分社区自治组织在具体运作上沿袭了过去居委会的做法,在建立一种新型的政府与社区居委会群众自治组织的关系上,还没有找到有效的途径和方法,社区组织的职能作用还有待进一步发挥。虽说社区组织体系框架总体上是科学规范的,但是社区组织的自我管理、自我服务、自我教育的职能并没有全部得到实现,社区自治的真正实现还有一段很长的路要走,原因是多方面的。一是政府部门还权、放权不彻底、不到位,社区应具备的各项权力包括自治权、协管权和监督权并没有落到实处。二是还没有形成完善科学的社区管理体制和工作运行机制,各个社区组织的工作制度、自治章程等还没有建立健全起来。社区建设需要更加完善、细化的法规体系和法制环境。三是部分社区工作者受传统的工作方式影响,头脑里还存在依赖街道和政府部门的思想,对社区工作者的角色定位和实现社区自治的性质缺乏必要的认识。加之部分街居干部年龄老化,专业、文化知识结构不合理、业务素质不高问题突出,还缺少年富力强、文化层次高、懂得现代社区管理的人才,成为制约社区服务社区管理效果的关键。

社区组织常忙于应付众多的行政事务。目前有多个行政部门开展进社区活动,各部门要求社区成立对应的组织机构,造成社区的组织机构众多,标牌林立。本应是由社区居委会协助行政部门完成的工作,在实际工作中却变成了自身的责任目标,被协助的部门往往以上级部门身份对社区进行考核检查评比,而且多以台账完成的好坏来衡量。真可谓是"板块满墙挂,台账堆成山,牌子来回换,评比团团转"。社区居委会疲于应付各种检查,不堪重负,直接影响了社区居委会的自治地位和实际功能的发挥。

计划经济体制下形成的纵向行政管理系统依然没有改变,法律明确规定社区居委会对政府的工作仅仅是"协助"责任,然而现实情况是,社区自治组织仍然被当成政府的附属机构、基层政府的"腿",政府行政部门通常把自己所承担的职能延伸进社区居委会,要求社区居委会帮助政府承担各种各样的工作,使社区组织无暇顾及居民自治的问题。如调查各公共单位的电话号码、测量辖区路段、收缴残疾人保障金等工作,都是落实到社区来完成。

社区组织不是政府权力的延伸或准政府,而是衔接政府和居民个人,承接政府分离出来的管理本区域内社会公共事务的社会自治组织。在社区管理中,要逐步实现由原来的行政主体转变为社会主体,尽快将政府职能转变到社会管理和公共服务上来,把群众自治组织管理的事情交给群众自己依法处理,进一步明确社区居民自治应享有的权利和义务,真正实现政府部门和街道对社区组织给予业务指导而不是进行行政干预,提供帮助支持而不是插手社区事务,努力为社区居民创造自我管理、自我教育、自我服务的良好的外部环境,防止用行政手段要求社区居委会做一些本属于政府部门的工作。应按照"权随责走、费随事转"的原则,逐步剥离不属于社区居委会职责范围内的工作,切实减轻社区组织负担,保证社区组织能够集中精力更好地为社区居民服务。同时,为了适应社区建设和社区居民自治工作的需要,政府要通过多种形式,对社区居委会成员进行理论、法制、文化、服务等方面的教育培训,帮助他们进一步提高自身素质和工作能力。

4. 社区工作的整体素质、管理水平有待提高

社区管理是社区建设的重要内容,是关系到社区建设成败的重中之重。从总体上看,社区管理水平仍然偏低。一方面是社区管理主体比较单一。社区管理主体以行政主体为主,即社区事务主要仍由街道办事处以及区政府的各专业职能部门管理,而市场主体(如物业管理公司、服务性中介组织)、社会组织、社会团体(如各种文化团体、妇联、共青团、业主委员会等)等,并没有真正广泛地参与到社区事务的管理中,有的地区甚至还没有形成完备的社区组

织。社区居民的自我管理意识还很薄弱,居民参与社区事务管理的组织形式是居委会,而居委会本身的规范化建设也是一项迫切的任务。另一方面是社区管理手段比较单一。由于我国社区建设起步晚,时间短,加上受长期计划经济体制的影响,在社区管理上打上了明显的指令性计划的烙印。目前社区管理手段主要是依靠行政机关和领导者的权力,通过强制性的行政命令对社区事务进行直接、集中、统一管理。它不利于分权,不利于发挥其他系统的作用,横向沟通困难等。这就需要以间接管理手段作为补充,但到目前为止,诸如法律法规手段、制度手段、经济手段等间接管理手段运用得还很不充分。

同时,城市管理体制改革使得社区管理与发展任务加重,从政府和企事业单位剥离出来的那部分社会服务职能需要职业化、专业化的社会组织去承担。社区工作者要从事城市基层社会性组织、教育、管理、协调和服务等各方面的工作,但当前的社区工作者大多不具备从事社区服务的科学的助人理念和助人技巧,对社区居民所提供的帮助仅仅停留于低水平的层面上。未能掌握社区建设的基本理论、基本内容和方法。这使得当前的社区建设处于低层次的运行和发展水平,社区提供给居民的只能是一些简单的便民服务而已,对于社区居民中的一些深层次问题,缺乏相关的分析研究能力和解决问题的对策。总体而言,社区服务的整体队伍尚处于粗放式的、追求数量与外延扩张的发展阶段,而其服务的项目内涵、质量及专业化技能尚处于初期的较低水平。其具体表现为学历层次低,绝大多数为劳动型的勤杂人员,具有一定的社区工作经验和知识,工作技能、专业技能层次相对较高的人员较少。因此,这种现状严重地制约着社区服务内涵的扩大以及服务质量的提高。

5.社区服务专项资金匮乏

社区服务的正常开展,有赖于服务资源的供给和利用,而资金则是物质资源的重要组成部分。在实际调查中发现,部分社区或者公共活动场地少,或者公共活动设施的效用难以发挥。如有的社区图书馆屋大书少,无人光顾;有的社区老年活动室由于没有运转资金,经常不开放或者收费开放,因而,虽有场地,但没有运转起来,缺少活动。另外,制约社区居民自治的瓶颈还有不少,比如开展自治活动的经费、场地、人手都很很缺乏。社区组织平时进行的一些工作没有得到政府部门的固定的专项资金,如团支部工作、体育活动、科普宣传等。公共单位考虑到经济利益,也没有资金注入到社区建设工作当中。社区只能靠自己的收入来支付办公、活动和社区建设费用。很多社区连办公用房都没有解决,更谈不上有场地提供给居民进行一些活动,很多社区也只能在公共单位及路边的空地组织活动。可见,目前出现需求与供给矛盾的主要原因还是社区服务资金短缺,政府投入不足。社区服务的内容相当大的部分属于社会保障和社会福利体系,属于政府的责任范围。因此,政府投入始终是社区服务的重要资金来源。但由于政府财力有限,对社区服务的投入偏低,导致社区服务范围难以扩展,服务质量难以提高。现阶段社区服务的社会化需要大量的资金,在政府尚无很大财力的支持的情况下,如何筹措资金是当前社区服务在市场经济条件下面临的重大问题。

6. 社区规划还不够完善

社区规划是社区建设的重要一环,一个规划良好的社区不仅能提高居民的生活质量,而且能增加居民的认同感和归属感。近年来,各地对社区规划已经越来越重视,以人为本的规划理念在一些地区得到了很好体现。但由于城市人口众多,空间有限,加之历史积累下来的原因,使社区规划受到很大制约。当前社区规划偏重自然景观和人文景观设计,以改善社区环境为主,如建筑优美、绿地增加等,这的确是一大进步,但一些与居民生活质量密切相关的文化卫生娱乐设施,如社区图书馆、体育馆、医院等在很多地区还没有建立起来,甚至还没有被纳入社区规划之中,使社区资源不能得到充分发掘和利用。原有的社区也面临着重新开发和规划的问题,如更换过时的基础设施,改善居住环境等。此外,社区规划缺乏社区居民的参与。因而目前社区建设过多地偏重于经济建设、市政建设等针对“物”的硬件管理,而忽视文化教育、社会服务、公共道德等以“人”为中心的软件管理,造成实际工作中“一手硬、一手软”的状况。

7. 社区与政府的关系还未理顺,职能错位

街道办事处作为政府的派出机构,承担着越来越多的政府工作职能,特别是经济工作职能,“准政府”色彩浓厚,多数时间忙于大量事务性工作,弱化了

本应承担的社会职能。随着政府管理重心下移,许多部门都提出本部门业务工作进社区的要求,如文化进社区、卫生进社区等,多数部门不是把服务送进社区,而只是简单地让工作任务进社区,相应的职权和经费却没有给社区,将社区居委会当成部门的下属单位,造成了"上面千条线,下面一根针"的局面。这种把社区建设混同于政权建设的做法与社区建设的初衷相距甚远,造成街道体制与社区体制在性质和功能上都很难接轨。而且社区权小责大,管理不力。社区工作,虽然包罗万象,但事实上区、街并未赋予它相应的权力,比如计划生育、综合治理、市容环卫、社会治安、社区管理服务等重点性、经常性的工作,由于社区居委会没有执法权,要么无权管,要么管不住,而职能部门有权管、能管住的,平时却找不到、看不见。同时,由于与物业公司之间没有理顺关系,物业公司不配合居委会工作,甚至有时还阻碍社区工作,使社区居委会也不能有效监督和规范物业公司的工作,同时居民的合法权益得不到保障。责权不明,关系不顺,是制约社区建设的一个关键因素。与市和区政府的各个条条部门之间矛盾交叉,城市基层社区组织出现"看得见的管不着,管得着的看不见"的情况,街道、社区没有执法的职能但要管理城市的基本生活秩序,各个执行部门有权执法却又没有力量直接把法律落实到基层,结果条块之间推诿扯皮的现象屡见不鲜。在这种行政型社区管理体制下,社区成员对行政任命的社区管理主体缺乏认同感,对社区缺乏归属感,不能积极参与社区活动,使社区管理存在"上边雷声大,下边雨点小"的窘境。社区居民参与差,居民很少参与社区活动。体制、结构及机制的缺陷,可以概括出五对矛盾:(1)"条"与"块"的矛盾。社区的基础是街道、居委会,而社区管理的许多职能在市、区,这样就出现一个矛盾,即管理权限多数集中在"条"上,而责任却集中在"块"上。(2)建与管的矛盾。目前许多新建的城市小区,并不是按照文明社区建设的要求进行全盘规划,常常出现设施不配套等问题,这就出现了建与管的矛盾。(3)街道、居委会工作的"行政化"与社区建设"社会化"的矛盾。(4)社区组织与辖区单位的矛盾。社区建设需要辖区单位的广泛参与,但一些单位参与的积极性不高,主要原因是在体制转换中,许多企业面临困难,亏损严重,职工下岗多,无力顾及社区建设。(5)社区组织工作的社区服务导向与社区建设经济基础薄弱的矛盾。随着市场经济的发展和政府机构改革与职能转变的深入,街道的社会工作导向越来越明显,但是由于经费紧张、财政吃紧,不得不把更多的精力放在办企业、管企业、跑关系、争税源上,无暇顾及社会事务,社区建设常常是说起来重要,干起来次要,忙起来不要。

(三)积极推进和谐社区建设

进入新世纪新阶段,我国社会结构发生了深刻变化,城乡基层管理面临许多新课题新挑战。一方面,城乡社区已成为各类社会群体人员的聚合点,各种社会矛盾和社会问题呈多发趋势;另一方面,基层群众自主管理和民主法制意识不断增强,城乡基层管理体制机制和工作方式方法存在诸多不适应不符合问题。面对新课题新挑战,传统的城乡基层管理体制机制亟待完善和健全,需要确立新型城乡基层治理模式。由侧重管理向管理与服务相结合转变,强化社会服务功能;由侧重外部约束向外部约束与居民自治相结合转变,强化自我管理、自我服务、自我教育、自我监督;由条线的、单向的管理运行机制向网格的、互动的基层治理运行机制转变,强化社会自治功能。政府行政管理与基层群众自治有效衔接和良性互动是形成新型城乡基层治理模式的重要标志。实现政府行政管理与基层群众自治有效衔接和良性互动,是新形势下发展基层民主的客观要求,是深化基层机构改革、转变基层政府职能、加强基层政权建设的客观要求,是发挥社会组织积极作用、增强社会自治功能的客观要求,因而具有多方面的重要意义。

1. 和谐社区是和谐社会的全息缩影

所谓和谐社区其特征是社会风尚良好的社区。邻里之间友好相处,家庭团结和睦,尊老爱幼、扶贫济困基本形成风气,老有所乐、幼有所教,学习氛围浓厚,歪风邪气没有市场。社区的机制既不是行政机制,也不是市场机制;社区组织的原则既不是社会效益最大化,也不是自身利益最大化,而是以人为本、互助互利、民主自治、安居乐业。社区里可能既有比较富裕的居民,又有贫困人口和老弱病残。因此和谐社区建设强调人们之间要互相关爱、奉献爱心。

德国社会学家腾尼斯认为,社区是具有亲密关系和高度归属感的人群共同生活的特定区域,在此意义上,社区建设就是亲密关系和高度归属感的形成。我国过去实行的是高度集中的计划经济管理体制,在这种体制下,以纵向行政关系分割的各个单位,承担着众多的社会功能。职工包括其家庭在工作、生活和学习等方面更多地从属和依赖单位,这就造成了公民利益与自己所在社区利益关系的疏离。20世纪90年代以来,随着改革的深入和城市现代化进程的不断推进,单位的社会功能逐步被剥离,大大地淡化了职工对单位的利益依附关系,"单位人"向"社会人"转变的趋势越来越明显。这就要求居住于社区的居民必须强化社区意识,关注社区内的公共事务,自觉地把社区作为参与社会活动、实现自身权益、形成社会整合的重要基地。所以,和谐社区的首要特征是较强的社区归属感。

同时,和谐社区具有便利、安全、舒适的社区环境。社区里社会服务于管理的社会化程度比较高,在社区里一般居民的物质文化生活需求能得到基本的满足。社区环境优美整洁,社区管理有序,社会秩序良好,居民奉公守法,诉求渠道畅通,调节工作到位,一般性的矛盾和问题能在社区内得到消化和解决。

和谐社区之所以是和谐社会的全息缩影。是因为随着我国经济社会的快速发展和改革的不断深化,随着我国由农业社会向工业社会的转型和城市化进程的加快,城市社区已经由过去的单纯居民居住点,转变为各种社会群体的集聚点、各种利益的交汇点、各种社会组织的落脚点、各种社会矛盾的聚集点、人与社会的交融点和社会生活的支撑点。和谐社区对于构建和谐社会的意义,不能简单地从"局部与整体"的关系上来理解,机械地认为,社会是由一个个像社区这样的单元组成的,每个社区和谐了,整个社会也就和谐了。社区的真正意义始终在于它是整体社会的一个"全息缩影",作为局部的社区是一个包含了整体社会基本信息的独立单元,社会的生活需求、利益关系、群体矛盾、阶层结构和运行逻辑,在社区都有对应的表现。社区是社会的一个窗口,把握了社区就在很大程度上把握了社会;把握了和谐社区建设的原理,就奠定了和谐社会建设的基础。

和谐社区的建设以服务群众为主题,和谐社区的建设将增强社会服务功能,拓展社会服务领域,提高社会服务水平,形成社会服务网络化的新格局,服务于居民生活水平和质量的提高。和谐社区的建设还有助于发挥基层党组织和共产党员服务群众、凝聚人心的作用，发挥基层自治组织协调利益、化解矛盾、排忧解难的作用，发挥民间组织和社会中介组织提供服务、表达民众的利益和愿望、规范行为的作用，这无疑将巩固党执政的群众基础，使社区在密切党和政府同人民群众的关系上发挥桥梁作用。

社会主义和谐社会并不是没有矛盾的社会。构建社会主义和谐社会的过程，就是在妥善处理各种矛盾中不断前进的过程，就是不断消除不和谐因素、不断增加和谐因素的过程。随着我国改革发展进入关键时期，人民内部矛盾出现了多种多样的状况。社区更是各种社会矛盾的聚集点。和谐社区的建设，将大力加强法律法规和治安防范知识的宣传教育，增强居民的防范意识；加强社会治安综合治理网络建设，完善治保、调解、普法、帮教、巡逻、消防六位一体的群防群治组织；建立和完善利益冲突协调机制、矛盾纠纷化解机制、预防青少年违法犯罪工作机制，增强社区做好群众工作、化解社会矛盾、协调社会关系、实施综合治理的能力；做好突发事件和灾害事故的预防和处置工作，强化对重点人员的教育管控，不断增强人民群众的社会安全感，营造安定有序、安居乐业、安全稳定的社区环境。

2. 社区既是基层民主自治的坚实平台，也是参与管理国家与社会事务的起点

党的十五大报告指出，要扩大基层民主，保证人民群众直接行使民主权利，依法管理自己的事情，创造自己的幸福生活，是社会主义民主最广泛的实践。城乡基层政权机关和基层群众性自治组织，都要健全民主选举制度，实行政务和财务公开，让群众参与讨论和决定基层公共事务和公益事业，对干部实行民主监督。党的十六大报告在勾画全面建设小康社会目标时，提出社会主义民主更加完善、社会主义法制更加完备、基层民主更加健全等内容。随着我国经济社会的快速发展和改革开放的不断推进，广大人民群众对社会主义民主有了新的更高的期待。十七大报告紧扣社会脉搏，顺应人民政治参与积极性不断提高的新情况，将"扩大社会主义民主，更好保障人民权益和社会公平正义"作为全面建设小康社会的新的更高要求之一，使全面建设小康社会的

宏伟目标更加丰富、更加完备。在论述发展基层民主,保障人民享有更多更切实的民主权利时提出,要健全基层党组织领导的充满活力的基层群众自治机制,扩大基层群众自治范围,完善民主管理制度,把城乡社区建设成为管理有序、服务完善、文明祥和的社会生活共同体。同时提出,要深化乡镇机构改革,加强基层政权建设,完善政务公开、村务公开等制度,实现政府行政管理与基层群众自治有效衔接和良性互动。

实现政府行政管理与基层群众自治有效衔接和良性互动的目标,主要从以下几个方面推进:一是建立健全领导体制和工作机制。基层民主和基层管理涉及多方面、多领域、多部门,涉及群众切身利益,必须加强统一领导和协调,建立健全基层党组织领导的、规范有序的城乡社区基层管理组织体系和工作格局。二是进一步规范基层政府的职责和权限。全面推进依法行政,规范行政行为,严格按照法定权限和程序开展活动。加强基层政府的社会管理和公共服务职能,改进社会管理和公共服务的方式,着力推进社会保障、社会救助、就业服务、社区卫生、群众文化、社会治安、纠纷调处和基础设施等基本公共服务体系建设。建立健全基层管理和服务的财力保障机制。三是完善城乡居民自治制度。修订居民委员会组织法、村民委员会组织法,扩大基层群众自治范围,健全民主管理和公开办事制度,实行群众自己的事情自己管、自己办。规范政府与基层群众自治组织的关系,政府对基层群众自治组织主要是指导、协调、服务和帮助。对政府延伸的工作任务,要建立有效的委托管理和购买服务制度,减轻基层自治组织的工作负担。四是把城乡社区的各类组织纳入规范化、法制化的轨道。培育发展社区各类社会组织,特别是与群众利益密切相关的社会服务组织。拓宽社情民意反映渠道,发挥社区内机关、企事业单位、合作经济组织、社会福利机构、物业服务机构等组织的积极作用。发展社区工作者队伍,广泛开展基层志愿服务活动,逐步实现社区工作专业化、社会化。

发展社会主义民主政治是我们党始终不渝的奋斗目标。民主政治不仅表现在上层政权的建设,民族政权的巩固,海外政权的扩张,更重要的是要在基层扎根,惠及更广大的基层,使民主更加广泛,更加和谐。在新的时期,沿着有中国特色的社会主义道路前进,在党的领导下推进基层群众自治,发展基层民主,不仅对社会主义民主政治建设有利,对整个社会的和谐发展将奠定坚实基础。基层群众自治制度首次纳入中国特色政治制度范畴正是在社会主义建设取得初步成果的基础上,向小康社会进军的稳固磐石。

我国的基层群众自治制度,主要包括城市的居民自治制度和农村的村民自治制度。此外,还包括以职工代表大会为基本形式的企事业单位民主管理制度等。我国的基层群众自治制度,是在新中国成立后的民主实践中逐步形成发展起来的,并首先发育于城市。新中国建立初期,为了巩固新生政权,在城市,建立了具有政治组织性质的居民委员会。这是基层群众自治制度在中国社会全面确立的根基之所在。1954 年 12 月,第一届全国人大常委会第四次会议根据 1954 年的宪法精神,制定并通过了《城市居民委员会组织条例》,第一次以法律形式宣布居民委员会是"群众自治性的居民组织"。改革开放后,我国基层民主重新获得发展。1980 年 1 月 19 日,国家重新颁布了 1954 年通过的《城市居民委员会组织条例》,从而使城市基层群众自治制度开始得以恢复和发展。两年后,新颁布的宪法,将城市基层群众自治制度推广到农村,规定农村也成立类似城市居民委员会的基层群众自治组织,即村民委员会。1987 年,全国人大常委会通过《中华人民共和国村民委员会组织法(试行)》。两年后,在原来的《城市居民委员会组织条例》基础上形成的《中华人民共和国城市居民委员会组织法》也在全国人大常委会获得通过。1998 年 11 月 4 日,九届全国人大常委会五次会议通过村民委员会组织法。至此,基层群众自治制度的法律基础基本奠定。此后,我国基层群众自治组织呈现出强大的生命力,在实践中不断发展壮大。截至 2006 年底,全国共有居委会 80717 个,居民小组 123.5 万个;村委会 62.4 万个,村民小组 453.3 万个。

发展基层民主,目的是保障人民享有更多更切实的民主权利。发展基层民主,方式是人民依法直接行使民主权利,管理基层公共事务和公益事业,实行自我管理、自我服务、自我教育、自我监督。这是人民当家作主最有效、最广泛的途径,理应作为发展社会主义民主政治的基础性工程重点推进。基层民主制度是社会主义民主制度的重要组成部分。基层民主制度建设是我国社会主义民主与法制建设和社会主义政治体制改革的一项重要内容,是社会主义现代化建设的一个重要环节和重要保证。在我国社会主义民主建设过程中，从民主主体的范围看，发扬基层民主，保证基层组织和成员直接行使民主权利，依法管理自己的事情，创造自己的幸福生活，是社会主义民主最广泛的实践；从民主建设的目的和途径看，发扬社会主义民主，是为了让人民群众当家作主，调动人民群众的积极性。而要实现这个目的，除了让人民群众有权选举和监督国家权力机关的代表，参与对国家事务的管理外，更重要的一个途径就是加强基层民主制度建设，让人民群众对基层的公共事务进行管理，并逐步使这种管理规范化、制度化。

城乡群众性自治组织，在我国城市就是居民委员会，在农村则是村民委员会。群众性自治组织既是基层政权的基础，又是党和国家联系人民群众的桥梁和纽带。群众性自治组织直接地、经常地接触城乡社会，是党和国家联系城乡社会最直接、最广泛、最经常的基层组织，亦是国家在城乡的落脚点。可以通过群众性自治组织贯彻执行国家的政策、法律，群众也可以通过自治组织向国家机关反映自己的意见和建议；同时，群众性自治组织本身又有自己的固有事务，其中有直接与当地人民福利有关的社会事务和按法律规定的自治团体应有的事务，如办理本居住地区的公共事务和公益事业、调解民间纠纷、协助维护社会治安等。因此，城乡群众性自治组织理所当然也属于我国的基层组织。

居民自治，是在基层实行直接民主的一种最好形式。社区居民通过民主选举、民主决策、民主管理和民主监督参与对社区事务的直接管理，这是国家法律赋予居民的神圣不可侵犯的权利，这也是社区事业兴旺发达的表现。参与是社区建设的第一原则，也是它的生命线。参与标志着居民对社区的认同和关爱，参与标志着居民既可以对社区内的利益分享，又能对社区内的责任承担。一个有活力、有创造力、有效率的社区，都是居民参与率相对比较高的社区。当然，我们这里指的参与是居民主动参与而不是被动参与。居民能够主动参与社区的事务，说明他把自己的利益和社区的命运紧密地联系在一起了，把社区当成了自己的家，这是社区建设的活力，社区建设的基础，社区建设的源泉。这些年，通过社区建设工作的推进，社区也成为基层民主自治的一个坚实的平台,社区也成为居民从参与管理社区事务走向参与管理社会事务和国家事务的起点。

3. 和谐社区建设是今后社区建设的中心和主题

构建和谐社会是一个宏大的社会系统工程。从横向看,不仅是社会,而且与政治、经济、文化都密不可分;从纵向看,涉及到宏观、中观和微观。在我国,无论农村的微观社会还是城市的微观社会,都是由群众性的自治组织组成的,它们是我们党的事业的工作基础和组织基础,它们是我们建设社会主义和谐社会的落脚点,正因为如此,胡锦涛总书记在专题研讨班上强调,建设社会主义和谐社会,"要加强城市基层自治组织建设,从建设和谐社区入手,使社区在提高居民生活水平和质量上发挥服务作用,在密切党和政府同人民群众的关系上发挥桥梁作用,在维护社会稳定、为群众创造安居乐业的良好环境上发挥促进作用"。胡总书记的重要讲话,表明中央对城乡基层自治组织的建设和发展的关心和重视,点出了我国和谐社会建设的切入点,指明了和谐社区建设的工作目标和前进方向。现阶段社区是各种社会矛盾的交汇点。我国现在既是经济的黄金发展期,又是各类社会矛盾和社会问题的凸显期。社会转型必然要造成利益格局的变化和社会阶层的变化。社会地位的下降会引起人们心理的不平衡,收入的悬殊会使人们暴露出不满的情绪,工作的紧张会增加人们精神的压力,价值观念和生活方式的变化会给人们带来许多的不适应,人口流动频率的加快会使城市管理的难度越来越大,社会上消极的东西会给人造成负面的影响,再加上突发的天灾人祸,这些影响社会稳定的所有因素虽然都反映在社会,但却都发生在社区,所以社区处在所有社会矛盾和社会问题的风口浪尖,社区只有防范好了,提前做好工作,才能最大限度地把各种问题消化在基层,才能够防患于未然。

和谐社区建设的目标:构建社会主义和谐社会,既是全面建设小康社会的重要内容,也是全面建设小康社会的重要条件。全面建设小康社会的目标,明确地包含了"社会更加和谐"的要求。而构建社会主义和谐社会比全面建设小康社会的要求更高、时间更长、任务更重。我们在完成了全面建设小康社会的宏伟目标之后,还要为构建社会主义和谐社会继续长期奋斗。因此,我们的

　　和谐社区建设也不是三年两载的事,更不是一朝一夕的事,而是和构建和谐社会一样,是我们党长期坚持的目标,从这个意义上讲,提倡"和谐社区建设是今后社区建设的中心和主题"是非常恰当的。我们在制定目标时,既要立足目前,又要着眼长远。第一阶段目标:可从社区环境入手,从社区居民需要解决的问题入手,从困难群体需要提供帮助的问题入手,进一步加强基础设施建设,实现长效管理,消化社会矛盾,创建一个环境优美、设施完备,生活便利的生活环境,促进人居环境和谐,让有困难的人得到帮助,让社区居民得到实惠,增强居民对社区的满意度和认同感,这需要三五年的时间;第二阶段的目标:通过和谐社区建设,进一步完善社区党组织的统筹协调机制和社区民主自治机制,提高城市管理和公共服务的能力和水平,使大部分社区建设成服务完善、文化繁荣、公平有序、安全稳定、和谐融洽的现代新型的和谐社区,这也需要有三五年的时间;第三阶段的目标:以居民需求为导向,以社区公共利益为纽带,以各种社会组织为载体,以资源整合为保障,构建起政府组织与社会组织及公民个体通体合作的社区公共管理和公共服务体系,以促进政府、社区、居民、社会、企业、生态各方面关系的和谐,从而营造良好的社区自治环境,提升社区民主自治能力,激发基层社会活力,进而提高构建整体和谐社会的能力,形成全体人民各尽其能、各得其所而又和谐相处的社会。从时间跨度讲,这个目标将贯彻在全面实现小康社会的全过程。

　　和谐社区建设是今后社区建设的中心和主题。社区居民委员会,是我国城市基层的群众性自治组织,它不是政府,也不是政府的派出机关,但它与政府的关系是血肉相连、鱼水不可分的。从1954年12月26日通过的《中华人民共和国城市居民委员组织条例》起,政府就是通过居民委员会这个通道把管理国家的公共权力传达给居民群众的,政府支持和指导居民委员会工作,保障居民委员会依法实行自治,而居民委员会则协助政府把国家的政策法规落实到群众中,双方的利益是完全一致的,没有根本的利害冲突。在新的历史条件下,尽管我们的管理体制和管理方式都发生了很大的变化,但国家还是把居民委员会作为基层社会管理的主渠道,作为国家政权的基石,所以《中华人民共和国宪法》一直坚持把居民委员会放在第三章《国家机构》"地方各级人民代表大会和各级人民政府"之中。现在基层的各种经济组织、社会组织越来越多,这是社会活力释放的表现。但是,居民委员会的地位和作用是任何经济组织和社会组织都取代不了的,国家离不开居民委员会,居民委员会离不开国家。

构建和谐社会的直接目的之一,就是有效地避免社会冲突。改革开放30年来,中国经济快速发展的同时,社会结构发生着深刻的变化,社会成员的价值观念趋于多元化和个性化,而社会的管理体制也在进行调整。在这个过程中,经济发展成果并非按照合适的比例分配于社会各个群体当中,必然引起社会矛盾的增多。社会结构分化的同时,社会中新阶层出现。这些新阶层包括私营企业主、个体户等,他们对社会结构的作用已经是学界讨论的热点。社会分化带来社会利益的重新分配,无法在一个绝大多数社会成员认可的环境内进行,大多数社会成员在享受到经济发展的实惠时,已经摆脱了家庭物质贫乏的阶段,但是其经济条件却不足以完全满足其对生活质量的需求,因此,在私人利益觉醒的同时,社会成员对于利益受损也更加敏感,主观上增加了社会冲突的可能性。城市社区是一个缺乏传统的空间,居民在这个空间上很少有共同的"记忆",他们对于公共利益的理解很难协调到一点上。这些居民已经充分意识到个体的私人利益,却没有充分意识到利益的实现是一个有秩序的过程。这是一种没有原则的私人利益,这是经济飞速发展的同时社会发展缓慢的典型症状。中国的经济发展与政治体制改革同时进行,使国家在基层的社会控制能力弱化,是出现社会冲突的客观条件。构建社会主义和谐社会必须有效地控制和疏导社会冲突,当前我国社会分化带来的社会利益重新调整,会让一部分群体成为发展成本的主要承担者。但是长期让一部分群体承担代价,显然有悖于公平的原则。社会公平问题不能适当解决,其结果就是发生积怨性冲突;随着私人财产数量增加,私人利益主体意识觉醒,也增加了冲突的可能性;政府缺少有效的手段,将冲突纳入制度范畴来解决,造成大量冲突隐性化。这些都将成为构建和谐社会的阻碍性因素,必须建立有效的社会冲突控制与疏导机制,才能使我国保持长期的稳定发展局面。近年来,随着社会重心日益下移,构建社会主义和谐社会的提出,使社区建设或者说和谐社区建设成为全国范围的实践。这样,在自上而下发展社会组织的同时,自下而上地发展和扶持社会组织,就成为推进社会组织发展的重点。这对我国社会组织的发展具有基础性的意义。可喜的是,这一过程在许多地方取得了实质性的进展。社区建设搞得好的地方,社区民间组织发展进入了各方重视、有制度可依、实质性壮大、作用得到更好发挥的阶段。

案例材料:

五里桥经验——构建多元互动的社区管理新体制 ①

上海市卢湾区五里桥街道是积极探索社区管理新体制的试点单位之一。五里桥街道位于卢湾区南部,面积 2.55 平方公里,人口 8.07 万,居民 2.8 万户,居委会 20 个。街道辖区内市、区属大小企事业单位 200 余家,其中有百年老厂江南制造厂及第一缝纫机厂等 30 家大中型骨干企业。

一、多元的社区组织系统

为了充分发挥社区管理的功能,五里桥街道从社区不同的行政事务和目标出发,建立了三个层面的组织管理系统——行政领导系统、行政执行系统、行政支持系统。这三个系统分别履行制定政策、执行政策、支持和反馈政策等功能,由此形成了社区管理的组织结构新体制。

1. 社区行政领导系统:街道办事处及城区管理委员

街道办事处及城区管理委员通过相互协调,共同完成对社区日常行政事务的领导,组织社区服务与社区建设工作。根据权力下放与属地管理的原则,街道办事处作为社区最基本的单元在社区行政管理中处于主导地位。街道办事处依据法律、法规和上级区政府的授权,履行相应的"准政府"的管理职能,对辖区内的城区管理、社区服务、社会综合治安管理、精神文明建设和街道经济组织行使领导、协调、监督等行政管理职能,

---

① 资料来源:桑玉成等:《从五里桥经验看城市社区管理的体制建设》,载《政治学研究》1999 年第 2 期。

对地区性、群众性、社会性的工作承担全面责任。建立城区管理委员会是为了有效地克服条块分割,理顺条块管理体制的需要。城区管委会由街道办事处、派出所、房管所、环卫所、工商所、街道医院、房管办、市容监察分队等单位组成。城区管委会定期召开例会,商量、协调、督查城区管理的各种事项,制定城区发展新规划。同时,城区管委会作为条与块之间的中介,发挥重要的行政协调功能,使条的专业管理与块的综合管理形成有机的整体合力。

2. 社区行政执行系统:四个工作委员会的新运转体制

为了适应社区建设和管理的需要,五里桥街道办事处内部按照"两级政府、三级管理"的要求,设立市政管理委员会、社区发展委员会、社会治安综合治理委员会、财政经济委员会四个工作委员会,具体承担社区管理、精神文明建设、社区治安和街道经济等工作,使街道工作得到延伸和拓展。

(1)市政管理委员会对辖区内市政市容工作实行综合管理。除街道原有的市政科、卫生科、街道办合并为内设科室外,各条口上的房管所、工商所、园林所、地段医院等部门也纳入这个委员会。根据不同的分工,分别对辖区内市容卫生、市政建设、卫生防疫等方面进行管理。

(2)社区发展委员会对辖区内社会发展与建设工作进行管理与协调,除原有的教育科、计生办外,各条口上的劳务所、粮管所以及社区内由行政扶持引导的人民团体如老龄委员会、残疾人联合会和新建的市民会馆也归其管理。社区发展委员会通过对街道内社会保障、社区福利、社区服务、社区教育文化、计划生育、劳动就业、粮籍等方面的管理,全方位、多层次地满足地区市民的生活需要。

(3)社会治安综合治理委员会对辖区内社会治安负责进行综合管理。除原有的司法科外,各条口上的警察、安全、消防等部门归入这个委员会。该委员会的职能主要是协助街道党工委、办事处领导辖区内治安综合治理工作。

(4)财政经济委员会对辖区内街道财政进行预决算,对街道企业负责进行综合管理。除原有的经济科、财税办等有关科室外,各条口上的工商所、物价所、税收征管小组等部门也归靠该委员会。该委员会的主要职责是在街道办事处领导下,依照行政授权,对辖区内的有关企事业单位、个人工商经营者等实行工商、物价、税收等方面的行政管理,并扶持和引导街道经济的发展,确保辖区内经济发展工作的有效进行。

3. 社区行政支持系统:社区内的中介组织

这个系统主要由社区内企事业单位、人民团体、居民群众及其自治性组织构成。它们通过一定的组织形式如社区管理委员会、社区事务咨询委员会以及各种居委会组织发挥各自的作用。行政支持系统的职能目标是对社区事务进行议事、协调、指导、监督和咨询,从而对社区行政管理提供有效的支持,并促进社区行政管理的社会化。

根据五里桥的经验,社区管理委员会是半行政半自治的组织,它一方面承担着协调行政管理系统的条块分工的职能,另一方面是对整个社区的各种资源进行协调。

社区事务咨询协调委员会是社区社会化的议事组织,主要负责议事、协调、监督和咨询,相当于社区内的"议事机构"。在此基础上,五里桥街道还建立了社区事务调解协商制度。街道定期召开社会事务协调会议,对社区内的重大工作进行通报,充分发挥了街道政府机关法人、社团法人、企事业法人等多种角色团体的作用,较好地解决了社区内的重大事项。

在各种群众性组织中,居委会是这一网络中最基本的组织单位。卢湾区街道充分发挥居委会基层组织的作用,强化管理、教育、服务等功能。居委会注重搞好居住区的公共事务和公益事业,组织社区市民开展创建文明小区、文明弄、文明楼和五好家庭的活动,动员社会各方面参加志愿者队伍,使社区中的能工巧匠各献其能,奉献社会;进一步完善治保、调解、帮困、服务等组织网络,落实各项治安管理措施,维护社区治安稳定,保障市民安居乐业。

二、互动的社区管理机制

按照"两级政府、三级管理"的要求,积极探索加强社区建设和管理的新机制,这是五里桥社区体制建设的一个重要方面。

1. 纵向层层授权的原则

街道作为区政府的派出机构,在新的历史时期承担着更多的社会行政职能。但目前由于街道本身不是一级政府,因此它不可能像政府机构那样,有自己健全的权力机构,也无权制定地方规章和条例。街道所行使的权限主要来自于区政府的授权。街道就区政府的授权对区政府负责。

根据上海市委、市政府《关于加强街道居委会建设和社区管理的政策意见》,按照政企分开、政事分开、审批权与执法权分开的原则,卢湾区委、区政府赋予五里桥街道一系列管理权限,使街道具有部分总体规划参与权、分级管理权、综合协调和属地管理权。这些权限包括个体饮食营执照的会鉴权、占弄占道审核管理权、户外广告审核管理权、新的违章建设工程处罚权、居民生活小区的规划和住宅建设方案及竣工的会鉴权、建筑工地文明施工管理和处罚权以及社会救济、社会就业、除害灭病,粮籍管理等等。通过这样的授权,使街道综合管理的职能从机构和权限设定上得到了落实。

2. "以块为主,以条为辅,条块结合"的管理制度

条块问题是社区行政管理中必须处理好的一个核心问题。在计划经济体制下,城市管理采取垂直型的专业管理,而淡化甚至忽视了分级管理,存在严重的条块分割现象。面对越来越复杂的社会事务,条线因力量有限而管不到底,处在第一线的街道由于缺乏相应的职权而管不到边。与此同时,在传统体制中,街道与街道之间直接沟通联系不多,一般通过上级政府进行协调。而社区内的各类组织机构相互之间也缺少一种横向的协调关系。五里桥街道在社区体制建设中,着手解决了这个方面的问题,形成了一套"以块为主,以条为辅,条块结合"的管理制度。

首先是"条"与"条"之间的关系。派出所、工商所作为区政府职能部门的延伸机构,是"条"在"块"上的组织体制。五里桥街道社区层努力协调好这些机构之间的关系,并在一定程度上对这些机构履行其领导和协

调的职能。

其次是"块"与"条"之间的关系。"条"在"块"上的机构设置,如工商、税务、公安派出所等等,接受街道和有关职能部门的双重领导,与街道形成一种条块联动的组织管理模式。一方面,政府职能部门的延伸机构受街道和区政府的双重领导;另一方面由于街道内部也设立了街道派出所、街道工商所等机构,这些组织机构可以和政府职能部门的延伸机构共同对街道内的工商、税收、社会治安等问题进行管理。

再次是"块"与"块"的关系。从组织的生态环境看,组织不可能是一个封闭的系统,它必然要受到外部环境的制约和影响。社区作为城市的最基层单位,如何与其他社区发生关系,是其得以正常运行的必要条件。五里桥街道在注重其自身社区发展建设的同时,也注意同其他社区保持良好的协调关系,善于借鉴其他社区的良好的管理经验和管理方法,使自身的社区建设展现出良好的发展态势。

最后是社区与其辖区内各类组织之间的关系。社区内的各种社会化群众组织包括企事业单位,它们既是社区管理的对象,又是社区建设的主体。从原则上说,社区的各类群众组织是相对独立的系统,它们与社区中的行政组织不存在直接的隶属关系。但作为社区行政的支持系统,它们一方面受到社区行政领导系统和执行系统的领导,另一方面又在社区行政决策和执行过程中发挥咨询、建议、协调、监督等支持作用。五里桥街道在这方面主要抓好以社区事务协商调解为主要内容的社区新制度的建立健全。由辖区单位法人、社团法人、市民代表和居委会组成一定的组织形式,从自我管理社区、自我建设社区着手,向管理部门提出合理建议,起到了议事、参与、监督等作用。

三、动态的社区管理模式

目前街道社区的管理任务十分繁重,如何构建一种"小政府、大社会"、"小机构、大服务"的社会化管理模式,充分发挥政府机构法人、社团组织法人、企事业单位法人等多种组织的作用,以政企分开、政社分开、政事分开为基本原则,把各种社会性事务作合理分解,使政府组织、社会团体、企事业单位，分工合作，发挥各自的优势，是五里桥街道在探索体制建设中所思考的一个重要问题。

在社区管理中，政府法人具有特别重要的地位。发挥政府法人的作用，在于强化政府行政管理，理顺条块关系，建立起条块结合，以块为主的社区管理模式。在纵向层面上，街道位于决策层，即拥有区域内的管理决策和一定的审批权，而政府各职能部门设在社区的延伸机构位于操作层，在大局上要服从街道的统一指导和协调。同时，对于那些社会性、群众性、公益性、服务性的事务，社区逐步尝试让社团或企事业单位来承担，即把这些事务分门别类地逐步分解落实到社团和企事业单位中去，充分利用现有的社团与企事业单位，把与其职能相近的社区工作事项尽可能地纳入其职责范围。

五里桥街道在社区管理的过程中，十分注重发挥政府法人、企事业法人和社团法人的多角色作用。例如，对社区内孤老和特困对象实行优抚和优惠服务的"爱心工程"，在多角色组织的共同作用下取得了较好的成效。与此同时，街道主动与社区内各名牌企业联营，寻求街道经济的增长点，以带动街道经济步入规模效应的轨道，并开始形成企业效益上规模、经济管理上水平、产品服务上档次的新型经济管理模式。通过这些方面的努力，增强了经济实力，同时还扩大了就业渠道，通过发展经济带动劳动力市场的开发，探索了一条解决社区内待业人员和下岗人员再就业的途径，在一定程度上缓解了社会矛盾。

充分发挥民情委员的作用，也是五里桥管理模式的一个方面。民情委员一般由社区内德高望重、热心公益事业的人士担任。民情委员的主要功能是监督、检查社区各项工作，及时反馈社区民情民意，在社区管理委员会与政府之间搭起一座桥梁。民情委员可对社区事务提出意见和咨询，并可直接反映给上级部门，对社区内各重大决策提出建议和意见，协调居民间的关系。

可见，社区存在和发展的必要性和必然性在于，它既能在一定程度上弥补政府失灵,又能在一定范围内弥补市场失灵;既能减少政府成为社会矛盾焦点的概率,又能较好处理市场不能或无力处理的问题和矛盾。相对于政府的行政运行,社区的运行能够降低社会管理成本;相对于市场调节,社区的调节方式能够更好地保证社会公益的目标,从而也有利于把社会公平正义落到实处,让广大人民群众共享改革发展成果,更好地弥合分歧、化解矛盾、控制冲突、降低风险、增加安全、增进团结。在这个意义上,培育和发展社区组织的建设,正如整个社会建设过程一样,是一个制度创新的过程。我们目前提倡的"小政府、大社会"同样也并不意味着政府在放弃社会管理的责任,但是,社区管理的最终目的还是要实现它的自治,即由社区居民自己管理自己生活在其中的社区事务。社区行政要借助行政力量培育自治行为的意识和能力,推动居民广泛参与社区建设、社区服务和社区管理。实现社区自治,不可能一步到位,它有一个循序渐进的过程。不断推进城市基层民主政治建设,实践证明:增强社区居民自治功能,是实现城市经济社会协调发展的必然要求,因此要真正实现社区的自治,我们可以从两个方面去做出努力。

第一,提高社区居民的民主意识和自治意识。

一个城市现代化水准的高低,固然与其拥有的经济实力有着密切的关系,但在一定程度上也取决于这个城市居民的文化素质、民主意识和自治意识。社区是人们从事社会生活的第一场所。人们参与社会生活无疑首先从社区开始,而参与区域性公共事务正是参与国家事务的基本前提。社区参与是一种公众的参与,意味着社区居民对社区责任的分担和成果的共享,它使每一个居民都有机会为谋取社区共同利益而施展和贡献自己的才能。要使社区工作从政府的直接管理逐渐演化为广大社区居民的自我参与和管理并最终形成社区自治的管理模式,必须切实地提高社区居民的民主参与意识和自治意识,使人们能够逐渐地认识到,社区好比是一个大家庭,良好的社区必须要靠每一个人的共同努力、共同管理才能实现。要做到这一点,在很大程度上有赖于社区居民整体素质的提高,其中最为重要的是居民的民主意识和自治意识的增强。居民整体素质的提高可以转化为良好的人际氛围和有效的人力资源,形成社区管理的良好人文环境。基层民主建设和社区政治发展的要义就是培养社区居民对于社区公共事务的参与意识，使其能够进行自我组织和自我管理。要实现这一目标，就需要由社区居民自己选举产生一定的社区群众组织对社区公共事务进行管理，并代表全体社区居民与政府互动。因为没有一定的社区组织，社区居民则将缺乏参与网络和沟通媒介，无法持续交往，互信互惠的规范也将难以形成，公共物品则无从缔造。

第二，培育社区居民自我管理、自我服务的能力。

随着城市社区建设的发展，居民的积极参与和自我管理已经有了萌芽发展的势头，居民自己的作为在社区管理中的作用也日益得到了体现。在许多社区，居民经常会通过各种渠道向有关部门提出自己对社区建设的要求和建议，诸如要求政府安排新区公交线路、设置新区商业网点，要求修路建桥、整治社区治安状况等。通过这些渠道，一方面加强了公民对政府的信心和信任，使公民能支持政府的政策，并在政策的执行上进行必要的合作；另一方面也加强了居民之间的关系，使居民的社会凝聚力增加。这些因素将在很大程度上增强社区居民自我管理、自我服务的能力。

社区群众组织是表达社区居民利益诉求和期望、维护自己利益、制约基层政府不良侵权行为的需要。要实现社区自理和自治，要适当减少政府对具体事务的行政干预，淡化社区行动的行政色彩。同时还需提高社区自主性和独立性，逐步加强社区自我管理、自我协调和自我发展的能力。长期以来，由于在制度设计上没有及时对基层政权和自治组织之间的关系加以规范，在改革开放后由中央政府下放给基层企业和社区的权力，往往被某些地方政府和基层政府所截流，并利用这些权力满足自己的特殊利益需求。因而，有些以追求"政绩"和部门利益为导向的基层政府在进行社区建设时，往往违背乃至侵占社区居民利益。尤其在大规模的城市建设中，这种情况更是屡有发生，如在社区中违章搭建搞"三产"就是其中比较突出的表现之一。处于分散化状态的居民面对高度组织化的以"国家"或"政府"名义出现的侵权行为，如果以单个公民个人的名义进行抵制，实在是微不足道。因为在政府和社区的互动中，如果社区居民没有一定的组织依托和利益表达机构，那么必将导致双方力量失衡和互动结构不对称。政府可以通过官方文件和组织系统将自己的要求垂直有效地传达给社区居民,而社区居民对自己利益和意见的诉求与表达则缺乏制度化的渠道,由此而导致互动结果的失误和不稳定。社区群众组织的发展,可以促进参与者的相互依赖、认同和目标一致,从而将分散转化为一致,有效地表达自己的利益诉求和期望。因此,要维护合法的利益,居民必须利用社区组织的力量,方能形成对侵权行为的有效制衡。由此看来,具有足够自治性并能够充分代表社区居民利益的社区组织是社区发展的必要条件。在当前社会日益分化多样和流动速度加快的过程中,迫切需要有多种形式对社会成员和社会群体进行有效整合,以理性、合法的形式,反映并满足他们在经济、政治、文化、社会生活多方面的需求,实现社会需要的组织化。社区组织就是在这种客观要求中应运而生的,它在构建社会主义和谐社会中具有不可替代的作用和独特的优势。正是由于这样的社会作用和基本属性在其实际运作过程中正确展开和发挥作用的结果。从中我们可以进一步理解,党的十七大报告提出的"重视社会组织建设和管理",把培育和发展社会组织纳入社会建设和社会管理的重要内容,对推进我国社会的制度创新、政策创新,对社会组织的健康发展,都是至关重要的。

因此,坚持以人为本、构建和谐社区这是社区建设的中心和主题。进一步增强社区在和谐社区建设中的功能:一是服务功能。组织开展面向社区居民群众的便民利民服务,面向驻社区单位的社会化服务,如向老年人、残疾人、少年儿童、优抚对象和社会群众提供的福利性服务,办好社区的公共事务和公益事业。二是管理功能。贯彻执行党的路线、方针、政策和法律法规,维护社区居民群众的合法权益;教育居民群众依法履行义务,遵守社会公德;建立社会治安综合治理群众网络,开展群防群治,调解民间纠纷,维护正常的生活秩序。三是文化功能。组织群众开展丰富多彩的精神文明创建活动和健康向上的群众性文体、科普活动,引导社区居民树立正确的人生观和价值观。四是卫生功能。健全完善社区卫生服务站,全面开展"六位一体"的社区卫生和计生服务,提高社区居民的环保意识,动员和组织居民群众建设干净、整洁的美好社区。五是保障功能。协助政府落实社会保障政策,帮助困难居民办理最低生活保障,同时依托社会保障服务站开展面向下岗失业人员的社区再就业服务。

第八章 村民自治组织的建设与发展

村民自治是农民在农村经济体制改革后,因经营、管理和分配等方面自主权的扩大,而迫切要求进行农村政治体制改革的一大创举。这一充满生机和活力的新生事物的出现,党和政府及时给予了充分的肯定,国家也先后出台了相关的政策法规,从制度供给上给予了保障。在中国农村从自然经济向市场经济转变过程中,农村村级组织的分化和多样化是一个重要特征。发达国家农村发展的经验给我们提供了有益的启示,当农业性质由维持生存转向商品生产时,就会看到农民运动与农民组织的重要性。从人民公社体制到农村家庭联产承包责任制,村庄组织的社会基础发生了变化,村民自治就是在这样一个新的历史条件下将农民组织起来,确定村民与村庄公共资源、公共权力的基本关系,确定村民和国家的基本关系,有效促进农村各项事业的发展。随着农村市场经济的发展和城乡关系的演变,村民自治组织的发展也面临着新的问题,需要进一步完善和改革创新。

一、村民自治组织的发展演进

所谓村民自治,是指在农村社区的居民自己组织起来,依法实行的民主选举、民主决策、民主管理、民主监督为核心内容的自我管理、自我教育、自我服务的一种政治参与形式,它是实行直接民主的一种基本形式。中国乡村社会历史上就有着自治的传统,如唐代有"乡遂制",官吏由乡人充任,由乡人选举,担任地方公共事务的管理;元代有"社制",在乡村中选择年龄较大、通晓农事者为社长,由他们负责处理全村事务。但历史上的这种乡村自治,更多是以乡村游离于国家政权之外为代价的。广大村民除了履行交税纳粮和服役(含兵役与劳役)的义务之外,并没有多少影响与制约国家公共政策的合法权利和途径。新中国成立后,1950 年政务院颁布了《乡(行政村)人民政府组织通则》,规定行政村为一级地方政府机关。国家通过政权组织和党的组织在基层社会的延伸,克服了原先政治国家与村庄社会的分立与隔膜,建立起以国家为中心的国家——村庄一体化(即所谓"政社合一")的社会政治格局。随着国家政权和执政党地位的日益巩固,国家力量逐渐主导甚至左右了乡村社会政治、经济和文化的发展。

　　党的十一届三中全会以后,在国家和农民的双重推动下,我国农村开始探索实行多种形式的农业生产责任制,农村社会发生了历史性的变化。在农业生产普遍实行联产承包责任制,国家力量从农村社会的许多领域逐渐退出,改变了农民在集体经济组织中缺乏经营自主权和管理自主权的状况。原来生产大队不再管理农业经营事务,生产小队的功能也不断弱化,人民公社体制下高度集权的行政干预体制已经宣告终结。然而,乡级以下的组织没有及时建立起来,农村很多公共性事务仍然存在,曾一度出现了公共事业无人管、公益劳动无人理的局面。

　　1980 年,在广西河池地区的宜山、罗成两县的农村,农民们自发组建了一种新的组织——村民委员会,作为一种取代生产大队原有公共事务职能的新形式。作为一种新的权力体制,它的产生就得到了党和政府的重视和认可,从1982 年起,国家开始着手重构农村基层的治理模式,实行政社分开、村民自治,总结和吸收了城市居民委员会的经验和广大农民群众创造的新鲜经验,把村民委员会和居民委员会一起写进了宪法,并且在新宪法中正式确认了村民委员会是我国农村基层社会群众性自治组织,并对村民委员会的性质、任务和组织原则都作了具体规定,这是我国制宪史上的一个创举。1983 年 10 月,中共中央、国务院《关于实行政社分开建立乡政府的通知》,对建立村民委员会提出进一步明确要求。1986 年 9 月,中共中央和国务院发布了《关于加强农村基层政权建设工作的通知》,强调要进一步发挥群众自治组织自我教育、自我管理、自我服务的作用,同时责成民政部负责村委会建设的日常工作。1987年国家颁布《中华人民共和国村民委员会组织法(试行)》为发端,逐步形成了以国家和地方(包括省、市、县、乡四级)的权力机构、行政机关、村民自治组织三类主体为基础的立法和建制框架。这是第一部确认和明确规范村民自治制度的全国性法律。随着法律地位的确立,建立村民委员会的工作在全国迅速展开,中国农村的村民自治开始进入了制度设置的运作阶段。其制度体系基本框架有三个标志。一是村民自治和基层直接民主这一村民自治的基本原则精神得以确立,并贯穿于整个村民自治制度体系之中;二是围绕村民自治的原则精神,从中央、地方到村,制定了相应的法律、法规,使村民自治的基本原则精神成为实际可操作的规则;三是在国家指导规范和农民自主创造、上下结合双重推动下,村民自治体系正在转换为亿万农民群众的实践活动,同时也为村民自治制度体系的基本框架不断地增加新的内容。总之,实行村民自治其意义重大而深远,它可以提高村民的民主意识和主人翁责任感,能够形成人民管理国家所必要的政治基础和社会心理环境,加快基层政治、经济、文化生活的民主化进程。同时,它还可以为广大农民提供一个参与管理农村社区事务,切身体验和感受民主的机会,促使农民的民主意识和参与意识的提高。

到了20世纪90年代,村民自治活动逐步进入更加规范化、法制化的轨道。1990年9月26日国家民政部《关于在全国农村开展村民自治示范活动指导纲要(试行)》,对村民自治示范活动的目标、任务、指导方针、具体措施作了全面系统的规定,并第一次明确提出要建立民主选举、民主决策、民主管理、民主监督等四项民主制度。1997年党的十五大进一步强调,扩大基层民主,保证人民群众直接行使民主权利,依法管理自己的事情,创造自己的幸福生活,是社会主义民主最广泛的实践。1998年10月,中央下发的《中共中央关于农业和农村工作若干重大问题的决定》明确指出,实行"村民自治"是党领导亿万农民建设有中国特色社会主义民主政治的伟大创造。1998年11月,全国人大常委会审议通过的《中华人民共和国村民委员会组织法》(以下简称《组织法》)正式颁布实施。《组织法》的贯彻实施,标志着我国农村以村民自治为主要内容的社会主义民主政治建设进入了一个新阶段,也标志着农村基层民主已经初步形成了一套制度化的运作模式。草根民主走向制度化。随后各地相继制定新的村委会选举办法,村民委员会制度更加走向完善。其法定机制和主要内容是:通过实行民主选举、民主决策、民主管理和民主监督,产生村民进行自我管理、自我教育、自我服务的群众性自治组织——村民委员会；村民委员会任期三年，负责管理本村集体所有制的土地及财产，办理本村的公共事务和公益事业，调解民间纠纷，协助维护社会治安，向人民政府反映村民的意见、要求和提出建议，维护村民的合法权益；村民委员会应向村民会议负责并报告工作，涉及全体村民利益的问题，村民委员会必须提请村民会议讨论决定，村民会议有权监督村委会的收支账目和其他工作情况，并有权罢免和补选村民委员会成员；乡镇人民政府对村民委员会的工作给予指导、支持和帮助，但是不得干预依法属于村民自治范围内的事项；中国共产党在农村的基层组织，按照中国共产党章程进行工作，发挥领导核心作用，依照宪法和法律，支持和保障村民开展自治活动、直接行使民主权利等。与1987年的试行法相比，1998年正式颁布的《村委会组织法》增加了明确规定基层党组织在农村基层民主建设中的地位和作用的条款，增加了村民委员会实行村务公开制度以及人数较多或者居住分散的村可以设置村民代表会议等条款，补充了规定村民委员会"实行民主选举、民主决策、民主管理、民主监督"的条文。在村委会选举程序方面，增加了村民直接提名候选人、实行差额选举、无记名投票、设立秘密写票处、公开计票、选举结果当场公布等规定。并增加了对选举违法行为进行处理和罢免村民委员会成员的程序等条款。这些重要补充和完善规定，吸收了各地农民群众创造的新经验，对解决农村基层民主建设中出现的一些新问题，促进村民自治的规范发展发挥了重要作用。十五届三中全会通过了《中共中央关于农业和农村工作若干重大问题的决定》，指出加强农村基层民主制度建设，保障农民的民主权利，是发展社会主义民主政治在农村的具体体现，也是新时期加强农村工作的客观要求。党的十六大提出了建设社会主义政治文明的目标任务，强调要发展社会主义民主政治，建设社会主义政治文明，完善村民自治，健全村党组织领导的充满活力的村民自治机制。据民政部的统计数据显示，2005—2007年这一轮村委会换届选举中，623690个村已完成选举，全国平均选举完成率达99.53%。自村委会组织法正式颁布以来，我国村民自治法律体系日臻完善，村民的选举权、知情权、决策权、参与权和监督权得到进一步保障，村民自治已成为村民身边"看得见摸得着的民主"。

党的十七大报告对村民自治、城乡社区建设给予了高度重视,把"基层群众自治制度"提升到了我国社会主义民主政治建设的基本制度和中国特色政治发展道路的重要方面,报告指出:要"坚持和完善人民代表大会制度、中国共产党领导的多党合作和政治协商制度、民族区域自治制度以及基层群众自治制度",从而把"基层群众自治制度"与上述三项制度并列在一起,将其纳入了中国特色政治制度范畴,提升了基层民主在我国社会主义民主政治建设全局中的地位。其次,将基层民主定位为"人民当家作主最有效、最广泛的途径"和"发展社会主义民主政治的基础性工程"。这种新的定位深刻反映了基层民主在现实政治生活中的地位和作用。我国地域辽阔、人口众多、社会管理层次较多,人民生产生活的重心在基层,基层公共事务和公益事业涉及人民群众的切身利益。发展基层民主,是提高人民群众政治素质和管理能力的基础平台,是人民实现有序政治参与、保证合法权益的重要渠道,从而成为人民当家作主最有效、最广泛的途径。把发展基层民主定位为"发展社会主义民主政治的基础性工程",既凸显了基层民主在社会主义民主政治发展全局中的基础地位和战略意义,也是对广大人民群众扩大民主的强烈意愿和现实要求的准确把握。再次,从形式上增强了发展基层民主论述的独立性和重要性。报告在第六部分中把发展基层民主单独作为一节,与扩大人民民主、全面落实依法治国基本方略、壮大爱国统一战线、加快行政管理体制改革、完善制约和监督机制等另外五节内容并列,这在党的全国代表大会报告中尚属首次。同时,与历次报告相比,这方面文字篇幅更长,思路更清晰,论述更充分,体系更系统,也从侧面反映出中央对发展基层民主重大意义的认识已经提升到新的高度。

这样,"村民自治"的基层民主制度建设在人民公社体制解体的基础上,经过了萌芽阶段(1979年到1988年),确立(实验)阶段(1988年到1998年)、发展阶段(1999年至今),即 萌芽—确立—发展等不同阶段,前后经历了近30年的时间,终于确立起来了。人民当家作主,是马克思主义的一项基本原则。但是,在一个有着数千年封建专制历史的东方大国,如何使亿万人民行使当家作主的民主权利,建构起社会主义民主政治大厦,是社会主义政治文明建设的一项重要任务。在我国,经过长期的政治实践,逐渐探索出一条以基层民主政治建设实现人民当家作主的民主建设之路。所谓基层民主政治,是人民群众直接参与和自己切身利益密切相关的国家与社会事务管理的政治制度和政治实践,具体体现了人民群众当家作主的民主权利。我国的基层民主政治,发源于新民主主义革命时期,探索于社会主义建设时期,发展于改革开放新时期,逐渐成为我们党发展社会主义民主的一项基础性工作。

二、村民自治是亿万农民的伟大创举

村民自治,是中国共产党领导下亿万农民的伟大创举,是一项全新的事业,它给党对农村工作的领导注入了生机和活力。站在社会发展的历史高度,我们可以看到这种非常明显的互动作用。村民自治的探索、推进和发展的过程,也是我们党不断探索和创新对农村工作领导实现途径、形式和方法的过程。从人民群众的伟大实践中,我们党找到了改善农村领导和组织领导农民发展农村各项事业的新方法、新路子,并对于如何加强和改善对各项事业的领导提供了经验支持。村民自治的兴起和发展,不仅丰富了建设有中国特色社会主义的实践,而且创新了农村社会主义现代化建设的理论思想,也正符合马克思关于国家社会理论中社会参与国家的一种直接参与方式,即社会自治。其实践意义和理论启示、理论辐射作用不可估量。

扩大基层民主,实行村民自治被党的十五届三中全会称为农民的第三大创举。他不仅具有鲜明的个性和深厚的理论内涵,而且具有鲜明的时代特征。它始终贯穿着一条红线,那就是中国共产党领导和支持人民当家作主,亿万农民在党的领导下享有充分的民主选举、民主决策、民主管理、民主监督等当家作主的权利。这种创造绝不是名词的创造,而是开创了前人没有的事业,它是社会主义民主在农村的广泛实践。村民自治实质上是党领导下的村民自治,是党的一元领导下的多层次分权治理模式。无论是民主取向还是治理取向,村民自治的政策设计并没有脱离开中国的宏观政治构架——中国共产党的领导核心问题。在村民自治实行前的很长一段时期里,乡村社会一直实行党政合一体制,实行党的一元化领导。这种"一元多层分权"模式是国家从来都没有试图放弃或削弱党对乡村社会领导权力的表征。实际上,在实践中,各级党委和政府也把村级党组织作为在乡村社会贯彻落实其政策和意志的主要依托组织。① 这是因为,一方面,村党支部是基层党组织,是乡镇党委的下级组织,按照党的章程的规定,党的组织原则实行民主集中制,其基本原则之一就是,党的下级组织服从上级组织,必须坚决执行上级组织的决定;另一方面,尽管党章规定,党的基层支部、支部委员会由党员大会选举产生,选出的书记、副书记应报上级党组织批准。党领导下的村民自治模式的法理设定为村党支部领导乃至控制村委会提供了合法性基础。因此所谓的两委关系,应表述为党支部领导村委会的"上下级关系"。无论是"一肩挑"机制,还是"两票制",甚或是如上述的"一套人马,两块牌子"的模式,都是建立在村党支部领导村委会的最为基本的现实基础之上的。

正是《村委会组织法》规定的民主规则和程序,使得广大农民得以运用民主形式争取和维护自己的合法权益,农村基层民主愈来愈具有实质性内容。特别是在有着长期专制传统,经济文化相对落后的农村。数亿农民直接参与,却没有引发大规模震荡。这使得中央对于"还权于民"的民主化进程有了更充分的信心。党的十六大以来,中央从加强党的执政能力建设和先进性建设的战略高度,强调进一步加强党内民主建设,率先垂范,带头发扬民主,要求各地鼓励基层积极探索,使党内民主建设从理论到实践、从中央到地方和基层全面展开,在创新中取得丰硕成果。一是党内民主理论建设实现重大突破。"党员是党的肌体的细胞和党的活动的主体","积极拓展党员参与党内事务的渠道,保障党员行使党章赋予的各项权利","充分发挥广大党员和基层党组织参与党内事务的积极性和主动性","积极探索发展党内民主的有效途径和形式"等等。这些重要表述,对党内民主建设具有重要的理论指导意义。二是党内民主制度体系进一步健全。修订颁布了《中国共产党党员权利保障条例》,在全党逐步建立起党内情况通报制度、情况反映制度、重大决策征求

---

① 姚锐敏,汪青松等:《乡村治理中的村级党组织领导》,中国社会科学出版社 2004 年版,第 18 页。

意见制度,拓宽了党员行使民主权利的渠道,为发展党内基层民主提供了重要的制度保证。三是党内民主的重大举措得到较好落实,党内基层民主的探索和创新日益活跃。① 2007 年党的十七大报告史无前例地把"基层群众自治制度"确立为我国社会主义政治的四项制度之一和中国特色社会主义政治发展道路的重要内容,村民自治的地位得到重大提升。报告强调探索扩大党内基层民主多种实现形式,是根据目前党内基层民主发展的状况和现实需要作出的重大部署,对于推进党内民主建设具有十分重要的作用。

历经 30 年,村民自治显示出强大内在生命力。各方对村民自治的认识逐步深化,村民自治在中国特色社会主义事业中的地位不断提高。初步形成了层次多样、形式多样、内容广泛、规范性与多样性相结合的村民自治制度体系。初步构建了以农民为主体,把党的领导、依法办事、人民当家作主相统一的新型治理机制。村民自治的内容随形势发展不断调整充实,实现形式不断丰富。全国农村普遍完成了 6 至 7 届村委会选举,选举逐步实现了从点到面、从指定到选举、从等额选举到差额选举、从间接选举到直接选举的转变,平均参选率保持在 80% 左右,"海选"(选民一人一票推荐候选人的直接选举)在全国普遍推广,选举的自由度、公开性、竞争性有所增强,总体进展有序、效果良好。村务公开和民主管理工作地位日益重要,取得积极进展。民主决策、村务公开、民主评议、村干部和村民委员会定期报告工作、村干部离任审计等活动广泛开展,规范了村务管理,加大了对村干部的监督约束。探索创新不断涌现,2007 年推出的 24 个全国村务公开民主管理制度创新奖和提名奖获得者集中展示了全国的创新成果。为合力推进工作,中央成立了民政部牵头的由 10 个重要涉农部门组成的全国村务公开协调小组,各地也建立了相应的领导协调机构。普及与深化村民自治实践活动,协调推进"四个民主"已经成为推进村民自治的主流态势。

实行村民自治是改革开放以来农村社会在政治社会领域进行的一场重大变革,深得农民的支持与肯定,被称为一场"静悄悄的革命"。由于农村范围

---

① 参见《人民日报》2008 – 03 – 01。

广大、情况复杂,这项制度在各地的落实情况和效果各不相同,发展的差异性和不平衡随处可见。但总体上讲,村民自治的推行使农民获得了看得见、摸得着的利益,改善了农村治理状况,推动了社会主义民主政治建设和人权建设。村民自治作为一种现代管理模式,国家不仅从制度上给予保障,而且以法律形式肯定了农民管理社区公共事务的民主权利。农民的制度化参与渠道拓展了。农民的政治参与不再只是对上面人为安排的被动响应而是一种程序化的活动。农民通过制度化、程序化的参与活动,能够直接感受和体验到自身的政治价值,从而增强效能感,提高了政治参与的自主性和积极性。实行"乡政村治",意味着支配农村社会的不再只是来自上面的行政权力,还包括生长于农村社区的自治权,更充分地表达和反映独立的利益要求。我们知道,在中国这样一个农民占人口绝大多数的国家,农民的民主是最大多数人的民主。广大农民群众在村民自治活动中有效参与的民主,既是我国政治民主具有广泛社会基础的体现,也是社会主义民主优越性的体现。

第一,改善了农村的治理状况,加强了农村基层组织建设,促进了农村社会的和谐稳定发展。

村民自治是国家在农村民主化进程中的主导作用。我国实行村民自治,虽然最早来自农民的创造,但最终起作用的是农民的政治诉求与国家的想法不谋而合。从西方实行民主的历史看,其民主制度大都是民众强烈要求甚至通过人民起义来获得的。与此截然不同的是,在中国,国家试图通过发展基层民主来推进农村社会的发展,具体地说,国家试图借助来自农民组织起来的力量,遏制乡村组织中的不良势力与不良行为,以形成国家与民众联合夹击"地方"的态势 121[1]。从国家在农村实行村民自治的真实意图来讲,国家在选择乡村治理方式时,已经意识到民主的办法可能是治理效率最高而成本最低的一种,实行民主化的治理,不仅有利于节约国家财政资源,而且有利于遏制乡村组织不良行为,提高农村社区资源动员能力,密切干群关系。从国家主导并强力推行村民自治的实践结果来看,村民自治训练和培养了农民的民主能力,

---

① 荣敬本等:《县乡两级的政治体制改革》,《经济社会体制比较》1997 年第 4 期。

提升了农民的民主素质,提高了农村对国家的谈判能力,在有限的程度上减少了农民的被剥夺。而最为关键的是,无论国家主导的推进村民自治的起始目的如何,一旦基层民主得以推进,村干部本身的合法性便会自然而然地由任命向选举转换。因为农民民主意识的被唤醒是一个不可逆转的过程,国家主导的基层民主所唤醒的民主意识将使得村干部权力的选举合法性唯一化了。更进一步来说,因为农村地域分散和农民本身的弱组织性,农村基层民主很少有可能形成为针对国家的利益要求。村民自治不能形成对国家强大的组织压力,这就使国家在实行村民自治时,依然可以依据现代化本身的规律来主导国家的发展。

国家支持农村基层民主的原因是在农村民主化的进程中,国家可以起主导作用。即一方面是国家可以通过村民自治来实现对农村的有效治理,一方面是农村基层民主一般不会在政治上对国家现代化战略构成太大的压力;同时,农村基层民主本身必然彻底改造农村社会的权威基础,正是这种权威基础的改造,不仅会迫使国家进一步提高政治制度化的程度,而且会有益于国家政治渗透能力本身的改善与加强。从国家在农村基层民主中的主导作用及其原因的分析来看,国家在农村基层扩大民主是一种精心安排,而并非盲目行事。也就是说,国家主导的村民自治并不排除政治制度化和国家一体化的目标,相反,在市场经济条件下,人民公社时期依靠行政指令手段管理农民的经济基础与意识形态基础均不存在,离开了基层民主本身的发展,政治制度化和国家一体化倒是难以想象的。这就是说,政治民主化不仅是政治现代化的指标而且是政治现代化的基础。

第二,提高了农民的公民意识,锻炼了社会主义民主主体的能力,对更大范围、更高层次的民主政治建设产生了积极而现实的影响。

在广大农村地区推行村民自治的过程,也即是《村委会组织法》的实施贯彻过程。农村进行村委会换届选举,其依据来源于法律,其程序的制定、操作及确定等一整套运作全部来源于《村委会组织法》对村民选举程序及规范的规定;如何保障数量众多的农民的民主权利始终是社会主义民主政治建设面临的重大任务,而且有些地方进行了几次选举或是认为选举结果不合法,村民也是以《村委会组织法》作为武器去维护自身的民主权利。因此，在村民自治的实践中，广大农民通过学习、掌握和运用法律，了解作为一个公民，应该享受的权利和必须履行的义务，这增强了村民的法制观念有利于我国的法制建设走出了一条具有中国特色的民主之路，即把代表制民主与基层直接民主结合起来。这一结合使社会主义民主结构更完整，层次更丰富，基础更坚实，更有利于充分发挥各自的功能和整体优势，是我国社会主义民主政治建设的一大创造和一条重要规律。

同时，村民自治还有利于培育农民的民主法制意识，训练和提高他们的参政议政能力，塑造现代公民发挥应有的积极作用。村民自治是以农民个体权利为本位的民主实践活动。在村民自治的实践过程中，农民经历着空前的政治意识的转化和现代政治文化的培养，塑造了越来越多的依法行使民主权利、依法参与村务管理、依法履行公民义务的合格的现代公民，这是一个历史性的进步，为中国特色民主政治的发展奠定了良好基础。

总之，从民主的视角看，实行村民自治，培育和巩固了社会主义民主政治建设的微观基础，丰富和发展了社会主义民主政治，自下而上地促进了政治体制改革，是一条有价值的民主自治之路。

第三，村民自治和基层民主的发展，使国家与农民之间逐步形成了良性互动的关系，达到了政府权威和村民自治双加强。

一方面，政府通过积极推行农村的民主选举、民主决策、民主管理和民主监督，下放权力，还权于民，从而赢得了广大农民的认同、信任、支持和政治合作，政府权威也随之增加；民主监督有利于规范和约束村干部的行为，遏制腐败现象，促进村政廉洁。比如广泛的村务和财务公开制度，把村干部的各种公务行为直接向全体村民公开，直接置于村民的监督之下，这样干部中贪污浪费、滥用职权的行为就受到严格的限制和约束，腐败现象也就大为减少。另一方面，村民通过依法行使权利和依法履行公民义务，也获得了政府对村民自治更多的支持、指导和帮助，从而使村民自治组织及其权威也得到进一步加强。

三、村民自治模式的创新实践

村民自治的模式乃至农村基层民主的发展进程,应该从经济与政治的契合中、从经济体制与政治体制的改革互动中、从经济民主与政治民主的依赖关系中,得到合理的解释。同时,必须考虑到中国农村政治发展的特殊性,尤其是农村基层党组织与群众性自治组织村委会的关系在村民自治模式中的影响力与渗透力。关于村民自治的实际运作模式,在村民自治的建立和完善过程中,各地积累了不少较好的经验,形成了多样化的模式,国内外学者对此存在一定分歧。这里主要从理论的角度,对村民自治的实践模式作以简要的分析。

对于村民自治有的学者从乡村治理理论的角度对此进行分析。从实际来看,乡村治理村民自治既有区别又有密切的联系,两者在外延上是一种包含与被包含的关系,可以说,乡村治理的概念更大、理论的抽象程度更高,由此可以认为,乡村治理理论模式决定着村民自治理论的分析模式。对乡村治理模式的分析只有从经济与政治的关系中,从经济体制改革与政治体制改革的互动中,从经济民主与政治民主的依赖关系中,才能找到合理的解释,同时,还应充分考虑到中国农村政治发展的特殊性,尤其是农村基层党组织与群众性自治组织村委会的关系在村民自治模式中的影响力与渗透力。[①] 也有的学者从珠三角地区进行分析,珠三角地区农村股份制经济与社会发展迅速,市场经济体制框架建立较早且相对完善,农村工业化、城市化、市场化进程快,且程度高,农民的经济民主意识强,为农村基层民主发展提供了良好的成长空间与契机。所以,农村基层民主建设一旦走上轨道,其发展就以跨越式态势全面展开,在村治模式以及镇级民主发展方面提供了很好的示范与带动作用。因此,珠三角地区对村治模式的探索有两个突出特点:一是农村股份制经济与村民自治的结合紧密,经济组织在村民自治中发挥着重要的作用;二是农村党支部与村委会的一体化趋势明显,基层党组织的凝聚力突出。基于此,对珠三角地区的

---

① 蔺雪春著:《当代中国村民自治以来的乡村治理模式述评》,《中国农村观察》2006 年第 1 期。

判断是,珠三角地区农村的村治模式主要就是:不同样式的混合村治模式。①

根据不同的理论基础对村民自治模式的分析,目前村民自治有多种模式,分为不同的类型,如法人主导型的村治模式、党支部主导型的村治模式、村委会主导型的村治模式、混合型村治模式、鸟笼型村治模式等。这种分类的方法主要是根据依法自治的程度来进行划分和判断的,从发展观点来看,完善村民自治的运行机制,更为重要的还是要按照法律法规来规范,切实在"两委"职责和村务管理程序上落实好依法自治,从而真正形成村党支部领导下的村民自治运行机制。

通过对村民自治不同模式的分析表明,农村基层民主建设是一个循序渐进的过程,它必须在经济、政治、文化、社会诸条件日益成熟的过程中成长,必须在稳定的社会环境中发展并与解决各类具体的社会问题有机结合起来。通过对目前农村基层民主建设不同模式的分析,可以把进入 21 世纪的中国农村基层民主进程演绎为三个阶段:一是单一行政型村治阶段;二是由行政型向法人型的过渡型村治阶段;三是现代法人型的民主化、制度化村治阶段。

所谓混合型村治模式,是指兼具计划经济和市场经济的两重成分,行政性功能与法人治理形式融于一体,其中,民主的制度化和法律化是主线和核心。混合型村治模式又可以分为四种类型:②

一是行政主导型的村治模式。这种村治模式强化行政功能,同村公所、管理区管理模式相似,但已经渗透了法治的因子。同时,这种村治模式并不完全排斥现代市场经济中的股份合作精神。

二是法人主导型的村治模式。这种村治模式是以农村股份合作制为主导,村委会成员即是股份合作制企业或公司的成员,村支部书记是股份合作制企业的董事长,村委会主任是股份合作制企业的总经理,有的也是党支部成员,村里经济组织的作用发挥突出。也可以说,这种村治模式就是股份合作制主导下的村委会和党支部的统一,现代企业精神与村委会治理的法律精神要

---

① 王连喜著:《珠三角地区村民自治模式的创新研究》,中国人大新闻,2003 年 4 月 18 日。

② 王连喜著:《珠三角地区村民自治模式的创新研究》,中国人大新闻,2003 年 4 月 18 日。

求的统一。

三是党支部主导型的村治模式。这种村治模式政策性和行政性色彩比较浓,党支部的核心作用发挥的好与坏不一,村委会的作用相对弱一些。但是,党支部一旦与村委会、与股份制经济结合得比较好,农村治理的也比较好。这种村治模式不同于行政主导型的村治模式。

四是村委会主导型的村治模式。这种村治模式基本按照《村民委员会组织法》进行制度化、规范化的操作,基层党组织的权威作用淹没在村委会的作用之中,但二者并不内耗,有时也是非常协调的。判断村委会主导型的村治模式或党支部主导型的村治模式,我们认为,主要是看村委会主任或党支部书记在村经济组织中的权威作用。

所谓"鸟笼型村民自治"模式,是指政府主导力量在村民自治中的一种集中体现。这是因为,作为基层政权有机组成部分的村党支部,一方面是党自身的组织网络中处于末梢地位的一个因子,必须接受上级党组织(乡镇党委)的垂直领导,必须扮演国家行政机构的角色,行使国家行政权力,对村庄公共生活进行政治领导,因此它承载了几乎所有上级下达的任务,即所谓"政务",如计划生育、征兵、征购粮食、收缴税费等;另一方面,党支部在乡村场域中处于权力的核心地位,必须实现其政治领导权,因此也就不可避免地要干预村委会工作,损害村民自治权。乡村党支部的嵌入,将国家政权与乡村社会联结起来了,为国家控制乡村社会提供了一个有效的管道。通过这个控制管道,"国家不是缩小了在农村的控驭范围,而是改变了对村落的控驭方式……国家不想管的事可以不管,想管的时候随时可以管起来。"[①]基于政府的这种政治安排,政府主导村民自治政策运作的特性也就凸显出来了。因此,"鸟笼型村民自治"模式实际上未能实现政府在村民自治政策设计时试图通过非行政化途径来达成乡村社会"无为而治"的初衷。乡村政治不仅依然未能改变其行政依附性的特征,反而在事实上新增了乡村场域中党支部与村委会的紧张关系。

---

① 毛丹:《乡村组织化和乡村民主——浙江萧山市尖山下村观察》,中国社会科学季刊(香港)1998 年春季卷。

所谓法人型村治模式。现代法人型村治阶段民主化制度化村治模式下的民主建设,是相对比较成熟的民主形态,就我国农村治理而言,可以作为一个设定的发展目标来推进。法人型村治阶段的重要特点是,实现农民民主的制度化程度高,农村基层管理体制法制化,党对农村和农民领导的方式法治化;农村市场经济比较发达和成熟,农民的民主法制观念和公民意识强,农民政治参与能力高;与农村民主相匹配的城市(包括企事业和城市社区)民主程度比较高,与农村基层民主相匹配的中高层民主程度比较高,与农村股份合作制经济形式相适应的民主合作制度机制比较健全和成熟。总之,真正体现现代化、民主化、城市化的现代民主精神和价值都很好地贯彻和实现于农村或农民民主中,整个社会民主化的程度都比较高,这就是现代意义上的农村民主与法治社会,就是新世纪的中国农村民主社会。

对于村民自治模式,有的学者从县、乡、村三级权力不同组合的角度提出一系列的乡村治理模式,如县政乡派村治模式、乡派镇治模式等等。还有的学者将目前村委会与村党支部的关系走向归结为三种模式:其一,村委会需在党支部领导下工作,由基层党支部发挥核心作用,村委会越发展,村民的民主意识越强,越要强化党支部的领导。其二,党支部与村委会可以是"一套人马,两块牌子",同时发挥党支部的领导作用与村委会自治作用。组织设计是党支部副书记兼任村委会主任,保证党的"领导"与村民"自治"的结合。其三,实行村自治,削弱党的领导,"村民自治"与"党的领导"具有相互矛盾的关系。这三种不同模式,其矛盾的焦点最终集于两种权力的行使者——村委会与党支部的关系之上。村委会所行使的权力来源于村民基于社会契约原则的授予,而村党支部的权力来源更多地表现为政府主导性质的自上而下的赋予。

总体而言,因为我国农村幅员辽阔,地域上的相差较大以及经济、社会、文化上的多样性与复杂性,加之村民自治作为一种基层民主形式仍处于不断摸索、完善的时期,其实践模式必然呈现出多样性、探索性的特点。

四、社会主义新农村建设与村民自治

中央提出的建设社会主义新农村,是全面落实科学发展观、构建社会主义和谐社会的必然要求。《中共中央关于制定国民经济和社会发展第十一个五年计划的建议》(以下简称《建议》)指出:"要按照生产发展、生活宽裕、乡风文明、村容整洁、管理民主的要求,坚持从各地实际出发,尊重农民意愿,扎实稳步推进新农村建设。"这个论断深刻阐明了社会主义新农村的基本特征和根本精神,村民自治也正体现了这一宗旨。"建设社会主义新农村"的内涵:"生产发展、生活宽裕、乡风文明、村容整洁、管理民主",总的看这五句话可分为三个层面的内容:"生产发展、生活宽裕是物质文明层面的内容;"乡风文明、村容整洁"是精神文明层面的内容;而"管理民主"是政治文明层面的内容。尽管这三个层面各有不同具体内涵,但三者互相联系的却也是显而易见的。以经济发展为基础的物质文明是整个新农村建设的物质基础,离开它新农村建设就成了空中楼阁;而以村民、村容等精神风貌为表现的精神文明是物质文明发展的结果和必然要求;而以村民参与管理,实现民主权利为内容的政治文明的实现,则是新农村建设得以实现的保证。要在农村真正实现这三个层面的新农村建设蓝图,一个统领的主线是必不可少的,而这个统领的主线就是要不断完善村民自治制度。

(一)村民自治是发展农村经济,建设社会主义新农村的根本保障

村民自治问题是社会主义新农村建设中的核心问题。社会主义新农村建设是一个复杂的系统工程,其中关键问题是人的问题,农民既是参与新农村建设的主体,又是新农村建设成果的享有主体,因此,新农村建设中人的问题就表现为农民主体地位的确立及其积极性、主动性的充分体现与发挥。在新农村建设中,村民自治作为现代社会中国乡村治理的一种重要创新与目标模式,其本质是基层民主的基本形式,是农民主体价值的重要表现。我国现行的村民自治制度是在以推行家庭联产承包责任制为主要内容的农村经济体制改革的背景下产生的,家庭联产承包责任制使农民有了经济上的自主权,经济上的自主权引发了农民对政治上自主权的要求。村民自治权是农民经济上的自主权在政治领域的反映,这充分体现了农民在政治上真正当家作主地位的实现,也是实现村级民主管理的好形式。村民自治更有力地保障了村民以家庭承包责任制为基础的统分结合的经营体制的稳定和完善。村级党组织和村民委员会是带动农民脱贫致富，建设社会主义新农村的核心力量。尤其是在市场经济条件下，面临着经济全球化发展的客观现实，农业和农村工作遇到许多新的问题，迫切需要加强农村社会管理。在社会主义新农村建设中，只有实现以村民自治为核心的农村基层民主，赋权农民，保护和扩大农民的经济、政治、文化等各方面的权利，让农民群众真正享有知情权、参与权、管理权、监督权等，提高农民包括生产、管理、参与等在内的自治能力，更好地将创造主体与享有主体有机统一起来，才能确立农民在新农村建设中的主体地位，才能确保社会主义新农村建设目标的实现。由此可见，村民自治问题是社会主义新农村建设中的核心问题。

村民自治是社会主义新农村建设的重要目标之一。"生产发展、生活宽裕、乡风文明、村容整洁、管理民主"，这是中央提出的新农村建设的总体要求。这五个目标要求内在是统一的整体。实行村民自治，扩大基层民主，是新农村建设的重要任务，也是发展社会主义民主政治的重要内容。"管理民主"是社会主义新农村建设的基础环节与基本保障，它贯穿于社会主义新农村建设的全过程，它直接关系到能不能使国家的投入充分发挥作用，各项政策能否有效地实施等等。没有村民自治，就不可能建成社会主义新农村。没有基层民主，就不可能有社会主义民主政治。要完善村民自治制度，实行民主选举、民主决策、民主管理和民主监督，真正让农民当家作主。要引导农民依法运用民主机制，正确行使自己的民主权利，提高自我管理水平。要完善"一事一议"制度，引导农民把该办的事议好，把议定的事办好。要广泛推行村务公开、基层政务公开。农村基层的各项事务办得怎么样要由农民群众来监督，新农村建设搞得好不好要由农民群众来评判。

（二）村民自治是建设农村精神文明，促进农村"村容整洁"的精神基础

社会主义新农村建设是一种全新的治理方式。坚持从各地实际出发，尊重农民意愿，民主管理农村公共事务，发展农村公益事业，是建设社会主义新农村的重要内容，也是村民自治的题中之意。随着市场经济的发展，农户家庭经营暴露出自身的局限性。尤其是在我国加入世贸组织后，参与经济全球化和国际市场竞争日益激烈，需要加快农村社会化服务，加快农业现代化步伐。而农户家庭经营生产规模小，经济实力脆弱，难以抵御农业风险的压力，加之生产上的盲目性、经营上的封闭性、技术上的落后性、资源使用的分散性等不利于我国农业现代化的实现。村民自治组织就是要提高农民的组织化程度，成为农民权益的维护和自身保护的组织和代表，把农民组织起来，并为农业生产提供产前、产中、产后的服务，有效地帮助农民解决各个环节遇到的难题。我国现在已进入工业反哺农业，城市反哺农村的阶段，国家将不断加大对农村社会事业的各项经费的投入，对农村的财政支持将愈来愈多，如何将国家转移支付的资金用好并确实用于农村建设这一新课题的解决离不开村民自治组织作用的发挥。在农村税制改革以后，如何进行集资，如何民主理财，正成为村民自治需要解决的问题。同时村民自治组织又可以充分发挥自身公共管理和公共服务职能，加快农业和农村基础设施建设。如农村道路、通讯、能源、水利、教育、医疗卫生、文化设施、生态环境以及农村社会保障体系和社区等建设，使农村各项社会事业能够更快发展，促进农村物质文明、精神文明和政治文明，建设社会主义新农村。

全面推行村民自治是解决农村目前存在的社会问题，化解农村矛盾的有效途径。当前，我国农村正处在经济和社会转型，文化生活更新、新旧体制交替的关键时期。这一时期正是农村中各种社会矛盾，社会问题的高发期。农村中的一些敏感问题，如村、社（组）两级组织之间的生产资料占有和管理关系问题，政府建设占用耕地的拆迁补偿问题，乡、村两级的提留、统筹分摊的问题、治安问题、宗族势力问题，公益事业问题等等，矛盾都十分突出，在个别地方还特别尖锐，大有一触即发之势。面对这些错综复杂的问题，凡是基层民主建设搞得比较好，村民自治制度落实得比较好的村，化解矛盾，把危害安定团结的事件消除在萌芽状态就比较容易。反之，凡是基层民主建设搞得较差，村民自治制度没有真正得到落实的村，化解矛盾就困难得多。如果再加上基层干部的民主素质不到位，工作方法简单粗暴，就很容易引发群众性的上访事件，危害到农村中安定团结的大好局面。我们应该认识到，村民自治制度既然在农村基层干部的产生、农村基层中大事的决定、农村事务的管理和农村基层干部的监督方面都采取直接民主的方式，它对于理顺群众情绪、解决各种纠纷、密切干群关系和调动农民群众的积极性方面就必然具有不可替代的作用。随着农村现代化和城镇化、城乡一体化进程的加快,农村的社会结构、人员成分和农民的生产生活方式都发生了重大变化,农民群众对就业、医疗、养老、社会救助和保障、职业技术培训、信息服务等方面的需求日益增长,追求人际关系和谐、进一步丰富精神生活的愿望日益强烈。特别是随着村民自治活动和农村各类民间组织的发展,农民自我管理、自我教育、自我服务的意识不断增强。开展村民自治和新型社区建设,对于动员社会各方面力量开展公益型、群众性活动,服务农民群众的生产生活,促进农村经济社会发展,都有着重要意义。我们理应通过推行村民自治制度这一有效途径,去化解农村中各种矛盾,解决农村的社会问题,维护农村的稳定,保障"乡风文明",更好地促进农村两个文明建设的顺利推进。

"乡风文明"是农村精神文明建设的核心,是"村容整洁"的精神内涵,更是建设社会主义新农村的灵魂。乡风文明主要包括文明、科学、健康的生活风尚,良好的环保、卫生、生态意识。按照新农村建设的总要求,要从根本上转变农民传统的生产方式、生活方式、交往方式和价值观念,引导农民通过自身建设新农村的实践,转变传统观念,提高文化水平,陶冶情操,在走向富裕、迈向文明的进程中使自己成为新农村建设的价值主体和创造主体;要使农民群众的思想、文化、道德水平不断提高,社会风气健康向上,教育、卫生等社会事业逐步适应农民的需求,这就要求建立农民利益表达机制。通过农民利益表达机制,让农民与政府、社会进行正常的交流沟通,让政府、社会了解农村生活的现实状况和农民群众的所思、所盼、所忧、所虑。根据农民的意愿加强农村文化阵地建设,满足广大农民的精神文化需求;根据农民的意愿加强宣传教育,提高广大农民的思想道德素质和科学文化素质;根据农民的意愿开展形式多样的精神文明创建活动,培养广大农民科学、文明的生活方式和良好的生活习惯,为新农村建设提供精神动力和智力支持。

(三)村民自治是促进社会主义新农村建设与农村治理方式变革的政治保障

村民自治是建设和发展社会主义民主政治的一项重要基础工程,也是促进社会主义新农村建设和农村治理方式发生变革的政治保障。我国人民当家作主,行使民主权利的基本途径主要有两条:一是通过人民选出代表组成全国和地方各级人民代表大会,按照宪法赋予的职责,行使管理国家和社会事务的权利;二是在基层实行直接民主,凡是关系到群众利益的事,由群众自己当家,民主决策。村民自治制度很好地适应了农民群众自己当家作主,自己决定自己事务的要求,是农村基层民主最好的实现形式。同时,村民自治还能有效地引导广大农民群众通过农村基层民主的实践,提高民主政治素质,在实践中学习和适应社会主义民主政治的要求。因此,村民自治已经成为了我们建设和发展社会主义民主政治最重要的基础工程。

村民自治的全部内容主要体现在"民主选举、民主决策、民主管理、民主监督"等四个民主上,这四个民主的全面实现才是"村民自治"的整体内涵,目前"四个民主"中民主选举工作各地开展得较好,全国 60 多万个村委会基本实现了真正的民主直选,民主选举改变了传统的村干部任免方式,不仅使村委会的公共权力合法化,而且选出了农村的精英人才,提高了村干部的素质,增强了村委会的权威。而作为"四个民主一套马车"的民主决策、民主管理、民主监督三方面还很不完善,这就使整个村民自治工作难以很好地全面贯彻,村民自治的作用也难以完全显现,而这三方面综合体现为村务管理上的民主性,即管理民主。所谓管理民主,简言之,就是村里的事情尤其是重大事情要由村民参与决策和执行,具体说就是要做到依照《村民委员会组织法》的规定发挥村民代表大会(村民大会)的职能,做到村里重大事项由村民代表大会决策,而不是由村委会成员决定;民主决策有利于反映民意,集中民智,避免决策的重大失误,实现决策的科学化。过去,村里的大事一般由党支部和村委会的少数干部决定。实行村民自治后,通过召开村民大会或村民代表会决定村里的重大事务,凡是 18 周岁以上的村民或由他们推选的代表,均可直接参与村务决策,这样,可以广泛听取村民们的意见和要求,集中群众的智慧,实行科学决策,避免发生重大失误。民主监督有利于规范和约束村干部的行为,村里重大事项的执行由村民代表大会监督,以改变现实中村委会权力过大,滥用权力危害村集体村民利益的情况;遏制腐败现象,促进村政廉洁。比如广泛的村务和财务公开制度,把村干部的各种公务行为直接向全体村民公开,直接置于村民的监督之下,这样干部中贪污浪费、滥用职权的行为就受到严格的限制和约束,腐败现象也就大为减少。使广大农民群众真正拥有知情权、参与权、选择权、监督权,真正让农民当家作主。

同时,村务公开和民主管理有利于解决村民关心的热点问题,有利于重建村干部与村民之间的相互信任关系,促进农村社会的稳定。据调查,目前农民上访告状中有70%左右的事件是反映村干部的财务管理混乱问题。近年来,一些地方实行了广泛的村务、财务公开后,农民上访告状的事件大幅度下降,有些乡和村甚至出现了几年来没有任何群众闹事和上访告状事件发生的现象。一些地方的群众说:"村务公开,给群众一个明白,还干部一个清白。村里的事我们都明白了,我们的心情也就舒畅了。"民主决策,使村民自己的事自己参与决定,自己去办,自己受益,也大大减少了由于村干部决策失误产生的群众不满。而通过村民自己制定的村规民约和村民自治章程实行民主管理,使村务管理有了规范和秩序,村干部和村民的行为都受到规范和约束。这一切都提供了用制度化的方式来协调和解决农村各种矛盾的途径,从而大大缓解了农村的各种利益冲突和矛盾,促进了农村社会的稳定。当前,村务公开问题成了进行管理民主的重点、难点问题,为此,中共中央办公厅、国务院办公厅2005年还专门下发了《关于健全和完善村务公开和民主管理制度的意见》对村务公开的内容、方式、程序等做了较严格的规定,各地各级政府也相继对村务公开工作进行了部署、督促和检查,但不容乐观的是各地农村村务公开工作中还存在着诸多严重问题,特别表现在公开内容的不真实上。甚至有许多村委会(党支部)害怕把村财务的真实状况公开,因为有很多违法的贪占、腐败行为在里边。可见村民自治的全部内容要真正得以全面实现还有许多工作要做,但也必须做,否则村民自治制度难以真正实现,农村的和谐社会也难以真正实现,更难以长久,新农村建设的目标更是无法实现。

(四)新农村建设亟待加快村民自治组织的发展——对江苏农村专业经济合作组织的调查分析

经济建设是顺利推进农村各项事业发展的基础,有效的经济组织是农村经济增长的关键。建设农村专业合作经济组织,完善农村市场主体建设,提高农业组织化程度,就成为社会主义新农村建设和农村经济发展的一个内源性动力。新农村建设不仅需要农村剩余劳动力的迁移和流动,以及农业的机械化、科技化,土地的规模化,更重要的是要建立农村经济组织,可以说,新农村建设、农村扶贫开发的一个关键所在就是建立农民专业合作经济组织。

1. 我国农村专业合作经济组织发展的特点

农村专业合作经济组织产生于上个世纪80年代中后期,是我国农村改革开放、发展社会主义市场经济中涌现出来的新生事物,是广大农民群众适应市场经济的发展要求、满足发展经济的合作需求,在家庭承包经营基础上对农业经营体制的创新,以为农户提供服务为宗旨,以生产经营活动为纽带,以维护成员利益、增加成员收入为目的,由农民围绕某个专业或产品自愿联合成立,在技术、资金、信息、购销、加工、储运等环节开展互助合作的经济组织,是农民进行自我服务、自我发展、自我管理、自我积累、自我保护的一种行之有效的组织形式,是建设现代农业、增加农民收入、提高农民和农业组织化程度的有效形式,是新阶段党和政府指导农业和农村工作的重要渠道。目前,全国农民专业合作经济组织有15万多个,加入的农户成员达到2363万户,占全国农户总数的9.8%;带动非成员农户3245万户,占农户总数的13.5%;两类农户合计占农户总数的23.3%。① 农民专业合作经济组织带动成员增收幅度比一般农户普遍高出20%~50%。总体上看,我国农民专业合作经济组织发展趋势良好,群众基础深厚,深受农民群众的欢迎和拥护。新型合作经济组织一般可分为四种类型:

(1)专业合作社。"农民专业合作社是在家庭承包经营基础上,同类农产品的生产经营者或同类农业生产经营服务的提供者、利用者,自愿联合、民主管理的互助性经济组织"。专业合作社的组织制度和治理结构已经摆脱了"乡政村治"格局的束缚。其一,它的成员打破了原村组社区界限,是"同类农

---

① 孙政才:《努力提高依法促进农民专业合作社发展工作水平》[DB/OL].中国新农村建设信息网,2007-01-25.

产品的生产经营者或同类农业生产经营服务的提供者、利用者"跨社区的联合;其二,它的财产独立于原集体经济之外,入社社员按股份占有;其三,它的生产经营范围超越了社区限制,突破地缘、血缘、亲缘的界限,按照市场规律在更广阔的空间联合生产和市场开拓。

(2)专业协会。专业协会有经营性和服务性的区别,经营性专业协会其实就是专业合作经济组织的一个种类。事实上,许多省份将各种专业协会视同专业合作经济组织对待,但从发展趋势上看,服务专业(行业)协会将逐步完成由工商局登记注册转到民政局登记注册,规范为服务性社团组织;经营性专业协会应重新登记、更名为专业合作社。由此可以认为,经营性专业协会是具有过渡性质的专业合作社。

(3)社区合作社。社区合作社是行政村、村民小组范围内全员参与的合作经济组织。现实中有两大类:一类是改革后组建的经济社(村小组)与经济联合社(村委员会),它与村民委员会实行两块牌子、一套班子,村民自然参加,由村支部书记或村委会主任任社长,政经合一,是我国政经不分体制在"乡政村治"格局下延续。所以,我们在研究乡村新型合作经济组织时不列入这类组织。另一类是股份合作社,其中包含土地股份合作社、资本型股份合作社、村级集体经济组织改制的股份合作社。

(4)经济联合体或生产组合。所谓"联合体"或"生产组合",其实是中国古老的"伙耕"、"伙种"制度在新时代的再现。它是农民在生产经营中对资本和劳动力需求超过家庭经济资源能力时而产生的一种简单的合作行为,是两个或两个以上家庭(合伙人)共同出资、共同经营、共负盈亏的临时性组织。这种联合体或生产组合没有章程、没有财务会计制度,合伙人通过每月"对账"的方式确认联合体的收支。它类似于"合伙企业"但又不具备法人地位,没有独立的财产,合伙人都直接参与生产经营,对联合体或生产组合的债务负连带无限责任,是放大了的家庭经营、缩小了的合作社。

表 8—1 我国农民专业合作组织的发展现状

省份	组织数量（个）	平均每个组织成员数（个）	农户参与比例（%）	专业协会		专业合作社		专业联合社	
				数量（个）	比例（%）	数量（个）	比例（%）	数量（个）	比例（%）
北　京	1547	289	34.29	776	50.16	651	42.08	120	7.76
天　津	1438	25	3.19	—	—	—	—	—	—
河　北	2694	392	7.36	1596	55.53	813	30.18	385	14.29
山　西	1664	183	4.86	—	—	—	—	—	—
内蒙古	2642	43	3.21	2156	81.98	359	13.59	117	4.43
辽　宁	1900	132	3.64	—	—	—	—	—	—
吉　林	3458	121	11.11	2733	79.03	434	12.55	291	8.42
黑龙江	2816	153	9.10	1888	67.05	671	23.83	257	9.12
江　苏	5167	259	8.61	3004	58.14	1816	35.15	347	6.71
浙　江	1969	116	1.99	1176	59.73	784	39.82	9	0.45
安　徽	3845	234	6.87	2851	74.15	994	25.85	—	—
福　建	995	104	1.52	846	85.03	44	4.5	105	14.93
山　东	15395	82	6.20	6112	39.70	7313	47.5	1970	12.80
河　南	8473	216	9.16	—	—	—	—	—	—
湖　北	6513	35	2.30	—	—	—	—	—	—
湖　南	10438	47	3.39	5373	51.48	2879	27.58	2186	20.94
广　东	1426	74	7.02	987	69.21	437	30.65	2	0.14
海　南	348	39	1.28	49	14.08	231	66.38	68	19.54
重　庆	1590	163	3.61	—	—	—	—	—	—
四　川	3623	435	2.49	2867	79.13	756	20.87	—	—
贵　州	1079	64	0.91	837	77.57	119	11.03	123	11.40
云　南	1162	—	—	1035	89.07	97	8.03	30	2.58
陕　西	9800	99	13.93	—	—	—	—	—	—
甘　肃	2607	43	2.49	2333	89.49	93	3.57	181	6.94
青　海	128	23	0.41	—	—	—	—	—	—
宁　夏	394	102	4.47	276	70.05	118	29.95	—	—
新　疆	731	53	1.84	—	—	—	—	—	—
合　计	93842	124	5.27	36805	59.74	18609	30.21	6191	10.05

注：由于各省市区统计口径的差异，不可完全用上述数据来判断不同地区农民专业合作组织的发展程度。

资料来源：徐旭出：《中国农民专业合作经济组织的制度分析》相关数据的整理，经济科学出版社 2005 年版。

2. 江苏农村专合组织发展现状

江苏是全国农村经济发展最好的省份之一,农村新型合作经济组织在江苏发展的势头非常迅速。据省农林厅最新资料显示,截至 2007 年 3 月,江苏省共有农民专业合作经济组织增加到 6410 个,成员 200 万人,带动农户 304 万户;农民专业合作经济组织拥有固定资产净值 36 亿元,注册商标 1400 个,年均总收入 347 亿元,其中年经营额超过千万元的有 500 多家;全省各级"四有"示范农民专业合作经济组织 1000 多个,其中省级"四有"专业合作组织达到 247 个;开展产加销综合服务的比重提高到 40%。苏南由于经济较为发达,各项农村事业的发展也比其他地区超前。如在常熟农村,以农村社区股份合作制、土地股份合作制为代表的股份合作经济和农民专业合作社得到较快发展。具有代表性的有新港李袁、董浜永安的农业土地股份合作社,梅李梅北股份经济合作社和虞山镇尚湖特种水产股份经济合作社,大义、何市、沙家浜奶牛专业合作社、古里南渝水产、任阳卫丰银杏、王庄邓村花卉苗木专业合作社等。全市现有各类新型合作经济组织 186 个,入社农户 3.5 万户,占农户总数的 15.2%;实现总收入 2.83 亿元,入社农户户均 8086 元,其中以农民为主体、依托当地主导产业和优势项目发展起来的专业合作组织 85 个,入社农户 2524 户。苏州市吴中区全区累计组建和正在筹建的各类合作经济组织已达 110 家,入股(社)农户 1006 户,农民 169397 人,占全区农民的 46%;东台市是盐城农民合作组织起步较早的县区之一,据了解,到 2007 年 7 月,全市共有农民专业合作经济组织 1190 个,其中专业合作社 526 个,专业协会 664 个,社员人数 69.34 万人,带动农户 37.15 万户。东台是江苏有名的农业大市,但多年来从未发生农产品销售难问题,一个重要的原因是当地的农民合作组织起了很大的作用。禽蛋是东台的传统产业,年饲养量达 7000 多万羽。许河镇是养禽重镇,常年存栏蛋禽近千万羽。由该镇农民杨爱东牵头组建的花凤禽业合作社,以中国林牧渔业经济学会高级专家咨询中心为技术依托,进行蛋鸡品种改良,创建品牌,对入社农民实行苗鸡品种、药饲配供、防疫治病、技术规程、包装销售的"五统一"和保护价订单生产,生产的花凤牌绿色食品蛋进入省内外十多家超市销售,并成为全国"两会"指定用蛋。在去年上半年禽蛋市场行情不景气的情况下,入社农户每只蛋鸡年收益仍达 22 元左右,比普通养鸡户高出 10 多元。

表 8—2　江苏农村专业合作组织发展状况

年 份	2002	2003	2004	2005	2006	2007
专业合作经济组织(个)	5167	5218	5480	5620	6010	6260
入社成员	118 万	124 万	165 万	179 万	186 万	194 万

注:资料来源:根据江苏农业网、农业厅资料数据整理。

实践证明,在坚持家庭承包经济制度的基础上,发展农民专业合作组织,是构筑农民进入市场的有效平台,是培育市场竞争主体,解决小生产与大市场之间矛盾的有效途径,也是提高农民组织化程度,推进农业产业化的重要方式。合作形式多种多样,以产销结合为主的专业合作最为活跃。江苏农民专业合作经济组织兴起于上世纪 80 年代中期,在 90 年代中期伴随着农业产业化经营得到了较快发展,目前以产销结合为主的农民专业合作经济组织越来越活跃,组织形式多种多样,联结方式各不相同,深受农民欢迎。一是组织形式主要表现为专业合作社和专业协会。有农民专业合作社,比较典型的如东台富安蚕农合作社、高邮甘垛棉花合作社;有专业协会,如如皋草莓协会、启东小辣椒协会;有各种形式的农民合伙企业和股份合作性质的合作组织,如太仓双凤肉鸭合作社、淮阴区志亚养禽合作社、灌云金云鹅业合作社、启东永丰蔬菜批发合作社。其中以产销为主的专业合作社和专业协会,占 90% 以上。二是以农民领办为主,同时企业创办也比较多。以专业大户、营销大户和村干部领头创办的为主,占 67%。各地涌现了不少既带头致富又带领致富的“双带”能人兴办的合作社。与此同时,不少农业产业化龙头企业也积极牵头组建专业合作组织。如海门京海肉鸡集团创办的肉鸡合作社、东台富安茧丝绸集团兴办的蚕农合作社。三是以产销合作为主。有的是产前合作,主要是以较低价格向社员提供种子(苗)、化肥(饲料)、农药(兽药)等;有的是产中合作,主要是为社员提供生产技术服务;有的是产后合作,主要是帮助社员销售产品。

其中生产与流通环节的合作占 80% 以上,在生产、加工、流通等领域进行全方位、一体化合作的不足 10%。

近年来,农村合作经济组织合作优势已初步显现,有效提高了农民组织化程度,促进了农业产业化经营。一是促进了优势农产品产业和地方特色农业的发展壮大。列入省级示范(考核)的 150 个专业合作组织中,80% 以上的合作组织位于主导产业优势产区内。如特色蔬菜上有 20 家,优质水果有 19 家,优质地方家禽 20 家,特色水产 17 家。同时,不少富有地方特色的专业性、小品种专业合作经济组织比较活跃,如启东小辣椒协会、惠山区阳山水蜜桃桃农协会、丹阳食用菌协会(草菇)、铜山大庙观赏鱼养殖协会。二是推动了生产要素资源的有效整合。合作组织集聚了土地、资金、市场等资源,推广了新品种、新技术,实现了生产要素的优化配置,促进了农民增收。相当一部分采取"公司 + 合作社(协会) + 农户"的模式,合作社成为公司和农户间的桥梁和纽带,促进了农业产业化经营。三是提高了农民进入市场的组织化程度。专业合作组织通过规模销售,降低了农产品运销成本,提高了市场谈判地位;通过注册农产品商标,培育农产品品牌,增强了农产品市场竞争力;通过建立专业市场和外销窗口,扩大了产品销路,提高了市场占有率。

农村新型合作组织对于提高江苏农民在市场竞争中的地位,降低农业生产经营成本,发展现代高效农业,提高农产品附加值,拓延产业链,推进农业产业化经营,挖掘农业内部增收潜力具有重要的作用,具体体现在以下几点:

(1)农村新型合作经济组织是实现农业家庭经营与大市场对接的有效途径。家庭联产承包责任制适应了我国农业生产的生物性、地域的分散性以及生产规模的不均匀性,曾极大地调动了农民生产的积极性,推动了农村生产力的发展。它作为一种基本的经济制度在我国将长期存在。但随着市场经济和农业现代化的发展,家庭联产承包责任制逐渐暴露出其与市场对接的缺陷。个体农民必须同时面对买方和卖方两大市场,因为他们个体的力量相对较小,对整个市场供求关系的影响是微不足道的。新型合作经济组织的成立,能够提高农民进入市场的组织化程度,通过开展专业化合作,使单个农民联结成有力的群体,获得协作的生产力,形成足以抗击市场风险和自然灾害的竞争力。

农村合作经济组织的建立，能够解决在市场经济条件下，社区集体经济组织"统"不了，政府部门"包"不了，单家独户"办"不了的事情，保护农民的市场利益。

(2)农村新型合作经济组织是落实农业科学技术推广，提高农民科技素质的良好载体。长期以来，分散的农业生产使得农业科学技术的传播较为困难，农民的技术支持主要靠自学和邻里亲朋间的传播。农民依托经济组织进入市场，通过横向一体化的规模经济和纵向一体化的加工增值，有利于现代科学技术和大规模农业机械的应用和推广。农村合作经济组织成为农业科学技术广泛进入农民家庭的重要载体。

(3)农村新型合作经济组织是推进农业产业化、增加农民收入的积极保障。农村合作经济组织作为农民利益的公正代表，是农业产业化的有效组织形式。农村合作经济组织既可以把分散的农民组织起来，与大企业对接，又可以自办农产品加工销售企业。合作组织与农民成员之间的关系，不是外部市场交易关系，而是一种不以营利为目的、为了共同利益形成的合作与联合的关系。

(4)农村新型合作经济组织是沟通政府与农户的重要桥梁。由于我国农业的广泛分散性，使政府的调控政策难以面对千家万户的个体农户，而合作经济组织正好可以充当政府在实施各项农业政策时通向农民的桥梁，政府的宏观调控信号可以通过合作组织实现更有效的传递与推行。一方面，农村合作经济组织作为农民利益的代表，提高了农民的话语权，可以积极开展与政府机构的对话，反映广大农民的意见和要求，从而为政府开展工作提供可靠依据；另一方面，政府也可以依靠农村合作经济组织把党的农业政策有效地传递到千家万户，从而提高政府调控农业和农村经济的有效性。

从组织的主体来看，农村合作经济组织主要有：一是"大户"发起型。这类农村合作经济组织是在农业生产专业化发展的基础上逐渐形成的，主要集中在一些商品性较强的经济作物领域，如水果、蔬菜、水产养殖等。通常是由生产大户和技术能手等骨干发起成立，目的是将当地从事同一作物生产的农户联系起来，共同抵御市场风险。二是"龙头企业"牵引型。这类农村合作经济组织主要的功能就是在农产品加工企业和生产农户之间架设桥梁,一般采用"公司＋农村经济合作组织＋农户"的组织形式。其特点是"龙头"伸向国内外市场,"龙尾"摆向千万家农户,充分利用龙头企业的市场优势,把生产、收购、加工、运输和销售等各个环节联结起来,形成紧密的产加销一条龙、农工贸一体化的生产经营体系。三是部门扶持型。这类农村合作经济组织的成立主要是在农委、供销社、科协等经济技术服务部门的推动下形成的,主要分布在一些科技含量高的经济作物种植领域,如药材、特色水果、特种养殖等。四是政府推动型。这类农村合作经济组织通常是村委会、乡镇政府为了充分发挥当地的农业资源优势,推进农业产业化,增加农民收入而出面联合企业、科研单位和农户而形成的。显而易见,政府的推动作用是举足轻重的,合作经济组织是"官民"结合的产物,与政府之间必然有着千丝万缕的联系。合作经济组织是执行政府农业经济政策和乡村管理的中介和桥梁。

3. 发展农村合作经济组织是社会主义新农村建设的战略选择

建立农民专业合作经济组织是农村体制机制改革的"重头戏",是农民连接市场、抗击市场风浪的桥梁和纽带。《农民日报》上有一则报道:有农民为联合起来闯市场,几个养殖大户,自发成立"养殖协会",却因此费了周折:譬如成立协会要有章程,文化程度不高的农民们起草不了,就去请教人,还花费了一笔钱;成立协会要经过审批,需层层盖章同意,核发证照时还要费一番周折;成立协会要跑手续等等,麻烦很多。① 农民自愿成立"养殖协会"及其他类似合作经济组织,组织起来进入市场本是件大好事,尤其在农村市场经济发展的今天。如果更多农民能认识到这一点,自愿组织起来,必将提高农民整体进入市场的竞争能力。但问题是,还有相当部分农民认识尚不到位,许多领导重视程度更不到位。随着市场经济体制的逐步建立和农村经济的不断发展,千家万户的小生产与千变万化的大市场之间的矛盾越来越突出,农民一家一户办不了、办不好的事情越来越多,自闯市场的风险越来越大。破解这一难题的重要举措之一,就是加快发展以专业协会、专业合作社、合作经营等为主要模

---

① 刘日平:《从农民成立"养殖协会"说起》,《农民日报》2007年4月27日。

式的各类合作经济组织,使其成为农民走向市场、促进分散生产者与千变万化大市场有效衔接的中介。江苏农村经济合作组织的发展充分说明了这一点。

江苏扬州市政协就组织委员围绕快速推进农村专业合作经济组织这个问题进行调研,针对专业合作组织法律地位不完善、地区行业之间发展不平衡、运作机制不规范、规模实力不够强等问题,专门召开会议进行专题协商;在"关注'三农',致富农民"扬州政协论坛会上,许多委员也通过大会发言和提案等形式,呼吁加快推进农村专业合作经济组织建设。全市围绕蔬菜、特种水产、经济林果、水禽、花木等主导产业,由农民自发形成了386个专业合作组织,带动了约20万人从事特种种植和养殖,仅2007年就成立了100个专业组织。

而昆山市的做法更具强撼性,市财政拨付年度奖励资金1077万元,用于奖励87家对地方经济发展贡献较大的经济合作组织以及65家吸纳社员超50户的合作社。发展农村三类合作组织是昆山市委、市政府为增加农民投资性收益的创新之举,截至2006年9月底,该市累计登记社区股份合作社、土地股份合作社和富民合作社等农村三大合作组织170家,入社农户1.5万户,入社股金4.99亿元,其中农户入股3.37亿元,集体参股1.62亿元,平均每户农户入股2.25万元,目前有140家合作社开展了实质性运作。①

创新和发展农村专业合作经济组织是当前发展社会主义新农村的战略选择,也是我国合作经济组织发展战略的重要选择。目前,农村合作经济组织的主要形式是合作社。2006年10月,全国人大颁布《农民专业合作社法》,将于2007年7月1日起实施,这是我国改革开放以来,首次以立法形式推进农民的经济互助与合作,确立了新农村建设中的一个新的主体,是农民专业合作社建设和发展史上的一个里程碑,是农业法制发展史上的一件大事,对于提高农民的生产经营组织化程度,提升农民素质和培养新型农民,发展村级经济,推进基层民主管理和农村和谐社会建设都具有特别重要的意义。

农村专业合作社是农民合作经济组织的一个重要组织形式。农村专业合

---

① 《新华日报》2006年11月2日.

作是由同类农产品的生产经营者或同类农业生产经营服务的提供者、利用者自愿联合、民主管理而结成,是合作经济组织中最贴近农民、最接近合作制基本原则的新型经济组织,一直鲜明地体现"民办、民管、民受益"的原则。在实践中,一些地方把发展农民专业合作社作为促进村级经济发展的重要途径,以能人牵头,建立集资源开发、经营管理、技术指导和资金服务为一体的新型农民专业合作机制,不仅促进了农业产业的发展,增加了农民收入,而且发展壮大了村级合作经济。合作社不是行政组织,也不是某个行政组织的隶属物。合作社是农民自己的经济组织,合作社同社员之间是利益均占、风险共担的利益共同体。因此,地方政府应从新农村建设的全局出发,站在帮助农民增加收入的高度,大力发展农村合作社,用合作社的形式把农民组织起来参与市场竞争。这对于繁荣经济、致富农民、巩固基层和稳定社会具有重要的战略意义。通过农村合作经济组织建设,有利于促进新农村建设的顺利实施。

作为"三大合作"重要内容之一,社区股份合作改革是农村集体资产经营管理的新革命。到 2007 年,江苏省已建成 1000 多家农村社区股份合作组织。按省农林厅的计划,到 2010 年底,全省符合条件的村(组)原则上都要全部完成农村社区股改,要让农民真正享受到农村改革发展的成果。上世纪末以来,随着城乡一体化进程的加快,由村级集体资产经营管理不善而引发的矛盾逐渐增多,直接影响农村社会稳定。失地农民利益保障难,难以解决长远生计问题;地方农村集体资产经营不善,村集体资产流失严重。2002 年底,江苏省在组织城郊村撤村建区进程中,开始启动农村社区股份制改革。"农民专业合作组织示范项目"实施几年来,带动了周边地区农民专业合作组织的良性发展,起到了"四两拨千斤"的带动作用。无锡市北塘区黄巷街道陈巷社区是全省最早成立的股份经济合作社。在改革过程中,陈巷社区以合作制为基础,实行资本、技术、土地、信息、劳动相结合的新型集体经济组织运营形式,把经过长期积累形成的村级经营性资产量化给村民,并作为集体分红的凭据。村民黄甫章全家四口人,共持有 74.7 股,2003 年分红 4183 元,2004 年分红 5378 元,2005 年分红 6050.7 元;庄国良全家三口人,共持有 43 股,3 年共分红 1 万多元。

　　据不完全统计,盐城市现有各类农民专业合作经济组织 1120 个,其中达到产业化规模的有 460 个;现有固定资产总额 7982 万元,平均每个经济组织有 6.08 万元,现有农民人数 14.5 万人,平均每个经济组织有 90 人。按组织方式划分:一是农民专业协会,共有 876 个,占总数的 53.9%;二是农民专业合作社,共有 592 个,占 36.4%;三是农民股份合作组织,共有 157 个,占 9.7%。按开展活动范围划分:乡镇内组织有 1535 个,占 94.5%;跨乡镇的组织有 81 个,占 4.9%;跨县的组织有 9 个,占 0.6%。按行业划分:种植业 923 个,占 56.8%;养殖业 309 个,占 19%;加工运输业 59 个,占 3.6%;供销服务业 54 个,占 3.3%;其他组织有 280 个,占 17.2%。截至 2005 年底,江苏省农村社区股份合作组织共拥有经营性资产总额 102 亿元,其中量化的总股本达 85.7 亿元,经营性总收入为 21.4 亿元,累计分红已达 1.99 亿元,涉及股民 142.4 万人,人均累计分红达 140 元。在试点基础上,逐步推广,苏北部分地区也开始了试点工作。到 2010 年底,苏南地区改革率达到 90%,苏中达到 70%,苏北达到 50%。

　　这些组织呈现出一些共有特点:其一,实行对外经营和对内服务相结合。农民自愿联合起来,开展产前、产中、产后的系列服务,为会员和其他农户提供技术咨询、生资供应、产品销售。对内以无偿或低偿服务为主,对外按市场交易原则运作。其二,主体多元化。一是依托政府农技推广部门,由县、乡(镇)农技、畜牧站(所)等单位转变职能,发挥自身的技术、资金、信息方面的相对优势,牵头组织、吸纳会员;二是依托农产品加工、销售等企业,形成“公司 +协会 +农户”的模式,公司负责农产品加工、销售,农户负责生产,合作组织则负责协调和服务;三是各类“能人”带头,兴办专业生产技术服务和购销、加工型的农民专业合作组织;四是农村集体经济组织根据本地资源和专业生产的需要牵头兴办,农户自愿加入。其三,在与农户的关系上,紧密和松散并存。目前,多数组织同农户在产前、产中、产后等环节建立了联系,也有少数组织和成员之间发展了经济利益一体化的关系。郫县制种协会依托县种子公司,把全县 2 万农户组织起来进行优质杂交稻制种,面积达 4 万余亩,并协调企业和农民,实行保底收购、利润返还的合同关系。

4.农村专业合作经济组织的发展对新农村建设的多维效应

农村专业合作经济组织在江苏农村的一度崛起,并走向辉煌,恐怕绝非仅是敬业于该项事业的人们的憧憬、期待和盼望,而是地方各级政府顺应民意上下推动的结果。这是因为农民迫切需要这样的专业合作组织,新农村建设发展的迫切需要这样的专业合作组织,农村繁荣、兴旺、发达也迫切需要这样的专业合作组织。农村专业合作组织在今后一个很长时期内,将是农民的"东方之珠"。

(1)农村专业合作经济组织的发展有利于调整农村产业结构,引导农民生产适销对路的产品,引导消费者消费名特优绿色产品,促进农村产业结构调整,提高农民收入。使现代农村专业合作经济组织与保护农民利益结合起来,可以其实解决农民"卖难"、"买难"问题,在农村"卖难"问题尤为突出,甚至在一些地方成为主要矛盾,农产品流通体制改革不是简单地减少财政补贴,而应不断地完善农产品的风险基金制度,为农村社会保障制度的建设和完善提供重要的支撑作用。促进资源优化配置,实现专业化生产。各类合作经济组织是适应专业化生产的需求而形成的,其服务可遍及农业生产的各个环节,产前提供良种、农资等生产要素服务,产中提供技术指导,产后进行加工、运销。通过提供各种专业化服务,合作组织扩大了农业生产分工的细密程度,促进土地、资金、技术等生产要素的流动重组,实现农业经济资源的优化配置,提高农业生产力水平。美国的合作社专业化水平很高,一个合作社一般只围绕一种或几种农产品展开各种服务。如"蓝宝石杏农合作社",从事杏仁的收购、加工和销售,有2000多个杏仁加工品种,500O多种包装,产品享誉世界,远销欧洲、日本。规模大的合作经济组织还可依据区域资源优势制定农业生产规划,实现区域化布局。如瑞典的SCAN肉类合作社,有2.4万专业农户参加,覆盖瑞典中、南部近2/3的国土面积,指导区内生产布局,统一组织加工和销售。因此,以专业合作经济组织为载体的模式是最为理想的农业产业化经营模式,能够有效保障农业产业化过程中农民利益的最大化。

(2)确保农民利益的实现,提高农民抗风险的能力。随着农业产业化的发展,我国农村出现了多种形式的农民专业合作经济组织。据统计,目前全国具有一定规模、运行比较规范的各类专业合作经济已经发展到 15 万个左右，参与的农户成员达到 2363 万户。这些新型专业合作经济组织，由农民自发组织的，也有供销、农业、科技等涉农部门牵头领办的，它既不同于改革开放前高度集中的人民公社体制，也不同于计划经济体制下沿革而来的供销、信用等传统合作经济组织，而是在坚持家庭联产承包责任制的基础上，按照自愿、民主、平等、互利的原则建立的农民自我服务组织。这些新型的合作经济组织以市场为导向，适应农产品专业化、规模化生产的要求，依托组织优势，实施产销或产加销一体化经营，在引进先进技术、扩大经营规模、发展产后加工等方面，解决了一家一户农民办不了、办不好的事情，弥补了家庭分散经营的缺陷和不足，实现了"统"、"分"的有机结合，通过实行自主经营、自负盈亏、利润返还、风险共担的经营机制，大大提升了农户的经营主体地位，扩大了农民增收空间，形成了新的利益共同体，推动了农村微观组织的创新发展。就江苏省而言，近三年，全省农民专业合作经济组织数量年递增 5.3%，成员数年递增 6.6%。到 2006 年底，全省农民专业合作经济组织增加到 6410 个，成员 200 万人，带动农户 304 万户；农民专业合作经济组织拥有固定资产净值 36 亿元，注册商标 1400 个，年均总收入 347 亿元，其中年经营额超过千万元的有 500 多家；全省各级"四有"示范农民专业合作经济组织 1000 多个，其中省级"四有"专业合作组织达到 247 个；开展产加销综合服务的比重提高到 40%。① 互助互利的利益机制和民主管理的制度逐步健全，与农民的利益联结日趋紧密。绝大多数农民专业合作经济组织有比较规范的章程和组织管理制度，"民办、民管、民受益"的原则得到较好体现。农民专业合作经济组织产前、产中、产后服务领域不断拓宽，服务形式不断创新，并逐步向农资供应、科技成果广泛运用、农产品加工运销一体化方向发展，产加销综合服务的比重提高到 58%，农民专业合作组织因地制宜，根据当地农业的发展情况，统一为农民提供农业生产的原材料，统一进行农产品的加工，提高农产品的产品附加值，及时掌握市场信息，提供技术服务等等。同时各类专业合作经济组织统一进行市场谈

① 江苏农林厅统计资料，江苏农业网[DB/OL].2007 - 04 - 30.

判,处理各种市场纠纷,从而减少了单家独户进入市场的交易费用,提升了市场竞争力和抗风险的能力,增强了合作组织的凝聚力。

(3)农村专业合作经济组织有着掌握市场信息资源的优势。农业的信息化是减少市场交易风险,是提高农业市场流通效率,提高农业生产管理水平和经营管理水平,增加农民收入不可缺少的手段。市场经济是信息引导的经济,农业市场化要求必须按照市场经济规律去认识、指导农业的自然再生产和经济再生产过程,运用市场机制实现农业产前、产中与产后的有效衔接,处理好农业生产、分配与消费的动态关系,从而使农业顺利进入市场,使农业供求关系在市场中不断获得新的平衡。而农产品生产具有周期长、农产品市场信息却瞬息万变的特点,农民生产什么、生产多少的决策往往带有盲目性和滞后性,这使得农产品的生产和交易充满了风险。农业信息化正是为实现上述各方面的有机衔接、运转提供了强大的物质技术手段。农业信息将成为农业市场经济的"润滑剂",发挥引导农产品市场运行和农业生产安排的作用,则可以使市场交易双方直接联系,这在很大程度上减少了流通环节,简化了交易程序,节约了交易费用;有了及时、准确、真实的交易信息做基础,能够减少生产的盲目性和滞后性,降低市场风险,大大提高农业市场流通效率。落后的生产管理水平和信息的闭塞是农民增收的一个重要障碍。在农业生产的社会化已经有了一定发展的今天,农民生产什么和怎样生产才能取得好的收获,已经不完全是技术和资金的问题,而是信息。如美国的新奇士协会是具有代表性的农村合作经济组织,它是由加利福尼亚和亚利桑那两个州的 6500 家柑橘生产商组成的农业合作社。这种联合农业合作社的特点是参与协会的成员仍然是独立的生产经营者,但是各个成员在协会的统一协调下,完全实现了产供销一体化。从原料的购买、新技术的推广、柑橘的深加工、柑橘的销售与出口等事务,都是由合作社统一安排。合作社统一进行市场信息的调查与预测,产品的广告宣传、销售促销,提高了整体的市场竞争力。它可以以一种团体的力量抵御风险、稳定价格。当柑橘丰收时,合作社统一进行销售的控制与安排,进行柑橘的储藏和加工,避免供大于求引起柑橘价格的下跌而对农户造成经济损失。这是单个农户和小规模的组织所无法掌握的。这种在整体上发挥了群体的规模效应,使农民获得了更好的经济效益。

(4)农村专业合作经济组织有助于健全农村市场体系,发展适应现代农业要求的物流产业,增强农民进入市场的能力。发达的物流产业和完善的市场体系,是现代农业的重要保障。必须强化农村流通基础设施建设,发展现代流通方式和新型流通业态,培育多元化、多层次的市场流通主体,构建开放统一、竞争有序的市场体系。通过合理布局,加快建设一批设施先进、功能完善、交易规范的鲜活农产品批发市场。大力发展农村连锁经营、电子商务等现代流通方式。加快建设"万村千乡市场"、"双百市场"、"新农村现代流通网络"和"农村商务信息服务"等工程。支持龙头企业、农民专业合作组织等直接向城市超市、社区菜市场和便利店配送农产品。积极支持农资超市和农家店建设,对农资和农村日用消费品连锁经营,实行企业总部统一办理工商注册登记和经营审批手续。切实落实鲜活农产品运输绿色通道政策。改善农民进城销售农产品的市场环境。进一步规范和完善农产品期货市场,充分发挥引导生产、稳定市场、规避风险的作用。从而改变单家独户进入市场的弱势地位,解决农民进入市场的难题。

5. 实践中存在的难点和需要解决的主要问题

综合调查情况分析,各地在支持合作组织发展方面的政策措施和办法,在实践中还存在一些难点和需要解决的问题,主要表现在:

(1)定性不准,法律地位不明。农村专业合作组织是当前我国农村农民组织和制度创新的产物。目前国家还没有明确的法律法规对其进行定性定位。《农民专业合作社法》有些内容比较原则,实际工作中,归口民政局或科协按社团法人管理,显然是不恰当的。但作为一般经济实体,严格按工商企业条件由工商局登记管理,忽略了它的特殊性质和弱势性。如果长期在二者之间游离,一方面不利于农村专合组织自身的经营活动的正常开展,另一方面失去了管理部门的监督与服务,农村专合组织这一新生事物就会陷入自生自灭的境地。

(2)管理体制不顺。在实际工作中,一方面是管理登记部门多,民政、工商、科协均在登记,缺乏统一的标准。另一方面,重登记、轻管理,重创建、轻发展,重数量、轻质量。没有一个统一部门对专合组织进行长远规划、有效地指导和帮助。

(3)干部的认识还有差距。虽然中央和省委、省政府对农村经济合作组织的发展工作十分重视,专业合作社在一些地方发展迅速,也已经在当地农村经济发展中发挥了重要作用,但仍有不少地方领导对农民专业合作经济组织的发展心存疑虑。认为专业合作组织在提高农民组织化程度、发展优势产业带方面的作用可有可无,任其自生自灭。同时,相当一部分县乡领导干部对本地的各类合作经济组织了解的少、研究的少,指导的少,缺乏领办创办的热情。还有不少部门和领导把发展农民专业合作社作为发展农村、农业和农民的权宜之计,农民专业合作社发展工作还没有提到必要的位置。

(4)专合组织的微观机制不够健全。一是利益联结机制不健全,联结不紧密,多数专业合作经济组织与农户的关系是松散的买断、供应或契约关系,仅仅起到解决本地农产品的卖难和生产资料买难以及技术服务难的问题,实行二次分配、按股分利的风险共担、利益同享的股份合作型组织少,组织与会员尚未真正结成紧密型的"利益共同体",难以适应市场经济的需要。二是风险保障机制不健全。专业合作经济组织内部也没有建立起类似风险基金的风险保障机制,一旦农产品的价格、销路出现问题,专业合作经济组织自身无力抵御,其风险有可能转嫁给农户,给农民利益带来损失。三是缺乏人才激励机制。目前协会成员大多是普通农民,在组织管理、市场营销、文化技术等方面的专业知识不足。因此,需要建立一种人才激励机制,鼓励农业科技人员加入协会。

(5)政府的服务与协调能力还不够。农民专业合作经济组织在发展初期需要各级党政和有关部门在资金、技术、信息、政策等方面给予大力的扶持,培育其发展壮大,但目前,在政策上除省市出台了一个关于发展专业合作经济组织的文件外,各县(市、区)都没有具体的实施意见,导致政策无法落实下去。特别是对专业合作经济组织在资金上的扶持,金融部门的作用还没有很好地发挥出来,贷款难的矛盾依然存在。各级财政对专业合作经济组织的支持也只是杯水车薪,金融、财政扶持的长效机制没有真正建立起来。同时,对专业合作经济组织的负责人在业务知识培训上也没有跟上,使专业合作经济组织不能很好地发挥自我管理、自我发展的作用。

(6)支持政策的制定和执行受到多方面制约。一是国家关于农民专业合作经济组织的相关法律规范不够明确。从调查情况看,目前一些农民合作组织没有进行登记,没有获得法人身份。由于没有取得社会公认的法人资格,合作组织在经营资格、银行贷款、税收抵扣、商标注册等方面都不同程度地遇到了困难。一些合作组织为了解决对外交往问题,不得已又去注册"公司",对内以"协会""合作社"名义活动,对外以"公司"身份出现,造成发展和管理上的混乱。在进行登记的合作组织中,有的是在民政部门登记,获得了"社团法人"的身份,有的是在工商部门进行登记,获得了"企业法人"身份。由于法律规定的缺失,政府在推进合作组织发展过程中经常碰到无法可依的情况。二是相关专业人才、知识和经验普遍不足。目前"三缺"已成为农民专业合作经济组织发展的"瓶颈"。三是由于农产品加工企业的自然和市场风险大,利润空间比较小,税费征收比例低,不少地方领导对农产品加工业看得不重,顾及很少。加工企业、产品基地和生产农户之间,在形成产业链条过程中的利益关系处理不当引发的矛盾纠纷时有发生。

6. 加快推进农村专业合作经济组织建设的现实思考

江苏农村专业合作组织发展的实例说明,农村专业合作组织建设不仅要重视自身发展战略,更要重视政府对农村专业合作组织进行积极的引导。组织农民围绕当地主导产业、特色经济和资源优势,采取资本、劳动、科技和销售联合等各种方式,创办合作经济组织;可以依托龙头企业兴办专业合作经济组织;可以鼓励流通企业围绕"订单农业",创办合作经济组织或从事中介服务;还可以依托供销社,引导种养大户、运销大户和农民能人,以资本和劳动联合为基础,兴办各种合作经济组织。要以科学发展观为指导,以贯彻实施《农民专业合作社法》为契机,以提高农业竞争力、增加农民收入为中心,以提高农民组织化程度、壮大村级经济基础为目标,以辅导培训和政策扶持为抓手,切实加强组织领导。一句话,政府要高度重视,积极作为,大力支持,着力培育,加快推进农村专业合作组织持续健康地发展。

（1）围绕壮大村级经济基础，加快农业产业结构调整，为农民专业合作组织发展创造更大的生存空间。

村级经济是新农村建设的重要支撑，发展农民专业合作组织是壮大村级经济基础的重要途径，是建设新农村的迫切需要。大力发展"一品一社"等多种形式的农民专业合作经济组织，提高农业产业化水平，这是江苏农村专业合作组织发展的主要特点。鼓励农民把劳动与资金、技术、土地等要素有机结合，建立风险和利益更加紧密的联结机制，大力发展产权明晰的农民专业合作经济组织。引导以农民专业合作社为承贷主体，实行统贷统还或联合担保，解决单个成员贷款难的问题。政府要尽快出台政策给予支持。制定优惠的税收政策，对于农村合作经济组织的经营活动，按照农业税的政策给予优惠或取消税费；财政上给予资助，实行国家财政补贴制，提供优惠贷款政策；加大财政资金的投入，帮助农村合作经济组织进行各种培训并提供信息、技术等服务；同时在管理上给予大力支持。

（2）运用政策扶持农民专业合作经济组织的内容。

政策的支持方式应该是根据实际情况采用灵活多样的方式，选准切入点。一是作为财政政策扶持层面，根据中央"多予、少取、放活"的方针，充分考虑农业、农村、农民的现状，特别是在申报绿色产品证书、商标注册、协会登记等收费方面予以大幅度的减免。二是要根据国家有关税收政策规定，积极研究有关税收优惠政策，可以采取低税率或免税政策。将协会作为主要龙头企业享有充分的财政政策。三是资金投入方面，设立农民合作经济组织发展资金，用于扶持农业产业化经营、合作经济组织建设、人员培训以及农产品销售、出口贸易等。每年安排一定数额的财政资金作为贷款贴息，或实行低息贷款，扶持合作经济组织发展。四是对合作经济组织及其成员的生产性基础设施建设、技术引进、人员培训、农产品促销等，财政给予一定补贴。用于协会本身建设的资金投入不宜过大，主要用于协会组织建设、信息建设和充实提高造血功能。对"三农"的支持，特别是对产业化建设和涉及农民种植方面的财政支持，要广泛运用协会载体进行开展。

（3）围绕促进现代农业建设，大力发展农民专业合作经济组织。

　　政府引导农民联合组建有产业优势和产品发展潜力的农村专业合作经济组织，通过联合购销等优质服务，降低生产成本，打造特色品牌，把资源优势转化成规模优势和品牌优势。并支持有条件的农民专业合作经济组织自办加工流通企业，提高农产品商品率和加工转化率，形成"农户＋农民专业合作经济组织＋公司"的模式，使农民更多地获得加工流通环节的增值利益。不断鼓励和支持农民专业合作经济组织开展新产品、新技术、新成果、新机具的引进、示范和推广，扩大生产经营规模，推进农业标准化生产。通过发展农民专业合作经济组织，解决广大农民生产经营的信息、技术、资金、机械、代销等问题，提高农民生产经营的组织程度。

　　（4）把握财政资金扶持农民专业合作经济组织的方向。

　　财政支持是多方面的，就目前而言主要应集中在以下几个方面：一是技术培训。二是引进新品种和推广新技术。三是信息建设。信息是产品流通的基础，现实是农民专业合作组织普遍缺少计算机和网络，甚至相关报刊及信息资料。财政应该在信息收集的硬件和软件上予以帮助。四是标准化生产和质量安全监测体系建设。绿色公害农产品已成为社会普遍需求，在传统生产向标准化生产转化过程中，急需财政支持和促进。作为生产环节的农业，对病毒、病虫害、农药残留的检测非常缺乏，它是标准化生产的硬件保证。五是农产品加工建设。现在农产品附加值低，农民增收缓慢的重要原因是没有进行产品增值处理。产品的商品化处理和深度加工是增加农民收入的主要措施。如产品的分级筛选、粗深加工、储存、保鲜、包装以及市场建设等。这既是影响农民专业合作组织发展壮大的瓶颈，也是农民增收的突破点。就长期而言，应集中体现在，一是维护农民专业合作经济组织的权威，增强市场谈判地位。二是做好品牌建设，提高农产品的国际竞争力。三是保障会员权益，增加农民收入。

　　（5）以《农民专业合作社法》为契机，促进专业合作组织规范化发展。

　　《农民专业合作社法》的颁布和实施，是我国农民合作社事业发展史上的里程碑，标志着我国农民专业合作组织将进入依法发展的新阶段，具有划时代的历史意义。它奠定了农民合作经济组织的市场主体地位。有利于促进农民专业合作、社区股份合作、土地股份合作等各类合作经济组织的建设和发展，有利于进一步丰富和完善农村经营体制,推进农业产业化经营,提高农民进入市场和农业的组织化程度;有利于进一步挖掘农业内部增收潜力,推动农业结构调整,增强农产品市场竞争能力,促进农民增收;有利于进一步提升农民素质,培养新型农民,推进基层民主管理,构建农村和谐社会,建设社会主义新农村。不断提高农民的合作意识,形成全社会了解、关心和支持农民合作经济组织建设与发展的良好氛围,共同推动农民合作经济的发展。

(6)充分尊重农民意愿,坚持因地制宜创新农村专业合作经济组织。

农村专业合作经济组织是市场经济发展的产物,是农民为改变自己在市场竞争中的不利地位而自发结成的自助性经济组织,其职能主要是解决农民在分散生产经营中遇到的困难,提高农民组织化程度,降低交易成本,保护自身的护法权益。因此,发展农村合作经济组织必须以农民为主体,充分尊重农民的意愿。既要积极引导和扶持,又不搞强迫命令、行政捏合,更不能干扰、刁难甚至随意解散农村合作经济组织。要坚持以民办为核心,以利益为纽带,以章程为依据,按照"责权平等、收益共享、风险共担"的要求,实行民主管理,组织机构民主选举,重大事项民主决策;对内以服务为宗旨,对外追求经济效益,实现成员利益的最大化,把农村合作经济组织真正办成农民自己的合作经济组织,让农民享受到农村合作经济组织的收益分配。从江苏农村合作经济组织的实践来看,农村合作经济组织开始于一系列适应市场竞争的组织创新。尊重农民的创造,坚持多种形式发展农村合作经济组织。采取什么样的发展模式,实行怎样的扶持政策以及如何进行管理,都应结合各地的实际情况,大胆创新,勇于探索农村合作经济组织发展的新路径。

(7)市县政府要加强发展做好服务,发挥好指导与引导作用。

一是搭建项目服务平台,发挥特色产品生产和经营的领跑者的作用。任何农村专合组织的建立和发展都以当地的特色产品作支撑。可以说,没有特色产品,就没有这些专合组织的生存条件。要充分认识项目对产业的拉动和支持作用,着力推出一批技术含量高、产业关联度高、投资回报率高、基础工作成熟度高的大项目、好项目,吸引国内外更多投资者参与到农产品加工业中来。依法精简审批事项,简化办事程序,不断提高服务质量,对重点项目搞好重点服务,坚持"一站式审批、一条龙服务",解决发展进程中可能遇到的各个难题。

二要搭建信息服务平台。进一步建立健全覆盖面宽、时效性强的市场信息网络,加强信息、资源的分析与处理,拓宽信息的收集和发布渠道,为农产品加工企业和农户提供及时、准确的信息服务。建立全市统一构架的农产品招商平台、科技项目对接平台、产品展示平台、网上交易平台、电子商务平台等,加快龙头企业信息化建设,以信息化带动产业化。

三要建立融资服务体系。加强金融信贷支持体系建设,积极引导农行、农村信用社、工行、建行等金融机构对实力强、资信好的农产品加工企业给予最大限度的支持。针对目前农产品加工企业有效抵押资产普遍不足的现实情况,研究解决农产品加工融资担保体系建设问题。积极创造条件成立农产品加工融资担保中心,采取引进担保投资机构、政府公共财政支持、吸纳龙头企业参与等多种方式筹集担保中心必需的担保金。同时,要积极探索以农村土地使用权和房屋资产等作为抵押获取信用资金的新方式。要发展一批以产权联结为主纽带的跨区域、跨行业的农产品加工股份公司,引导企业更新产权观念,引进战略投资者加快股份制改造,建立现代企业制度。

四要建立招商服务体系。要以农业园区为载体,搭建大招商平台。一方面要注重依托本地优势资源和特色产业,实行由生产基地到加工企业的"顺向"招商;另一方面又要注重发挥区位优势,及时捕捉外地大企业优化市场布局、推进资本扩张的机遇,开展由加工企业到生产基地的"逆向"招商,积极引进国内外大企业、大财团投资农产品加工业。

五要不断优化发展环境,增强发展创新能力。一是激活市场主体,增强创业意识。要通过弘扬创业文化、宣传创业典型、奖励创业成就等多种方式,不断浓厚创业氛围,壮大创业群体,调动农民创业的积极性。要激励、引导有创业能力的人解放思想,立大志、创大业。二是激励服务主体,增强敬业意识。事关农产品加工业发展的各级工商、税务、财政、金融、质监、海关、商贸等部门,都应坚持民生问题大于一切,富民高于一切、创业重于一切、发展先于一切,努力为富民办实事,为发展解难题。要以服务实绩分优劣,以服务水平论高低,在服务发展中履行职责,在履行职责中促进发展。三是实现农产品加工业又好又快发展,需要各级领导将其视为一大主导产业,高看一眼,厚爱一层,协调各方,强力推进。各级党委、政府应认真落实各项优惠政策,及时破解发展难题,不断优化发展环境,努力把江苏城乡的人才优势转化为发展优势,把资源优势转化为产业优势,把潜在优势转化为竞争优势,使农产品加工业发展能量得到充分释放,为富民强市写下浓墨重彩的光辉篇章。

第九章 公民社会组织的制度创新

人类社会自进入 21 世纪将是一个真正意义的全球化时代。尽管对于全球化的动力、过程、代价,全球化与一体化、国际化、现代化的关系等问题的研究尚待深入,并且意见纷呈,但基本的共识的毋容置疑的。这就是说,全球化标志着人类社会生活正跨越国家和地区界限,在全球范围内展现全方位的沟通、联系、相互影响的客观历史进程与趋势。这种共识它意味着自近代民族国家以来,以国家为基本单位来组织、领导、管理、控制全部社会生活的模式开始受到冲击。全球化所导致的各国相互依存,所带来日益严重的问题,迫切要求人们以全球的视野来分析、观察、处理当今的各种事务与出现的问题。与此同时,在人类文化上催生了全球化意识,即在承认国家社会存在共同意识,人类文化现象具有共同性的基础上,超越社会制度和意识形态的分歧,克服民族国家和集团利益的限制,以全球的视野去考察、分析社会生活和历史现象的一种思维方法。中国作为一个正在崛起的发展中国家,在这次机遇面前是可以大有作为的。全球化使中国可以有更多的机会从外部获得短缺要素,会推动中国经济跨越式的发展,促进中国特色社会主义市场经济的不断完善,带动中国经济增长方式的根本转变。经济全球化所带来的政治诉求必然会对中国政治发展的目标、价值倾向和战略选择产生明显的影响,经济全球化对中国的民主化进程必然会起到推动作用。

一、公民社会组织制度的创新理论

公民社会的出现,改变了传统的国家—社会关系结构,在结构转型过程中,公民社会组织所发挥的作用,充分体现在一系列的制度创新之中。对于什么是制度,什么是制度创新? 长期以来,学者们关于制度的定义与对文化的界定一样,可谓是纷纭复杂,没有相对统一的一个概念。不同的学科,其理解的意义与范式各异,如人类学的定义为"一系列相当固定化的社会惯例,是一种能维持适当长久的、复杂的自成系统的行为模式,通过制度可以加强社会控制,满足社会的基本需求"。① 文化学则将其定义为"一套具有强制性的社会文化规范和管理"。② 在经济学中则概括为"关于任何协调分工的人们的知识的载体"。③ 在政治学中对于制度的阐释为,"所谓制度,是指稳定的、受到尊重的和不断重现的行为方式"。④ 从不同学科对制度概念的阐释中,我们可以看出,制度作为一种社会现象,具有这样几个特征:首先,它是人类社会演进过程中形成的,第二,它是调整社会中人与人关系的,第三,它是由一系列行为准则和知识构成的集合。

关于制度创新的理论,最初源自于西方经济发展理论,约瑟夫·熊彼特在对资本主义社会基本经济特征和经济发展进行分析中提出来的,约瑟夫·熊彼特创新理论在西方经济中独树一帜、自成体系,他从技术变革与制度变革两个方面获得理论发展。他认为"创新"(Innovation)是将原始生产要素重新排列组合为新的生产方式,以求提高效率、降低成本的一个经济过程。他把"不断地从内部革新经济结构,即不断地突破旧的,不断地创造新的结构"的过程称为"产业突变"。1971 年美国制度经济学家戴维斯(LancesDavis)和诺斯(Douglass North)提出的路径依赖理论认为,制度的安排有"个人安排",也有来自团体的"自愿合作安排",还有"政府性安排"。这种理论主要是描述过去的制度对现在和将来所实施的制度、人们过去的行为对人们自己现在和将来的行为产生影响的过程和机制。这种理论的提出想告诉人们,一种现存的制度及其所塑造的人们的社会行为,都会具有一种"惯性",一旦采取了某种制度,贯彻了某种社会行为,进入了某种特定的路径,那么,这种制度或行为就会形成一种惯性,为人们进一步的路径选择制造出一种依赖结构。按照诺斯

---

① 吴泽霖总纂:《人类学词典》,上海辞书出版社 1991 年版,第 363 页。
② 覃光广等主编:《文化学辞典》,中央民族学院出版社 1988 年版,第 501 页。
③ 汪丁丁:《经济发展与制度创新》,上海人民出版出版 1995 年版,第 13 页。
④ [美]塞缪尔·亨廷顿:《变革社会中的政治秩序》,华夏出版社 1988 年版,第 12 页。

(Douglass North)的说法,即人们过去的选择在很大程度上可能会决定着他们现在或将来的选择。路径依赖有着不同的路径形式,"路径依赖 I"是指一旦某种独特的组织发展轨迹确立以后,一系列的外在性、组织学习过程、主观模型都会强化这一轨迹。某种具有适应性的有效制度演进轨迹将允许组织在环境的不确定性下选择最大化的目标,允许组织进行各种试验,允许组织建立有效的反馈机制,去识别和消除相对无效的选择,并保护组织的产权及其配套制度,从而导致长期经济增长。"路径依赖 II"是指在起始阶段带来报酬递增的制度,在市场不完全、组织无效的情况下,阻碍了生产活动的发展,并会产生一些与现有制度共存共荣的组织和利益集团,这样,这些组织和利益集团就不会进一步追加投资,只会强化现有制度,由此产生维持现有制度的政治组织,从而使这种无效的制度变迁的轨迹持续下去。这种制度只能鼓励进行简单的财富再分配,却给生产活动带来较少的报酬,也不鼓励增加和扩散有关生产活动的专门知识。诺斯认为,除这两种制度变迁的极端形式外,还有其他一些中间性的情形和方式。在制度变迁的过程中,也存在着报酬递增和自我强化的机制。这种机制使制度变迁一旦走上了某一条路径,它的既定方向就会情不自禁地在以后的发展中得到自我强化:或者,沿着既定的路径,经济和政治制度的变迁可能进入正反馈的轨道,迅速优化;或者,也可能顺着原来错误的路径继续下滑,被锁定在某种无效率的状态中,无法自拔。在这里,诺斯进一步分析指出,决定制度变迁的轨迹有两个因素,即收益递增和不完全市场。只有随着收益递增和市场不完全性的增强,那么制度就会变得愈来愈重要,自我强化的机制才会起着愈来愈重要的作用。可见,制度创新是由个人、团体、政府三者来进行,他们都可以成为制度创新的主体。在一个遵循自下而上变革原则的社会里,个人、团体的创新可以大量存在,在一个遵循自上而下变革原则的社会中,政府就成为制度创新的主导力量。在制度短缺普遍存在的社会中,个人、团体、政府对这种现象都不满意,因而,他们预期到制度变革可能带来的好处,于是大规模的制度创新便应运而生了。可见,推动制度创新的动力在于三个方面,一是制度短缺,二是创新的预期收益,三是创新主体的主观意愿和能力。这就是说,关于制度创新的方式,主要取决于个人、团体和政府这三个创新主体。一个国家的制度创新大致分为两类:政府主导型和非政府主导型,即自上而下政府主动供给型和自下而上需求诱致政府供给型,这种分类的主要着眼点不是看由谁进行了,二是由谁决定的,而且也不是绝对的,因为一个国家的制度创新中既有政府主导的方面,也有非政府主导的成分,关键是看哪一种占主导地位。

从历史来看,随着制度创新的推进,其主导方式也相应发生某种变化。同时也可分为内生型和外生型,前者是指由社会系统内部因为社会需求和均衡的需要而产生的;后者则是指在外力冲击干扰下而不得不进行的创新。对于政府主导型的制度创新,它是指一个国家制度变革的方向、广度、速度等主要是由政府主体的意愿和能力决定的,政府主动进行制度创新,并在一个金字塔式的行政系统内自上而下地规划、组织、实施、监控新的制度。非政府主导型创新的特征是制度创新主要由个人或个人之间自愿组成的团体组织来承担的,非政府主体在制度创新中,承担"第一行动团体"的角色,然后通过与政府的交易,使创新的制度得以借助政府的权威而确立。非政府主导型创新不仅仅指制度创新这样一种过程,即创新是由非政府主体承担的,而且指即使创新是由政府承担的,也主要是由非政府主体的意愿决定的。因此,政府与非政府组织在权力、知识、资源的掌握力量的对比,现存的社会政治经济结构、制度创新内容的性质以及传统习惯等因素决定了一个国家制度创新的方式。可见,制度创新实际上是一个破旧立新的过程,也即是破与立的关系问题,这里有一个先破后立,还是先立后破,使存量的变革,还是增量式的变革等问题。

从中国制度与组织创新的初始条件与过程来看,我们的改革与创新一直较为注意依托现有经济、社会组织进行边际制度创新。同许多其他经济转型的国家或地区的变迁与改革不同,中国的组织创新不是简单地采取开放市场,通过社会经济组织自由竞争来催生市场体系发育,更不是抛弃既有组织结构,另起炉灶,用全新组织来推动创新和拉动改革。中国改革则是充分利用了原有计划体制中既存的经济、政治和社会组织,依托长期积累起来的组织和制度资源,通过有序的边际组织创新的方式来稳步推动组织和制度的变迁与创新。

回顾多年来中国改革与变迁的历史过程,我们可以清楚地看到,许多新生的经济组织几乎都是直接、间接依托原有国有经济与乡村集体经济转型、延伸、嫁接、脱壳成长起来的,不少乡镇、村级政府基层组织以及城市的管理领导往往是组织转型的双重领导者。非但如此,在相当长的一段时期里,许多在转型中新生的市场经济组织一旦达到某种规模,也要挂靠或寻求某种政府组织保护,向原有的组织性质靠拢。依托既有经济组织推进改革,能够最大限度减少改革的摩擦阻力,降低制度创新的风险,低成本地利用传统组织和制度资源。在中国这样一个市场经济基础薄弱,社会法治与信用关系较为淡漠,个体的承受力较低,民间组织发育严重不足的国家,只有依托业已形成并占据绝对控制地位的各级政府组织、国有与集体经济单位,才能避免大的被动震荡,稳定推动改革深入。① 中国的社会领域在以市场经济为取向,以"小政府、大社会"为模式的社会改革背景下,加速了国家与社会的分离和社会主义公民社会的日渐形成。它既有多元特殊利益、个人权利和自由、私域自主等主张和要求,又有对普遍利益、公共领域及公共精神等等的期望和认同;既制约、平衡和控制国家权力,又与国家互动合作,赋予国家权威以必要的合理性与合法性。因此,国家与公民社会的这种二元有机互动框架和结构,一方面产生着日益浓重的社会主义民主与法治的诉求,另一方面,又为社会主义民主和法治奠定了重要的基础。现代化的转型,或者说中国社会现代化,在结构上体现为王朝的地域社会向民族国家的大社会的嬗变,在心理上体现为小共同体意识向大共同体意识的演进,也即大国的寡民意识向公民意识的演进。这是现代民族国家自我建构的社会产物,是抽象符号、空间概念和个人经历的综合效应在全社会的集大成。

二、中国公民社会组织发展的动力机制

公民社会的形成并不是一个完全自发的过程,公民意识的培育是需要经历长期、艰难甚至痛苦的历程。特别是当代中国公民社会的形成更离不开人的自觉活动。公民社会是市场经济的伴生物,西方如此,东方也不例外。在当

---

① 孙立平等:《改革以来中国社会结构的变迁》,《中国社会科学》1994 年第 2 期,第 47 页。

代中国,公民社会的发展是伴随社会主义市场经济的发展,在建立社会主义市场经济体制的历史性变革中提出来的。改革开放前的中国是一个政府权力高度集中的国家。改革开放30年来,中国创造了世界经济发展的奇迹,经济社会发展取得了举世瞩目的巨大成就。从1978年至2007年国内生产总值年均增长9.7%,是同期世界经济3.3%年均增长速度的3倍。中国的经济总量已经跃居世界第四位。但是,政府管理体制改革和社会领域改革依然滞后,离改革所追求的"小政府,大社会"的目标还有较大距离。政府包办了太多的事情,也集中了太大的责任,使得公民对公共生活缺乏参与,公民意识淡薄,民间组织赢弱,慈善事业落后。我国民间组织在服务业就业比重约为0.3%,而1995年世界22个国家(包括欧美和亚洲国家)非营利组织在服务业就业比重为10%。主要原因是,其他国家在教育、医疗、文化、体育、社会福利等诸多公共服务领域,很大部分是由政府资助、民间组织经营的。在中国,这些领域主要是国家事业单位体制,由政府供养。从慈善捐款看,资料显示,包括国有企业捐款在内,我国人均捐款一度不足10元人民币,不足人均GDP的0.02%,这不仅无法与民间慈善发达的美国年人均捐款超过800美元相比,也落后于许多发展中国家。

(一)公民意识既是一种民众意识,更是一种现代意识、责任意识

公民意识既体现了公民对于国家和社会的责任感,又体现为保障与促进公民权利,合理配置国家权力资源的各种理论思想。具体体现为视自己和他人为拥有自由权利、有尊严、有价值的人,勇于维护自己和他人的自由权利、尊严和价值的意识,这种意识还包含公民对于国家和社会的责任感,也包含着对自我与他人权利和价值的意识,包含民主法治、自由平等、公平正义的理念。在2008年5月12日四川汶川大地震中,中国公民的知情权、参与权和监督权都受到了前所未有的尊重,他们的公民责任感也得到了极大的激发。一场意外的灾难让中国人的公民意识得以升华,而公民意识的提高是中国迈向现代化必须具备的条件和基础。

这次汶川大地震,国家面临突如其来的巨灾,数千万骨肉兄弟姐妹在死亡线上挣扎。生命同体的道理即刻化作爱人如爱己,有力即相助,一方有难,八方支援的行动;政府主导,企业、公民社会组织、志愿者一齐出动,有钱出钱,有力出力。公民社会及民间力量这样自觉地集体亮相,在中国是第一次,其对抗震救灾和灾区社会稳定的贡献是毋庸置疑的。在常态社会下,政府的公共服务和社会管理能力似乎游刃有余,对民间力量参与公共事务没有迫切需求,有的地方政府甚至担心民间组织多了不是帮忙而是"添乱"。而灾难面前让这些疑虑烟消云散。灾后重建同样如此。在一片废墟上进行基础设施和生活设施的重建将是何等的艰难,进行社会的重建,包括家庭、社区、生活、心灵的重建和文化的建设发展则将面临着更大的困难和挑战。政府肩负的任务实在是太重,要做的工作实在是太多,而政府的能力不可能是无限的或面面俱到的,这个时候需要更多的民间组织拾遗补缺,排忧解难。许多过去由政府独自承担的公共服务项目,比如孤儿、孤老、孤残的养护,心理抚慰,妇女、儿童保护,社区服务,就业培训,环境保护、法律援助和社工服务等,这时可以通过招标竞争的方式,由更多的公民社会组织来承担。灾后重建需要大量志愿者的参与,包括提供专业服务和劳务,也需要民间组织的管理、协调和培训服务。公民社会组织一切活动的出发点和立足点都是灾区群众的利益和需求,这与政府灾后重建的公共服务目标和政策完全一致。公民社会组织要以卓越的服务、低成本高效率的管理和严格自律,成为政府减灾救灾的合作伙伴,赢得政府的信任,得到群众的支持。灾区群众是重建家园的主体,他们的主人翁意识和积极参与是灾后社会复原与和谐发展的根本动力,这也是所有支持和投入灾后重建的公民社会组织的共同愿景。

(二)市场经济的发展引发了公民社会发育,经济发展是公民社会发展最重要的动力机制

经济发展意味着经济总量的增加、结构的调整和质量的提高。经济发展状况由财富、工业化、城市化、沟通等指标构成。研究经济发展与政治发展之间的关系是20世纪政治学研究中一个经久不衰的主题,西方一些学者在对此进行了大量的定量分析与研究,并且出现了跨区域研究和跨时研究相结合的一些新的特点。这些研究充分表明,经济发展和民主政治发展之间存在着正相关的关系。经济发展是现代化发展的基础,也是发展的核心内容,它促成了工业化、城市化的发展,促进了教育的普及、通讯的便捷、人口的大规模流动、收入水平的提高等。经济的发展瓦解了传统的农业社会,缔造了现代的工业社会。现代工业社会要求产生新的与之相适应的政治管理模式,传统的与农业社会相适应的政治管理模式的变革势在必行。源自经济发展的内在要求,成为推动政治发展与变革的决定性因素。同时,经济发展提高了大众的教育和文化水平,信息网络技术的发展和大众传播媒介的发达提高了公民社会的组织能力和行为能力,经济发展也为政治的发展与变革提供了物质技术基础。经济发展使经济结构发生重大变化。如收入结构从偏重政府转向偏重公民,劳动力结构从农业转向非农业。企业所有制结构的变化则表现为国有企业比例在下降,集体企业、乡镇企业和外资企业地位在上升等。这些成就无一不是经济发展的结果。经济发展还加速了社会动员,人们所开始逐渐获得新的社会化模式和行为模式的过程。城市化的发展,公民文化素质的提高,大众传媒的发展,交通通讯技术日益发达,网络技术与文化的迅猛发展,生态与环境意识的提高,可持续发展观的认同都可作为力证,这些新的文化理念,极其有力地促进了中国网络化进程和可持续发展战略的事实,赋予中国的现代化以新的内涵,同时也深刻地改变着人们的生活方式和生活内容,人们开始告别传统,逐渐接受现代行为模式和价值观,并用现代价值观来评判政府和官员的行为和积极要求参与政治生活。社会动员所造就的新的政治生态,为政治系统的重新整合提供了基础、契机和动力。

经济发展与改革直接推进了公民社会自治领域的发展。社会拥有了更多可以利用的自由流动资源和自由活动空间,并以此为基础发展出现了独立于国家的物质生产和交往形式。伴随着社会资源占有与控制的多元化,不但个人独立性相对扩大,而且在政府行政组织之外开始了公民社会的组织化过程,经济、社会、文化领域的非营利团体和非行政化的营利性经济组织日益成为国家不能忽视的社会主体。① 从 20 世纪 50 年代一直到改革开放前的 70 年代,我国各种社团和群众组织的数量非常小,50 年代初,全国性社团只有 44 个,

---

① 孙立平等:《改革开放以来中国社会结构的变迁》,载《中国社会科学》1994 年第 2 期。

60 年代也不到 100 个,地方性社团大约有 6000 个左右。到了 1989 年,全国性社团增至 1600 个,地方性社团达到 20 多万个。① 此后,1989 年和 1998 年政府两次对社团进行了重新登记和清理,其数量有所减少。但是到了 2005 年,全国各类民间组织已发展到 31.5 万个,其中社会团体 16.8 万个,比上一年增长 9.8%;民办非企业单位 14.6 万个,比上一年增长 8.1%;基金会 999 个,比上一年增长 12%。②

　　市场经济的转型既是民主政治发展的强大动力,也是公民社会生成的必然驱动力。传统的高度集权的政治管理体制是建立在计划经济体制基础之上。而市场化导向的经济改革促使中国逐渐从计划经济体制向社会主义市场经济体制转轨。社会主义市场经济的发育成熟使得传统的高度集权的政治管理体制难以为继,集权式政治体制向民主合作的政治体制的发展过渡成为市场经济发展的必然要求。首先,利益驱动的政治参与是民主政治发展的持久动力。只有建立在利益驱动基础上的公民政治参与才具有可持续性。在计划经济体制下,人们的利益高度同一化,市场经济的发展使得人们的利益出现了分化和多样化,人们形成了各种不同的利益群体或利益集团。同时,人们日益感受到作为社会价值的权威性分配者的政治国家的存在和对人们生活的影响。处于维护和增进自身利益的需要,人们的政治参与要求日益迫切。其次,权利驱动的政治参与是公民社会发展的重要动力。市场经济体现了天然平等机制,商品生产培养了人们追求自由、平等的价值观念与权利意识的增强。权利意识的觉醒是公民政治参与的持续推动力量。再次,经济的转型也要求相应的政治转型来配合。计划经济体制下的国家是资源分配型国家,市场经济发展的初级阶段国家是政府主导的发展型国家,而随着市场在资源配置中日益发挥基础性作用,随着企业日益成为经济发展的主角,从资源分配型国家和发展型国家向市场规制型国家和社会服务型国家的转型已成为必然的趋势。最后,市场化导向的经济改革的不断深入也对改变束缚市场经济发展的政治

---

① 王名等:《中国社团改革》,社会科学文献出版社 2001 年版,第 4 页。
② 参见中国民政部网站。

和行政管理体制提出了日益迫切的要求。经济改革的成功与否直接关系到经济发展的成效,经济发展又直接关系到政权的合法性。因此,即使为了促进经济发展,政府也不能对经济改革向政治发展提出的要求无动于衷。市场化经济改革向纵深推进一方面为民主政治发展提供了重要动力,也为公民社会的良好发育形成有力支撑动力。

可见,经济体制的改革与转型使经济权力和社会权力从政治权力中逐渐分离出来,这不仅是公民社会的进步,同时也是国家机器重构的胜利。在国家与社会关系变革过程中,公民社会的成长是国家政治体制改革的产物,国家又是匡正公民社会使其不至于放任自流的力量;反过来,公民社会的发展既是改革传统官僚体制、转变政府治理方式的推动力,又是政府改革的重要参照物。

(三)治理和全球治理是公民社会培育和民主精神弘扬的关键

新的治理概念始于1989年世界银行的报告,随后,联合国为推动全球治理,在多处对这一问题进行了阐释。在国际组织尤其是世界银行和联合国的极力推广下,这一概念很快在全球扩散。治理和全球治理的过程就是还政于民的过程,就是公民社会成长,民主精神弘扬的过程。对于当代中国而言,尽管伴随着市场经济的发展和政府职能的转变,为公民社会的生长发育提供了前所未有的发展空间,但公民社会依旧弱小,而且很不规范。所以,提高民主参与的自觉性与社会责任感,强化自身的组织力和影响力,这无疑是促进中国公民社会成长的一条有效途径。从长远来看,公民社会的成长和壮大,最重要的影响是可以逐步改变原有的政府主导的社会治理结构。新的治理结构力求有更多的利益相关方参与,力求建立公营部门和私营部门的合作,力求以参与式方法来使得边缘或者弱势群体能够参与到治理决策过程中来。政府、市场和公民社会之间可以形成既合作又制衡的机制,这种合作和制衡的效果可以有效地改变原有的不均衡的发展过程,从而能够更加有效地解决社会问题,实现社会和谐。因此,和谐社会必须以公民社会为基石,以民主法治为目标,公民社会的建设应该成为一个坚定的主题,公民社会的成长壮大应该成为衡量中国能否实现真正的社会改革开放的标准。一个健康有序的、活跃而有组织的、与政府和企业可以实现良性合作与互动的公民社会的成长和壮大,正成为未来"强国家、强社会"的发展模式中不可缺少的一面。

　　全球化治理是民主政治发展的重要动力,中国视野中的全球治理在推进国内公民社会培育的同时,还指向民主政治的建设。20世纪90年代以来,从公民社会角度来看,公民社会的不断发展使战后国家社会化和社会国家化的状况得以改观,推动了国家与社会(市场与公民社会)的相互合作以及治理的形成。市场经济体制开始向全球扩张,经济自由化成为各国普遍奉行的政策,经济全球化的进程明显加快。跨国投资等全球性经济活动,要求在有关的民族国家内有一个适宜的政治和法律环境,与此相适应的制度性变迁成为一种普遍的发展趋势。经济全球化特别是市场经济全球化促使那些与之相适应的政治价值和政治评价标准的全球化。民主、自由、人权、安全、和平等政治价值随着媒介和政治交流的日益增多而在全世界范围内得到广泛的传播,逐步成为普适性的价值规范和政治评价标准。治理理论直接讨论的虽然是公共管理的方式方法问题,但却以公民社会理论为其基础,其实质上要回答的问题可以归结为,公民社会中的各行为体与国家在操作层面上如何实现合作共治?可以说,治理理论是在用西方式的话语来回答中国公民社会研究者早期所提出的却未能作出充分回答的"如何实现良性互动"的问题,它对于中国的"双轨制"变革模式以及民间组织的发展现状都具有强大的解释力。对此,中国公民社会研究者给予了比较大的关注。改革开放以来,中国已经主动参与经济全球化进程并从中获益良多,加入WTO以后,中国更是深深地融入全球经济之中。中国的政治发展已经或正在受到全球化发展趋势的影响,我们的政治发展越来越具有开放性,民主化在逐步地发展。经济全球化为我国民主政治发展提供了一种强大的助推外力。它要求我国改革权力过分集中的政治体制,促进国家权力的社会化,要求我国扩大经济政治和社会生活的自由度和增强自主化,要求扩大政治生活公开化,扩大经济政治和社会生活的平等化以及政治过程的程序化和法治化。全球化带来民主需求的迅速增长和民主制度供给之间的矛盾要求我国积极推进民主政治发展,努力实现公开政治、参与政治、服务政治、责任政治和法治政治。

三、21世纪中国公民社会组织发展的战略选择

一个多世纪以来,中国社会转型的主题就是要实现现代化,融入世界文明的主流。无数志士仁人为了中国走向文明前赴后继,写下了大量可歌可泣的篇章。中国现代化的主要目标是三个:一是建立较为完善的市场经济体系;二是建立民主与法治政体;三是建立现代公民社会。因为现代化是社会的整体性变迁,经济、政治、社会、文化是一个有机的整体,它们之间的关系是互相关联、互相影响与互动的关系。归结起来一句话,中国要实现现代化,既不能没有市场经济和民主政治,也不能没有公民社会。离开了公民社会,现代化与政治文明就会成为没有根基的梦幻。中国的转型之所以特别艰难、特别痛苦,也是与公民社会的薄弱有很大的关系。

(一)抓住机遇

党的十六大提出了全面建设小康社会的宏伟目标,强调"二十一世纪头二十年,对我国来说,是一个必须紧紧抓住并且可以大有作为的重要战略机遇期"。党的十七大正确把握经济社会发展趋势和规律,在十六大提出的全面建设小康社会目标的基础上对我国发展提出了新的更高要求。站在新的历史起点上,完成时代赋予的崇高使命,解放思想是发展中国特色社会主义的一大法宝,改革开放是发展中国特色社会主义的强大动力,科学发展、社会和谐是发展中国特色社会主义的基本要求,全面建设小康社会是全国各族人民的根本利益所在。所谓战略机遇期是指国际和国内各种因素综合发挥作用而产生的、能为一个国家的经济社会发展提供非常好的机会,这种机会不可以再次出现和复制,对这种机会的把握可以对国家的历史命运产生极其长远和深刻的影响的特定历史时期。战略机遇影响到国家的兴衰成败。凡是抓住了战略机遇的国家,就会有一个大的发展;反之就会迅速衰落下去。① 我们应当抓住这一历史性战略机遇加速中国的发展,实现中华民族的伟大复兴。这一战略机遇期也是中国政治发展的重要战略机遇期,我们的脚步与时代同行,我们抓住

---

① 辛向前,王旭:《新世纪中国重要战略机遇期评析》,《中共中央党校学报》2004年第4期。

又好又快发展的新机遇。进入新世纪新阶段,我们的发展面临"黄金机遇期"与"矛盾凸显期"同时并存的新形势新情况,机遇前所未有,挑战前所未有,机遇大于挑战,关键是我们要紧紧抓住和用好重要战略机遇期,努力实现经济又好又快发展。

　　首先,经济全球化为中国的发展提供了重要的机遇。21世纪的全球化将是深层次、多领域、宽范围、快速度的。在全球化进程中,国际经济资源的重新配置与组合将对世界各国提出严峻的挑战,又为其带来了难得的发展机遇。中国作为一个正在崛起的发展中国家,在这次机遇面前是可以大有作为的。全球化使中国可以有更多的机会从外部获得短缺要素,会推动中国经济跨越式的发展,促进中国特色社会主义市场经济的不断完善,带动中国经济增长方式的根本转变。经济全球化所带来的政治诉求必然会对中国政治发展的目标、价值倾向和战略选择产生明显的影响,经济全球化对中国的民主化进程必然会起到推动作用。面对全球治理的兴起,一个开放的中国必然做出自己的思考与回应。全球治理是多元主体的共同参与,包括政府和诸多非政府行为体。在这些主体之间,并无上下尊卑之分。政府可能在当前的治理中仍起主要作用,但它仅仅是诸多行为体的一员,展示了新的治理理念的基本风貌。政府与公民社会的良好合作、公共部门与私人部门的良好合作,是善治的实质所在。全球化和民主化则要求一个健全的公民社会。政府对公民社会应当采取鼓励和合作的态度。政府应当积极培育和扶持公民社会组织,为民间组织的成长创造良好的政治和法律环境。政府应当让民间组织在社会管理中发挥更大作用,使民间组织也成为治理和自治的主体。公共部门和私人部门都是平等的法律主体,它们对社会进步承担着同样的责任,公共部门应当增强与私人部门的合作与交流,充分发挥私人部门在社会治理中的作用。在全球化时代,民间组织和私人部门也是全球化进程的主体,政府和公共部门应当创造有利条件让它们更多地参与国际合作与交流。

　　其次,从国内情况看,改革开放30年来,中国经济、政治、文化等各个方面都有了长足的进步,为中国政治发展奠定了良好的基础。中国民主政治建设和政治体制改革已经具备了较强的物质和思想文化基础,经济发展不仅对政治发展提出了明确的要求,也为政治发展准备了物质条件。改革开放以来,中国民主政治建设和政治体制改革迈出了重要步伐,取得了重大成就,积累了许多宝贵的经验,总结了不少带有规律性的原则。同时,中国社会结构也发生了很大的变化,新的社会阶层的出现,公民社会开始兴起,公民政治素质明显得到提高,从城市到农村基层民主建设有了空前的发展,这些都为中国公民社会的发展奠定了良好的基础。

同时,从工业化的进程来看,我们基本进入了一个工业化的中期阶段,处在一个由农业为主导的社会向工业为主导的社会转型的时期,这一时期既是发展机遇期,又是矛盾凸显期,新事物、新情况、新问题层出不穷,要统筹协调各方利益、妥善应对各种风险、实现经济社会又好又快发展,任重而道远。化解和缓和当前中国的社会风险也需要抓住机遇推进中国的政治发展。如果不抓住这一重要时机,推动中国的政治发展,不仅仅是中国的政治发展会错失良机,也会由于政治发展的滞后而导致其他社会问题的产生和恶化,甚至于给中国社会发展造成严重灾难。这使得抓住机遇推进政治发展成为重要紧迫的历史任务。可以说,与以往相比,我们面临的不确定因素更多,所要解决的矛盾和问题更复杂,影响决策的因素增多,正确决策的难度增大。一方面,当前国内国际的形势构成了中国政治发展的重要机遇期,但同时也能发现,当前中国的许多社会问题和社会风险也需要通过政治发展来加以化解和缓和。许多国家现代化的发展经验表明,人均国内生产总值达到 1000—3000 美元时,是一个国家现代化发展非常关键的时期。这个时期可能出现两种完全不同的情况:一种是进入"黄金发展时期",经济持续健康发展,人民生活水平不断提高,社会发展呈现良好态势;另一种是进入"矛盾凸显期",各种社会问题和社会矛盾不断显露,社会发展的阻力增大,由此导致发展的停滞。当前中国人均国内生产总值已经突破 1000 美元,可以说进入了一个非常关键的发展时期。当前中国社会的状况大致是:整体平稳的同时存在着严重的失控风险。中国社会面临的一系列严峻问题中潜藏着巨大的危险性和不确定性,已经发展到了十分严峻的地步,有可能转化为大规模的突发性事件和紧急事件,并可能由此产生大规模的社会危机,需要立即采取措施加以控制和解决。当前中国要通过制度创新、政治文化变革、政治统治和政治管理方式优化，从而不断推进政治发展，使社会朝着公平、正义、民主的方向迈进，这也是化解和缓和社会风险的重要途径。也就是说，抓住这一重要战略机遇期，推进中国政治发展，不仅是应然的，也是必须的。

（二）民生为本

党的十七大报告指出，要加快推进以改善民生为重点的社会建设。这是我们党推动科学发展，促进社会和谐，实现全面建设小康社会奋斗目标作出的重大战略部署，充分表明了我们党对改善民生和推进社会建设的高度重视，鲜明地体现了党全心全意为人民服务的宗旨和"以人为本"的执政理念，更加凸显了改善民生在中国特色社会主义事业中的重要地位。在新世纪新阶段，贯彻落实这一重大战略部署，成为坚持和发展中国特色社会主义的重大战略任务。

第一，改善民生是中国特色社会主义发展的出发点和落脚点。改善民生是中国共产党的一贯追求。民生，顾名思义就是人民的生计，就是人民群众的生活状况。在中国近代历史上，最早把"改善民生"作为政治主张的是孙中山先生，他把"民生主义"作为三民主义的主要内容。但是，孙中山先生奋斗一生，却壮志未酬，改善民生的使命历史性地落到了中国共产党人的肩上。进行新民主主义革命，就是为了推翻使人民陷于贫穷的社会制度；党进行改革开放和社会主义现代化建设，就是要通过解放和发展生产力，满足人民群众日益增长的物质文化需求。当今时代，我们强调改善民生，也同样是为了解决关系人民群众切身利益的问题，让人民过上更加幸福的生活。要构建以政府为主体、社会组织积极参与的改善民生的公共体系。改善民生，政府责无旁贷，要建设好服务型政府，切实承担起历史的使命和责任，准确定位，凸显社会服务角色，不断增强公共产品和公共服务的供给能力。要努力实现制度变革和制度创新，以奠定改善民生的制度基础；要加大整合利益、平抑利益差别的力度，促进利益相对平衡；要在发展教育、扩大就业、增加城乡居民收入、建立全覆盖社会保障体系、建立基本医疗卫生制度等方面承担责任，有所作为。同时，还必须充分发挥公民社会组织参与的积极性。在社会主义市场经济条件下，民生需求是多层次的,涉及民生问题的公益性事业发展形式不是单一的,其运行机制也是不一样的。因此,可以通过建立政府与公民社会组织合作机制改善民生的公共服务体系。政府应将重点放在解决最基本的、普遍的民生问题上;经营性单位也应对改善民生形成共识,自觉实行经济效益与职工收入同步增长机制,加强社会责任感,主动关心社会公益事业;公民社会组织具有更灵活的特点,可发挥其参与提供非公共物品的积极性,如水、电、道路、社区服务,其运行必须引入竞争机制,以降低服务成本。

第二,改善民生是实现科学发展观的重要内容。以人为本是科学发展观的核心。强调改善民生,体现了深入贯彻落实科学发展观的要求。科学发展观,第一要义是发展,核心是以人为本。而以人为本就是要在经济发展的基础上关注民生、保障民生、改善民生,把改革发展取得的各方面成果,体现在提高人民的生活质量和健康水平上,体现在充分保障人民享有的经济、政治、文化、社会等各方面权益上,体现在让发展成果惠及广大人民群众上,落实到满足人民需要、实现人民利益、提高人民生活水平上。

第三,改善民生是实现社会和谐的必然要求。构建社会主义和谐社会,就是要最大限度消除社会不和谐因素,缓解乃至消除社会矛盾。强调改善民生,体现了构建和谐社会的要求。社会公平正义是构建和谐社会的本质、基石。在社会主义制度下,人民依法享有广泛的权力和自由,公民在法律面前一律平等,尊重和保障人权,全社会成员依法享有平等参与权、生存权和发展权。离开了社会公平正义,构建和谐社会就成了一句空话。构建和谐社会是贯穿于中国特色社会主义事业全过程的长期历史任务,其基本要求是要解决人民群众最关心、最直接、最现实的利益问题。因此,强调改善民生,让广大人民群众共享改革开放成果,就是抓住了社会公平正义的关键,抓住了构建和谐社会的根本。当今社会最主要的不和谐因素,仍然是人民不断增长的物质文化需求没有得到充分满足,人民生活的现实状况与理想期望还有距离。改善民生,就是要努力解决改善生活状况这个人民最关心的现实问题,使人民各得其所、各尽所能。把改善民生作为社会建设与改革的重点,切实抓住了构建社会主义和谐社会的关键。

第四，改善民生是全面建设小康社会的关键。党的十六大以来，我国全面建设小康社会取得了初步的成效，人民的物质文化生活状况明显改善。而我们的社会建设并没有伴随经济的增长而持续发展，现实表明我们的社会建设是滞后于经济发展水平的。这种滞后，主要表现在经济社会"一条腿长、一条腿短"的矛盾突出，经济社会发展不协调问题比较突出。城乡贫困人口和低收入人口尚有相当数量，城乡、区域、经济社会发展很不平衡，人口资源环境压力加大，就业、社会保障、收入分配、教育、医疗、住房、安全生产、社会治安等方面关系群众切身利益的问题比较突出。而实现全面建设小康社会的重要任务之一就是着力解决民生问题。解决民生问题，最根本的是把最广大人民群众的利益实现好、维护好、发展好，把民生、民富、民乐的事情办好办实。最重要的是不断增进全体人民的福祉，努力使全体人民学有所教、劳有所得、病有所医、老有所养、住有所居；积极扩大就业，解决好就业再就业问题；大力发展教育事业，切实解决"上学难"和教育不公平问题；大力发展医疗卫生事业，切实解决群众"看病难看病贵"问题；大力发展社会保障事业，为人民群众提供可靠的安全网；大力发展文化事业，满足人民群众的精神文化需求；大力发展环境保护事业，促进人与自然的和谐发展。为此，党的十七大提出"加快推进以改善民生为重点的社会建设"，把"加快发展社会事业，全面改善人民生活"作为实现全面建设小康社会奋斗目标的一个新要求，设想到了2020年，覆盖城乡居民的社会保障体系基本建立，人人享有基本生活保障；合理有序的收入分配格局基本形成，中等收入者占多数，绝对贫困现象基本消除。实现这个目标，就意味着必须加快推进以民生为重点的社会建设，改善民生必须成为实现全面建设小康社会奋斗目标的重要任务。

（三）民主推进

新的历史时期，中国政治改革发展的基本目标是政治民主、政治廉洁、政治稳定和政治效率。其中，政治民主是21世纪中国政治发展的核心目标。政治民主是社会主义政治制度的本质特征，也是社会主义政治制度的生命力之所在，对中国政治和社会发展有着十分重要意义。从制度变迁的路径依赖角度来看，改革开放30年来，中国民主政治发展沿着增量民主的发展道路演进并取得了很大的成功①。未来中国增量民主的政治发展道路将继续保持自主性发展、主导性发展、渐进性发展、稳定性发展和梯度性发展的特点,稳步推进民主政治建设②。

第一,在经济发展的同时,积极推进民主政治发展。民主是社会主义的本质规定,没有民主就没有社会主义。民主与社会主义是不可分割的,是社会主义题中的应有之义。马克思关于消灭阶级差别、城乡差别以及无产阶级运动对民主追求的论述时,明确指出:"过去的一切运动都是少数人的或者为少数人谋利益的运动。无产阶级的运动是绝大多数人的、为绝大多数人谋利益的独立的运动。"③此后的马克思主义者都对社会主义民主政治的重要作用有充分的论述,并把民主作为社会主义政治的重要价值取向和基本目标。列宁说:"民主是多数人的统治。"④可见,民主是社会主义的本质规定。中国的民主政治发展就是要在保持社会主义基本政治制度的前提下,通过改革政治体制中不适应民主政治发展的具体环节,不断建立健全各项具体的政治制度,使人民民主的优越性不断得到体现。根据经济发展和经济体制改革的需要,稳步推进政治体制改革,寓政治改革于经济改革之中,是中国民主政治发展战略的一个重要特征。可以说,当前中国经济发展的成就不仅为政治发展奠定基础和条件,也对中国政治发展提出了强烈要求,中国的政治发展在一定上程度可以说是落后于经济发展所提出的政治诉求的。根据中国经济发展所提出的政治诉求来推动中国政治发展,不仅是中国政治发展的战略选择,也是中国民主政治发展的重要路径。

第二,完善民主制度,积极推进民主政治建设。民主是人类文明与进步的标志。从一定意义上说,民主是一种特定的国家形态和形式,它不同于其他国家形式之处在于它承认公民在政治上拥有平等的权利,并从制度上规定这种平等的权利能够得到实现。在特定历史条件下,民主所能够达到的程度、范

---

① 俞可平:《增量民主与善治》,社会科学文献出版社 2005 年版,第 136 期。
② 参见桑玉成、袁峰:《世纪之交的中国政治发展》,《政治学研究》1998 年第 3 期。
③ 《马克思恩格斯选集》(第 1 卷),人民出版社 1995 年版,第 283 期。
④ 《列宁全集》(第 22 卷),人民出版社 1990 年版,第 53 页。

围,都是有限的。古希腊的民主是自由民的民主,中世纪的民主是封建统治阶级的民主,资本主义的民主创造了代议制度、普选制度、政党制度、分权制度等形式,尽管不同时期,民主的发展程度不同,但民主不可否认是人类政治发展过程中的普遍追求。20世纪50年代以来,政治民主化成为世界各国政治发展不可抗拒的历史潮流,政治民主成为不同国家、不同民族的普遍追求。社会主义民主政治制度的建立为人类民主政治发展开辟了新的篇章,只有在社会主义制度之下,人民才能享有充分的民主,民主在社会主义制度下的发展充分体现了社会主义制度的优越性。就中国政治发展而言,政治民主是维护和实现人民根本利益的最佳途径,是维持社会公平、社会正义和社会稳定,协调社会矛盾与冲突的有效机制,是调动人民积极性和创造性的重要手段。我国学者何增科认为,中国在增量民主的政治发展道路上推进民主政治发展,应该按照"一元多线"的民主发展模式实现"多点突破"。所谓"一元"就是走向政治民主化,"多线"则是指从选举民主、协商民主、自由民主等多个方面同时加以推进。[1] 选举民主是扩大政治参与的最重要途径,是发扬人民民主的重要保证,要在适时、适当的地区、领域、层次积极推进选举民主,完善选举民主程序和方法,扩大民主选举的范围。政治参与的广泛性是政治民主的重要体现。美国学者卡尔·科恩认为,政治参与的广度与深度是衡量民主的尺度。他说:"民主是一种社会管理体制,在该体制中社会成员大体上能直接或间接地参与或可以参与影响全体成员的决策。"[2]塞缪尔·P.亨廷顿也认为,政治参与扩大是政治现代化的标志。[3] 可见,政治民主与政治参与的广泛性是密切相关的。同时,政治参与的广泛性要通过政治参与的制度化来保证。没有政治参与的相关制度,政治参与的广泛性是难以实现的;没有政治制度化水平的提高,在政治参与扩大的条件下,也是难以维持有序的政治参与和保持政治稳定的。因此,中国在政治发展过程中,要把政治参与的广泛性和制度化作为重要的目标。

---

① 何增科:《民主化:政治发展的中国道路》,《中共天津市委党校学报》2004年第2期。
② [美]科恩:《论民主》,商务印书馆1988年版,第10页。
③ 塞缪尔·亨廷顿:《难以抉择——发展中国家的政治参与》,华夏出版社1989年版,第1页。

第三，实现国家能力建设与公民社会能力建设并举是民主政治发展的重要标志。国家能力是统治阶级通过国家机关行使国家权力、履行国家职能，有效统治国家、治理社会，实现统治阶级意志、利益以及社会公共目标的能量和力量。中国应当确立以提升国家能力总量、优化国家能力结构、强化国家能力控制为目标，以变革观念、调整行为、创新制度、夯实基础为方针的国家能力建设战略。要通过公民社会能力建设逐步改变中国"强国家、弱社会"的政治权力结构，从而求得中国政治的均衡发展。纵观西方国家治道变革的整个历程，反思我国国家权力行使惯性以及公民社会发育不足的现实情况，如何引导公民社会健康发展、如何处理好国家与公民社会之间的关系，成为中国政治发展面临的重要问题。我们认为，政府主导——社会合作型的模式是当前和今后一段时期我国可供选择、比较适当的一种社会治理模式。其特征就是"一主多元"，所谓"一主多元"，就是形成以各级政府为主导、私营部门和公民社会等多元主体广泛参与的多种方式并存的社会治理结构。现阶段对于国家能力而言，无论是统治国家还是治理社会，对社会事务的管理，维护社会治安、保障社会公平、提供社会服务等都需要承担大量的管理职能，都必须发挥主导性的作用，只有在政府的主导作用下，进一步转变和科学定位职能，培育发展市场组织、社会组织等，完善社会的治理结构，才能形成"一主多元"的治理模式，即形成一种政府主导型的多元组织共治的局面。

第四，把民主政治建设与尊重、保障人权结合起来，依法保证全体社会成员平等参与、平等发展的权利。改革开放以来，我国不仅大力发展经济，而且在民主政治建设方面取得了很大的成就，政治发展进展很快，注重保障公民的生存权和发展权，还允许和支持公民创办多种形式的非公有制经济组织，并确定了新的社会阶层的政治身份是"中国特色社会主义事业建设者"；实行身份证制度，允许公民自由择业包括异地择业；实行依法出入境制度，允许公民出国留学和出境旅游。最近这几年，进一步健全民主制度，丰富民主形式，拓宽民主渠道，依法推进民主选举、民主决策、民主管理、民主监督，努力保障公民的知情权、参与权、表达权、监督权。这些变革，既保障了公民的人权，又激发了社会内在的生机和活力。但由于中国政治体制仍然带有浓厚的传统集权体制的痕迹,体制转轨造成的部分权力失控和由此引发的腐败蔓延,激起了人民的强烈不满。现行政治体系在整合社会利益方面存在严重的局限性,与权力过分集中密切相关的各种官僚主义、长官意志滋生蔓延十分严重。人们迫切需要通过发扬社会主义民主的优势来革除这些弊端,加快社会主义现代化建设。

第五,把发展民主法制与完善基层群众自治制度和改善民生结合起来,做到自上而下的民主建设与自下而上的民主建设并重。中国共产党是中国政治发展的领导力量,同时,中国共产党又会自觉领导人民促进中国政治发展,是中国政治发展的重要推动力量。党可以通过积极发展党内民主和中上层民主来引导其他领域民主政治的发展或者对其他领域民主政治的发展起到示范作用。同时,中国的基层民主建设取得的成就也会对中国政治发展起到一种自下而上的推动作用。改革开放以来,我国不仅在广大农村实行了村委会村民直接选举制度和乡镇改革试点,而且在农村普遍实行政务公开、村务公开等制度。社区建设也取得了明显的进展。而且,基层民主建设正在与改善民生为重点的和谐社会建设有机地结合起来,得到了广大群众的广泛拥护。在城市实行居民委员会和企业职工代表大会为主要内容的基层民主体系。广大群众在城乡基层群众自治性组织中,依法直接行使民主选举、民主决策、民主管理和民主监督的权利,对所在基层组织的公共事务和公益事业实行民主自治,构成了当代中国最直接、最广泛的民主实践。在 21 世纪中国政治发展中,要充分发挥和协调这两股对中国政治发展的积极力量,不断推进中国的政治发展。

(四)稳中求变

中国改革开放以来的政治发展一开始就选择了一种渐进型的政治发展道路,也就是说选择了一条稳中求变的路线。总体上确定了一种自上而下、层层传递、上下一致、协调统一的改革思路,综合国力显著提高,人们的生活水平得到很大改善,创造了世界经济发展的奇迹,渐进式改革也因此被经济学家称着"中国模式"。中国的经济体制改革是逐步前进,分阶段过渡,借助于各种双轨制路径,最终建立起新的经济运行体制。综合过渡经济学和改革政治学对中国改革的路径特征和基本经验的理论总结,可以得出这样的基本结论:渐进型的政治发展道路是中国政治发展的优选之路。渐进式改革的基本特点是，在选择改革的突破口时，遵循了从小到大、从易到难、从外到内、从下到上的原则，采取了稳打稳扎、步步推进、由浅入深的改革方略。改革之初，往往是在旧体制中增加新的改革元素，或者在旧体制的边缘建立新体制。中国渐进式改革的过程，在一定程度上就是从农村到城市、从沿海到内地、从经济到政治的改革过程，是一个通过试点试错积累经验循序渐进地、分阶段地、由点到面、由局部到整体逐步展开的过程。

纵观每一次改革都在社会相对稳定的状态中完成，每一次改革也都不能解释中国的巨大变化，每一次改革都只能是渐进式改革的一个步骤。但是，正是这一次次成功的改革，才创造了世界经济史上的中国奇迹，形成了独具特色的"中国模式"。当我们回头遥望一步步改革足迹时，我们发现中国渐进式改革之路已经走得很远，而且获得巨大成功，改革的方向已经不可逆转，改革的理念已经深入人心，中华民族的改革创新能力大大提高。中国的经济改革走的是一条渐进改革的道路，中国的政治改革走的也是一条渐进改革的道路，21世纪中国的政治发展仍然要选择渐进式的道路，在政治稳定和社会稳定的条件下，逐步推动中国的政治发展。一句话，新的历史时期中国的政治发展就是要稳中求变，即在稳定中求得发展。

中国的发展之所以需要公民社会，首先是因为市场经济的发展需要公民社会的支撑。我国的市场经济正处在不断发展与完善的过程当中，不规范、不健全之处很多。因此，非常需要公民以各种形式进行积极参与和提供建设性帮助。这些年来各地公民从事的消费者权益保护活动对市场经济秩序的建立健全就起到很大的作用。由广大公民兴办的各类私有与民营企业已成为我国市场经济的主体。由公民依照法律程序组建的各类志愿者团体和中间组织已成为我国市场经济不可或缺的组成部分。再者，市场经济不是万能的，无论是发展中国家，还是发达国家，都有许多市场难以解决的问题（如公平与效率的矛盾、经济周期与失业、垄断与竞争、地区间发展不平衡、信息不对称等等）。显然，解决这类"市场失灵"的问题，光靠国家干预是不够的、甚至是有害的。而通过培育公民社会，如发展私有经济与民营经济、发挥公民社会组织的作用、建立社会协商对话的渠道、建立健全社会信用、社会保障、社会保险体系则往往可以收到良好的效果。事实上，经济体制改革的渐进性与政治体制改革的渐进性无时无刻不在交织互动，政治转型每每在经济转型的动力支持下前进并为经济改革的深入和延展开辟道路。政府的权力集中还是下放、法治还是人治、党政合一还是分离，对市场经济的培育和成形进而成功地实现合理化资源配置举足轻重；同时，经济发展过程中的公民社会组织和不同社会阶层对社会政治稳定的作用，逐渐明晰的产权对法制的要求，日趋分化的职业利益集团对政治参与和政治民主化的强烈呼声，无不把一个又一个政治体制改革方策提上日程。同时，基层民主制的发展，传统习俗与现今政治社会化方式的冲撞蕴生的转型过程中的政治文化，作为政治自身的策动力自下而上地推动渐进改革向深层政治领域渗透。

　　渐进型改革发展是中国改革的必由之路和首选之策，这条道路的选择与中国的经济基础、上层建筑、文化历史、社会心理等现实情况有着必然的联系。主要原因有：第一，政治改革的发动者能够始终保持对改革的领导权，在综合权衡利弊得失的基础上，可以从容而又理性地选择较为可行的政治改革方案。如果采取一步到位式的激进式的改革，必然使改革设计成为一项极其复杂又包罗万象的工作，而这在实际上是不可能的，容易导致一种主观性很强的改革规划。第二，走渐进型改革道路，有利于减轻改革带来的社会震荡，使改革在保持稳定中获得成功。政治稳定对中国而言具有十分重要的意义。中国是一个发展中国家，其首要任务是经济与社会的发展，这就必须有政治的稳定，中国的政治体制改革也要在政治稳定的条件下才能推行。同时，政治稳定也符合全中国人民的根本利益。渐进式改革能够较好做到在改革起始阶段使绝大多数人的利益得到不同程度的提高，改革成了"帕累托改进"，从而减轻改革引起的利益调整所带来的社会震动；渐进型改革容易使人们产生稳定的、良好的心理预期，改革在社会稳定、经济增长和人民生活水平略有提高的过程中不断推进，为改革的成功奠定了最重要的基础。第三，渐进型的政治发展道路强调局部试验、实践检验并根据改革结果对有关改革方案随时加以修正调整，从而将制度创新和解决改革后果的不确定性有机结合起来，避免改革陷入不可自拔的陷阱。渐进型的政治发展道路所取得的政治转型成果也更加容易巩固，改革方案建立在试点经验基础上，因而成功的把握更大，改革的速度适应了社会结构变迁和政治文化演进的速度，政治制度转型建立在社会结构变化和政治文化变革的基础上，因而更加坚实可靠。也就是说，这种渐进型的政治发展道路能够确保在政治稳定的基础上推进中国的政治发展，减少政治发展带来的震荡，减少政治改革过程中的成本。第四，渐进型的改革发展道路，有利于推动和促进公民社会的形成与发展，实现政府、市场和社会的均衡发展。首先，社会主义公民社会的发展和成熟，是转型经济背景下政府有效治理的现实要求。转型经济条件下，政府治理不是在完善的政府与不完善的市场之间、或是在完善的市场与不完善的政府之间，而是在不完善的政府和同样不完善的市场之间进行选择。无论政府或市场，本身都是有缺陷的，都会出现"失灵"。经济转型过程中，由于两种经济形态的因素并存，政府与市场的"失灵"可能同时存在，从而出现公共问题的不可治理性。同时，与经济转型同步的全球化、信息化时代的到来，全球性公共问题的出现、信息科技革命引发的治理变革浪潮，以及民众需求日益多元化、复杂化、动态化等，使得单靠政府机制或市场机制都不可能完全解决各种公共问题。因此，政府治理不仅是在政府与市场的"不同组合间的选择，以及资源配置的各种方式的不同程度上的选择"，[①]而且要寻求对公共问题的社会治理之道。其次，经济转型的深入推进，为社会主义公民社会的产生和发展奠定了基础。渐进型改革背景下，有效政府不同于传统的"全能型政府"，也不同于新自由主义所推崇的"最小化政府"，它要求在政府、市场和社会之间进行相应的权力和利益划分，建构三者之间良性互动关系，从而形成对转型经济背景下社会公共问题的合作治理结构。改革以来的市场化经济转型与政府治理变革，不仅涉及否定传统"全能型政府"模式，重新调整政府与市场关系，而且也为公民社会的兴起和发展提供了广阔的空间。再有，公民社会的兴起和壮大，有利于保持政府、市场与社会之间的力量均衡，维护社会的稳定。正如俞可平指出的，"正在兴起的公民

---

① 沃尔夫:《政府或市场:权衡两种不完善的选择》,中国发展出版社 1994 年版,第 132 页。

社会本身是中国改革开放的产物,但它一旦产生后反过来又对整个中国的政治经济改革进程有着重大的影响"。① 经济转型和政府治理变革催生了众多公民社会组织,而后者的兴起和壮大则会有力地推动经济和政府的转型。就政府治理而言,公民社会将在实现基层民主和公民自治、增加政府透明度、强化社会监督、防治贪污腐败、推动政府决策的科学化、民主化、法治化等方面治理变革的深入发展。

四、中国公民社会组织发展的路径选择

从制度变迁的路径依赖角度来看,中国民主政治发展将继续沿着增量民主的发展道路演进。改革开放 30 年来,中国民主政治发展呈现出增量民主的特征并取得很大的成功。未来中国公民社会组织发展受此路径依赖的影响,将继续保持健康持续稳定地发展,沿着增量民主的发展道路演进。党的十六大把建设社会主义政治文明作为全面建设小康社会的重要目标,进一步明确了社会主义民主政治的战略地位、指导原则和前进方向,并提出要将党内民主作为民主政治发展的突破口,以党内民主带动人民民主的发展。十七大报告又强调:"人民民主是社会主义的生命。发展社会主义民主政治是我们党始终不渝的奋斗目标。"党内民主无疑是社会主义政治文明建设的一个先导性内容,但公民对政治生活的参与并不仅仅是党内民主的依附物,公民政治参与的自身发展有其规律性和相对独立性,在充分肯定党内民主发展对公民参与示范作用的同时,也要从公民参与发展内在规律性的角度思考提高公民参与有效性的路径选择问题。

政治现代化进程同时也是公民文化的培育过程,它需要通过有效的公民真实的政治体验,将面目模糊的"群众"具体化为权责分明、能够在民主体制内充分行使政治权利的公民。开展公民教育,可以消除公民参与政治生活的负面心理,传授公民知识,培养公民意识,发展和提高公民实践技能,造就合格

---

① 俞可平:"中国公民社会的兴起与治理的变迁",《治理与善治》,社会科学文献出版社 2000 年版,第 341 页。

公民,为民主政治的制度化、秩序化、规范化奠定基础。

(一)加强以"人民主权"为核心的公民权责教育

改革开放以来,公民的权利意识有了一定程度的增强,知情权、经营自主权、机会均等权、社会保障权、劳动权、教育权等案件频频见诸网络报端,这表明公民的权利使用在普遍化。与公民权利主张普遍化同步推进的是公民权利要求的纵深化,表现为公民作为社会成员根据社会的发展变化主动向社会或政府提出新的权利要求与请求。目前最突出的表现是:要求加强公民的安全权、知情权、参与权、平等权、隐私权、环境权等权利的法律保护;要求司法机关加大对人权、生命安全权、健康权、损害求偿权的保护力度;要求健全有关公民权益的保护机制,如完善医疗事故鉴定制度、完善农民工权利的保障制度和民工子女的就学制度等。所有这些都表明中国公民的权责意识正在向纵深方向发展。但从总体来看,与民主政治要求相适应的权责意识仍然十分缺乏。如果整个社会公民意识欠缺,则公民与国家之间的正常关系、公民权利与国家权力之间的界限就无法理顺。目前要提高公民的权责意识,首要的是要从最基础性的理念——树立人民主权观念着手。在人民主权原理下,国家权力属于全体公民,每个公民都是国家权力所有者的一员。

(二)树立共赢理念,实现公民在民主政治参与中的理性妥协

公民的民主政治参与是一个不同利益群体间相互博弈的过程,而"政治参与不可避免地引起社会冲突的产生与调和诸问题"。既然社会冲突不可避免,对这些冲突的调和就显得尤其重要。在公民民主政治参与的同时,需要不断地提高人们的政治理性,使人们意识到:在参与政治生活中,保护自己利益的最佳途径并不是排他性地独占一切利益,而应是与竞争对手在社会认可的制度框架范围内妥协共存、协调兼顾。只有这样,双方各自利益及社会整体利益才能得到更好、更可靠的保证,从而达到共赢的理想状态。在中国社会政治生活中,妥协、共赢的文化传统还比较欠缺——正在成长中的中国公民还是习惯于从负面的、消极的角度看待妥协。过去强调"妥协"的工具性价值,认为妥协是冲突双方势均力敌的情况下,为了避免两败俱伤而不得不作出的暂时退让,或者是在力量对比悬殊的情况下弱势一方的单方面退让,对"妥协"的

积极意义认识不足,崇尚"和"、"合"的文化传统并没有能够转化为理性妥协的政治行为,政治生活中的"不合作"比比皆是。为此,一要树立公民在民主政治参与中公民主体的独立意识和平等意识。政治妥协意味着参与政治生活的公民间彼此的承认,把对方作为具有独立性和平等性的行为主体来对待;二要大力倡导公民间的相互尊重。妥协的最终结果显示了妥协双方对竞争对手利益的尊重。这样,在妥协成为政治与社会生活中的常态的情况下,在不断地谈判、协商并最终达成妥协的过程中,冲突各方很可能会逐渐演化出一种对对方基本利益的尊重精神。

(三)在基层民主实践中提高公民的政治参与能力

公民的政治参与能力,即公民对于政府决策的政治影响和参与的程度。公民能力对民主政治的发展有着重要的政治意义,它是民主政治建设的重要基础,也是维护和巩固民主政治发展成果的重要保障。提高公民能力有利于培养公民对民主政治的忠诚。民主政治的核心是公民参与,民主政治为公民参政议政提供了真实有效的参与途径和制度依据,每个公民都能够参与国家事务的管理。公民参与将增加公民对民主价值的认同,增强民主体验,内化民主理念,巩固和扩大民主的心理基础,培养公民对民主政治的自豪感和责任感,从而对民主政治更加忠诚。而且一般来说,参与能力强的人,对其他公民的参与给予较高的评价,这样将鼓励更多的公民成为积极、自信、参与的公民,从而扩大民主的趋势,增强民主政治的活力和潜力。此外,公民能力的提高还有利于增加政府的合法性和政治稳定。就目前而言,提高公民政治参与能力主要并非理论性问题,而是一个实践性问题,即通过各种政治参与实践来提高公民参与能力。从现实环境看,提高公民政治参与能力最直接有效的途径是基层社会的自治实践。民主训练从基层做起,实施成本低,民主化成果也易于巩固,可以说,基层社会是公民能力的养成基地。相对于城市基层治理,农村基层社会自治开展得是比较深入、广泛的,在政治参与中并不占先天优势的农民却在各种形式的农村基层自治中首先得到了最初的政治锻炼。如何积极地利用和开发好城市基层自治这一重要的政治资源,锻炼城市公民的政治能力,推动政治发展,是公民政治参与面临的一个重要战略问题。

（四）实现"共同体模式"与"自组织模式"有机结合，提高公民社会组织参与能力

从社会参与和社会动员的历史来看，大体上有着两种基本的社会组织模式，即"共同体模式"和"自由结社模式"。所谓"共同体模式"，是指社会以统一的价值观念和社会目标把人们联系起来，通过社会运动、典型示范、说服教育以及意识形态强化人们对共同信念的忠诚，从而实现社会认同和社会参与。这种组织在结构简单、政治对社会参与程度要求较低的同质性较高的传统社会，曾经是一种非常有效的动员方式。在战争年代、土地改革等过程中，这一模式发挥了决定性的作用。但现代社会是以高度分化为基本特征的，传统的社会动员和参与方式在组织结构上是单一层次的，与现代民主政治的基本要求并不相符。现代社会需要通过分门别类的、专业化的社会表达和社会参与来实现社会成员以及社会成员与其他社会组织间的沟通。改革开放以来，社会分化所带来的各种差异性使得过去以共同体参与模式实现同一性的模式暴露出明显弊端。自由结社的政治参与和社会动员模式相对来说更为适应多元化社会的民主政治诉求。所谓"自组织"模式，是指人们为了某种共同目的，不需经政府许可就可以组成一定的社会组织即非政府组织，并通过组织化的形式表达个人意愿，维护自己的权利，以满足自身需要的一种社会参与方式。这种社会参与方式适应了社会变化所带来的新需要。一方面，现代社会是一个高度组织化的社会，在组织林立的社会里，个人的力量显得十分微小，个人的声音更是微不足道，因此，个人的行动经常会受到各种组织的强大压力。而通过组织化的形式实现参与和表达，是在结构分化的现代社会中人们的最佳选择。另一方面，随着社会分工和分化程度的提高，传统的政治参与和社会整合方式无法适应复杂的现代社会，这就要求分门别类的、专业化的社会表达和社会参与。因此，以一定的组织形式和专门化的方式实现表达和参与也就成了现代社会的必然要求。而以自由结社为基础的社团参与方式，恰好与此相适应，满足了国家和个人的双重需要。通过这种组织模式，在参与中不仅克服了个人表达无力的弊端，更克服了群体参与过程中的无序性，妥协和协调机制使现代社会的社团参与更理智，也更符合社会公共利益。

（五）探索新型的政治动员模式，尊重和倡导公民的自主参与意识

为实现既定政治目标，无论是执政党还是在野党，通常都需要通过社会动员，以整合社会资源，吸引最广泛民众共同参与到政治行动中来。不同国家和不同性质的政党，其社会动员模式和社会动员体制也不尽相同。传统的社会动员体制和模式比较单一，主要是在政党和政府主导下的动员，其主要特征是：通过执政党和政府来组织发动，具有高度的组织性和制度化特点；通过层层发动来实现社会动员，进程缓慢，政治效率比较低。一般说来，这种政治动员必须遵循法律程序，遵守相应的社会规范；动员的效果则取决于执政党和政府综合运用各种政治资源和政治手段的能力。政治动员曾经是中国共产党赖以成功的法宝，无论是在战争年代还是在和平建设时期，对高超政治动员艺术的娴熟运用都是中国共产党实现政治目标的重要手段。计划经济条件下，我国公民政治参与的主旋律以"革命"为核心内容，依靠政治动员促进政治参与的发展是我国公民政治参与的主要模式，这是党在领导中国人民进行社会主义革命和建设中形成的具有中国特色的参与模式。但这种动员模式的缺陷也比较明显，即容易出现忽视公民权利和利益的倾向，造成公民的被动参与、盲目参与和依附参与。在新的历史条件下，政治动员无疑仍然是推动公民政治参与的重要手段。但从世界范围内来看，以网络等新兴传媒为传递手段的人际动员模式已经成为一种普遍的社会动员模式，对政治、经济和社会生活产生着越来越大的影响，所谓的"媒体民主"、"电子民主"、"网络民主"等概念产生并正在对政治与社会生活发生着实际影响。与传统的政府主导型社会动员模式相比，这种新型动员模式呈现出许多新的特点。从正面功能看，作为一种新的社会动员模式，它是政府社会动员模式的一种必要补充，如果能够以理性、合法的形式出现，是有助于动员社会力量协助政府解决某些社会问题的。为此，必须建立健全社会整合机制，提高整合社会关系的能力，党要始终成为社会整合的中心，有效整合社会，促进各种社会力量间的良性互动；必须加强对公民政治参与的引导，扩大公民有序的政治参与，既要保护和发挥公民政治参与的积极性，又要加强正确引导，引导各个社会利益群体、社会阶层和不同方面群众以理性、合法的形式表达自己的利益诉求、愿望和意见；必须加强法

制,用法律来规范新型人际动员模式及其动员行为;必须加强对新型人际动员模式及其动员行为的管理。

第十章 公民社会发展的国际经验借鉴

公民社会(Civil Society)在西方各国有着悠久的历史,随着不同历史时期、不同政治文化背景而呈现出不同的发展状态。其概念内涵也经历了不同阶段的变化,才演化为今天公民社会的概念。上个世纪80年代中后期以来,公民社会的兴起形成一股世界性的潮流。美国霍普斯大学莱斯特·塞拉蒙教授认为,如果说代议制政府是18世纪的伟大发明,民族国家的科层化管理是19世纪的伟大发明,那么也可以说,第三部门的兴起和有组织的私人自愿性活动正代表了20世纪最伟大的社会创新。

一、国外公民社会发展的历史概念

20世纪60年代以来英美等一些后现代国家发生了一场范围广泛的"结社革命",即以形成社会团体为特征的"第三部门"运动,这一时期,成千上万的"第三部门"组织出现在上述这些国家,范围涉及环保、医疗、宗教、慈善、教育等等。人们从不同的角度对这一"革命"给予了积极的关注。作为一种社会结构,"第三部门"实际上是人们早期寻求互助的公共集合体,但是人类社会在创造了高度发达的政治共同体的今天,却回过头来倾心于缘于原始的交往形式,以至于逐步地将政府的部分权力转移到"第三部门",让"第三部门"中的社会团体和组织部分代行政府的职能,从而在某种程度上带来了政府职能弱化的结果。

20世纪70年代以来,公民社会概念得到复活。起初它主要被西方少数左翼学者和东欧一些激进学者用来批判现实社会并阐明理想社会之轮廓。到了80年代后,公民社会概念在西方逐渐得到主流派知识分子的认同,关于公民社会的讨论日益增多,公民社会理论再度流行起来并成为当代世界一股重要的社会政治思潮。主张社会独立于国家而存在的公民社会思想在西方有着悠久的历史,其传统甚至可以追溯到古希腊罗马时期。但以国家和社会的分离为基础的近代公民社会概念是在 17—19 世纪之间才出现的。近代公民社会理论成为西欧和美国反对专制主义国家和重商主义国家捍卫个人自由和权利的重要武器。1989 年苏东剧变后,对公民社会的研究在西方和苏东学术圈中形成空前的热潮。80 年代前后社会主义国家所进行的以民主化为方向的政治改革,以市场化为方向的经济改革以及相应的思想解放运动,促成了公民社会的发育和成长。现实社会主义的变迁促使一些学者对公民社会及其与国家的关系问题进行深入的理论思考。无论在东方还是在西方,人们开始把民主化的希望寄托在以社会团体的发展与壮大为主要形式的公民社会身上。几乎每一个大学都建立了一个公民社会研究团体。公民社会概念也成为众多学术论着和学术会议(包括国际学术会议)频频讨论的一个热门话题。90 年代后公民社会研究热潮从西方和苏东学术界扩散到世界其他地区,这些国家学者也纷纷用公民社会概念分析本国历史和现实或探寻本国市民社会建构问题。公民社会理论遂成为一股全球性政治思潮和当代世界一大热点理论。90年代的公共管理变革和治理理念兴起也推动了公民社会的发展及其与政府关系的重构。公共治理与传统公共行政的本质区别即在于治理强调了依靠多元的、相互影响着的各种行为主体,在互动发展中共同完成公共事务的管理。世界银行 1992 年的报告提出,治理模式转变的核心是政府的职能应该从"划船"向"掌舵"转变,换言之,应当有更多的公共事务管理在公民社会的自我治理中实现,这个转型的一个重要方面是公民社会组织与政府之间的关系调整。

在当前各种民主化理论中,社会团体都处于重要地位。人们逐渐认识到发展社会团体具有组织和教育公民,表达公民的利益和要求,维护公民的自由和权利,限制、分割和制约国家权力等方面的作用。可以说,发育到一定程度的公民社会是民主化的前提,也是民主制度健康运作不可或缺的因素。随着经济的发展,社会功能(Social Roles)的数量和范围都会有所增加,这就造成了产生社会组织的新的和不同的基础。分化的程度(the Degree of Differentiation)越高,非营利机构的水平就越高。创立公民社会组织的真正的推动力量是居住在城市中从事一定产业的中产阶级职业人士,因为他们希望更多地参与政府事务,保护他们自身的利益。贫穷的人一般来说不具有那样的能力。最后,密切的交流也使公民社会组织更容易产生。穷困使得社区孤立于信息、知识、技术、信贷、市场和产品的流动之外,而只有拥有后者,社区才能够采取行动,减轻它们单调的物质负担,改善它们在逆境中极度脆弱的状况,以便给民众带来健康和生活方面的实惠。

公民社会组织的出现不是偶然的,它的兴起有着深刻的经济和政治原因,这些原因发端于福利国家政策在后现代国家的普遍失败这一事实。莱斯特·塞拉蒙(L. Salamon)认为公民社会组织的存在大致有三个方面的原因:第一,历史原因,即国家形成之前人们的自愿集结的传统。第二,市场缺陷,公民社会组织中的非营利组织使个人群体将他们的资源集中以解决他们共同需求的但又无法使大多数人都支持的公共物品,这样就弥补了政府在解决市场缺陷时的不足。第三,政府缺陷,作为公共物品提供者的政府机制的内在局限性。最明显的例子是,美国里根政府和英国的撒切尔政府将发展志愿团体作为削弱政府社会支出战略的核心内容。从政治的角度观之,资本主义晚期公共生活面临种种危机。由于福利国家政策的推广,国家向社会领域的无限渗透缩小了人们的自由生存空间,使得社会制约国家的功能急剧衰退,而公共领域批判性功能的衰退又激发了人们的危机意识。正如约翰·基恩所说,"今天,能避免在独立自主的公共领域里活动的普通公民实事求是的批评的国家机构绝无仅有。福利国家试图消除社会抗议并永久保持一个'社会性'时代,却无意中导致了一个'不服从'的过程、政治活动的高涨和激进的民主期待"。①

在发达国家中,公民社会组织主要集中和关心的领域在健康、教育、社会服务、文化事务和娱乐等。由于国家制度、体制等的不同,政府发挥的作用不同,强调的重点也有很大差异。如在法国,许多公民社会组织都集中在教育、社会服务和娱乐上,其费用几乎占到三分之二,有固定住所的成年人中有一半

---

① 约翰·基恩:《公共生活与晚期资本主义》,社会科学文献出版社 1999 年版,第 22 页。

在非营利机构工作;在德国,健康、社区发展和住房是公民社会组织活动的主要领域;在日本,用在教育、研究和健康上面的花费占了很大一部分;而在英国,只有4%的费用花在了健康上,因为健康服务在很大程度上已经被纳入了全国健康服务计划;在美国,几乎所有的交响乐团都是非营利组织,相对于日本,政府却在文化活动方面发挥着主导性作用。

二、国外公民社会组织的发展

(一)美国的非营利组织发展

美国有悠久的志愿活动和公民社会组织历史,一直被认为是非营利组织发展的温床。美国在早期民主政府形式的植入为社会运动及公民发起联合成志愿协会创造了足够的空间。甚至在新政时期和凯恩斯经济政策时期,美国人对政府权力过度而深深忧虑,也限制政府在社会保障方面的权利,并给予民间非营利组织充足的活动空间。

20世纪是美国非营利部门飞速发展的时代,非营利组织的数量由1950年的大约5万个增加到20世纪末的100多万个。现在美国一半的大学和医院、近2/3的社会服务机构、大多市民协会、几乎所有的交响乐团都属于非营利部门。[①] 在美国,非营利组织能有这样大的规模,主要原因归于美国对于非营利组织实行的减免税政策,并鼓励社会办慈善,鼓励个人、企业以及各种机构向慈善组织捐款起了重要作用。

美国非营利组织高度发达是因为美国特殊的文化和历史的结果,造成了非营利组织很快发展起来。发展的主要特征是:强烈的个人主义文化特质产生特有的对集权的反对,无论在政治方面,还是在经济方面。这使得美国人不太愿意依赖政府来处理社会问题和经济问题,所以留下了让志愿活动来解决问题的很多机会。志愿者对美国非营利组织有较大贡献,估计有49%的美国公众报告曾为非营利活动投入时间。这将增加500万名全职的工作人员,从

---

① 莱斯特·M. 萨拉蒙(Lester M. Salamon), America's Nonprofit Sestor: A Primer 2nd edition. (New York: The Foundation Center, 1999).

而提升美国非营利组织总就业数,达到 1350 万名,或者说近全国总就业数的 12%。① 卫生、教育等行业是美国志愿者的主导领域。几乎有一半的(46%)非营利组织就业于卫生保健领域。这里也反映了美国政府把健康护理方面的服务转移出去的事实。当 20 世纪 60 年代中期公众健康保险系统改变的时候,受益最大的是民间的非营利医院,覆盖了全国一半多的医院。② 同时,高等教育领域也是非营利组织投入的主要方向,非营利组织有很多就业于高等教育,差不多 5 个就业中就有 1 个工作在高等教育行业,在美国 90% 的初等教育和中等教育是由当地政府操作的,但在高等教育领域却有大量的非营利组织的介入,包括很多有名的大学,如哈佛大学、斯坦福大学、普林斯顿大学等。

慈善组织是美国非营利部门中最有代表性的部分,获得免税资格的组织多达 30 余种,从工会、社会福利部、公墓到政治行动组织等等,其中最重要的是联邦税法 501C3 款,规定在宗教、慈善、教育、科学、公共安全实验、文学、促进业余体育竞争或防止虐待儿童或动物等七个方面,从事非营利性、非政治性活动的组织可以申请成为慈善组织,获得税收优惠。

在美国,公民参与的意识非常普遍。80% 以上的人承认自己是某种组织的成员,其中包括教会、联合会、专业或者商业联合会等。将近 71% 的人报告说自己属于宗教组织。这个情况的意义在于,那些参加宗教或者其他组织的人更倾向于从事志愿活动并进行慈善捐赠。进一步说,那些志愿者更有可能作出奉献,并且把家庭收入的一定比例作为财政捐赠。超过 1000 万成年人和青少年说他们在 1995 年进行了志愿活动。成年人平均每星期从事 4.2 小时的志愿服务,而青少年的平均志愿服务时间为 3.5 小时。这些志愿服务创造的价值据估算有 20 亿 1 千万美元。白人、已婚人士和有大学学历的人参与志愿活动的比例比较高。妇女参与志愿服务的人比男人略多。

---

① 贾西津,魏玉等译,[美] 莱斯特·M. 萨拉蒙等著:《全球公民社会——非营利部门视角》,p. 287.2。

② 贾西津,魏玉等译,[美] 莱斯特·M. 萨拉蒙等著:《全球公民社会——非营利部门视角》,p. 287.2。

在美国人们获悉志愿活动机会的最常见的途径有三个:第一通过熟人的要求,第二通过参加一个组织,第三因为一个家庭成员或者亲戚会受益。与要求自己进行志愿活动的人的个人关系非常重要,这一点可以从下图中看出。在那些被别人要求进行志愿服务的人之中,85%的人确实那样做了。

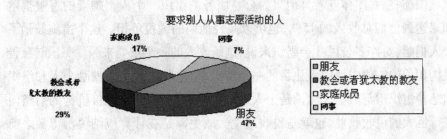

图 10 - 1　人们获悉志愿活动的主要途径比例

图表数据来源:北京国际志愿人员协会 http://www.civa.org.cn/public/five - 1.htm

从事志愿活动的人经常说,他们年轻时的经历使得他们乐意奉献时间从事志愿活动。那时候他们曾经是青年团体的成员,作为青年人进行过志愿活动,看到过一个他们敬佩的志愿者(不是自己的家庭成员),总是想对社会进行有意义的改变,一般说来在学生自治组织中很活跃,或者是宗教组织的成员。人们进行志愿服务的动机是期望回报社会,具有这种感情的人觉得自己应该帮助那些没有自己幸运的人,并且对那些需要救助的人充满同情。对慈善组织的积极态度也对志愿行为产生了影响。一些人总的说来相信慈善组织能够有效地改善社会,在使用资金方面诚实而又精明,从不浪费,因而也更有可能成为志愿者。

美国的公民社会组织很多,因此美国人从不发愁没有公民社会组织作为志愿活动的场所。80%以上的组织使用志愿者来弥补它们在工作力量上的不足。美国国内生产总值的将近8%用在了公民社会组织,平均每个美国人提供了1932美元的志愿服务,总额为1020万美元,42%被用来给慈善组织的专职工作人员发薪水。从美国建国之前开始,公民社会组织一直不缴税,这个传统从英国的普通法中可以找到根据。国内收入服务处(IRS)是这个部门的主要管理机构之一。年度收入在 25,000 美元以上的组织都必须每年向国内收入服务处提供报告。除了教会以外,所有的组织都必须向国内收入服务处注册自己的免税资格。许多组织也在各州内部登记,目的也是为了得到税收上的优惠。美国有完备的体系来确定具有免税资格的组织类型。大部分属于宗教团体、慈善团体或者其他只为公益服务的组织。个人捐赠者的慈善捐赠如果达到他们总收入的 15%,也可以减轻他们的缴税负担。这个措施鼓励了个人捐赠,对许多公民社会组织来说,这是收入的一个重要来源。美国与慈善机构相关的法律中最引人注目的一个特点是,税收法规大力鼓励个人和组织向慈善组织赠与财物。无论是个人还是公司,都会因其对慈善机构的捐赠而获得巨大的税收收益,也就是税收减免。减免额是在计算应纳税所得额之前从净收入(在个人情况中是指调节性净收入)中扣除的。慈善捐赠可以采取货币、财产、财税使用权、劳务等多种形式。但以财产使用权和劳务形式出现的慈善捐赠是不能够享受减税的。如果捐赠的财产属于固定资产,那么慈善捐赠的减免额应当根据财产的公平市价来确定。一直有人提议废除税收方面的鼓励措施,但是迄今为止,这些提议一项也没有通过。议会中也有人建议限制那些接收联邦资金的非营利组织的能力,使它们不能就如下政府机构事务公开发表意见,比如贫困、环境、艺术、住房和残疾人的权利等。目前,这些组织被禁止使用联邦资金开展活动。

(二)英国的非营利组织发展

英国的民间公益组织遍及社会生活的各个方面,在数百年来英国社会乃至人类社会的进步中扮演了重要的角色。在英国,官方和大众媒体较少使用"非营利组织"或"公民社会组织",而更多地使用传统用语"慈善组织"(Charity Organization),近年来比较通用的是"志愿和社区组织"(Voluntary and Community Organization)一词。

在英国公民社会组织的传统主要源于志愿互助和慈善组织,其志愿慈善者历史悠久,他们在社会服务、互助、倡导等诸多方面发挥着积极的作用。在英国,几乎每个人都参加过慈善组织的志愿活动,很多人都得到过慈善组织的帮助。在英国,很少使用"公民社会组织"一词,人们最熟悉的词汇是"志愿组织"和"慈善组织"。其中,志愿组织泛指各种人们志愿结成的、非营利性的组织;慈善组织则比志愿组织含义窄得多,它有着严格的定义,依据《慈善法》指专门成立的具有"慈善目的"的公益性组织,它们是最典型的志愿组织的代表。在公民自由范围很广的英国,对于志愿组织,最简单的说法是"没有规制";对于慈善组织,由于吸纳了大量的公共资源,有趋向于严格规制的倾向,目前英国的慈善委员会是规制慈善组织的专门机构。

英国的慈善组织非常发达,也积累了很多社会信任,研究发现,有 2/3 的人群对慈善组织的信任超过对其他组织甚至教会的信任。可以说,慈善机构是英国社会企业的母体。正是基于慈善机构长期积累的社会信任资本,使得慈善机构创立的社会企业能够很自然地得到政府和公众的支持。例如,在许多城市都有慈善机构设立的商店,即使这里的商品不比其他商店的便宜,很多当地的居民都愿意到这些商店来购物,因为他们感到支持这些商店就是支持他们信任的慈善机构。同样,慈善机构设立的社会企业或新的社会服务项目,也比较容易得到政府相关部门的支持。据统计,英格兰和威尔士地区有 189,000 个注册的慈善组织,没有注册的各种志愿组织更远多于此。这 189,000 个慈善组织每年的收入达 600 亿英镑,并拥有 1400 亿的资产,50 万名专职工作人员和 300 万的志愿者。人们对志愿者组织为建立一个"好社会"所作出的实际的和潜在的贡献给予了肯定,对其服务提供选择和响应,并通过参与社区和公众生活为相互信任、公民美德和社会资本的产生提供机会。人们不仅看到了第三部门的内在价值,而且把它同地区、国家乃至国家上的经济进步紧密地联系在一起。

非营利组织在福利制度改革中广泛参与及其重要作用

第二次世界大战之后,英国作为欧洲国家的代表,在 1948 年率先宣布建立了以充分就业、消灭贫困、风险保护和机会平等为基本内容的福利国家,推行全面社会保障制度。福利国家体制对保障公众利益、解决社会问题产生了积极而深远的作用,使"福利欧洲"成为人人向往的人间福地。但是,长期的福利国家政策,也使得英国背上了沉重的经济和社会包袱。

到 20 世纪 70 年代,英国经济滞胀、失业率居高不下、公共财政状况恶化、国民懒惰情绪普遍滋生、政府机构庞大、效率低下、国际竞争下降,被人讥讽为"欧洲病夫"。针对这种情况,英国政府在 20 世纪 70 年代开始进行福利制度改革,特别是撒切尔夫人执政的 80 年代,政府强力推行自由主义的经济政策,用强硬的手段大刀阔斧地进行改革。通过改革税制,降低税率,削减教育、医疗和社会福利等公共开支,推行私有化和非国有化等措施,撒切尔政府确立了英国改革的理念和基调,后来的保守党梅杰政府也延续了撒切尔政府的改革。1997 年上台的工党布莱尔政府虽然主张"第三条"道路,对撒切尔主义进行了修正,但在许多经济政策方面还是延续以往的做法,提出了"变福利为工作"的口号。

福利制度改革引起了深刻的社会变革。在国家削减福利支出的基础上保持福利项目的质量,需要民间非营利机构承担更多的社会责任,也为民间非营利机构作用的发挥提供了更为广阔的空间。

公共服务民营化使官僚制逐步转化为合同制

福利国家转型的一个重要环节是通过民营化来完善公共服务。英国是西方国家最早推进民营化的国家。1991 年梅杰政府公布了《为质量而竞争》的政府白皮书,宣布"公共服务逐步转化为合同制而非官僚制",鼓励公共组织和公共机构制定、公布并实行一套明确的服务标准。推进扩大外部竞争,推行"市场测试"。只要可能,提供某一服务的政府部门就要与政府外的供应者按照市场规则进行竞争性投标。通过立法扩大强制竞标的范围,英国也因此成为"合同国家"。据统计,通过强制性竞标,政府因此平均节约了 7% 的成本。

公共服务的民营化,一方面,导致了政府从服务提供者变为服务授权者;另一方面,也把市场或准市场的规则引入了社会服务领域。公共服务的民营化,特别是外部竞争的扩大,使得民间非营利机构和社会企业可能获得更多的资金和项目。据统计,英国非营利部门 36.4% 的资金来源于政府。根据相关的法律和规定,政府的各个部门都面向社会发布公共服务项目,非营利机构、社会企业、私人企业等都可以参加服务项目的竞标。

虽然,英国的慈善组织数量众多,但是大多数已注册慈善组织的规模都较小,小规模慈善组织的筹款能力相应也较低。2001 年,已注册慈善组织总收入 267.1 亿英镑(100 英镑约合人民币 1545.56 元),其中,1/3 以上的收入来自 372 家大型慈善组织。40012 家注册慈善机构的收入大约只有 1000 英镑,甚至更少,另有 59699 家的收入在 1001 英镑~10000 英镑之间。

大量的小规模慈善机构为了实现其宗旨,维持其发展,不再单纯地依靠社会捐赠,而是通过设立相关的社会企业,通过运营获取一定的收益,用于与其宗旨相符的慈善事业。同时,通过社会企业的运作,拓展其社会服务的内容,扩大非营利机构的整体规模,增强其持续发展的能力。

在英国,政府和非营利组织的代表于 1998 年共同签署了一份《英国政府和志愿及社会部门关系的协议》。协议确立了政府和志愿及社会部门各自相对应的 5 项责任。其中,政府的责任主要包括:承认和支持志愿及社会部门的独立性;以参与、明确、透明的原则提供资助,并需要就融资方式、签署合同、承包等方面征询志愿及社会部门的意见;对可能影响志愿及社会部门的政策制定需要征询其意见;促进互惠的工作关系;政府和志愿及社会部门一起建立评估系统;每年对协议的实施情况进行评估。相应地,志愿及社会部门的责任包括:保持高度的治理与责任;遵守法律和相应规范;在参与政策制定过程中与服务对象和其他利益相关者进行协商;促进互惠的工作关系;同政府一起对协议的实施情况进行评估。布莱尔首相在协议首页的致辞中对协议提出了高度赞赏:"本协议将为英国各级政府和志愿及社会部门之间的关系提供指导。……对于建立公平和包容性社会的共同目标意义重大。"

(三)日本的非营利组织发展

日本是世界上非营利部门最大的国家之一,然而,当考虑到全国的经济规模,日本的非营利部门规模就落在了大多数发达国家和发展中国家之后。日本是发达国家中非营利部门最不发达的国家之一,私人赠予水平和志愿者水平都很低。

日本的历史发展表明,该国自 1868 年开始的现代化历程中,起初形成一种趋势即因各种不同社会目的而组成的社团如雨后春笋般出现并蓬勃发展:人们组成政治团体迫切要求满足自身的政治与社会需求,但同时政府也成功地将这些自由结社的团体与那些由官方建立的政府机构紧密联系起来。日本经验显示这一政策来源形成日本关于政府如何帮助引导人民的早期构想之基础，就如同在欧洲缓解社会紧张状态的举动被视为对抗异议与对立的最有效方式。近代日本明治政府也是以实现现代化转变的构想为前提而成立的，即政府扮演的角色为指引这一民族的文明与教化启蒙的领导者。这些构想鼓励政府确定其自身角色为帮助人民改善生活状态以使地方动议与国家目标保持一致。然而，自20世纪50年代开始，许多新措施被取消或修改以使国有机构重新主张其权力，非政府组织的发展又再度陷入低潮，这里有很多原因，如立法的限制和政府机构的官僚，使得日本非营利组织的潜力没有充分发挥，而当时社会普遍认为日本正重建家园需要加强社会凝聚力的这一思想更加强调了这一转变。在二战后美占时期，各种社团试图发挥其社会、政治作用，贸易联盟的活动尤为积极。但是，所有这些社团仍处于国家控制之下，而且政府大多通过行政压力而非法律来实施控制。虽然当时日本法律规定人民享有自由言论与自由结社的权利，但实际上，社团在成立、登记及获得税收减免资格方面是相当困难的，而且往往处于行政监控之下。许多社团也呼吁污染防治及关心其他社会问题，但他们需求的解决也被置于官方控制之下。

20世纪六七十年代，国家与社团间的关系日渐恶化。地方社团开始反对日益严重的污染问题，约六百万日本国民在70年代早期纷纷参加了反污染运动。这些社会行为被视为具有影响力的基层民主活动，但后来却渐渐丧失其发展势头。1973－1974年间，由于石油短缺与经济危机，经济发展问题再度成为社会头等大事，环保问题因此搁浅。长期的经济萧条导致产业重组，污染问题并未得到缓解，尤其是处在工作年龄段的人群更是深受其害。因此，社会各界对治理污染、提供社会保障与医疗服务的关注成为亟待解决的问题。今天，当人们谈及"志愿主义"这一在90年代早期尤为流行的词汇时，很重要的一点是政府在70年代后期开始招募志愿者处理与老龄社会相关的问题。当时，日本卫生部曾组织志愿者扶助老年人并提供家庭护理。

日本民法第34条规范了基金会和协会的建立。以此条款为基础，在1896年产生了现代的慈善组织。事实上，因为政府负责促进社会服务，它一直在管理着非营利组织的运作。这些组织被称为"公益公司"（Public Interest

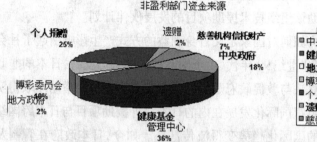

非盈利部门资金来源

个人捐赠 25%　遗赠 2%　慈善机构信托财产 7%　中央政府 18%

博彩委员会 地方政府 4% 2%

健康基金 管理中心 36%

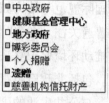

中央政府
健康基金管理中心
地方政府
博彩委员会
个人捐赠
遗赠
慈善机构信托财产

图 10 - 2　日本公民社会组织的类型

图表数据来源:北京国际志愿人员协会 http://www.civa.org.cn/public/five - 1.htm

Corporation)。私有慈善机构在 20 世纪 60 年代和 70 年代大量出现,当时这个国家正处于经济繁荣期,各个公司创办了无数的基金会。

教育和研究是日本非营利机构花费最多的领域。在那些起支持作用的社会服务领域,政府提供服务的方式是关注定义严格的一小部分人和他们的需求。商业和专业组织提供非营利机构全部花费的将近 11%。

日本对于非营利组织的规制主要依据 1898 年的《民法典》。大大简化了尚没有结成社团的群体取得非营利组织法律地位的程序。"公民社会"逐渐作为媒体讨论的热点而进入公众讨论范围。而且,涉足非营利组织的研究机构和学者日益增多,开始构建理论框架并进行可能性论证。政治家、官员及一般的工种都对非营利组织在日本社会中将扮演什么角色兴趣大增。《民法典》规定,注册的会员社团或注册的服务于宗教、慈善事业、学术、艺术和其他公众利益且不是营利性质的基金会,可通过取得管理机关的批准而成为法人组织。这些非营利实体一般被称为公益法人。在日本,非政府组织的国际化发展较为缓慢,多数是在 20 世纪 80 年代才在国际上崭露头角。与印度的非政府组织相比,日本的情况反映了国家与公民社会间相辅相成的关系,以及国家政策如何在制度结构与补贴拨款方面向社团组织提供可行性环境。早期的法律与税收要求使成立具有法人地位的社团及其募捐变得相当困难。从 1989 年起,部长级预算开始将资助非政府组织国际化发展作为项目纳入其预算范畴。类似地,日本外交部也大力促进国际援助项目的发展;日本国际协力事业团发起旨在资助该组织技术援助项目的发展伙伴计划。

国际规范与结构如何对国家定义自身利益的方式产生影响引起了社会各界的普遍关注。在20世纪90年代,由于国际舆论的大力支持,日本的非政府组织推动环境保护立法与敦促政府赋予移民劳工合法权益的举动才取得实际成效。包括非政府组织国际化发展在内的日本海外援助项目与日本跨国组织积极参与公共生活的国际化趋势变得流传甚广。如今,日本政府在管制及发展其非政府组织与非政府组织国际化发展时已感受到国际社会与国内舆论的压力,这一压力来自国内外期望日本作为经济强国应当为国际社会做出更大贡献。

(四)以色列的公民社会组织发展

以色列的公民社会组织(志愿活动)可以在圣经意识形态(Biblical Ideology)中找到根源。过去的100年间,志愿组织在全世界的犹太社区提供社会和教育服务。在1948年以色列政府建立以前,还处于巴基斯坦托管时期的时候,土著犹太人的健康、教育、福利和文化服务主要依赖私人的非营利(主要是支持或拥护犹太人复国运动者)组织。结果使这类组织有了立足点和发展的基础,成功地度过了过渡期,尤其是卫生保健领域和教育领域。1948年以色列政府就建立在其中一个这样的组织上。建国后公民社会组织与政府合作修补政策。1950年的以色列新政府决定依赖先前存在的"疾病基金",尤其是与劳动者总联盟相关的一个,向以色列人口提供基本卫生保健服务,而不是建立一个全政府运作的国家卫生保健系统。这些年劳动者总联盟和劳工政府之间的联系非常紧密,需要一个年轻的政府维持一个强有力的政治基础来解释这样的决策。在发展的过程中,政府建立了一种和非营利组织在卫生保健领域的合作模式。20世纪70年代,这个部门变得更加独立于政府,不再是政治附属物(Political Affiliations),后来每年都成立1500个新的公民社会组织。全部人口中,20%以上的人参加志愿活动。在发展的整个过程中,这个部门在服务范围方面一直都非常分散,包括迁移、健康、教育,福利服务、宗教、机构发展、助残、文化、艺术、运动、环境、公民权利、和平、宽容(Tolerance)和妇女的进步(Advancement of Women),等等。

目前以色列的公民社会组织有了新的趋势,其中包括,捐助人期望把捐助给予具体的组织(Specific Organizations),而不是中央基金(Central Funds)。还有一种压力,要求在各种不同的文化、种族和宗教群体之间建立联系,来为公民社会组织指出新的方向。从埃塞俄比亚和前苏联前往以色列的新一轮移民潮将使公民社会组织出现新的增长,以便满足这些移民的需求。还有一种趋势,正在出现许多新的公民社会组织,以促进犹太人和阿拉伯人之间的相互理解。政府服务现在被转交给了公民社会组织,这重新界定了它们的角色。最后,经济的变化、生活水平的提高和自由化也对公民发起的公民社会组织产生了影响。

以色列承认3种类型的公民社会组织:非营利组织(Nonprofit Organizations),非盈利公司(Nonprofit Companies),以及公共捐赠(Public Endowments)。志愿协会注册局(Registrar of Voluntary Associations)、内部收入服务局(Internal Revenue Service)和捐赠注册局(Endowment Registrar)负责监管这类部门。所有的组织都必须为这三个局的每一个局提供年度财政报告。这些部门中大多数是中小规模的组织。保健、医院和教育是公民社会组织提供的主要服务。这些服务中的一半或者半数以上由政府注入资金。其余的资金来自赚取的收入和捐赠。这里没有法人慈善活动(Corporate Philanthropy)的传统,但是情况正在发生变化。

在全部人口中,20%以上的人参加志愿活动,平均每个月服务16个小时。参加志愿活动的意愿强弱(Willingness to Volunteer)似乎与信仰宗教的程度有关。志愿活动和慈善活动倾向于在捐赠者或者志愿者所在的社区进行。捐赠者能够至多得到相当他们捐助额度35%的税贷,最高金额为110,000美元,或者他们缴税收入的30%。在公民社会组织中,只有25%具有税贷的资格,但是不包括法人收入税和财产税。他们必须缴纳市政税收。

同其他国家一样,以色列的公民社会组织需要提高自己的职业程度(Professionalism)。需要分配培训所需的资金、进行研究和建立网络。人们还认为有这样的必要,即有法律制度来激励公民社会组织达到业绩负责制的标准,以便建立公众对公民社会组织的信任和支持。由于达到了更高的标准,经济制度也在改善,人们期望公民社会组织在将来能在国家中发挥更重要的作用。

(五)法、德:政府推动下的非营利组织发展

和许多西欧国家一样,法国非营利组织的发展可以追溯到中世纪,当时罗马天主教堂及其教派成立了很多的慈善组织,行会和兄弟会也建起一个在一定专业基础上互相提供帮助的体系。古代政体下非营利组织的这两个社会支柱受到了法国大革命的冲击:由于雅各宾政府宣布了其社会责任,垄断了社会福利,所以天主教的慈善组织和基金会世俗化了,企业组织的发展也遭到抑制。卢梭主义主张政府压制所有企图在政府与公民之间寻求一种桥梁作用的中介机构。由于政府与人民之间保持一种直接的关系,可能形成与政府委托的直接对抗,所以如果没有得到政府的批准,任何类型的中介团体都被认为是违法的。在19世纪的大部分时间里这些慈善与企业组织一直是违法的,法国大革命后,1791年的《大宪章》命令禁止了所有旧政权下的行业组织和社团,国家被作为法国人民共同利益的唯一体现形式。经过19世纪后期半个多世纪的改善,1901年民间组织终于被合法化,《非营利社团法》颁布,是专门针对非营利社团的一部法律。依据该法,社团可以自由设立,无需核准或者事先宣告。如果社团希望成为享有法定法律地位的社团,必须由其设立人主动将其公开化。经过最初的三年考验期限届满后,通过国家议会法令,社团可以被官方地认证为公共利益认可的社团。20世纪中后期新兴的非营利部门是法国对战争反思以及二战后福利国家受到挑战的过程中呈现的,1981年法国社会党通过《分权法》,推行权力下放,使得非营利组织获得较大的生存空间。直到1864年法令赋予了结社自由,1901年法令则为这些组织赢得了合法的地位。因此,在一定的历史条件下看,法国的非营利组织是在近代开始发展的。19世纪中期以后在政府提供福利事业的背景下,非营利部门才获得了较大的发展和壮大。再到19世纪80年代初通过的分权法令,使得中央和地方政府不得不重新评价自己在与公共和私人服务组织间所扮演的角色。这种分权的推动使雅各宾派长达200多年的传统统治发生了变化,从而促进和鼓励了第三部门与地方权威机构之间关系的密切化。由于资金以及其他因素的限制,

政府的能力有所下降,不足以应对时代在社会福利、文化、教育和环保等方面的挑战。人们开始寻求更直接的途径来处理社会问题和处理公共事务。鉴于政府行为及导向发生的变化,非营利组织的重要性显得更为重要,在 20 世纪 80 年代得到了飞速发展,使得目前法国非营利部门的支出占到全国 GDP 的 3.3%。

法国的非营利部门以"社会经济"为代表,它主要表现为四种类型,即:互助社,法国非营利组织最古老的形式,现在职能已有了转变,主要涉及保险、医药、托儿、养老、残疾人服务等许多领域;合作组织,包括工人合作社、消费合作社和生产合作社,它是一种会员制的互益组织,其资本属于各个会员而不是组织共享的;信用合作社或合作银行;非营利社团,其数量庞大,分为 20 多类。①

与法国和大多数西欧国家一样,德国也是一个以强有力政府支持为特征的规模可观的非营利组织。在德国,非营利组织的显著地位反映了长期的与所谓"补贴原则"相结合的社会福利政策,这使核心福利服务的提供更倾向于非营利部门而不是公共部门。因此,在诸如医疗和社会服务等领域,非营利部门和政府就处于一种广泛的合作伙伴的关系。二战以后,经历了纳粹统治时期,德国以"群体经济"为代表的互助组织等重新活跃起来。"群体经济"包括公营企业、公营事业、自助组织、合作社、住房社等等。这些组织的发展融入了德国非营利发展过程中的一个重要原则——辅助原则,即个人能办的事不由家庭做,家庭能办的事不由社区做,社区能办的事不由教会做,教会能办的事不由政府做,其中,每上一层对下一层具有保护和帮助的责任。因而,德国在福利国家扩张的同时,非营利部门得到了发展,尤以卫生保健和社会服务两个辅助原则最为适用的领域最为突出。在这些领域,非营利组织充分发挥其功能,政府则予以资金支持。德国非营利部门 70% 的收入来自于政府,与政府合作是德国非营利部门发展的前提,能够获得政府支持的部门就比较发达,不能获得政府支持的部门则相对欠缺。如在教育、研究或艺术等领域,志愿行为

① 贾西津:公民社会制度环境的国际比较:参见九鼎公共事务研究所 http://www. jiuding. org/ Article/ShowArticle. asp? ArticleID = 421 2007 – 8 – 1

则一直受到政府非常严格的限制。

在德国的各种类型的非营利组织社会服务的就业份额是最大的,占德国全部非营利组织就业的 39% ,其次是医疗、教育等部门吸收就业的份额也是很大的。① 在德国,非营利部门的出现,不仅规模大,而且情况也相当复杂。非营利部门不仅满足了人们的各方面需要,还构成了重要的经济力量,对于政治和社会生活也做出了重大的贡献。德国的非营利部门基本上可以分成两个部分,一部分由文化娱乐、体育、环境保护等领域的非营利活动构成,具有很大的市民性,并严重依赖于会员费和志愿者投入的经费;另一部分主要包括卫生保健和社会服务领域的非营利组织,是德国福利社会的一部分,也是"补贴原则"主要作用的领域。卫生保健和社会服务组织是高度专业化的,因此市民参与度不是很高。其资金主要来源于社会保险和政府的直接补助。

1990 年东西德国合并后,非营利组织的这些结构特征发生了实质性的转变。合并和约中就有条款说明了信得过应该将"补贴原则"原则在医疗和社会服务方面进一步推进。有了对非营利组织的补贴和大量直接的公共投入,合并后的东西德非营利部门开始大踏步的发展起来。远远大于东德总体的经济发展速度和中欧其他后共产主义国家的非营利组织的发展速度。现代德国非营利部门的发展自然受到两德统一的影响。作为联邦制国家,德国非营利组织的许多法律问题是由州法而不是联邦法来规定的。另外,加入欧盟后一系列关于政府间的协议也越来越多地影响和实际地取代了国内法。目前,人们已开始注意到对整个慈善活动进行改革的需求。2002 年 6 月,一个关于未来公民参与的委员会提交了它的报告,建议彻底修订管制税收减免的组织的财政法律,同时制定更为详尽的新法。

(六)新西兰公民社会组织的发展

从传统上来讲,新西兰公民社会组织在满足国家的社会需求及制定针对这些需求的计划方面居于领先地位。许多服务的实施是通过政府与脱胎于正

---

① 莱斯特·M. 萨拉蒙(Lester M. Salamon),America's Nonprofit Sestor: A Primer 2nd edition. (New York: The Foundation Center, 1999).

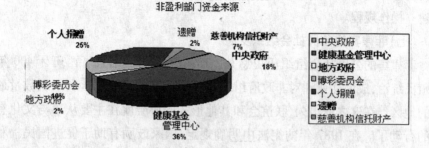

图 10 - 3　新西兰的公民社会组织资金来源比例

图表数据来源:北京国际志愿人员协会 http://www.civa.org.cn/public/five - 1.htm

式集体的公民社会组织之间的合作进行的。公民社会组织通常是地方的和自由的,尽管一些全国性的组织在各个社区拥有其地方分支机构。公民社会组织与政府之间保持联系,方式为启动新的计划、监督政府机构并为未来的政府领导人和工作人员充当培训基地。这种合作的一个例子是,公民社会组织通过提供所需服务和形成自助群体来响应政府在住房、鼓励和健康服务方面的改革。它们还积极与地方和全国政府合作制订替代性政策。全国和伞式群体也与政府合作来适应变化。人们越来越关心在政策制订和决策出台方面对更大程度的参与机会的需求,尤其是那些地方上的民族群体(Ethnic Group)。

志愿活动分布广泛,实施方式有正式非正式两种。一份 1990 年的报告指出,44% 的人口在一个公民社会组织进行了志愿服务,48% 的人非正式地在家庭之外从事过志愿服务。

尽管据估计每个星期会有 20 个组织成立,但是除了以税收为目的之外,没有人要求登记公民社会组织。并且,也没有政府部门、法律或者步骤来规范这些组织或者确保业绩责任制的实施。各个组织一般把自己登记为社团或者慈善信托基金会时,必须提供年度账目,它们总体上有一部章程,并且每年开一次共同会议。它们所有的收入都免税,但是所有的购置、契约和财产转让都要交商品和服务税。个人捐赠金额在 1038 美元以下的享受个人退税政策。对于公司来讲,最大的捐赠额度是该公司纳税收入的 5%。这个政府规范体系目前正在重新审核，有关方面建议建立自律体系，为所有募集公共基金的组织建立操作规程。

(七)菲律宾的公民社会组织发展

菲律宾的公民社会组织历史悠久。1896年的革命结束了西班牙400年的殖民统治，成为在亚洲对非政府组织态度最友好并拥有非营利组织数量最多的地区。在这之前很久，联谊会和其他形式的协会就在主要从事与文化有关的行动了。在1987年的宪法中明确规定，国家鼓励有助于促进国民福利的、非政府性的、以团体为基础的、或是地区性的组织；人民组织联盟、协会或社团的权利，如其目的并不违背法律，则不应被剥夺；群众和群众组织在社会、政治和经济决策的所有层面进行参与的权力是不可剥夺的，国家应通过法令来促成良好协商机制的建立。它们现在开始认识到一种与国家和由国家所拥有的经济力量相区别又截然不同的作用和力量基础。在马科斯20年的独裁统治过后，公民的参与意识显著增强。1986年的宪法承认公民有参与的权利，1991年的《地方政府法规》(Local Government Code)为公民社会组织大规模参与政府事务打开了道路。通过颁布菲律宾21世纪议程，菲律宾全力依赖公民社会组织，以便实现可持续发展。该议程号召政府、商业企业和公民社会组织共同努力，以实现它在人权、精神、社会、文化、政治、经济和生态方面的发展。公民社会组织在把可持续发展实施到地方层次方面是领先的社区。

证券和交易委员会(SEC)是为公民社会组织登记的机构，据估计在菲律宾有超过58000个组织在运作。当然，这只是一个更大的运动的一小部分。这一部门包括自助群体(Self - help Groups)、邻里协会(Neighborhood Associations)、社区组织、宗教和精神社团(Religious and Spiritual Societies)、专业协会、商业基金会、地方慈善机构、私人志愿者组织、非政府组织和为工人、农民、渔民、土著人、农村贫民、老年人、媒体工人、学生和其他人服务的组织。公民社会组织的资金来自成员的会费、拨款、津贴和其他赚取的收入。拨款可以是实物也可以是现金。公民社会组织的发展严重依赖于外部的援助。但是，为了避免受到海外投资风潮的影响，许多公民社会组织正转向国内的机会，力求通过国内的经济活动来赚取收入。对匮乏资金的竞争使公民社会组织之间的关系十分紧张,这个情况削弱了它们有效合作的能力。这个部门的飞速发展表明志愿活动已传播了开来。许多组织仅仅因为拨款和政府的项目就成立了,过后又烟消云散。这个部门的未来要依靠各个部门的支持,要依靠社会上重新认识它们在帮助重新分配财富、制订和修正政府机构政策和为国家的总体发展作贡献方面的价值。

(八)澳大利亚的非营利组织发展

非营利组织在澳大利亚的生活中扮演着重要的角色,这从200年前的欧洲殖民地时代就开始了。他们首先是在"建立和改造国家"的英国殖民者的智囊团当中流行起来。经过了200多年的发展,澳大利亚的非营利性的部门在他们的生活中形成了很多重要的组织。截止到2007年12月底,共有191,239家非营利组织登记注册了有效的澳大利亚商业代码以及税务档案号码。在这些组织中,有的是公司,有的则是信托基金机构。按照有关自我评估的规定,一些非营利组织无需到税务局登记注册。学术研究结果表明:澳大利亚目前大约有700,000家非营利组织。[①]

澳大利亚的非营利组织主要有:一是慈善机构,享受的税收优惠的幅度最大;二是减税免税捐赠接收机构(或者DGR),指那些有资格接受捐赠者可享受减税或者免税的捐赠的机构;三是兼有两者性质的非营利组织,这些组织需要在税务局登记备案,以便能够享受应得的税收优惠待遇。一个有趣的现象是:在减税免税捐赠接收组织中,大多数是慈善机构;但并非所有的慈善机构都是DGR。实际上,他们有两种不同的登记备案程序,一种是针对慈善机构的,而另外一种是针对DGR的。到2008年1月,仅作为享受税收优惠的慈善机构登记备案的组织有32,480家,作为减税免税捐赠接收组织进行登记备案的组织有3,829家,同时作为TCC和DGR进行登记备案的非营利组织有18,121家。共有54,430家组织进行了登记备案(大约占进行登记注册的非营利

---

① Mr. Peng Yew Lim:在中澳培育发展非营利组织研讨会的主题报告,中国社会组织网,2008 - 04 - 25 http://www. chinanpo. gov. cn/web/showBulltetin. do? id = 30445&dictionid = 1500.

组织总数的 28%)。①

其他非营利组织通常可以自我评定其是否有资格享受税收优惠待遇。一些组织可无需交纳所得税(例如:体育俱乐部和社区服务组织等),而另外一些组织则应当纳税,而且可能还需要提交纳税申报表并缴纳税款(例如:社交俱乐部)。

澳大利亚非营利组织活动具有较大规模的现状,主要原因来自于这个国家不同寻常的历史背景。

第一,几乎从欧洲殖民地时期,政府就授权护理私人慈善机构提供社会服务和医疗服务。在这种政策的鼓动下,20 世纪 70 年代到 80 年代新的社区基础的社会服务组织在政府基金的支持下得到了很大的发展,近代意义上的非营利组织就很快成长起来了。

第二,宗教因素。天主教和新教的宗派主义斗争,在 20 世纪 60 至 70 年代把澳大利亚分成了两半,这促使了天主教学校系统的分裂和由宗教发起的卫生保健和社会服务非营利活动的繁荣。

第三,良好的发展空间,较高的福利和工资待遇以及每周五天半的工作制,促成了大量运动类和娱乐类的非营利组织的建立。19 世纪的这种发展引起了一场强烈的社会运动,极大地鼓舞了年轻人参与组织的热情。

第四,来自英国工人阶级的资助传统,激发了诸如友好社团、建筑社团、行会、信用协会等不同类别的社会组织的产生。

第五,经济的高速发展和教育快速发展促进了商业和职业协会的大量诞生。

澳大利亚对非营利组织的免税种类相当广泛,联邦税的免税税种有:所得税、资本增值税、小额优惠税、批发销售税、各种执照税;州税的免税税种有:土地税、工资收入税、印花税和属于市政当局征收的财产税及服务费等。关于非营利组织免税资格的认定,澳大利亚就由澳大利亚联邦税务局来对非营利组

① Mr. Peng Yew Lim:在中澳培育发展非营利组织研讨会的主题报告,中国社会组织网,2008 – 04 – 25 http://www.chinanpo.gov.cn/web/showBulltetin.do? id = 30445&dictionid = 1500.

织的免税资格实施认定,1936 年澳大利亚颁布的《所得税评估条例》,规定了澳大利亚联邦税务局对非营利组织免税的管理权。后来澳大利亚税务局改用自我评价制,要求非营利组织每年自我评定它们是否属于免税类。当然,税务局可以对非营利组织的状态进行审查和审计,以保证自我评价的正确性。不过,大多数非营利组织仍然提出申请,请澳大利亚税务局来决定它们的免税待遇,这样它们的自我评价就要求准确,对于其他权威当局来讲也可作为免税的一个确实的证据,也为大家提供了方便。请澳大利亚税务局作免税决定是不收费的。此种通过自我评价的免税管理办法与其他管辖机构相比,对政府和非营利组织来讲费用都是很低的。申请免税待遇的非营利组织,一般可就近在澳大利亚税务局所属的地区办公室进行申请。

澳大利亚联邦税务局设立了一个名为非营利组织中心的专门机构,这个机构在澳大利亚各地共有 60 名工作人员。该中心负责管理非营利组织(包括慈善机构)及其所能享受的税收优惠待遇。税务局还有另外 30 名工作人员参与对非盈利性部门的税务管理。目前,在税务局登记注册的非营利组织大约有 200,000 家。

税务政策的制定是由澳大利亚联邦政府负责的,政府在制定政策的过程中通常会向公众征求意见。税务局也会参与政策的制定过程,例如,我们将政策的征求意见稿提出建议,然后将反馈提交给财政部。财政部主要负责就税务政策提出建议并进行税法的规划,而税务局则负责解释和执行税法。在开发产品过程中,税务局和澳大利亚社区以及非营利组织进行合作。合作的方式主要包括征求意见、开展协作和联合设计。例如:为非营利组织提供一系列出版物和服务。在开发这些产品的过程中,政府会向来自非盈利性部门的代表征求意见。具体方式包括进行用户调查、组织针对目标客户的团体和对产品反馈进行监控等。其他非营利组织通常可以自我评定其是否有资格享受税收优惠待遇。一些组织可无需交纳所得税(例如:体育俱乐部和社区服务组织等),而另外一些组织则应当纳税,而且可能还需要提交纳税申报表并缴纳税款(例如:社交俱乐部)。澳大利亚对非营利组织采取的"放水养鱼"的办法,一方面,给予非营利组织必要的财政资助和税收减免,另一方面,要求非营利组织在享受这些条件的同时,向社会提供低偿或无偿服务,以此作为报答。相对于我国非营利组织整体发育比较晚,资金来源匮乏,运作成本很高。为使非营利组织充分发挥作用,并鉴于我国目前的财政情况,建议进行社会福利事业管理及财政拨款方式改革的尝试,将政府举办的社会福利事业单位转给社会中介组织承办。政府有关部门通过严格的审查,与选定的社会中介组织直接签订项目合作协议,将财政款项拨给社会中介组织。通过这一尝试,探索培育社会中介组织、转变政府职能的有效方式。此外,国家要进一步研究非营利组织的税收减免政策,关于企业所得税和个人所得税的减免规定应更易于操作。

(九)新加坡公民社会组织的发展

20世纪50年代,这个国家形成之前,许多公民社会组织把注意力集中在移民人口的福利、宗教和社会需求上。社会也需要满足它们自己的需求,因为政府关注的是商业和贸易。建国之后,这些组织都衰落了,原因是政府制订了详尽的经济发展和社会投资计划,这个计划非常成功,以致于以社区为基地的组织变得无关紧要。而当人民寻求改善他们的教育体系时,公民社会组织又重新变得活跃起来。几乎在同时,政府开始鼓励公民社会组织的发展,以便为受到日益加大的收入差距之影响的穷人和下层人民服务。在5200个注册组织之中,将近30%倾向于提供社会福利服务。还有一大部分从事的是能够带来持久变化的发展战略。许多公民社会组织由政府发起,由平民百姓(Grass Roots)和社区集团(Community Groups)管理。那些拥有自主权,由个人群体构成的组织则针对专项事宜,通常从国家那里得到金钱或者技术帮助。

公民社会组织必须作为一个慈善机构或者社团来登记。监管这个部门的法律是《社团法案》(Societies Act)和《慈善机构法案》(Charities Act),前者禁止志愿组织参与政治活动,把它们的活动限制在与它们的章程有关的事务之上。为了享受特殊的税务优惠,一个公民社会组织必须登记为一个慈善机构,并且在一年内用去其收入的80%。

由于多年来新加坡政府的权力强大,并且事无巨细都管,这个国家形成了一个极具依赖性的文化传统。这种不发达的授权意识使得公民社会组织相当不成熟。这种思维方式与个人有能力带来变革的意识背道而驰,而后者正是自由志愿运动的根本所在。然而,在新加坡,由于政治上和商业部门相同的公有模式,公民社会组织和志愿活动仍然有发展的潜力。事实上,政府在提倡志愿活动方面起到了强有力的作用,尽管是通过政府的附属组织来完成的。近来,在美国模式的基础上,新加坡总理发起成立了新加坡退休和老年志愿者计划(RSVP),这个计划的目标是,通过为退休的专业人士和计算机从业人员提供诸如找工作之类的服务来改变退休人员无所事事、整天推牌赌博的现状。目前,该组织只有 58 名志愿者,但是计划招募的人数是 1000 个以上。

参考文献

胡锦涛:《高举中国特色社会主义伟大旗帜为夺取全面建设小康社会新胜利而奋斗》——在中国共产党第十七次全国代表大会上的报告,人民出版社出版2007年版。

本书编写组编:《十七大报告辅导读本》,人民出版社2007年版。

本书编写组编:《十七大报告辅导百问》,党建读物出版社2007年版。

本书编写组编:《中共中央关于加强党的执政能力建设的决定》,人民出版社2004年版。

本书编写组编:《中共中央关于完善社会主义市场经济体制若干问题的决定》辅导读本,人民出版社2003年版。

国家统计局编:《中国统计年鉴》(2005),中国统计出版社2005年版。

国家统计局编:《中国统计年鉴》(2006),中国统计出版社2006年版。

国家统计局编:《中国统计年鉴》(2007),中国统计出版社2007年版。

世界银行:《增长的质量》,中国财经出版社2001年版。

世界银行:《2020年的中国:新世纪的发展挑战》,中国财经出版社1997年版。

世界银行:《2006年世界发展报告:公平与发展》,清华大学出版社2006年版。

《马克思恩格斯选集》,人民出版社1995年版。

《列宁选集》,人民出版社1990年版。

《邓小平文选》,人民出版社1994年版。

[美]科恩:《论民主》,聂崇信、朱秀贤译,商务印书馆1994年版。

[美]查尔斯·沃尔夫:《市场与政府:权衡两种不完善的选择》,谢旭译,

中国发展出版社 1994 年版。

[美]文森特·奥斯托罗姆:《美国公共行政的思想危机》,上海三联书店 1999 年版。

[美]塞缪尔·亨廷顿:《变革社会中的政治秩序》华夏出版社 1988 年版。

[美]戴维·奥斯本、特德·盖布勒:《改革政府:企业家精神如何改革着公营部门》,上海政协编译组东方编译所译,上海译文出版社 1998 年版。

[美]道格拉斯·C.诺思:《经济史上的结构和变革》厉以平译,商务印书馆 1992 年版。

[美]道格拉斯·C.诺思:《制度、制度变迁与经济绩效》刘守英译,上海三联书店 1994 年版。

[美]B.盖伊·彼得斯:《政府未来的治理模式》,吴爱明等译,中国人民大学出版社 2001 年版。

[美]艾伦·C.艾萨克:《政治学:范围与方法》,郑永年等译,浙江人民出版社 1987 年版。

[美]尼古拉斯·亨利:《公共行政与公共事务》,张昕等译,中国人民大学出版社 2002 年版。

[美]麦克尔·巴泽雷:《突破官僚制:政府管理的新愿景》,孔宪遂等译,中国人民大学出版社 2002 年版。

[美]莱斯特·M.萨拉蒙等:《全球公民社会——非营利部门视界》,贾西津、巍玉等译,社会科学文献出版社 2002 年版。

[美]詹姆斯·P.盖拉特:《21 世纪非营利组织管理》,邓国胜等译,中国人民大学出版社 2003 年版。

[美]安东尼·奥罗姆:《政治社会学》,张华青、孙嘉明等译,上海人民出版社 1989 年版。

[美]马科·D.波波维奇主编:《创建高绩效政府组织》,孔宪遂、耿洪敏译,中国人民大学出版社 2002 年版。

[美]希尔斯曼:《美国是如何治理的》,曹大棚译,商务印书馆 1988 年版。

[美]巴林顿·摩尔著:《民主和专制的社会起源》拓夫、张东东译,华夏出

版社 1987 年版。

[美]约瑟夫·熊彼特:《经济发展理论》,何畏等译,九州出版社 2006 年版。

[美]威廉·N.邓恩:《公共政策分析导论》,中国人民大学出版社 2002 年版。

[德]哈贝马斯著:《自由秩序原理》,邓正来译,三联书店 1999 年版。

[德]哈贝马斯著:《公共领域的结构转型》,曹卫东等译,学林出版社 1999 年版。

[英]洛克:《政府论》(下篇),叶启芳等译,商务印书馆 1996 年版。

[英]安东尼·古登斯:《第三条道路及其批判》,孙相东译,中共中央党校出版社 2002 年版。

[英]道格拉斯·柯尔:《社会学说》,李平沤译,商务印书馆 1959 年版。

[英]罗杰·科特威尔:《法律社会学导论》,潘大松等译,华夏出版社 1989 年版。

[英]戴维.赫尔德:《民主的模式》,燕继荣等译,中央编译出版社 1998 年第 1 版。

[英]密尔:《代议制政府》,汪瑄译,商务印书馆 1982 年版。

[英]洛克:《政府论》,瞿菊农 叶启芳译,商务印书馆 1997 年版。

[古希腊]柏拉图:《理想国》,商务印书馆 1986 年版。

[法]卢梭:《社会契约论》,何兆武译,商务印书馆 1982 年版。

[法]孟德斯鸠:《论法的精神》(上),张雁深译,商务印书馆 1995 年版。

[法]托克维尔:《论美国的民主》(上、下卷),董国良译,商务印书馆 1998 年版。

[德]黑格尔:《法哲学原理》,范扬、张企泰译,商务印书馆 1998 年版。

[德]马克斯·韦伯:《经济与社会》(上卷),商务印书馆 1998 年版。

[德]汉娜·阿伦特:《公共领域和私人领域》,刘峰译,三联书店 1998 年版。

[奥]凯尔森:《法与国家的一般理论》,中国大百科全书出版社 1996 年

版。

　　[日]浦岛郁夫:《政治参与》,经济日报出版社 1999 年版。

　　[日]金泽良雄著:《经济法概论》,满达人译,甘肃人民出版社 1985 年版。

　　俞可平等著:《中国公民社会的制度环境》,北京大学出版社 2006 年版。

　　俞可平:《治理与善治》,社会科学文献出版社 2000 版。

　　俞可平:《民主与陀螺》,北京大学出版社 2006 年版。

　　俞可平:《增量民主与善治——转变中的中国政治》,社会科学文献出版社 2003 年版。

　　俞可平等编:《市场经济与公民社会》,中央编译出版社 2005 年版。

　　周天勇等著:《中国政治体制改革》中国水利水电出版社 2004 年版。

　　李良栋等著:《中国政治文明建设》中国水利水电出版社 2005 年版。

　　李良栋:《当代中国民主问题研究》,当代世界出版社 2001 年版。

　　杜钢建:《政府职能转变攻坚》,中国水利水电出版社 2005 年版。

　　邓正来:《国家与市民社会》,中央编译出版社 1999 年版。

　　邓正来:《国家与社会》,北京大学出版社 2008 年版。

　　邓国胜:《非营利组织评估》,社会科学文献出版社 2001 年版。

　　何增科:《公民社会与第三部门》,社会科学文献出版社 2000 年版。

　　何增科:《基层民主与地方治理创新》,中央编译出版社 2004 年版。

　　卢汉龙等编:《社会建设与社会治理》,社会科学文献出版社 2006 年版。

　　石秀和等著:《中国农村社会保障问题研究》,人民出版社 2006 年版。

　　马长山:《国家、市民社会与法治》,商务印书馆 2002 年版。

　　龚禄根主编:中国行政管理学会课题组著《中国社会中介组织发展研究》,中国经济出版社 2006 年版。

　　李军鹏:《公共服务型政府》,北京大学出版社 2004 年版。

　　汪大海、魏娜等主编:《社区管理》,中国人民大学出版社 2005 年版。

　　李佃来:《公共领域与生活世界》,人民出版社 2006 年版。

　　王道坤:《村民自治的多角研究》四川大学出版社 2007 年版。

　　陈冬东:《中国社会团体组织大全》(全 3 卷),专利文献出版社 1998 年版。

陈金罗:《社团立法和社团管理》,法律出版社 1997 年版。

齐炳文:《民间组织:管理、建设、发展》,山东大学出版社 2000 年版。

民政部民间组织管理局:《社会团体登记管理条例》、《民办非企业单位登记管理暂行条例》、《事业单位登记管理暂行条例》,中国法律出版社 1998 年版。

国务院法制办政法司、民政部民间组织管理局:《〈社会团体登记管理条例〉〈民办非企业单位登记管理暂行条例〉释义》,中国社会出版社 1999 年版。

官有垣:《非营利组织与社会福利:台湾本土的个案分析》,(台湾)亚太图书出版社 2000 年版。

丁元竹、汪汛清:《志愿活动研究:类型、评价与管理》,天津人民出版社 2001 年版。

罗西瑙:《没有政府的治理》,江西人民出版社 2001 年版。

王名等:《中国社团改革》,社会科学文献出版社 2001 年版。

吴忠泽主编:《社团管理工作》中国社会出版社 1996 年版。

蔡拓:《全球化与政治的转型》,北京大学出版社 2007 年版。

蔡拓等:《市场经济与政治发展——转型时期的中国政治》,福建人民出版社 1998 年版。

黄卫平:《当代中国政治研究报告 I》,社会科学文献出版社 2002 年版。

王浦劬主编:《政治学原理》,北京大学出版社 1996 年版。

黄大强、刘怡昌主编:《行政学》,中国人民大学出版社 1988 年版。

张德信、李兆光主编:《现代行政学》,红旗出版社,1993 年版。

郭济主编:《政府权力运筹学》,人民出版社 2003 年版。

胡鞍钢、王绍光编:《政府与市场》,中国计划出版社 2000 年版。

胡鞍钢等:《第二次转型:国家制度建设》,清华大学出版社 2003 年版。

胡鞍钢主编:《影响决策的国情报告》,清华大学出版社 2002 年版。

夏海:《中国政府架构》,清华大学出版社 2001 年版。

董郁玉等:《政治中国:面向新体制选择的时代》,今日中国出版社 1998

年版。

　　刘智峰:《中国政治体制改革问题报告》,中国电影出版社1999年版。

　　王沪宁:《政治的人生》,上海人民出版社1995年版。

　　应松年、袁曙宏:《国家、公民与行政法——一个国家—社会的角度》,法律出版社2001年2月版。

　　汪翔、钱南:《公共选择理论导论》,上海人民出版社1993年版。

　　布坎南:《自由、市场和国家》,北京经济学院出版社1989年版。

　　杨冠琼:《政府治理体系创新》,经济管理出版社2000年版。

　　刘靖华:《政府创新》,中国社会科学出版社2002年版。

　　杨宏山:《当代中国政治关系》,经济日报出版社2002年版。

　　·王小鲁、樊纲主编:《中国经济增长的可持续性——跨世纪的回顾与展望》,经济科学出版社2000年版。

　　李文良等:《中国政府职能转变问题报告》,中国发展出版社2003年。

　　林尚立:《当代中国政治形态研究》,天津人民出版社2000年版。

　　王劲松:《中华人民共和国政府与政治》,中共中央党校出版社1995年版。

　　王梦奎等:《新时期我国经济的宏观调控》,人民出版社1994年版。

　　秦晖:《政府与企业以外的近代化:中国西洋公益事业史比较研究》,浙江人民出版社1999年版。

　　中国行政管理学会编:《新中国行政管理简史(1949-2000)》,人民出版社2002年版。

　　谢庆奎等:《中国政府体制分析》,中国广播电视出版社1995年版。

　　王强等:《学习型政府——政府管理创新读本》,中国人民大学出版社2003年版。

　　燕继荣:《现代政治分析原理》,高等教育出版社2004年版。

　　李习彬等:《政府管理创新与系统思维》,北京大学出版社2002年版。

　　顾丽梅:《信息社会的政府治理:政府治理理念与治理范式研究》,天津人民出版社2003年版。

王景伦:《毛泽东的理想主义和邓小平的现实主义》,时事出版社 1996 年版。

董保华等:《社会法原理》,中国政法大学出版社 2001 年版。

刘学灵:《东方社会政治形态史论》,上海远东出版社 1995 年版。

刘祖云:《当代中国公共行政的伦理审视》,人民出版社 2006 年版。

张勤:《西部开发与地方政府管理创新》,国家行政学院出版社 2003 年版。

陈宝良:《中国的社与会》,浙江人民出版社 1993 年版。

林毓生:《中国传统的创造性转换》,上海三联书店出版社。

兰久富:《社会转型时期的价值观念》,北京师范大学出版社 1999 年版。

刘军宁等编:《直接民主与间接民主》,三联书店 1998 年版。

方福前著:《公共选择理论——政治的经济学》,中国人民大学出版社 2000 年 12 月出版。

王长胜:《电子政务蓝皮书》,社会科学文献出版社 2007 年 7 月出版。

陈红太:《当代中国政府体系与政治研究法》,经济日报出版社 2002 年版。

马庆钰:《告别西西弗斯:中国政治文化分析与展望》,中国社会科学出版社 2002 年版。

黄恒学:《中国政府管理理念创新》,羊城晚报出版社 2002 年版。

邓伟志:《和谐社会散论》,上海人民出版社 2007 年版。

李贵鲜:《公共行政概论》,人民出版社 2002 年版。

何增科:《公民社会与第三部门研究引论》,《马克思主义与现实》2000 年第 1 期。

何增科:《民主化:政治发展的中国道路》,《中共天津市委党校学报》2004 年第 2 期。

王名、贾西津:《中国 NGO 的发展分析》,《管理世界》2002 年第 8 期。

蔡拓:《市场经济与市民社会》,《天津社会科学》1997 年第 3 期。

杨占营:《公民社会产生与发展的外部逻辑探析》,《江苏社会科学》2004

年第 4 期。

杨占营:《现代治理论及其对中国治道变革的借鉴意义》,《湖北社会科学》2004 年第 3 期。

杜钢建:《"非典"事件呼唤加快体制改革》,《中国党政干部论坛》2003 年第 5 期。

毛寿龙:《现代治理与治理变革》,《新华文摘》2001 年第 2 期。

张康之:《论政府的非理性化》,《教学与研究》2000 年第 7 期。

张成福:《重建政府与公民的信任关系》,《国家行政学院学报》2003 年第 3 期。

张成福:《电子化政府:发展与前景》,《中国人民大学学报》2000 年第 1 期。

黄爱宝:《服务型政府构建与政府生态服务》,《南京社会科学》2008 年第 3 期。

张银杰:《论企业、市场、政府的行为边界》,《当代经济研究》1997 年第 5 期。

张勤:《创新农村公共产品供给主体的对策建议》,《国家行政学院学报》2007 年第 4 期。

张勤:《公民社会发展是社会政治稳定的基石》,《新视野》2007 年第 5 期。

张勤:《创新发展农村合作经济组织的政策建议》,《江苏农村经济》2008 年第 5 期

张勤:《论公民社会组织在构建和谐社会中的现实着力点》,《理论探讨》2007 年第 3 期。

张勤:《推进农村公共服务建设是服务型政府的重要职能》,《中国行政管理》2006 年第 7 期。

张勤:《论中国公民社会的发展与社会政治稳定》,《重庆社会科学》2007 年第 7 期。

张勤:《公民社会的发展与和谐社会的构建》,《行政论坛》2007 年第 4

期。

张勤:《优化民营经济发展环境是服务型政府的重要职能》,《南京工业大学学报》2007 年第 1 期。

万俊人:《公民美德与政治文明》,《光明日报》2007 年 7 月 5 日。

周鸿:《生态文化与生态文明》,《光明日报》2008 年 4 月 8 日。

李培林《和谐社会建设重在改善民生》,《光明日报》2008 年 3 月 4 日。

程玥、马庆钰:《关于非政府组织分类方法的分析》,《政治学研究》2008 年第 3 期。

英文部分:

Northam,R. M. ,Urban Geography,New York:John Wiley & Sons,1975.

Harvey S. Rosen:Public Finance,4th Edition,Lllinois:Richard D. Irwin,INC 1995.

Christopher Pollitt and Geert Bouckaert. Public Management Reform:A Comparatiue Analysis. New York:Oxford University Press. 2000.

Donald F. Kettl. The Glpbal Public Management Reuolution. Washington,DC:Brookings Institution Press. 2000.

D. Osborne and T. Gaebler. Reinuenting gouernment: how the entrepreneurial spirit is transforming the public sector. Reading,Mass. :Adison Wesley. 1992.

A. Gore. Businesslike government:Lessons Learned from America's best companies. Washington, DC, National Performance Reuiew,1997.

OECD. Gouernance in transition:public management reforms in OECD countries,Paris,PUMA/OECD. 1995.

See Mary Rankin, Elite Activism and Political Transformation in China: Zhejiang Province,1865 – 1911,Stanford,CA:Stanford Univ. Press,1986.

See William T. Rowe, Hankow: Commerce and Society in a Chinese City, 1796 – 1889, Stanford: Stanford Univ. Press.

See David Strand, Rickshaw Beijing: City People and Politics in the 1920s, Berkeley: Univ. Of California Press, 1989.

See Lucian W. Pye: The State and the Individual, in China Quarterly, 127, Sept. 1991.

Held, David et al. (2000). Global Transformations: polities, Economics and Culture, Cambridge: polity press.

Jan – Erik lane (2003). New public Management. London : Routledge.

J. Greenwood &D. Wilsn (1989). Public Administration in Britain Today. London: Unwin Hyman.

后　记

《中国公民社会组织发展研究》是在江苏省社会科学基金项目、江苏省高校哲学社会科学研究项目和甘肃省行政管理学会重点课题的基础上充实而成的。公民社会组织的研究自 20 世纪 90 年代西方掀起热潮后，迅速在东方国家引起了反响。近年来，受学者们重视的"国家——社会"的分析途径，从政治分析的角度看，我们可以把社会分成两个部分：政治社会和公民社会，前者是公共政治领域，后者是私人社会领域；前者的主体是政权组织，后者的主体则是民间组织。一个良好的政治制度，可以使政府享有足够的权威，同时使公民享有充分的自由。一个有足够权威的政府，是维持社会政治稳定的条件之一，没有社会政治的稳定，人民就不能安居乐业，就难以发展经济，社会的物质利益就不能正常地增长。如果只有政府的权威而绝大多数公民没有足够的自由，那么，他们就会缺少生产物质利益的积极性和进行科学技术革新的创造性，最终也将阻碍社会经济的发展，不利于物质利益的增长。改革开放 30 年来，中国特色的社会主义现代化建设目标的提出是在全球化背景下的一种战略选择。实践充分证明，中国的战略选择是正确的，而且获得了极大的成功和弥足珍贵的经验。作为发展中国家不仅应向发达国家学习先进的观念、科技、文化、制度，学习它们先进的管理制度和思想观念，而且更应根据自己的国情，主动积极地参与全球化进程，同时始终保持自己的特色和自主性，正确处理改革、发展、稳定的关系。稳定是发展的前提，没有稳定就无从发展。但只有发展才能带来真正的稳定，而唯有改革才能推动发展。所以，改革、稳定、发展之间存在着一种辩证的关系，不能求其一而舍其他。

公民社会是一种独特的政治文化，它呈示着国家、市场、社会公众等各种不同的力量处于一种平衡的状态。公民社会是一个以民主、商谈、参与为特征的社会。一个公民社会就意味着这里存在着一部渗透着自由、民主和人权理念的宪法，众多充满着活力的民间团体，提供制约与纠错功能的健全的公共领域以及拥有公正、责任、宽容、善于对话、善于妥协、积极参与之精神与素质的普通公民。

　　在我国，改革开放以来的社会结构变迁使得公民社会的发育成为自觉。但从目前来看，我国尚未形成完整意义上的公民社会，究其原因，既有我国市场经济的发育需要完善的因素，也有我国政治文明程度有待提高的因素，还有公共精神亟待形成的因素，而更为重要的是这三者之间的互补和互动。这些因素又是影响我国社会和谐的主要原因。所以，需要在积极培育公民社会的基础上，促进社会政治、经济、文化等各方面的发展，使社会得以和谐发展。从经济体制改革到社会体制改革，改革的任务虽然发生了变化，但改革的历史进程并没有发生变化。这一历史进程，就是建设有中国特色的社会主义。什么是有中国特色的社会主义？有中国特色的社会主义不仅意味着社会主义市场经济的建立，而且意味着社会主义公民社会的建立。因为，社会主义公民是社会主义社会的基础。只有每一个公民都能义不容辞的承担起自己应当承担的社会责任，只有每一个公民都具有与其所承担的社会责任相适应的公民人格，社会主义制度的优越性才能充分发挥出来。目前启动从社会主义市场经济到社会主义公民社会的改革进程，我们将肩负起历史赋予的重任和神圣使命。在追求经济发展的同时，政治发展对于处在现代化过程中的中国而言，同样是一个紧迫而艰巨的课题。特别是在中国处于转型的关键时期，探讨中国政治体制改革的目标定位具有无可替代的现实意义。政府的能力不仅体现在促进经济的发展方面，还日益体现在维护和增进公民的政治权利方面。在保持经济增长的同时，政府必须有更强的能力保护并且增进公民在安全、就业、福利、参与、人权等方面的权益。

　　政府与公民社会的良好合作、公共部门与私人部门的良好合作，是善治的实质所在。市场经济的发展必然导致公民社会的产生，而全球化和民主化则要求一个健全的公民社会。凡是市场经济发达的国家,都是社会组织高度发达的国家。公民社会组织作为一个重要的独立的经济社会组织,对于协调社会和经济的发展、平衡社会和市场主体利益、规范市场经济秩序、承接政府职能转变具有十分重要的作用。要发展社会主义市场经济,率先建立社会主义市场经济运行机制,必须加快培育、规范和发展公民社会组织。因此,政府对公民社会应当采取鼓励和合作的态度,而不是敌视或轻蔑的态度。政府应当积极地培育和扶持公民社会组织,为公民社会组织的成长创造一个良好的政治和法律环境。政府应当让公民社会组织在社会管理中发挥更大的作用,使公民社会组织成为治理和自治的主体。政府应积极建立、健全公民参与机制,并不断增强公民的参与能力,通过合作、协商、伙伴关系等方式形成一个政民互动的合作网络,这也是提升政府能力的重要途径。本书试图以一种新的视野和新的分析框架,在理论与实践的结合上探讨公民社会发展与存在的问题,课题考察的维度既注重借鉴国际的理论与经验,更注重中国的特色与国情,希望通过努力能对推进公民社会成长中如何克服困境而促成其发展有所助益,虽然改革开放的今天,公民社会的话题一度活跃,但从总体来看,它对中国政府和学术界还依然是个新的事物,其理论与模式构建正在回应时代的挑战,当代公民社会理论仍处在不断发展和完善之中,伴随着改革开放的背景和政府改革的运动在稳步推进。但由于笔者自身水平及研究条件有限,虽已竭尽驽钝,书中的疏漏缺失恐仍难免,敬请读者同仁批评指正。

此书的出版,得到了中共南京工业大学党委书记、博士生导师王德明教授,副校长、博士生导师蒋军成教授,南京大学公共管理学院博士生导师严强教授的关心和支持,同时得到了甘肃省人民政府顾问、甘肃省行政管理学会会长李文治教授、学会常务副会长常仲智教授,甘肃行政学院党委副书记、院长石玉亭教授,南京工业大学学科办主任胡永红教授等领导、专家以及公共管理学院的领导与全体老师的大力支持和鼎力相助,在此谨表谢意。因为,没有一个良好的学术生态环境,就不可能有较好的学术作品,正是在同他们长期的讨论和交流中获益良多,才有学术的发展与创新。

此书的出版,还得益于人民出版社的有关领导和陈寒节编辑的辛勤努力,他们对本书的出版给予了大力支持,还有妻子在工作之余对书稿的整理与校对,如果没有他们的热情支持与辛勤工作,本书难以付梓。本书的写作也得益于借鉴吸收国内外学者的最新研究成果,相关的论著已在参考文献中列出。在此一并表示衷心谢忱!

张勤

2008 年 9 月

于南京秦淮河畔